篮球技术与训练精要 （第4版）

【英】杰里·V.克劳斯（Jerry V. Krause ）   著
克雷格·纳尔逊（Craig Nelson）
张磊 李野鹏 译

人民邮电出版社
北京

图书在版编目（CIP）数据

篮球技术与训练精要：第4版／（英）杰里·V.克劳斯（Jerry V. Krause）著；（英）克雷格·纳尔逊（Craig Nelson）著；张磊，李野鹏译. -- 北京：人民邮电出版社，2021.8
ISBN 978-7-115-55735-3

Ⅰ. ①篮… Ⅱ. ①杰… ②克… ③张… ④李… Ⅲ.
①篮球运动－运动技术②篮球运动－运动训练 Ⅳ.
①G841

中国版本图书馆CIP数据核字(2020)第267762号

内 容 提 要

　　《篮球技术与训练精要（第 4 版）》是美国经典篮球基础教程，通过系统化的训练可以有效提高篮球运动员的能力，以及球队的竞赛水平。本书结合详细的教学和实践演练，建立并强化个人和团队的基础；涵盖了身体控制、控球、投篮、进攻移动、篮板球、单人防守，以及团队进攻与防守等篮球技术要领，并提供了方便篮球教练员教学使用的动作练习。此外，书中还配有教学视频和大量真人实拍动作图片，不仅可以作为篮球教练的教学指导用书，还可以供球员自学使用。

　◆ 著　　　　［英］杰里·V.克劳斯（Jerry V. Krause）
　　　　　　　　克雷格·纳尔逊（Craig Nelson）
　　译　　　　张　磊　李野鹏
　　责任编辑　裴　倩
　　责任印制　周昇亮

　◆ 人民邮电出版社出版发行　　北京市丰台区成寿寺路 11 号
　　邮编　100164　电子邮件　315@ptpress.com.cn
　　网址　https://www.ptpress.com.cn
　　三河市中晟雅豪印务有限公司印刷

　◆ 开本：700×1000　1/16
　　印张：20.5　　　　　　　　　2021 年 8 月第 1 版
　　字数：496 千字　　　　　　　2021 年 8 月河北第 1 次印刷
　　　　著作权合同登记号　图字：01-2019-7208 号

定价：108.00 元
读者服务热线：(010)81055296　印装质量热线：(010)81055316
反盗版热线：(010)81055315
广告经营许可证：京东市监广登字 20170147 号

教练经常能从球员身上学到很多东西。我教过唐·迈耶，他40年的教练生涯，都在一所小学里度过，并且8次获得了名人堂教练的提名。我们都出生于内布拉斯加州韦恩县，他在那里长大，而我毕业于韦恩州立学院。多年后，我们在科罗拉多州大学有了交集，我在唐·迈耶所在的球队里担任助理教练。从那时候开始，我们亦师亦友。我们都对篮球运动有着热情，无论在场上还是场下，我们通过不停地交流与分享，一起进步。

30多年来，我们合办了培训班、制作了DVD和撰写了书籍，并与其他教练和球员分享篮球执教的理念。唐·迈耶和我共同的理念是，只有教练在平时的训练和比赛中，起到良好的榜样作用，才能让球员在日后的人生中，养成良好的习惯并最终获得成功。下面是我们一起学到的3条人生经验。

1. 经常做笔记。我的口头禅"永远不要停止学习"就是受到了唐·迈耶的启发而形成的。他认为我们应该"集众家之所长"，然后从中选择适合自己、适合自己球队的东西。唐·迈耶的这个理念在今天看来，仍然让人受益匪浅，特别是在科技时代，教练可以更加轻松地进行分享。但是，我仍然认为，与使用电子设备相比，用手记笔记的学习方式更有效。

2. 经常使用礼貌用语。这是他教导球员文明和善良的方式。我也用类似的方法来影响我们球队的球员：培养球员的自尊心，通过努力赢得别人的尊重。

3. 训练比赛之后，随手带走垃圾。这是唐·迈耶使我们的世界变得更美好的方式。我希望我的球员都能够做到，让曾经驻足过的地方留有芬芳。即使是一个小小的捡起垃圾的行为，也可以让世界变得更美好。

唐·迈耶，谢谢你帮我塑造这些价值观，让我们一起学习、进步。你是一个非凡的榜样，为教练建立了高标准。你与很多人分享了这些观点，让我们受益无穷。我的兄弟，谢谢你，你太棒了！你教得很好，我也会尽我所能和你一起学习。

满怀尊重、爱和感激
你的朋友，杰里·克劳斯

目录

训练索引

训练名称	级别	训练重点	热身环节	体适能环节	页码
处理球					
双人传球和接球训练 ▶	基础	在运球后使用任意手以单手推传方式执行传接球训练	✓		79
贝林教练的完美传球	中级、高级	4打0的半场传球，基本传球技术正确（30秒，至少10次传球得分）	✓	✓	80
贡萨加队传接球训练	高级	顺序正确而快速地执行4打0传球接球（1分钟内传球次数）	✓	✓	81
2打1远距离传接球训练	高级	搭档必须通过防守球员执行传接球训练		✓	81
移动中双人传接球训练 ▶	基础、中级	搭档在移动中通过防守球员执行传接球训练；保持间距和定时	✓		82
对墙传接球训练	基础	个人接球技术	✓		82
队列训练：快速站位、启动和技术分解	基础	从快速站位和快速启动开始执行指定步法训练	✓		82
队列训练：启动、急停和转身 ▶	基础、中级、高级	将步法、运球、启动、急停、传球、接球和转身技术7个环节结合起来	✓	✓	83
综合运球训练 ▶	基础、中级	基本的运球技术			83
全场运球训练	基础	运球技术		✓	84
对墙运球训练	中级、高级	一球和两球运球技术	✓		85
处理球基础训练 ▶	中级、高级	篮球和网球的个人和双人运球，传球和接球技术	✓		85
贡萨加全场步法和上篮训练（一定强度对抗下）▶	基础、中级、高级	EPF步法与双手传接球	✓	✓	87
投篮					
队列训练：投篮（无球和有球）▶	基础	以比赛形式训练投篮	✓		122
带球上篮进阶训练 ▶	中级、高级	以比赛节奏正确、快速带球上篮、运球上篮	✓		123
贡萨加全场团队上篮	基础、中级、高级	PPF和EPF步法选择（一定强度对抗下的训练）		✓	124
常规投篮进阶训练 ▶	基础、中级、高级	通过反馈提高篮球技术；自学	✓		125
"柔和投篮"或"绝杀投篮"训练	基础、中级、高级	投篮力学和构建投篮信心	✓		128
强化投篮训练	中级	评估投篮效率和范围	✓		129
两人内-外投篮训练 ▶	中级、高级	按照2打0比赛模式投篮；模拟全部投篮情况		✓	130

训练名称	级别	训练重点	热身环节	体适能环节	页码
投篮					
个人淘汰投篮训练	基础、中级、高级	自我测试投篮技术			131
个人强化投篮训练	基础	投篮手和平衡手的能力；增加投篮范围	✓		132
常规投篮纠正训练	基础	问题解答			132
赫特教练的竞争投篮训练	中级、高级	全队竞争投篮训练	✓	✓	133
唐·迈耶的竞争投篮训练	中级、高级	团队竞争投篮训练	✓	✓	135
贡萨加竞争投篮训练	中级、高级	在一定强度对抗下，球队完成传接球和上篮的训练；在规定时间内完成投篮得分			136
罚球进阶训练 ▶	基础、中级、高级	罚球基础知识	✓		137
罚球投篮高尔夫训练	基础	罚球投篮			138
淘汰投篮训练	中级、高级	在对抗环境下投篮	✓		138
连续命中＋罚球投篮训练	中级、高级	竞争投篮	✓	✓	138
步法和常规投篮（或罚球）训练 ▶	中级、高级	竞争投篮	✓	✓	139
常规投篮和罚球的精神训练	中级、高级	通过自觉地口头提示、投篮原则和自我评估方式构建投篮信心			139
长距离上篮进攻训练 ▶	中级、高级	在罚球线边缘用篮板完成进攻	✓	✓	141
后撤步（后跨步）投篮	中级、高级	训练三分线内外的后撤步投篮	✓		141
贡萨加的全场打法（一定强度对抗下的训练）▶	基础、中级、高级	团体常规投篮（上篮，跳投）；定时的一定强度下的训练	✓	✓	141
贡萨加传接球上篮训练（一定强度对抗下的训练）▶	中级、高级	团队传接球上篮训练；定时的一定强度下的训练	✓	✓	143
外线进攻移动：外围战术					
外线球员热身训练	基础	基本热身技术	✓		159
队列训练：活球、死球和完整的移动	基础	活球和死球的移动	✓		159
低手传球外线移动训练 ▶	基础	外线移动	✓	✓	160
近距离攻防训练：1打1、2打2、3打3和4打4 ▶	基础、中级、高级	全外线移动	✓	✓	161
1打1训练	基础、中级、高级	外线球员1打1对抗	✓	✓	162
搭档突破分球训练 ▶	基础、中级	活球移动；运球突破后为队友传球使其投篮得分	✓	✓	162
搭档传球和投篮训练	基础、中级、高级	综合训练：使用不同的进攻技巧和投篮方式完成一次处理球得分	✓	✓	163

训练名称	级别	训练重点	热身环节	体适能环节	页码
外线进攻移动：外围战术					
限时带球上篮训练 ▶	基础	控球和带球上篮	✓	✓	163
外线对抗训练	中级、高级	所有外线球员带球移动；个人投篮竞赛；在比赛场地，按照比赛的节奏移动	✓	✓	164
在5个位置运球并完成训练	基础、中级	在限制时间内活球移动和结束移动	✓	✓	164
菱形运球动作（全场）	中级、高级	假动作防守下的篮板球与外线技术	✓	✓	165
连续传球和包夹	中级、高级	防守包夹传接球	✓	✓	166
终结比赛 ▶	中级、高级	进攻战术移动，投篮终结比赛	✓	✓	167
三分线冲刺传接球（一定对抗强度下的训练）▶	中级、高级	全场上篮；一定强度的对抗训练	✓	✓	168
内线进攻移动：低位战术					
低位热身训练 ▶	基础	基本低位技术	✓		187
队列训练：低位球员启动、转身和急停	基础	正确的步法	✓		187
低位双人训练	基础	低位站位、传球和接球、颌下护球	✓		188
转身传球低位移动训练 ▶	基础	个人进攻低位站位；背对篮筐移动	✓		189
低位进阶训练	基础、中级、高级	进攻低位移动	✓	✓	189
大间距和低位给球训练	中级、高级	三角间距、大间距	✓		190
全美低位训练	高级	所有进攻低位移动	✓	✓	192
2打2低位给球训练	中级、高级	进攻和防守低位战术技巧；为低位球员传球；传球后移动接回传球			192
麦肯训练法	基础、中级、高级	步法；处理球；在篮筐附近带球上篮；常规上篮、转身上篮、爆发力麦肯训练法	✓	✓	193
5打5低位传球训练	高级	低位球员：获得空位、接球、低位移动、解读防守时从低位传球。防守球员：包夹低位球员、低位球员传球时轮转防守	✓		193
低位防守得分训练	中级、高级	接球并颌下护球；通过接触得分	✓		194
1打1低位对抗训练	基础、中级、高级	1打1低位进攻和防守实战训练		✓	194
外线-低位进阶训练	基础、中级、高级	外线和内线球员协同进行训练	✓		195
个人防守					
站位和步法进阶训练 ▶	基础	防守站位和强行推步（滑步）技巧	✓		218
移动站位和步法训练	基础	个人防守站位和步法	✓		219

训练名称	级别	训练重点	热身环节	体适能环节	页码
个人防守					
队列训练：个人防守 ▶	基础	个人防守技术		✓	220
有球和无球训练：2打2	基础	防守对方突破时（协防和决策），快速调整到有球和无球防守位置		✓	221
1打1封阻进阶训练	基础	对无球进攻球员实施卡位	✓		221
封阻训练：1打1、2打2、3打3、4打4	中级、高级	外线球员的全部外线移动		✓	222
防守滑步训练：移动站位和步法	基础	个人防守步法	✓	✓	222
半场训练：2打2、3打3、4打4	中级、高级	个人防守技术		✓	223
半场训练外加攻守转换：4打4	中级、高级	个人防守技术：抢到防守篮板球之后从防守转换为进攻		✓	224
球队攻守转换：由攻转守，由守转攻	中级、高级	5打5团队转换（进攻转为防守和防守转为进攻）		✓	224
3打3回防转换	中级、高级	连续3打3转换（进攻到防守；防守到进攻）		✓	224
争抢篮板球					
队列训练：2+2篮板球进阶训练 ▶	基础	2+2、抓球并将球置于颌下护球的篮板球技巧	✓		249
队列训练：防守篮板球进阶训练 ▶	基础	防守篮板球技巧	✓		249
队列训练：进攻篮板球进阶训练 ▶	基础	进攻篮板球；通过防守球员卡位、移动到间隙位置、通过身体接触迫使防守球员朝篮筐移动	✓		250
队列训练：持球转身和传球进阶训练	基础	2+2篮板球加持球转身和传球技巧	✓		251
防守篮板球和向外传球训练 ▶	中级、高级	争抢防守篮板球并向外传球	✓		251
篮板球读数训练	基础	投篮时能够看到对手和篮球	✓		252
卡位和封阻训练	中级、高级	团队对抗：1打1、2打2、3打3篮板球；有球和无球卡位		✓	252
队列训练：全场无球进攻篮板球	基础	进攻篮板球技巧	✓		252
双手举起，高级8字篮板球训练	中级、高级	控制篮板球：两个传球技巧	✓	✓	253
"垃圾"训练法 ▶	中级、高级	争抢进攻篮板球并得分	✓		253
在争抢篮板球中赢得身体对抗的技巧 ▶	高级	进攻性		✓	254
个人争抢篮板球技术训练	基础	篮板球技术	✓		254
篮板球进阶训练：3打0、3打3	中级、高级	篮板球技术	✓		255
激烈地争抢篮板球：3打3、4打4 ▶	中级、高级	进攻和防守篮板球			256
争抢篮板球大战	高级	有进攻性地争抢防守和进攻篮板球		✓	256

xi

训练名称	级别	训练重点	热身环节	体适能环节	页码
		团队进攻			
基本进攻训练：5打0（演练）▶	基础	基本团队进攻模式	✔		274
团队进攻−防守训练：4打4、5打5 ▶	中级、高级	团队进攻和防守		✔	275
闪电快攻训练 ▶	中级、高级	双线快攻、三线快攻和防守战术		✔	275
快攻转换训练 ▶	中级、高级	篮球转移		✔	277
攻守转换	基础、中级、高级	防守−进攻转换（2打0、3打0、5打0）得分，然后回传	✔	✔	278
		团队防守			
半场基础防守训练：3打3、4打4 ▶	中级、高级	双人和三人进攻战术			291
半场到全场训练：3打3、4打4、5打5	中级、高级	半场防守和向进攻转换；半场进攻和向防守转换		✔	291
全场训练：3打3、5打5	中级、高级	防守全阶段		✔	292
2打2避开掩护	基础、中级、高级	2打2掩护防守：攻破和切入		✔	292
冲刺到低位协防位置	基础、中级、高级	外线卡位，然后冲刺到低位保护篮筐		✔	293

▶符号表示可以在在线视频中找到这些训练内容。

在线视频访问说明

本书提供书中练习动作的演示视频，您可以通过微信中"扫一扫"的功能，扫描本页的二维码进行观看。

步骤1 点击微信聊天界面右上角的"+"，弹出功能菜单（如图1所示）。

步骤2 点击弹出的功能菜单中的"扫一扫"进入功能界面，扫描本页的二维码。

步骤3 如果您未关注"人邮体育"公众号，在第一次扫描后会出现"人邮体育"的二维码（如图2所示）。关注"人邮体育"公众号之后，点击"资源详情"（如图3所示）即可观看教学视频。

如果您已经关注了"人邮体育"微信公众号，扫描后可以直接观看教学视频。

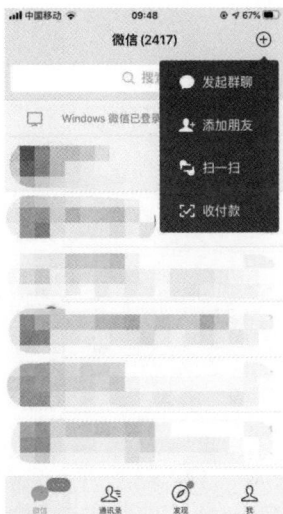

图1

图2

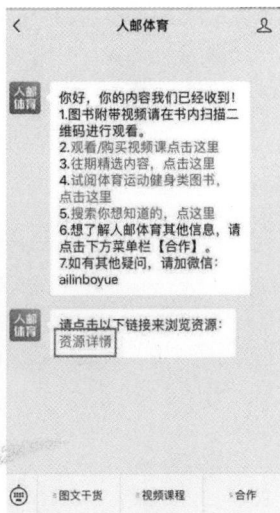

图3

注：本书提供的视频仅供参考，并不与书中内容完全配套。若视频示范与本书内容有出入，并不代表视频或本书内容有误，只是提供了不同的练习方法。请读者根据实际情况自行选择进行训练。

前言

能够为《篮球技术与训练精要（第4版）》（*Basketball Skills & Drills, Fourth Edition*）撰写前言，我感到非常荣幸。25年多来，这本书一直强调篮球基础知识的重要性。该书英文版目前已售出超过25万册，并在全球范围内被翻译出版。至少可以这么说，我们所有的篮球从业者都应该因为本书作者在加强篮球基本功的教学、学习和教练工作中做出的贡献感到无比自豪。

要想成为一名优秀的球员，要想拥有一支优秀的球队，必须强调基本功。《篮球技术与训练精要（第4版）》将比赛分解成最简单的形式，使得其对于任何水平的教练和球员来说都很容易理解。我热忱推荐这本书给每一个想成为更好的球员、教练或老师的人。

我相信所有的教练都会以被称为教练为荣，我也相信所有的教练都觉得自己是老师。一名教练要想成为更好的教练，从根本上教好篮球运动的能力是必不可少的。我读了这本书并运用其中的很多理念，这使我受益匪浅。请花时间研究这本书中的每一页，你会从中受益匪浅。

最后，我要感谢杰里·克劳斯，他对篮球运动的热爱是无人能比的。杰里·克劳斯，感谢你这本精彩的书和视频库，感谢你这一生为篮球运动所做的一切！

迈克·沙舍夫斯基，杜克大学男篮主教练
美国奥运教练（2008年、2012年和2016年）

序言

"我会努力给这个世界留下一些我发现的更加美好的地方。"

——詹姆斯·奈史密斯,篮球运动创造者

本书是建立在*Better Basketball Basics*这本书的基础上的。《更好的篮球基础》主要讲述了篮球运动的基本技巧,于1983年首次出版,书中包括550幅连贯的描述性图片,深受广大教练的欢迎,并先后印刷了两次。1991年,通过对《更好的篮球基础》一书进行进一步的提炼,诞生了《篮球技术与训练精要》第1版(由Human Kinetics出版)。第1版出版后,很快就成为畅销书,深受篮球教学人员和球员的欢迎。多达10万名教练和球员认为这本书是通俗易懂且内容全面的篮球教程。

1999年,在《篮球技术与训练精要》第2版中,唐·迈耶和杰里·迈耶成为本书的联合作者,他们各自在自己的职业生涯中成功地运用了篮球运动的基础技术,将两代人的训练和教学经验融入这本书中。该书的第3版(2008年)有重大创新。具体来说,第3版包括了两个小时的视频演示。事实上,这部分内容对未来的篮球运动员和教练们来说是一份馈赠,并成为第4版《篮球技术与训练精要》专门为读者制作的新视频库的基础。读者可以获得一系列的视频片段,视频涵盖了所有的基本技能以及教授和学习这些基本技能的关键提示,再加上精选的训练,读者能够学习所有的篮球基础知识。有关如何获取视频片段的说明,请参考"在线视频访问说明"。

因此,本书已成为教练、球员和家长们心中的篮球基础知识来源。第4版的改进包括以下内容。

- 对每种基本技术的概念进行了更新和扩展(把杰里·克劳斯和唐·迈耶的篮球理念进行整合,同时引入了其主要分支——丹尼斯·赫特教练的训练方式)。
- 为了使球员获得更好的学习效果,除了介绍教学方法,还分别对教和学进行了相应的讲解。
- 为那些注重篮球基本技术的教练和球员提供了参考资料。
- 增加和改进了图片中篮球场上的各种标识,提供了更加清晰、准确的图形展示效果。
- 关注教与学共同体。
- 增加了先进的任意轴心脚(EPF)步法和面对篮筐的"ZAK-Attack"技术,旨在帮助球员从高位和短角区域(short corner)攻击篮筐。
- 拓展每一章循序渐进式的演练内容。

- 技能评估，包括观察性措施（在发现并解决问题部分）、通过制定和增加"在一定对抗强度下"的投篮演练（在第4章中介绍）来衡量状态和改进的量化措施。这些演练起源于1982—1983年克劳斯与俄勒冈州立大学的奈史密斯名人堂教练拉尔夫·米勒一起度过的一年。拉尔夫·米勒利用这种自我评估技术与进攻基础知识，制定得分目标，并进行相关的演练，让球员和球队在比赛中进行对抗。他精心挑选的6次演练，形成了一套完整的个人和团队攻防教学的自评体系。这些同侪压力下的自我训练方法对教练来说是非常有用的。这种技巧大大提升了教练和球员在比赛中互相帮助和训练比赛动作的速度。
- 特别强调了国际篮联的规则中加入了EPF步法并更加强调了内线进攻，同时也注意到了美国和国际篮联步法的差异，并讨论了美国和国际篮联基本规则的区别。

关于这本书的历史，主笔者杰里·克劳斯还有一个说明："这本书第1版的起源可以追溯到1982年，当时我的导师之一，名人堂球员兼教练约翰·伍登（也是我的主要教练和导师——北科罗拉多大学的乔治·塞奇的导师），在加利福尼亚大学洛杉矶分校接待了我。伍登是一位和蔼可亲的东道主和导师，尤其是对年轻教练来说，这是我终生难忘的一课。当他被问及是如何学习基本技能的时候，他告诉我，他每年都会不断地更新和研究其他教练关于基本技能的想法，并将这些想法调整到他的项目和球队。我采用了这种方法，开始整理每个技能领域的关键概念。到1984年，这项工作促成了我的第一本关于基本技能的书（就是前面提到的《更好的篮球基础知识》）。为了感谢伍登教练对篮球运动的贡献，以及他激励我写下了我的第一本书，这本书的每一章的结尾都有一句约翰·伍登的名言，这些名言是约翰·伍登的智慧的体现，它们在我的职业生涯中特别有意义。没有约翰·伍登教练作为榜样，我就不会成为篮球史上最高产的作家。"

在篮球运动的各个阶段中，基本技能为成功奠定了基础。例如，迈克尔·乔丹、蒂姆·邓肯、勒布朗·詹姆斯和斯蒂芬·库里，史上最伟大的4位男球员，以及女强人考特尼·范德斯鲁特、苏·伯德和戴安娜·陶拉西，他们都将强大的天赋能力与正确、快速地运用基本技能结合在一起。这些优秀的技能都是通过多年的努力和不断改进而形成的。约翰·伍登教练表示，所有球员必须学会正确、快速地运用基本技能，才能使个人和团队获得成功。本书可以帮助所有的教练和球员达到这个目标，因为教练要努力成为更有用的教师，让篮球运动变得简单易学，让球员能够更有效地学习，更高效地学习，同时培养他们对篮球运动的热爱。

伍登金句

"不在于你做什么，而在于你做得有多好。"

——约翰·伍登

发展教与学共同体

"我是一名教师，同时也是一名教练。教学是我最热爱的事情，也是我的教练风格的核心所在。我的职业给我带来的最美好的东西就是我可以将知识教给别人。"

——迈克·沙舍夫斯基，美国杜克大学篮球队主教练，
2008年北京奥运会美国国家篮球队主教练，奈史密斯名人堂教练

每名运动员和教练都应该养成终身学习的习惯，因为生命本身就是一个不断学习的过程。每个人都应该使自己在不断的学习中获得提高，使自己在篮球运动以及整个生命中不断进步，防止重复过去的那些错误，同时善于借助别人的经验，不断提高自己的表现（包括在篮球运动中的表现）。学习是最能体现时间价值的方式之一。

无论是球员还是教练，都应该认识到学习所具有的价值。如果拥有积极的态度，学习就会变成一件很自然、充满乐趣，同时能够让人获得满足感和成就感的事情。带着开放的心态学习和成长，能够获得事半功倍的学习效果。为了达到学习目的，人们会自然地将自己想要获得的东西与需要学习的统一起来，将二者有机地结合在一起。在篮球比赛中，教练需要让比赛变得简单易学，球员也需要做好准备，虚心学习，只有这样才能为成功打下基础。

如何才能更有效地学习？掌握这一点能够帮助球员和教练最大限度地利用本书中提供的相关指导内容。以下基本概念能够帮助你获得更加有效的学习效果。

- 勇于承认错误或不足。要明白自己并非什么都精通，也要正视学习过程中可能会被人嘲笑或者出现一些错误。害怕失败是一种常见的情况，必须要克服这种情况，才能最大限度地提高学习效率，成为一个终身学习的人。要学会不断提出问题并尝试解决，使自己养成能够正视错误的心态。

- 开始学习时要善于提出问题。每天醒来后，都要回顾一下自己对篮球技术的了解。面对挑战并提出各种问题能够督促自己学习更多的知识。要抱着谦虚的态度，借助自己有限的知识去学习更多的知识。

- 要善于将自己掌握的知识应用于实践中。如果你对为什么要使用这项技能充分了解了，那么这项技能对你来说就会更有意义。当你知道了开发和使用技能的原因时，这项技能或概念你就可以学得更好。作为

一个学习者，你首先应该发现"为什么"；然后，如果你是一名教师或者教练，就把这个"为什么"传达给你的学生或者球员。这个传递过程既能提升学习的效果，又能为学习的过程提供动力。

- 既要为自己的学习负责，也要为周围人的学习负责。由这种方式产生的协同作用使个人和团队层面的学习速度更快，学习的内容更加深入。当一个团队（包括球员和教练）成为一个教与学的共同体时，学习效果将会显著提高，因为它是教师和学习者的焦点。教与学共同体能促进所有情况下的学习，包括教练与球员之间的学习（反之亦然），球员与球员之间的学习，以及球员与所有其他人之间的学习。这些学习情境有助于培养积极的态度，使每个人都能在成为终身学习者的道路上昂首前进。

- 要善于总结并利用经验。将经验运用到自己的学习中。通过不断训练来提高自己的技术。在训练中能够发现自己存在的不足，并通过专门的训练不断地使自己获得提高。

- 要善于从他人身上汲取知识，特别要向那些已经获得成功的人学习。教练则应该向那些进入名人堂的教练学习，从最优秀的人那里学习他们最优秀的理念。例如，名人堂教练约翰·伍登发现了与成功相关的特质，并以积极努力的工作态度和饱满的学习热情为基石，创造了属于他的成功金字塔。球员之间也应该互相学习，还应该向那些技术更好、经验更丰富的球员学习。以旁观者的视角观察他人也是一种非常好的学习方法。

  约翰·伍登对成功的定义，是在他辉煌的教学和教练生涯中，经过长期的努力而形成的。这个定义的由来是他对学习成绩的不满，在他看来，学习成绩并不代表着一切，它不能让所有努力拼搏的学生都获得自己想要的成功。他的结论是，所有的学生和运动员都需要一个对于成功真正的定义，在这个定义中，只要学会了如何成为更好的自己，所有人都可以是成功者。因此，他对成功的定义就变成了以下这句话："成功是内心的宁静，这是知道自己已竭尽所能做到最好后获得的满足感"（约翰·伍登和安托万·贾米森，2004: 86-87）。对这句话的解释可以是"尽力成为最好的自己"。除了让所有的球员和教练尽自己最大的努力成为最好的自己（在学习和生活中），我们还能要求什么呢？

- 在教学中学习。球员应该勇于相互学习和交流，也可以充当一些年轻球员或者经验不足的球员的老师。最好的传授方法就是将自己最好的技术展现给学习者。相比于嘴上说的，其他人对你的行动会更感兴趣。同时，直到我们把一些东西教给别人，或与别人分享，我们自己才会完全了解这些东西。当球员教其他球员时，作为教师或教练的球员比学生球员能学习到更多的东西，因为作为教师的角色需要一个人准备和学习更多的东西，只有这样才能更有效地帮助学生学习。

- 就像教师或教练要做好教学准备一样，球员要想在教与学的共同体中完成学习目标，必须要有开放的学习态度，做好学习的准备。正如约翰·伍登所言："在学生没有学会之前，教师就相当于还没有教过"（斯文·纳特和罗纳德·加利莫尔，2010: 103）。真正的目标是让球员学习和提高，这才是对教学效果最好的检验。

- 学习的关键目标之一是能过上自己满意的生活，我们应该为了学习而生活，而不是为了生活而学习。人类是天生好奇的，他们几乎总是能抓住学习的机会。这种现象在以下简单的陈述中得到了很好的体现：学会活到老，学到老。

- 永远不要停止学习的步伐。当你能够将自己所学的知识与日常行为融合在一起时，就能从中获得巨大的收益。

篮球技术与训练

本书主要讲的是教练如何教会球员掌握篮球运动的基本技能。基本技能的掌握在很大程度上取决于教学过程的优化，优化过后产生一个成功的教学方法，也就是说球员可以在最高水平的教学过程中掌握篮球运动的基本技能。

因为移动技术是随着时间的推移而学会的，训练的时间越长，技能就会越强，所以耐心是必不可少的。任何运动员都会在比赛中带着某些与生俱来的运动特征，我们通常称之为能力。基本的移动元素（如反应时间、力量的运用以及深入的洞察）都是构建移动能力的要素。在教与学的过程中，应该注重在这些能力的基础上不断提高篮球运动的技术。

很多教练和篮球运动的专家认为球员更倾向于"形式大于内容"的思维，并且更喜欢使用与生俱来的能力（能够快速见效），而不是提高自己的技术（这是一个比较漫长的过程）。进行团队训练时，相较于进行具有挑战性的传球和接球，大多数人认为灌篮更易于实现。本书主要讲述篮球运动基本技术教学中所需的循序渐进式方法。这种方法根植于脚踏实地的训练，而不是只体现移动能力的形式主义。教练和球员要注重对篮球基本技术的全面训练，而不是某个特定的方面。需要在提高篮球运动基本技术的基础上来提高球员的整体水平。

通常情况下，教练和球员会通过训练的方式来提高自己的技术。尽管如此，训练本身只是一种方式，而不是最终的结果。因此，关注点应该是你想要掌握的技术，而不是训练本身。我们在本书中对各种训练方式进行了认真挑选，目的是帮助教练和球员提高他们的篮球基本技术。所有教练都可以从帮助球员发展或调整最适合他们的打球理念和体系的技能中受益。通过精心选择和正确使用能促进学习的训练，才能更好地发展技能。

教练和球员可以通过修改和发展自己的训练来学习篮球技能，最终以比赛中的速度完成比赛动作。正如俄克拉荷马州立大学的奈史密斯名人堂教练亨利·艾巴所言："用比赛的形式来进行日常训练"（个人通讯，1969年9月）。

学习的水平

研究移动技术的专家发现篮球技术的学习需要经历3个阶段。

- 认知阶段。球员在脑海中形成某个技术的画面，这种画面通常源于教师或教练的演示或描述。因为视觉通常是占主导地位的，尤其是对于这个阶段的学习，教练应该通过示范和讲解给球员描绘一组完美的技术动作。

- 训练阶段。球员开始模仿教师或教练的演示，并不断纠正和加强自己的模仿动作，对技术重复进行训练。约翰·伍登强调了这一关键步骤，他说最后的5个学习步骤是"重复、重复、重复、重复、再重复"。
- 自动形成阶段。球员能够不经考虑就自然地运用某种技术。如某种移动方式已经成为他们的习惯，他们就可以在真实的比赛中按照比赛的节奏将其运用出来。

训练应该利用这种重复的过程，来达到以多次训练实现完美技术动作的最终目标。分阶段学习基本技术时会运用到视觉、听觉和运动感觉等。

- 技术的外观。球员了解某个技术的外观后，就可以通过占主导地位的视觉能力来学习这项技术。队友或训练搭档可以在球员训练时于一旁观看，帮助提高球员动作的正确率并纠正他们在训练中出现的错误。为了在团队中训练这些基本技术时获得最大的效果，教练应该说服所有的球员都与队友一起来训练这些基本技术。一个团队的强大程度取决于团队中最薄弱的环节，同时还取决于是否每名球员都能主动将自己的经验传授给其他成员［例如，通过回声呼叫（重复教练的指令或"关键提示"），后面会讨论］，从而使所有球员都能更有效地学习。为了有效地指导球员，教练必须提供准确、简明、正确的讲解，并让所有球员都能理解。
- 技术的声音。球员了解了技术的外观后，可以将关注点转移到技术的声音上，如在地面上运球的声音或者正确传球和接球时所发出的声音。
- 技术的感觉。球员的运动感觉对提高篮球技术非常重要。如可以在训练罚球时紧闭双眼，或者在运球时眼睛盯着篮网或者篮筐，而不是篮球。

形象化是一种综合运用以上3种感知的精神工具。球员在脑海中将正确运用某种技术的过程形成画面时，学习就会变得更加轻松。最好的方法是球员在脑海中不断重复正确运用某种技术时的画面，如技术的外观、声音以及感觉。通过这种方法，球员会主动根据需要加强对某种技术的外观、声音和感觉的认知。

交流

篮球教学中教与学最重要的组成部分之一是交流。能够将信息以易于接受的方式传授给球员是一种非常有价值的能力。球员和教练必须每天都努力提高这种能力。应该将注意力集中在球员学到了什么，而不是教练教了什么，这一点非常重要。因为并非所有球员都使用同一种学习方式，他们的学习节奏也不尽相同。对某一名球员有效的教学方式并不一定对其他球员也有效。对于教练来说，教学中的挑战是如何让每位球员获得最佳的学习效果。交流就像学习一样，需要具备耐心、开放的心态以及共同的目标（通常情况下是为了获得知识）。具备所有这些元素后，教练、球员以及整个团队才会最大限度地实现成长与成功。

目前有很多有效的交流方法，其中一种名为"回声呼叫"（echo call）。使用这种方法时，球员需要不断重复关键点的教学提示或者教练的观点，目的是确保所有球员都能记住这些提示或观点。为了提高学习的效率，球员之间也要进行交流和学习。这种听觉交流还能够加强团队成员的默契，达到心领神会的效果，因为在比赛时球员之间并没有太多的时间进行交流。

为了培养交流技巧，在 *Successful Coaching* 一书中，作者雷纳·马滕斯列出了有关增强交流能力的6个方面。

- 信任。
- 积极的方式。
- 通过情绪传递信息。
- 一致性。
- 倾听技巧。
- 非语言交流。

让我们简单地逐一研究这些方面。

第一，球员的信任关系是建立在尊重的基础上的。每名球员都应该在自己的篮球生涯中努力构建自己的信心和自尊。无论是教练还是球员，都应该提升自己的自尊心，并获得他人的尊重。

第二，球员与教练之间的交流应该是自然、积极的，应该更多地注重奖励和赞赏，而不是过多的惩罚和批评。相较于告诉球员哪些事情不该做，告诉他们应该做什么是更加积极的一种教学方式。例如，指导球员进行投篮时，教练应该鼓励球员向高处投篮，而不是直接指出球员投篮过低。教练应该更加关注球员正确的那些动作，而不是过多地强调他们所犯的错误，而这也正是大多数教练在教学方式中存在的问题。

第三，在向球员传递消息时，尽可能多地融入实时信息，而不是简单地进行情绪爆发。球员应该知道哪些才是正确的做法，他们需要的不是在出现错误时教练的大声指责。积极的情绪和赞扬通常会获得更好的效果，球员可以从中获得他们需要的信息，以便更好地学习或者纠正所出现的错误。教练也可以适当地使用一些消极的情绪表达和惩罚，但前提是这种消极的方法是备用方法。本书稍后介绍的"反馈三明治"（feedback sandwiches）将提供一些必要的信息。信息特别具体时，球员才能够获得最大的收获。相较于"保持平衡"这样的表达，"头部重心居中"这样的表达会有更好的效果。尽量少使用评论性质的话语，而是多用包含信息的语言，这应该成为教练的教学准则。

第四，对于教练来说，交流的一致性同样非常重要。球员希望从更成熟的人那里获得一致的信息和反馈。保持一致性能够使教练更舒适地与球员进行交流，无论这种交流是语言性的还是非语言性的。无论何时，教练应该尽量使自己所说的与自己的行为保持一致。如果教练言行不一，那么运动员很快就能感觉到这种状况。他们希望教练能够诚实并保持真诚。正如雷纳·马滕斯所说："你做的要像你说的那样好。"

沟通发展的下一个领域——倾听。在增强交流能力的过程中，最大的挑战是倾听。好的倾听者会与说话者保持眼神交流，一直尝试理解说话者的意图，给予说话者一定的尊重并与之互动。教练应该注重使用双向交流的方式与球员进行交互，让他们说出自己的想法和问题。球员则应该具备不怕犯错的心态，这能够帮助他们提升倾听的效果并减少在交流过程中出现的恐惧、怀疑以及忧虑的情况。倾听时，积极的身体语言等非语言交流也是非常重要的。身体姿势、适当的身体接触以及声音的质量，都有助于提升交流和倾听的效果。

衡量交流效果的基本标准是球员能够学到什么，而不是教练知道什么。因此，对于教练来说，他们有必要增强自己的交流能力，以便让球员获得更好的学习效果。SLANT学习法是改善交流的最有效的工具之一，在许多教育环境中都有使用。这种方法以身体语言为基础促进主动学习。

图1所示为SLANT学习法，如其名称所示，SLANT学习法包括以下几个要素：坐起来或站起来，聆听，问问题，点头，双眼跟随说话者。在第一个层面，坐起来或站起来学习，换句话说，要虚心学习。在第二个层面，不要只听，而是有目的地听教练、老师、队友的声音。为了引出这个层次，我们经常用

	学习法
T	双眼跟随说话者（集中）
N	听明白的时候点头（双向交流）
A	不明白的时候就提出问题
L	聆听，不仅是听（用两只耳朵听）
S	坐起来或站起来（倾身学习）

图1 SLANT 学习法
源自：E.S. Ellis, "A Metacognitive Intervention for Increasing Class Participation," *Learning Disabilities Focus 5* no.1 (1989): 36-46.

"用两只耳朵听"这句话。为了保证参与度，球员还必须自觉地提出问题，从而形成一种开放的学习态度，当球员不懂的时候，也要及时跟进。第四个层面要求球员在听懂了之后进行双向交流，如在感觉到有联系的时候，可以点头反馈。最后，最好的学习技巧是让球员用双眼主动跟随说话者（即教练或队友），这是最重要的学习技巧。通过运用这些技巧，学生、球员和老师、教练可以使学与教变得更有效。

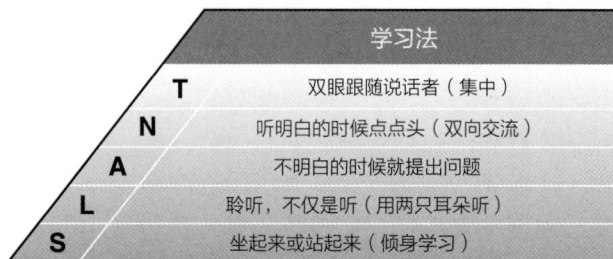

反馈

如果按照以下准则提供适当的技能反馈，学习过程就会更快。

- 经验丰富的教练所提供的反馈能够带来最好的效果，但是球员也需要学会在任何可能的时候提出自己的反馈信息。例如，球员可以观察自己在跳投前后双脚的起跳点和落脚点，这两点是影响投篮速度和平衡性的重要因素（投篮者应在起跳点稍稍靠前的地方落下）。

- 必须告知球员哪些动作是正确的（进一步强化）以及哪些动作是不正确的（提供有关错误的信息）。应该先让球员认识、承认并理解自己出现的错误，然后根据需要制订具体的计划来纠正这些错误。

- 纠正球员的错误应该是一个持续的过程。对球员自己来说，最好的纠错方式是认识到错误（在教练的帮助下），再了解并承认这些错误（与其他球员交流），然后从错误中吸取教训并改正错误，进而不再出现这样的错误。

- 与笼统的反馈相比，传递具体的信息是更好的方法。"很好、很完整的跟随动作"比"很好的投篮动作"具有更好的效果。

- 要及时地提供反馈信息，越快越好。训练的时候，可以把训练中的球员叫到一边指导，通过这种方式进行个别反馈。球员们很容易适应这种辅导方式，因为这种一对一的指导方式可以给他们提供必要的信息，他们也会因为个人的关注而被激励。这种方式既可以用于在

犯错误时进行信息反馈，也可以用于在正确表现时进行强化反馈。当然也存在一些例外，如当教练和球员都处于情绪比较激动的状态时，可以在赛后再进行反馈。

- 使用"反馈三明治"模型。教育专家丹尼斯·道切夫推荐了一种由3个部分构成的反馈信息模型：强化（发现正确的行为）、提供信息（纠正需要改进的技术或者行为），以及赞扬（给予鼓励）。类似的场景可能会是这样的："吉姆，你投篮时手部动作做得非常好，但是你应该降低身体重心并增加双脚之间的距离，这样可以获得更好的平衡……这样更符合比赛的节奏。"冠军大学球队的教练迈克·邓拉普在他的教学反馈中使用下面这种形式。

  赞扬。

  交流并提供指导（提示并纠正错误，告知下一步的正确做法）。

  给球员独处的机会（给他们学习和消化的时间）。

反馈有助于球员更快地学习，更好地保留技能。

教与学的一般建议

1. 教练也是教师的一种。

- 知道教授某种技术的原因，这一点对教师和学习者来说都很有帮助。
- 首先关注技术本身，而不是训练或者策略。
- 相较于自己正在做的，要更加关注自己做得是否足够好（执行效果大于重复，质量大于数量）。
- 教学时，首先预览（告知你将要讲述的内容），然后浏览（开始讲述），接下来回顾（告知你刚才讲了什么内容）。
- 帮助球员消除他们在学习过程中存在的恐惧、怀疑和忧虑的情绪。

2. 恰当地演示并解释下面的情况。

- 确保所有球员都能看到并听到你的讲解。
- 正确地讲解，在球员脑海中形成清晰的画面。
- 重复演示，从两个角度重复两次或以上。
- 使用简洁、清晰的语言解释。
- 只介绍关键的点（不要讲得太多）。
- 立即训练。球员应该在实践中学习，如果不立即实践，他们可能会忘记刚看到的演示或者听到的讲解。
- 加强训练，使行为成为自己的习惯（好的和坏的行为都是如此）。

3. 使用渐进式的教学方法。

- 由慢到快，先保证动作的正确性，然后提高动作的执行速度（最终目标是与比赛中的场景和节奏一致）。
- 由简单到复杂。例如，从步法开始，然后到全身动作。
- 按照一定的顺序教学（先从起点到终点，再从终点到起点），然后反过来执行。

4. 球员和教练需要保持开放的学习态度（保持谦卑学习的心态）。

- 开始学习时全盘接受，随着经验的丰富，再有选择地调整。

- 每一天都努力提高自己的技术（不能原地踏步，必须不断进步）。
- 注意接受教训，总有值得自己去学习的东西（努力去寻找）。
- 善于向他人学习，借助别人的经验（无论好坏）来提高自己。
- 与队友多交流并彼此鼓励（通常情况下，教练扮演批评者的角色，而队友之间要互相欣赏和鼓励）。
- 控制自己所能控制的（每个人都可以对自己的态度、行为和反应具有完全的控制），至于其他方面，无须顾虑太多。

5. 找到适合每个人的最佳学习方式。
- 视觉（观察技术），解读技术或观看演示。
- 听觉（倾听技术），获取更多的解释或者倾听技术的声音。
- 运动感觉（感觉技术），对技术进行实践。

6. 教练应该使用的方法。
- 形象的词语表达（如用"快速的脚步"来表示快速移动双脚）。
- 类比和比喻（如将快速启动的动作比喻成弹簧）。
- 要点提示（如"完整的跟随动作"）。

7. 需要教授的基本技术以及其他内容。
- 条件。
- 刻苦和坚持不懈。
- 实地训练和角色扮演训练。
- 交流（使用足够大的声音及时进行交流）。
- 如何竞争。
- 竞争的重要性。

8. 要努力成为全能型教练，帮助球员全面发展。
- 身体（条件和技能）。
- 精神（心理）。
- 社交（团队合作）。

9. 无论是球员还是教练，都应该对自己取得的成绩进行评估。可以使用一种名为"一分钟评估"的方法对自己的成绩进行评估。这种方法不但快速，而且非常有效，它能够收集球员在场上和场下的反馈和相关的信息。教练可以使用这种评估方法对球员的实践、团队策略（进攻或防守策略）或者团队规则进行评估。该方法包含3个部分：值得赞扬的技能、动作或者表现（并表明原因），可以改进的地方（并指出如何改进），相关的观察和评论。这种简单的方法允许教练将相关问题打印在索引卡或普通纸上或以电子方式分发，供各种场合使用。

一分钟评估

a. 哪些方面是优秀的？为什么？

b. 哪些方面需要改进？怎么改进？

c. 评论：

---

10. 教练和球员都需要对自己有充分的了解，不断发展自身的天赋，同时帮助身边的其他人，这对于个人来说，才是最终的目标。

为了建立一个有效的教与学共同体，我们必须关注球员，关注他们在球场内外的学习和提高。更具体地说，为了在篮球训练的基础上构建一个强大的发展计划，教练必须发展一种教与学的哲学，并成为一名优秀的教师。在任何项目中，教练都是真正的改变者——既是领导者，也是老师。图2描述了一个一步一步循序渐进的路径图，能帮助教练解决关键领域的问题，让教练成为优秀的教师。这个模式是在我的教学和教练生涯中形成的。成功的基本要素如下。

- 期望值：设定一个高一点的目标，但是要能够实现。
- 教与学共同体：建立一个以学生和球员的学习为中心的共同体。
- 重点：把教与学和你花在语言和行动上的时间相匹配。你在实践中进行教授的时间和花费的其他时间应该反映出你的指导思想和重点。
- 评估：为球员个人、团队和教练组成员提供评估状态和进步的标准。
- 鼓励：通过精神生活上的鼓励激励所有人成为他们最好的自己（即你的情感应该反映你基本的人生观和方向）。
- 需求：激励球员，作为最后一步，划定领导者的界线，也就是让每个人都承担责任。

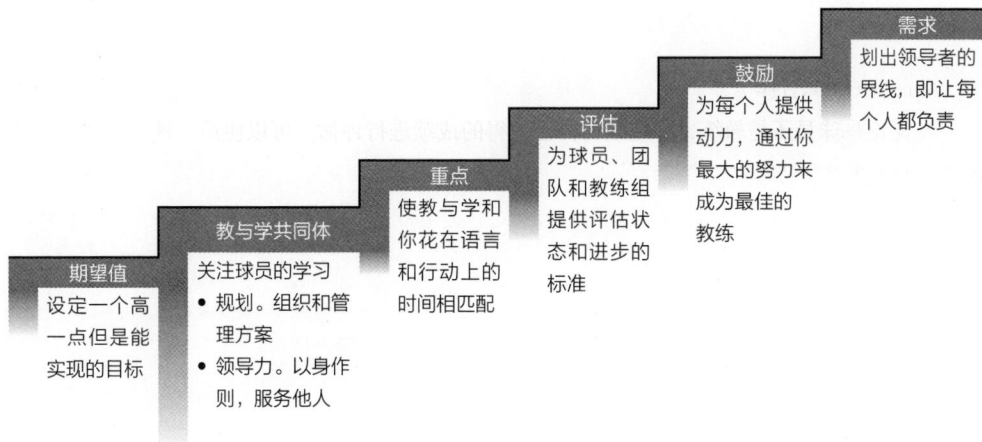

图2 成为一名优秀的教师

这本书提供了大量可供参考的指导和信息。篮球技能教学的未来取决于培养一个有效的"教与学共同体"。为了能从本书中获得最大的收获，教练和球员可以使用以下指导方针。

- 发展教与学共同体。
- 努力、有目的地进行基本技能训练，使篮球基本技术简单易学。
- 成为一名优秀的教师和学习者，成为最好的自己。

伍登金句

"你从你所知道的事物中学到的东西才是最有价值的。"

——约翰·伍登

图标含义

⊕   持球球员

○   进攻球员

X   防守球员

◌   换位球员

■   内线球员

C   教练

1   球场的特定位置

——→   球员移动路线

- - - →   篮球移动路线

——⊣   掩护

∿∿∿→   运球

(1)   传球号码（表示传球的指令）

🐾   步法或球员的位置

⊣   正面方向

第 1 章

身体控制和基本步法

"步法和平衡是贯穿整个比赛的必要元素。
而处理球的时间只占整个比赛的10%都不到。"

——皮特·纽厄尔，奈史密斯名人堂教练，前加州大学伯克利分校主教练对于每个教练来说，首要任务之一就是教会球员如何移动和控制自己的身体。对于所有球员来说，基本的移动有时也称为"篮球基础"，是最基本的能力。教练需要教会球员如何有效（达到移动的目的）和高效（以最佳的方式移动）地移动。他们应该让球员学会如何节约时间和空间，带着特定的目的去移动，并减少无效的移动。从根本上来说，篮球运动是一项有关平衡和速度的运动，所有的移动都应该注重平衡和速度。球员应该努力使自己的运动节奏更加紧凑，这意味着既要有最快的速度同时又要保持对身体的控制。

对于教练和球员来说，应该将整体的思路放在如何增强个人的平衡能力和提高速度上。平衡能力基本只取决于步法的优劣，从脚开始，在头部结束。头部的重量大约为4.5千克，再加上它处于身体上方的位置，所以头部是获得平衡的关键部位。头部位于身体正中间的位置，并且整个身体都在支撑它。头部首先朝着目标方向快速移动，进而打破身体的平衡，让球员快速朝着这一方向移动。与此类似，速度与头部和脚部相关，只是方向不同而已。速度首先是一种思想状态（思维上期望获得速度，然后才能体现在行为上），从头部开始，以脚部结束（取决于步法）。无论是平衡还是速度，都取决于正确的步法，同时也与头部位置和思想状态紧密相关。

篮球运动也是一项有关手部和脚部移动速度，以及在合适的时间正确使用该速度（整个身体的运动）的项目。教学时，应该强调正确执行这些动作的要求，以及在合适的时间快速进行正确的移动，同时增强个人的（身体的、精神的）和团队成员的平衡能力，还有进攻和防守时的站位能力。从这里能再次看出篮球是一项关于平衡和速度的运动。这个想法也可以应用到所有技能的学习中：首先通过慢慢学习正确掌握技能，然后以一定的运动速度朝着运动方向前进，最后提高速度。

篮球运动中的6种基本位置和移动方式是站位、启动、迈步、转身、急停和起跳。鉴于速度本身很重要，因此这些基本的姿势都应该围绕"速度"这一中心词汇来进行。

快速站位

球员需要养成能够随时快速移动的篮球基本站位习惯。快速站位需要球员具有足够强的肌肉力量，以及核心（腹部肌肉以及背部下方的肌肉）耐力。教授进攻和防守的快速站位是一项具有挑战性的任务，由于年轻球员的肌肉力量和耐力都不够强，无法长久地保持站位，所以耐心对于教练来说是一个基本的要求。执行快速站位时，最重要的环节是做到并保持屈膝和屈肘。所有关节应该处于活动状态，并随时待命。篮球比赛需要球员尽量压低重心。球员的身体越低，跳得就越高，向篮下突破时的爆发力越强，面对防守时速度越

快，处理球的能力也越强。"站位和移动时都降低身体重
心"是所有球员都应该掌握的重要概念。

指导球员体会快速站位时的感觉——随时准备执行
任何动作，保持敏捷性。要一直保持这种基本站位并不
轻松，球员必须习惯这种奇怪、不自然并有点像猴子一
样的姿势。球员应该使用"坐姿"，降低身体重心，并持
续保持姿势。连续并及时地向球员强调这种姿势，这样
能够慢慢培养球员自动形成快速站位的习惯。要想提升
整体速度，应该同时提高思维速度、感觉速度，进而快
速地提高自己的篮球技术。对于球员来说，要测试快速
站位姿势，一个比较好的方法是想象自己正坐在一把椅
子上，头部稍稍后倾，不超过地面与膝盖的垂直线，如
图 1.1 所示。

图1.1 快速站位姿势测试——以"坐姿"训练站位（侧面图）

脚部位置

在绝大多数情况下，最佳的脚部位置是站位时双脚稍微错开，脚尖略微
向外，而不是笔直向前。双脚分开，与肩同宽，前脚的脚背与后脚的大脚趾
处于同一水平线上（参见图1.2）。这种姿势允许球员向任何方向移动。要形成
这种脚部姿势，球员应该首先将双脚放在一起，然后向前移动惯用脚，直到
脚背到达后脚大脚趾的位置，接下来再向侧面迈惯用脚，使两脚的间距与肩
同宽，以保持平衡并获得较快的速度。

向侧面移动，或者接球、急停、运球后急停，以及防守球员横向移动时，
最佳的应对方法就是使用图1.3中所示的平行站位。这种姿势产生的身体力量
能确保篮球直接进入篮筐，因此同样适用于投篮。比赛中，球员可以熟练地
进行两种姿势的转换。

要点提示
快速站位时，双脚分开，脚尖略微向外。

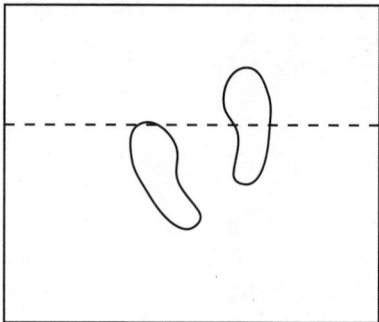

图1.2 交错站位（俯视图）。脚背与脚趾的关系：双脚分开，与肩同宽，后脚脚趾略向外。图例为进攻快速站位（右手球员）

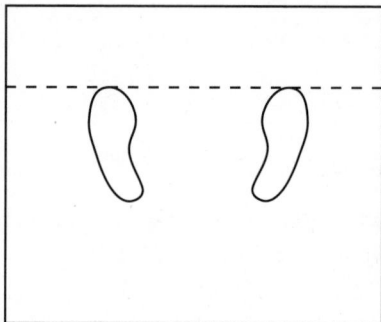

图1.3 平行站位（俯视图）。脚趾与脚趾的关系：双脚分开，与肩同宽，脚趾略微向外

重心分配

应该将身体的重心均匀地进行分配，从一侧到另一侧，从前到后以及两脚之间。脚跟向下，身体的大部分重心（60%）应该置于脚掌上，虽然在感觉上似乎脚趾和脚跟承受了更多的压力。脚趾弯曲并且脚跟不要离开地面。

很多球员可能会错误地将身体的全部重心放在脚掌上，使脚跟离开地面。这种姿势会使移动速度变慢，因为强力移动时，必须先将脚跟放下来。为了让球员更好地感觉这种姿势，一个比较好的方法是让他们采用"鹰爪"姿势，即脚跟向下，脚趾弯曲，感受脚趾抓地的感觉。

球员处于防守状态时，应该在基本的快速站位中加入快速脚步的动作。快速脚步意味着保持双脚持续活动，同时两脚不能同时离开地面。这种技巧能够使腿部肌肉保持伸展状态，为任意动作做好准备，提高防守球员的移动速度。训练快速脚步时，球员可以想象自己正站在烧得滚烫的煤炭上，双脚交替运动，但不能同时离开地面。无论是进攻还是防守，执行快速站位时必须将身体重心置于整只脚上。

头部和躯干的姿势

为了更好地保持平衡，球员应该将头部置于身体重心的中央位置——三角形的顶点，双腿均等地置于身体两侧，双脚成横向的直线（参见图1.4，前视图）。头部居中，重心由前向后，腰背挺直，肩膀后倾，上身与大腿垂直并稍微前倾，胸部向外，头部位于膝盖后方，呈坐立姿势。

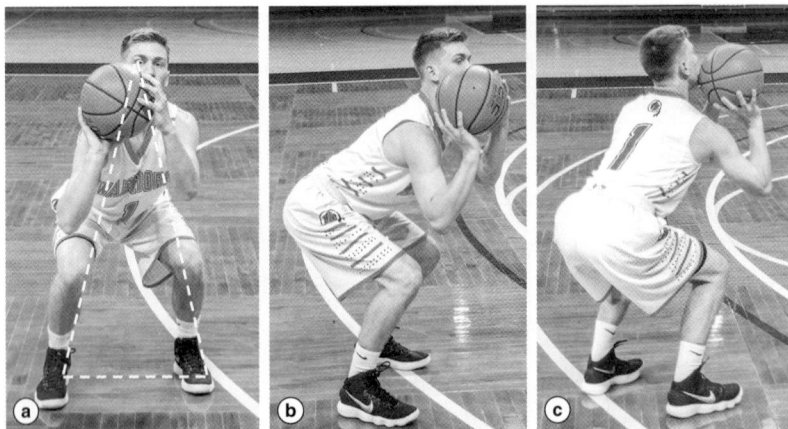

图1.4 进攻时快速站位（三威胁姿势）：a. 前视图——头部是平衡的关键，抬头并使头部在三角形顶点保持敏捷状态；b. 侧视图——坐立姿势，背部挺直，胸部向外，抬头；c. 双手持球并护球

手臂和腿部

　　指导球员学会保持关节部位（脚踝、膝盖、胯部、肩部、肘部以及腕部）处于弯曲并随时待命的状态。约翰·伍登教练建议身体上的所有关节部位都应该保持弯曲，以便能够立即进行下一动作。进攻球员可以通过弯曲关节部位并使球贴近自己身体的方式加快自己的进攻节奏（在投篮区附近持球并护球）。投篮时将投篮手置于球后，并采取三威胁姿势，随时准备投篮、传球或快速突破。防守球员也可以通过弯曲关节部位（屈肘）使手臂贴近身体，同时在步法中加入快速脚步的动作来加快自己的防守节奏（移动）（参见图1.5）。为了获得平衡和更快的速度，球员应该保持手部和肘部弯曲，使手臂贴近身体。每只脚的脚底必须全部接触地面。提醒球员保持身体处于较低的位置——膝关节的角度应该处于90~120度，这样能够保持身体重心处于较低的中立位置，进而获得更快的速度和更好的平衡效果。

图1.5　关节部位弯曲时的防守快速站位：a. 前视图；b. 侧视图

快速站位的教学要点

- 执行动作前做好准备工作：双脚和双手处于待命状态。
- 保持全身各个关节部位处于弯曲状态。
- 移动和静止时身体保持较低的位置：以坐立姿势比赛。
- 快速进入状态，保持快速站位。
- 抬头、挺胸、后背挺直。
- 保持身体重心处于整只脚上，脚跟向下（鹰爪姿势）。
- 防守时，保持双脚持续移动（快速脚步）。

快速启动、迈步、转身和急停

进攻和防守时，要想快速、有效地执行快速站位的动作，需要使用启动、迈步、转身（绕轴心脚旋转）以及急停等基本动作。指导球员在正确的时间点上，快速、准确地执行这些动作。球员需要在开始时缓慢进行训练，首先找到执行这些动作的感觉和节奏，然后加快完成技术动作的速度，出现错误时要及时叫停并纠正。球员可以从错误中获得经验，进而学会按照比赛节奏去完成这些动作。

在篮球运动中，球员的整体速度，即整个身体从A点移动到B点的速度是很重要的，但是没有敏捷性，即手和脚的速度重要。教练应该努力提高每个球员的敏捷性。"快速思考并快速执行"应该成为每个球员孜孜不倦的追求。

快速启动

完成快速站位时，启动是球员必须首先掌握的。要做到快速启动，球员应该将身体重心及头部移动到想要移动的方向。例如，想要向左侧移动时，将身体重心移动到左脚上并向左侧倾斜（参见图1.6）。头部是获得平衡的关键部位，在移动身体重心时，头部一直扮演着引导者的身份。

要在一定的时间内快速执行动作，球员必须牢记，所有动作变化都是从地板开始的。这意味着需要快速改变运动方向或者快速启动时，都要采用短小快速的步伐。指导球员尽可能保持他们的双脚与地面接触，并借此使球员在比赛中获得优势。

前脚（引导脚）先移动。从基本的姿势开始，球员应该将身体重心转移到想要移动的方向，使用离该方向最近的脚先迈步。例如，要向右侧移动，首先使用右脚迈步；要向前移动，首先使用前脚迈步，即后脚蹬地发力，前脚先迈步。需要将更多的注意力放在进攻或防守的快速移动上时，经常会使用这种技巧。

有时，在防守时，首先用后脚后退，然后朝想要移动的方向跑动或冲刺，速度会更快，尤其是防守球员被对手晃开，并且必须回追补防时。当持球人使用前脚探步（即假动作）和交叉步（间断的节奏）时，这种由靠后的腿带动的后撤步技术，也可用于进攻中的带球移动。

防守快速启动和迈步。防守时，球员应该使用滑步运动的方式。具体来讲，保持双脚间距与肩同宽，使用短小快速的拖

图1.6 向左横向移动：将身体重心朝希望的方向移动（置于左脚上）

曳步伐，使头部保持水平。这种技巧被称为"推步"（push step）或迈步并滑步（前脚迈步，后脚滑步），前脚借助后脚蹬地产生的力量，首先朝目标方向迈步，迈步时使用短小快速的步伐（参见图 1.6）。完成推步技术动作时，力量来自后脚蹬地，将身体和身体重心移动到前脚上，然后快速拖曳后脚，并再次执行基本站位，而不是将双脚放在一起。球员应该从始至终使双脚处于分开的状态：迈步并滑动，降低身体重心，使双脚分开，同时身体不能过低，双脚的间距不能过宽。无论是引导还是拖曳的滑步，都应该使用短小的步伐（30~60 厘米）进行防守快速迈步，站立时降低身体重心，双脚保持一定的间距。

　　球员应该学习在防守时完成启动，以及向侧面、前面、后面和对角线方向滑步的方法（参见图 1.7），同时保持头部处于水平位置。头部如果向上移动，表明球员由站位状态跳起，而没有使用推步或者滑步来保持原有的姿势。这种跳跃方式被称为"小兔跳"（bunny hop），身体处于空中时双脚并拢，从而失去了在水平地面的优势。因此，头部必须处于水平位置。球员可以想象自己在执行推步时头上顶着一个盘子，以此来提醒自己保持让头部处于水平位置上。

　　进攻快速启动（固定轴心脚）。进攻时，持球的球员（即仍然拥有运球权的球员）可以通过先迈前脚的方式，从三威胁姿势快速启动。持球移动时，进攻球员应该建立一只固定轴心脚（permanent pivot foot，PPF）（通常右手球员习惯性选择左脚，而左手球员习惯性选择右脚）以及一只固定移动脚。无论是以这种方式持球，还是突破，

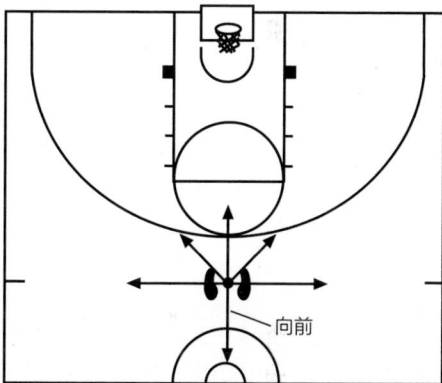

图 1.7　防守时的启动和迈步方向

都可以取得更好的效果。使用固定轴心脚步法，球员可以通过移动脚（通常是前脚）完成快速启动。这种持球移动既可以用于"直接突破"，即从强侧或者球员惯用的一侧突破；也可以用于"交叉突破"，即从非惯用一侧突破。图 1.8 和图 1.9 对这两种突破方式进行了描述。

　　在持球时，使用固定轴心脚步法最大的优势便是，球员能够在三威胁姿势下，更简单、更容易地学会技术动作。此外，使用固定轴心脚步法完成直接突破和交叉突破时，在运球过程中越过防守球员，最安全的步法是通过交叉步保护球，防止被抢断，这需要使用非惯用手运球（参见图 1.9）。当在直接突破中使用固定轴心脚步法时，使用引导步直接向前跨步（参见图 1.8）。相反，当在交叉突破中使用固定轴心脚步法时，进攻球员必须将球移动到身体的另一侧（双手移动护球），同时迈交叉步转到身体的非惯用一侧，以便运球突破防守球员（图 1.9）。总之，固定轴心脚步法提供了一种简单、快速的方法，就是攻击防守球员的前脚。

要点提示
快速迈步：移动和静止时身体压低（把地面当成自己的亲密伙伴）。

要点提示
防守快速迈步（推步）：迈步并滑动，降低身体重心，使双脚分开，但身体不能过低，双脚间距不能过宽。

要点提示
快速防守迈步：保持头部处于水平位置，且尽量放低。

图1.8　持球移动——直接突破（固定轴心脚步法）：a. 进攻快速站位（三威胁姿势）；b. 第一步——较长较低的步伐

图1.9　持球移动——交叉突破（固定轴心脚步法）：a. 三威胁姿势；b. 环绕护球（双手持球）；c. 较长较低的交叉步

固定轴心脚步法的优点如图1.10和图1.11所示，总结如下。

图1.10　使用固定轴心脚步法直接突破：a. 成功过人；b. 彻底摆脱防守

- **直接突破。**快速向前一步，抢占先机；把脚放在防守球员的前脚（引导脚）的旁边（参见图1.10）。这种步法能使持球球员成功过人，并不能让对手失去防守能力。持球球员可以使用胯部与防守球员接触，以阻止后者恢复防守站位。对于年轻球员来说，使用惯用脚和惯用手更为舒适，从而抵消了对球缺少保护的缺点。

- **交叉突破。**持球球员使用快速的交叉步移动到非惯用侧，以攻击防守球员的前脚（参见图1.11）。即使非惯用侧不能体现最大优势，持球球员交叉突破时也能使用推荐的步法使非惯用脚越过或靠近防守球员前脚的一侧，从而获得优先权。持球球员可前脚迈步，使用胯部与防守球员接触，以阻止后者恢复防守站位。

图1.11　使用固定轴心脚步法交叉突破（成功过人，并摆脱防守）

要点提示

持球移动：攻击前脚。

持球移动的教学要点

- 由进攻快速站位或三威胁姿势开始。
- 固定轴心脚步法直接突破：首先使用前脚迈出较长较低的一步，以直线路径通过防守球员。突破球员必须抢占先机，迈第一步使自己的头部和肩部通过防守球员，然后以第二步确定在对抗中的优势，使用胯部与防守球员接触，以阻止后者恢复防守站位。
- 固定轴心脚交叉突破：在身体前方两个腋下之间移动护球。在球后换手的时候，脚步无须做假动作。使用迈步脚直线做一个较长较低的迈步，向与防守球员相反的方向突破通过防守球员，这些都是在第一步中完成的。

快速启动的教学要点

- 进入或者保持快速站位，准备启动。
- 学会利用地面优势，启动时保持双脚紧贴地面。
- 将身体重心转移到目标方向并首先使用头部作为引导。
- 启动时降低身体的高度并移动双臂（用双臂来引导动作）。
- 遵循前脚（引导脚）优先的原则。
- 持球执行直接或交叉突破时，朝篮筐方向直线迈出较长较低的一步。减少横向移动的动作。
- 执行防守滑步时，可以使用推步技巧。使用滑动的移动方式，而不是跳跃，同时要保持双脚之间有足够大的距离。迈步和滑步，降低身体高度并保持足够大的双脚间距：推（后脚发力）、迈步（使用前脚）并滑动（滑动后脚恢复快速站位）。
- 启动并尽可能直线移动。

快速迈步

　　快速迈步是一种基本的运动变换形式，它允许球员加快比赛节奏，并执行相应的进攻和防守策略。执行快速迈步时，需要对速度、步伐以及方向（通常与最初的运动方向成90度和180度）做出变换。快速迈步需要在正确的时间点上，及时由慢到快地进行移动。

　　变速和变向。变速步法包括以不同的速度跑动或者滑动，是非常重要的身体控制技术，其目的是在正确的时间点上运用正确的速度。例如，进攻球员可能以一般的速度跑动或者运球，然后突然加速通过防守球员。相反，防守球员可能在滑动时突然加速，挡住进攻球员的前进路线，以便阻止后者继续移动，或者对其进行抢断。

　　变向步法的目的同样是在正确的时间点上运用正确的速度。处于奔跑中的进攻球员需要转换为防守时，可以使用跨步急停的方式停止，然后通过 180 度变向（180 度切入），向相反的方向快速移动。另一种形式是 V 形切入，既可用于进攻，也可以用于防守。这种形式是以锐角角度完成变向步法，切入时比较缓慢，然后快速执行变向移动，并快速向外切出。根据使用方式的不同，V 形切入也称 L 形切入、7 形切入或假动作突破移动等。

　　持球移动（固定轴心脚）。对于接球后还没有执行运球的球员来说，可以使用快速迈步移动，这称为持球移动：直接突破（到优势侧或主导侧，参见图 1.10）和交叉突破（到非优势侧或非主导侧，参见图 1.11）（完整描述见第 5 章）。以快速站位开始，持球移动的目的是使持球的进攻球员通过运球突破，快速通过防守球员。进攻球员先做一个较长较低且速度较快的迈步，向篮下直线移动以便摆脱外线的防守球员。从规则上讲，持球的进攻球员需要使自己的头部和肩膀通过防守球员的躯干，目的是在迈第一步时，以不犯规的方式获得优势。接下来，进攻球员试图与防守球员在靠近胯部的位置接触，这样，运球突破通过防守球员时能够保持位置上的优势，同时还能迫使另一名防守球员过来进行协防，这样就创造了 2 打 1 的进攻优势。请注意，固定轴心脚步法中，使用直接突破后使用胯部防守（强侧运球）需要迈两步，而利用弱侧运球后使用胯部防守只需迈一步。

　　攻击性快速启动持球移动（任意轴心脚）。这种步法推荐给喜欢使用任意轴心脚（either pivot foot，EPF）的高级球员和教练。这种步法提供了一个优势：利用护球脚或内侧脚来摆脱防守队员。任意轴心脚步法从一个更平行的姿势开始（参见图 1.12），这有助于一个球员用自己喜欢的交叉运球，从防守球员的任何一侧突破。球员持球进攻时关键在于攻击防守球员的前脚或引导脚，向防守队员的后脚使用探步就可以实现这一目标。如果没有防守反应，用交叉步越过前脚，同时用迈步腿保护第一次运球，并让防守球员抬起头和肩，以便运球上篮（参见图 1.13 和图 1.14）。此动作可以通过在防守球员任意一侧使用任意轴心脚步法，结合交叉步运球和护球，这样既可完成过人，又能够彻底摆脱防守。

图 1.12　三威胁姿势和步法

图1.13 持球使用任意轴心脚步法突破。攻击防守队员的右前脚：a. 向右探步；b. 向左交叉突破

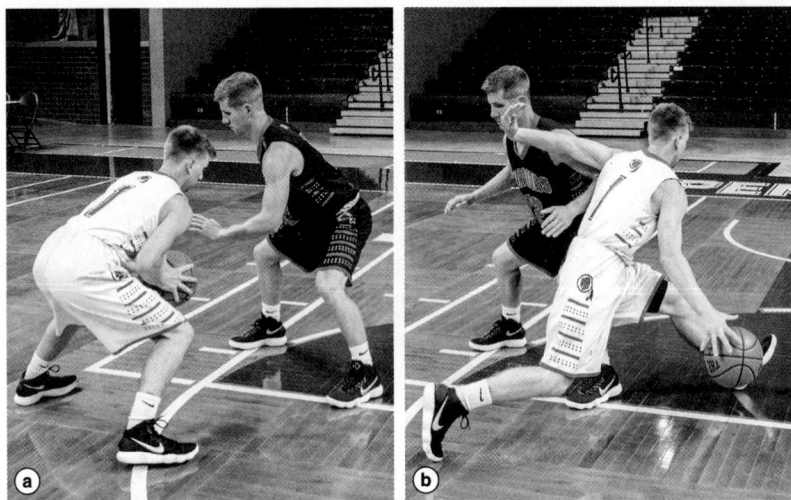

图1.14 持球使用任意轴心脚步法突破。攻击防守队员的左前脚：a. 向左探步；b. 向右交叉突破

快速转身和轴心脚技术

转身，或者称为轴心脚技术，是指球员在保持基本站位或者快速站位的同时，以一只脚为轴转动身体（参见图1.15）。旋转时应该将身体重量的60%放在轴心脚上，轻抬轴心脚的脚跟，并绕脚掌进行旋转。进攻球员应该使用固定轴心脚和固定移动脚，尤其是刚刚进行有球训练的新球员，更需要先学会这个技术动作。

作为所有启动运动转换的基本技术，轴心脚技术或转身是非常重要的能获得速度和平衡的方式。但同时这也是篮球运动中球员使用最少且掌握得最差的技术之一。可以使用任意一只脚作为轴心脚来转动身体，但是持球时，建议使用固定轴心脚步法。朝前转动身体时，通过围绕轴心脚向前转动身体，可以完成前转身的技术动作（参见图1.16）。

类似地，后转身就是球员向后转动（参见图1.17）。

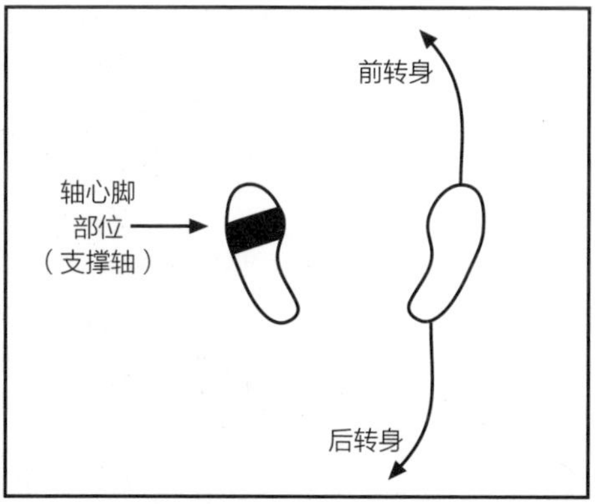

进攻球员必须学会执行有球及无球转身。持球球员被严密防守并且想要面对篮筐时，尽管有些教练更喜欢前转身的方式，但大多数球员会使用非引导脚完成后转身（固定轴心脚步法的动作）。防守过程中，球员从一个方向移动换位时，以及完成抢篮板球的动作时，首先会移动轴心脚，如图1.18所示。有时，这种移动方式被称为"摇摆步"。

图1.15　旋转或转身：围绕轴心脚的脚掌旋转身体（抬起轴心脚的脚跟，让脚承受更多的身体重量）

图1.16　右脚为轴——前转身：a. 启动姿势；b. 结束姿势

快速转身要点提示

- 保持头部水平。
- 视野开阔，眼睛向上看。
- 后转身时使用肘部。
- 前转身时直接强力转身或用手引导转身。

图1.17　左脚为轴——后转身：a. 启动姿势；b. 结束姿势

快速转身的教学要点

- 使用较低的基本姿势，保持头部处于水平且较低的位置，以便获得更快的速度。
- 使用迈步脚一侧的肘部引导转身动作（后转身）或者强行转身（前转身）。
- 保持双脚分开，与肩同宽，以便获得更好的平衡。
- 保持身体的平衡并抬头。
- 转身时尽量快速并准确。
- 以轴心脚为轴转动半圈（180度），如果有需要，可以转动更大的角度。
- 面对严密的防守时，可以使用后转身（创造空间）使自己面向篮筐。
- 持球时，可以使用前转身或后转身使自己面向篮筐。
- 接球时和开始运球前（优先选择传球，其次选择运球），首先接住球，再使用前转身或后转身使自己面向篮筐。

　　接球时，特别是在高强度对抗下接球，建议持球手接球并面对篮筐，也就是说，接球（如双脚在空中跳起接球）后迅速转身调整方向，面向篮筐。这个技术动作可以让持球球员在接球时，完成对场上形势的环视，从而决定如何处理球（如传球、运球、假动作传球等）。

当篮筐进入射程之后，持球者可以迅速利用眼睛的余光来观察目标（如篮筐后沿或者篮板上角），并完成投篮。当面对篮筐持球进攻时，持球者需要遵循篮圈-低位-行动（rim-post-action，RPA）的原则。

篮圈（rim，R）：正常观察篮圈后，用余光观察篮圈。

低位（post，P）：先正常观察，再用余光观察低位的队友，以及是否有能空切的队友。

行动（action，A）：正常观察场上的形势，并做出合理的选择，如投篮、进攻或传球。

不论在球场的哪一个角落接球（除在低位接球背身单打之外），球员都需要学习并迅速、自然而然地遵循上述原则。

图1.18 防守篮板球：a.前转身；b.后转身；c.通过身体接触阻止对手

急停

要想快速获得平衡并保持对身体的控制，球员必须能够使用快速站位，准确快速地启动、快速移动（迈步、跑动、转身或者滑步）以及以平衡姿势急停。一次急停和两次跨步急停是两种得到广泛推荐的篮球基本停球方式。

急停。在大多数情况下，急停是一种被广泛使用的停止方式，它一般在跑动或者滑动动作的末尾执行。急停与跳步急停的概念并不相同（跳跃会增加停止动作过程中的滞空时间）。跑动时，如果要急停，球员需一只脚稍稍跳起并掠过地面，然后以平行或者略微错开的脚步落地（基本站位或快速站位，参见图1.19）。落地时使用"软脚"（soft feet）落地方式。双脚同时接触地面：使用一只脚起跳并掠过地面，然后两只脚同时落地。

急停能够节省时间和空间，可以用于防守和进攻的过程中（有球或者无球）。它是对快速转身的补充，是身体控制和移动的基本技术之一。篮球运动的规则允许持球球员在急停后使用任意一只脚执行转身动作。这使球员能够在保证控制和平衡的基础上拥有更多的移动选择，还能防止球员选择了错误的轴心脚时身体随球移动的情况。急停非常重要，它能够使球员立即进入快速站位，以便接到传球后执行投篮、传球或者运球的动作。急停落地时的要点是双脚触地时要非常柔和（类似于体操运动中的下马动作），也就是整只脚落地，同时稳稳地停住，但动作要轻柔并保持自己处于平衡的姿势。

跨步急停。跨步急停如图1.20所示，是一种分次进行的停止动作，后脚落地（第一次），前脚立即向后方触地（第二次）。球员向前跑动并需要反转方向时通常使用跨步急停的停止方式（技术好的球员在其他一些情况中也能使用跨步急停）。在其他情况下，球员一般会使用急停的方式。执行跨步急停时，球员应该将身体重心保持在身体后部，置于后脚上。

图1.19　急停：a. 一只脚起跳（左脚或右脚）；b. 两脚轻轻落地

图1.20 跨步急停：a. 以后脚为轴心脚变向（保持较低的姿势以减速）；b. 投篮（起跳和转身或者迈步——起跳移动）

急停与跨步急停的教学要点

- 跑动过程中，除了执行180度变向需使用跨步急停外，其余情况使用急停的停止方式。
- 执行急停时，双脚柔和地落地（整只脚着地）。
- 急停时，一只脚先起跳，然后双脚同时以快速站位姿势落地。执行时，保持双脚贴近地面。
- 执行跨步急停时，降低身体的高度并将身体重心放在后脚上。球员跨步急停后持球转身时，必须以后脚（先着地的脚）为轴心脚。
- 大多数时候，应该选择急停的停止技巧，尽管一些教练更推崇跨步急停的方式，即一只脚（后脚）稳定落地，使用迈步脚执行转身动作。

快速起跳

跳跃是篮球运动中非常重要的技能。教练经常认为跳跃是一种与生俱来的能力，无法通过教学过程提高。事实却并非如此。

提高跳跃技术的基本原则包括保持快速站位姿势并随时准备起跳，这样能保证在任何情况下都能快速起跳。增强腿部肌肉的力量也能够使球员跳得更高。教练应该通过阻力训练来帮助球员增强腿部肌肉的力量，同时帮助球员提高他们的跳跃技巧。

　　跳跃后的落地方式决定了球员立即进行下一次起跳的速度和高度。最好的落地方式是以快速站位姿势落地且双脚分开以保证良好的平衡，这样，球员才能够有准备地再次起跳并获得良好的平衡和速度。球员最初学习使用双脚和双臂进行跳跃时是教授他们有关身体姿势和控制的最好时机。

　　接下来，我们将会介绍如何执行双脚强行起跳、快速起跳、单脚起跳，以及在比赛中使用这些起跳方式的时机。

双脚强行起跳

　　与移动中的单脚起跳相比，双脚强行起跳速度较慢，但是具有更好的稳定性。球员聚集在一起（如争抢篮板球时）或者在严密的防守下强行上篮时，双脚强行起跳是最佳的起跳方式。

　　由平衡姿势双脚强行起跳速度较慢，但也非常稳定。双脚强行起跳的跳跃位置如图1.21a所示，双臂随时准备向前和向上强力移动。起跳前，起跳脚应该采用稳定的姿势（球员应该感觉自己的脚似乎钉在了地面上一样），使腿部肌肉获得最

图1.21　强行起跳执行2+2篮板球：a. 准备；b. 双手、双脚（双手举高并抓紧篮球）；c. 落地时双脚间距足够大

大的收缩效果。最好是在跳跃过程中实现快速急停。事实上，只要条件允许，球员应该善于利用跑跳时产生的向前的惯性，在具有足够的时间和空间时，应该借助强力的起跳和向上挥动手臂来增加身体的动力。

绝大多数情况下，要想成功抢到篮板球，需要使用双脚强行起跳的方式。最优秀的篮板球球员在使用这种起跳方式时通常会双手和双脚并用，我们称之为2+2篮板球（2+2原则）。在教授这种技巧时，可以将两个关键点结合在一起进行讲解，跳起时高举双手并抓紧篮板球（两只手完全伸展来迎球），以及双脚分开并稳定落地（双脚急停）（参见图1.21b和图1.21c）。

要点提示

双脚强行起跳：双手、双脚借助手臂摇摆惯性获得最强的力量。

快速起跳

快速起跳是在节省时间和空间与保持身体姿势和控制之间最佳的折中方式。球员聚集、身体接触或者跳抢篮球时，可以使用快速起跳的方式。争抢篮板球时，通常会进行重复、连续的快速起跳。在执行快速起跳之前，双手应该保持在靠近肩膀的高度，上臂几乎处于水平位置，前臂处于垂直位置。执行快速起跳时结合使用双手（2+2篮板球），不借助惯性而由快速站位开始的起跳动作，参见图1.22和图1.23。

除了使用快速起跳争抢篮板球外，约翰·伍登还强调了进攻篮板球和防守篮板球的一个基本规则：双手举起（至少到肩膀高度）准备抢篮板球。

连续、快速起跳的要点是借助环形移动来增加快速起跳时手臂的动力。由准备姿势开始（参见图1.22a），双手成环形，稍稍向下、向内，然后向上移动（参见图1.22b），形成"高举并成内环"的起跳姿势。

图1.22 快速起跳：a. 高举双手；b. 双手向内环形移动来增加动力

图1.23 快速起跳争抢篮板球：a. 双手举高阻拦对手；b. 以2+2原则争抢篮板球；c. 抓住并护球；d. 转身避开对手

单脚起跳

要在移动时获得最大的起跳高度，使用一只脚起跳是一个很有帮助的选择。球员应该学会如何执行单脚起跳，这样他们在执行带球上篮时就能朝着篮筐或者篮板位置跳得更高（向高处跳，而不是远距离横向跳跃）。执行单脚起跳时要注意使用正确的姿势，起跳脚需要保持姿势稳定，抬起另一只脚或另一侧膝盖，尽量向高处跳（稳定起跳脚，另一条腿做出垂直向上而不是横向的跳跃）。投篮手和同侧膝盖应该紧密配合，就像在一根绳子上一样，二者向上移动。双手举起球，最后（通常）单手完成投篮动作。

起跳的教学要点

- 准备起跳：进入快速站位姿势，起跳并以快速站位姿势落地，在对抗中抢到篮板球。
- 执行双脚强行起跳和快速起跳，大多数时候，尤其是争抢篮板球时，使用双脚和双手一同向上移动的方式（2+2篮板球）。
- 无论何时，尽可能使用手部成环形的快速起跳方式，这样对后续的连续起跳非常有利。
- 想要获得足够的力量以及较好的平衡和控制时，可以使用双脚强行起跳的方式（2+2篮板球）；要获得较大的速度和高度，可以使用单脚起跳的方式（上篮）。
- 时间允许时，可以借助向前跑动以及向上摇摆手臂时产生的动力。
- 执行跳投时，可以使用急停和快速起跳的方式。
- 要获得最大的起跳高度和最快的速度，可以使用单脚起跳的方式。

问题解答

学习和教授身体基本控制移动技术时，大多数问题出现在平衡和速度这两个方面，执行速度过快会导致失去平衡。开始学习时，球员应该先慢慢模仿教练的演示，专注于动作的正确性，并获得移动时的正确感觉，即获得节奏感。然后不断提高执行速度，直到出现错误时叫停。球员应该知道并承认自己存在的错误，然后纠正这些错误并从中获得经验教训，最后忘掉这些错误。这样也可以培养球员敢于犯错的心态。这是最适合篮球技能学习的过程，教练要孜孜不倦地向球员灌输此过程，直至其成为球员的习惯性动作。

基本的身体控制训练

这些训练可以帮助球员提高并保持篮球运动中的基本运动姿势（如快速站位姿势）的准确性以及指导球员如何在篮球比赛中移动和急停。训练的理念是使球员在保持控制的前提下，能够平衡和快速地移动。只有通过正确的技术训练，才能在比赛中获得提高并达到自己的目标。

快速站位检验

目的： 提高对各种基本站位的认知，能够快速进入并保持基本站位。

设施： 半场场地（最低要求）。

过程： 球员在篮球场地上面向教练分散站立，按照指示进入某种站位（进攻或防守快速站位并随时待命）并保持站位，教练（或搭档）在球员保持基本站位时对其进行检验。球员进入快速站位时需要对口令做出快速反应，还要知道快速站位的姿态以及如何进入并保持快速站位。在进入站位时，负责检验的教练（或搭档）每次要集中注意一个要点。

教学要点

- 采取坐立姿势，头部位于膝盖后方。
- 将身体重心置于整只脚上，脚尖略微向外。
- 降低臀部位置，挺胸，背部挺直。
- 使用防守快速站位时，增加快速脚步动作。
- 使用进攻快速站位时，使球贴近身体来护球（或想象中的球）。

镜前快速站位

目的： 通过对正确站位的认知来自我评估姿势。

设施： 1面穿衣镜。

过程： 每名球员在镜子前面检验全部的站位变换动作，每种姿势至少保持5秒，并从正面和侧面进行评估。如果没有镜子，也可以找1位搭档一同训练。

教学要点

- 目标想法与实际动作保持一致。
- 采取坐立姿势，头部位于膝盖后方。
- 将身体重心置于整只脚上，脚尖略微向外。
- 降低臀部位置，挺胸，背部挺直。
- 使用防守快速站位时，增加快速脚步动作。
- 使用进攻快速站位时，使球贴近身体来护球（或想象中的球）。

综合快速移动训练 ▶

目的： 提高对各种基本站位的认知，能够快速进入并保持基本站位。

设施： 半场场地（最低要求）。

过程： 球员在篮球场地上面向教练分散站立，按照指示进入某种基本站位（进攻或者防守快速站位并随时待命）并保持这种站位，教练（或者搭档）在球员保持基本站位时对其进行检验。球员进入快速站位时需对口令做出快速反应。教练需要对每名球员进入快速站位以及执行快速站位的技术要点（身体重心置于整只脚上、腿部和臂部所有关节弯曲、抬头并让头部居中、背部挺直以及挺胸）的能力进行评估。检验球员站位姿势并通过推动球员的肩部区域（向前后左右4个方向）来检验他们的平衡能力。教练可以通过观察和声音（如急停）来评估站位，球员则应专注于站位的感觉。这种方法可以帮助球员提高对技能的认识。

球员根据教练的口令执行各种基本的快速移动动作。

1. **使用固定轴心脚步法持球直接突破和交叉突破**：准备工作，使用较长较低的步伐直接突破，使用较长较低的步伐交叉突破，如图1.8和图1.9所示。

   使用固定轴心脚步法持球直接突破和交叉突破的教学要点

   - 以三威胁姿势开始。

   - 强调速度和平衡，减少不必要的动作。

   - 使用较长较低的步伐，过掉想象中的防守球员。

   - 采取直线进攻方式面向篮筐，并与想象中的防守球员进行身体接触。

   - 使用口令：直接突破，步幅长且重心放低，向前进；交叉突破，控制住球，步幅长且重心放低，向前进。

2. **使用任意轴心脚步法持球左右侧突破**。探步和对侧交叉移动，如图1.13和图1.14所示。

   使用任意轴心脚步法左右侧突破教学要点

   - 从急停并采用三威胁姿势开始，同时拿住球（来自自己或传球者）。双脚腾空跳跃接球，在距离篮筐4.6~5.5米的位置，或在三分线处以平行姿态落地，并使用RPA原则观察后进行下一步动作。

   - 注意速度和平衡。

   - 完成探步和回身投篮，或使用交叉步持球移动至对手的另一侧（进攻球员限制一次或两次运球）。

   - 进行一次探步或一次运球后，跳投完成训练，或在一次或两次运球后，通过上篮完成训练。后撤步至少需要运球两次。

3. **快速起跳（3次连续起跳）和双脚强行起跳**。如图1.21、图1.22和图1.23所示。进行双脚强行起跳训练时，需要加上一个想象中的篮球，以及2+2篮板球的训练。起跳时，手臂间距要从宽到窄，而落地时，双脚间距要从窄到宽。可以让搭档把篮球扔到篮板上或墙壁上，来辅助球员完成训练。

   快速起跳的教学要点

   - 快速起跳时双手成环形（保持手臂向上以及合适的肘部角度）。

   - 快速起跳后落地时做好重复起跳的准备。

   - 手臂下降成环形，双脚强行起跳时用手臂的伸展带动腿部的伸展。

   - 口令：快速起跳或强行起跳姿势，起跳。

4. **急停**：向右迈步（使用右脚）并执行急停动作（口令是移动），向左迈步（使用左脚）并执行急停动作（口令是移动），如图1.19所示。

   急停的教学要点

   - 落地时稳定柔和。
   - 一次落地（两只脚同时落地）。
   - 以平衡的快速站位姿势落地。
   - 口令：右脚迈步，移动；左脚迈步，移动。
   - 增加半转身动作并提高转身速度，直到出现错误，教练叫停。

5. **快速转身**：准备、前转身、移动并准备、后转身、移动，如图1.16和图1.17所示。

   快速转身的教学要点

   - 前转身：手部引导。
   - 后转身：肘部引导。
   - 降低头部高度并保持在水平位置。
   - 口令（PPF或EPF步法）：前转身，移动；后转身，移动。

队列训练：快速启动、迈步、转身和急停 ◉

目的： 提高快速启动、迈步、转身和急停的技术。

设施： 全场场地（优先）或半场场地。

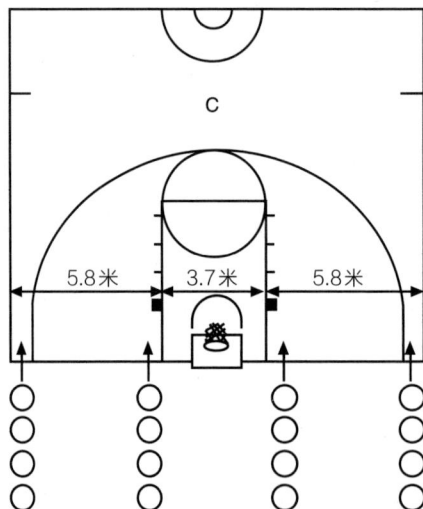

图1.24 队列训练：启动、迈步、转身和急停

过程： 将球员分为4列，站在球场一侧底线后，教练站在球场中间（参见图1.24）。两列之间距离为4.6~5.5米。教练负责喊动作选项，球员根据教练指令，执行相应的动作。在训练前或训练中，教练可以使用3.7~5.8米的罚球区做参考，指导球员领会进攻中的空间和时间概念。教练让每一列的第一名球员一同启动，下一组的球员距离前面的球员4.6~5.5米（最佳距离）时，下一组球员开始启动。

动作选项

- 所有球员从快速站位开始使用快速启动技巧。球员进入场上时，应该以快速站位做好准备，可以使用固定轴心脚或任意轴心脚步法。

- 顿步：从一侧底线开始，移动到另一侧的底线，期间保持双手高举并使鞋底与地板发出摩擦声。善于利用地板，使之成为自己的优势；使用短小快速的步伐。
- 变速移动：在快速启动后，交替进行2~3次慢速和快速移动。尽量快速，并使用不同形式的步法（避免保持同一种步法模式）。
- 急停：在罚球线、中场线、对方罚球线和对方底线（如果是全场场地）进行急停。
- 快速转身：急停后执行完整的前转身和后转身（转两次半圈）。
- 余光慢跑：4名球员以半速慢跑，眼睛注视远处篮筐的同时，使用余光与两侧球员保持在同一条水平线上。
- 跨步急停并执行180度变向：4名球员分别沿直线移动。听到"改变"口令，4人同时跨步急停并执行180度变向，直到在对面底线完成比赛。
- 连续跨步急停：连续向前和向后移动。从底线到罚球线（跨步急停并转身），回到底线（转身），从底线到中场线（转身），回到罚球线转身，到对面罚球线转身，回到中场线（转身），然后到对面的底线（转身），到对面的罚球线（转身）再到对面底线（参见图1.25）。
- 间距慢跑（一种可以用于变速移动的更加高级的技术）：每一列的第一名（共4名）球员听到口令后以自己的速度开始移动，与领导球员（通常是最左侧或最右侧球员）保持等距。距离前面的球员4.6~5.5米时（进攻球员之间比较合适的间距），队列中的下一个球员开始移动并始终与前面的球员保持这一距离。用于变速移动时，间距慢跑是一项比较有挑战性的任务。4名球员从左至右保持在同一条直线上，并与前面的队员保持4.6~5.5米的间距。

教练可以在球员处于任何急停姿势时叫停，让其保持姿势不动，以便检查球员的姿势是否正确，并对存在的错误进行纠正。对于进攻性快速急停，球员可以模拟运球动作或者做无球疾跑；如果使用防守急停，两只脚需要一直保持活跃状态。

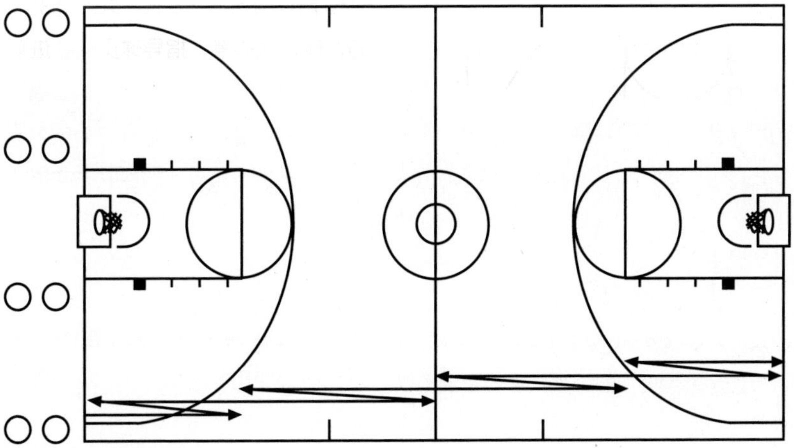

图1.25　连续跨步急停

教练还可以进一步与球员进行哨声停止训练：每一列第一名球员先启动，每次听到短哨声时做跨步急停（或者急停）动作，然后返回（急停后转半圈）并冲刺，直到下次哨声响起。第二名球员在第一名球员后，第二次哨声响时开始启动。一直持续这种训练，直到最后一名球员到达对面的底线并且所有球员都已上场训练过。这是一种非常好的训练方式。

教学要点

- 每个循环（往返）中都采用不同的移动方式。
- 每一个队列的第一名球员应该在底线处采取快速站位，做好移动的准备。球员要按照教练的指示和口令采取相应的动作。
- 开始移动时，球员横向和纵向之间应该保持相等的距离。
- 除非另有指示，否则处于后面的球员应该在前面的球员距离罚球线4.6~5.5米时开始移动。
- 所有的球员都移动到对面的底线处并重新整队，每列第一名球员采取快速站位并准备返回。
- 回顾快速启动、迈步、转身以及急停的要点。

队列训练：快速起跳

目的： 提高争抢篮板球和投篮时的跳跃技术。

设施： 半场场地（最低要求）。

过程： 4列球员站在底线处，教练站在中场附近。可以在一次完成的往返循环中加入快速起跳的动作。第一波球员听到"前进"口令时，从基本站位开始快速向前移动。无论何时，教练做拇指向上的手势时，球员急停并快速起跳。在教练再次做向前跑动手势之前，球员需要在原地不断重复快速起跳的动作。前面的球员再次向前跑动后，底线处的球员开始从基本站位向前跑动。不断以这种模式重复训练，直到所有的球员到达对面的底线处。教练必须始终位于球员的前面，这样所有的球员才能看到他做出的手势。可以选择分别在罚球线、中场线以及对面的罚球线处执行3次快速起跳的动作，也可以分别在罚球线、中场线、对面的罚球线以及对面的底线处做双脚强行起跳抢篮板球以及颌下持球（双手持球置于颌下）的动作，每个全场可以执行4次这种动作。

教学要点

- 执行快速起跳时手部成环形。
- 双脚强行起跳时，利用手臂力量（上下移动）以2+2原则双脚强行起跳。
- 快速起跳后落地时做好再次起跳的准备。

队列训练：争抢篮板球时的起跳和转身

目的： 提高争抢篮板球时的起跳技术。

设施： 每列 1 个篮球。

过程： 每列的第一名球员持球向前迈步。通过使用基本的起跳技巧，球员向前面高抛篮球，使用 2+2 篮板球技巧，抢到篮板球并把球护住。以快速站位姿势落地时，球员的肘部应该抬高并朝外，以便更好地护球。接下来，完成后转身或前转身（使用固定轴心脚或任意轴心脚步法）后迈步，将球传给队列中的下一名球员。

教学要点

- 手臂成环形并下沉。双脚强行起跳时，使用手臂的爆发移动来带动腿部的爆发。
- 拿到球后将球置于颌下护球。
- 后转身：转身时以肘部引导。前转身：强行转身。使用固定轴心脚或任意轴心脚步法抢到篮板球后，进行前转身或后转身。
- 转身时保持身体处于较低的水平位置。

队列训练：快速站位、启动、迈步、起跳、转身和急停

目的： 通过训练如何在正确的时间点上快速、准确地执行所有技术来增强身体控制移动的能力。这是一种理想的时间热身训练方法。

设施： 全场场地。

过程： 球员分成 3 列或 4 列站在底线位置。教练站在中场位置并发出半场或者全场身体控制移动的口令。球员进入并保持快速站位，在教练的指示下以较低的体位执行各种动作。教练可以在训练过程中检查球员基本的身体控制移动的能力。迈步的动作包括变速移动、V 形切入假动作和突破动作（从慢到快的动作）。

教学要点

- 强调每种具体技术正确的要点。
- 使用进攻快速站位执行各种动作。

队列训练：快速启动、急停和快速转身

目的： 通过全面的热身训练来提高快速站位、快速启动、急停、快速转身以及无球传接球技术（训练的后期会加入篮球）。

设施： 底线到罚球区顶点之间的区域。

过程： 球员分成 4 列站在底线位置，每列至少有 2 名球员。听到 "准备" 口令时，每一列的第一名球员踏入场地并进入无球进攻快速站位（想象中的三威胁姿势）。开始训练时，教练需要喊出 "直接突破，前进" 或者 "交叉突破，前进" 的口令。第一名球员使用惯用手运 2 次球，模拟运球突破的动作（使用较长较低的步伐），然后执行急停动作（将球置于颌下并采用三威胁姿势）。接着执行后转身并模拟单手传球的动作（迈步并传球，执行比较夸张的跟随动作）。队列中的下一名球

员采用快速站位，双手置于每侧的肩膀附近，为想象中的传球提供2个目标。接下来，做双脚滞空、双手接球的动作（球和双脚都在空中），然后重复直接突破动作。然后教练再喊出交叉突破、运球和传球的口令。对于右手为惯用手的球员来说，移动时需要执行交叉突破到左侧、左手运球、急停、使用固定轴心脚步法后转身以及使用非惯用手做单手传球的动作。在教授和检验了传接球技术后，教练应在训练中加入篮球并进一步训练快速启动、迈步、转身和急停的动作。使用非惯用手进行身体控制移动训练时，训练的数量应该是使用惯用手时的3倍。高级别球员可以在此训练中使用任意轴心脚步法。

教学要点

- 传球：双脚在地面上时传球；迈步传球；向特定目标快速传球；传球时使用夸张的跟随动作。
- 接球：双脚离地时接球；接球时干净利落（双眼注视篮球，双手紧抓篮球）；接球时采用快速站位。
- 强调快速启动、迈步、转身和急停的技术要点。

全场团队争抢篮板球

目的：进行（单脚或双脚）抢篮板球起跳训练，增强身体控制（空间和时间上）能力，使所有球员列队连续使用双手持球移动。可以在起跳中增加急停与快速转身。

装备：全场场地，2个篮筐，2个篮球，至少10名球员。

过程：从1名球员开始，一半球员在1个篮筐前均匀分布，剩下的球员排成一列，面对另一个篮筐（朝着球场的另一端）。持球的2名队员同时开始训练，用双手将球投至篮筐上角。此动作完成后，球员需向罚球区的另一侧移动，并在向另一个篮筐冲刺之前执行一个急停和后转身。根据球员的数量，教练可以在球场两端之间增加一个或多个身体控制动作。目标是球员在每个篮板上都能进行双手处理球训练。此训练需控制在指定的最短时间内（1~5分钟），或直到任何队员未能完成任何指定的身体控制动作时停止训练。训练路径如图1.26所示。

教学要点

- 双手处理球将球投至篮板上角（使用双脚强行起跳或单脚快速起跳）。
- 正确、快速地完成每个身体控制动作。
- 团队目标：不要让你的队友失望（给予支持）。
- 可以根据球员的年龄水平调整技能和目标（例如，年轻球员可以在篮板下使用正确的上篮技术：单手加速运球或双手强力上篮）。

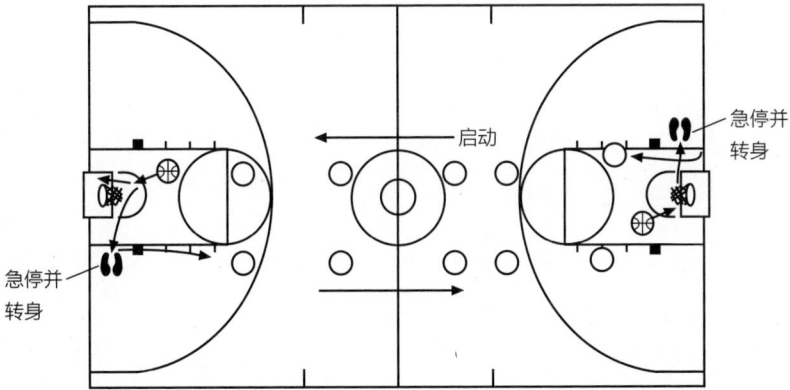

图1.26 全场团队争抢篮板球训练路径

伍登金句

"如果你都没有时间将一件事做正确，你又怎么会有时间去超越它呢？"

——约翰·伍登

第 2 章

高级身体控制

"篮球运动的基本技术是成功的关键，其中包括学习如何进行无球
跑动（100%防守时，至少20%在进攻）。细节决定成败。"

——丹·海斯，名人堂教练，俄克拉荷马基督教大学前主教练

对教练来说，最难的教学任务就是指导球员如何在不持球时进行移动（篮球运动的焦点）。进攻时，球员80%的时间都在进行无球跑动。本章将讲述无球跑动时个人技术的重要性。

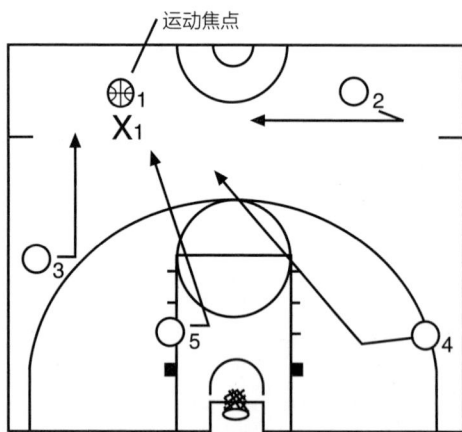

图2.1　篮球的位置和团队间距

很多教练发现众多年轻球员在进攻时经常过多地被篮球所"吸引"，并总是想获得篮球（参见图2.1）。因此，教练必须花时间指导球员如何进行无球跑动，并在进攻时把握足够的进攻距离和正确的进攻时机，这些与持球移动同样重要。教练可以帮助球员，激励他们有目的地进行无球跑动，明白正确的距离和时机是团队进攻成功的关键。

无球跑动的概念

要有效地进行无球跑动，球员在场上必须掌握并牢记一些特定的基本技术。

- 保持机敏并牢记所有的移动都是以地面作为起点的。
- 移动时保持干净利落（移动动作明显）、平衡和速度。
- 要有目的地移动，把握合适的距离和时机。球员必须注意队友的移动，并持续关注整个球队的进攻策略。
- 解读防守情况和球的位置。所有的个人移动都必须遵从整个球队的状况，并与篮球的移动和位置以及对手的防守情况息息相关。要移动到场上的无人区域使自己获得空位，以便接队友的传球。
- 在切入或者移动时，使用声音或手势与队友进行交流。球员在场上不能过多地进行语言上的交流。
- 获得空位或者外切。无球跑动的基本目的是让自己获得空位，以便接队友的传球。因此，比赛中要尽量让自己获得空位。如果无法获得空位，可以向外切。球员之间保持4.6~5.5米的距离（年轻球员需要保持3.6~4.6米的距离，高校球员或职业球员需要保持5.5~6.4米的距离）。
- 获得空位并采用完美的接球姿势，即距离控球队友4.6~5.5米。理想情况下，这个距离也可以允许球员获得传球、投篮或者运球等多种选择。接球时面向篮筐，或者在接到球后通过转身动作使自己面向篮筐。在指导前场进攻球员执行接球后面向篮筐的技巧时，可以遵循以下原则：篮圈（眼看篮圈准备投篮，同时看前面的地面）、低位（观察内线，寻找为低位队友传球的机会）以及行动（传球或者向篮下突破）。努力使球员养成在场上自动按顺序执行这些步骤的习惯。球员每次接到球后都应该遵循篮筐、低位、行动（RPA）的步骤。

- 使自己成为演员：无球跑动是一种发生在进攻和防守球员之间的持续竞争。使用逼真的假动作让对手猜测你的下一步动作（对手需要一定的反应时间）来设置诱饵，以便迷惑防守球员。

- 摆脱防守球员：移动到防守球员的视线外，并迫使他们执行转头动作。大多数防守球员都会背对篮筐并且眼睛注视篮球，因此进攻球员可以移动到防守球员后面的底线位置，使自己远离篮球（参见图2.2）。这个位置是完成切入的最佳位置，因为防守球员很难预测到你的移动位置。这种技巧在破解区域联防时特别有效，因为防守球员会将注意力放在篮球上。

- 迎球跑动。移动去接队友的传球时，球员应该朝着传球方向迎球并保持空位状态，也可以在防守球员前面突然转攻为守跑动，或者在防守球员后面执行背后切入动作（参见图2.3），使自己先于防守球员抢到球。

- 靠近并获得空位。这种方式有悖于常规的思维方式，因为球员会错误地认为可以通过远离防守球员的方式使自己获得空位。实际上，靠近防守球员，然后快速离开获得空位的方式更加有效，如图2.4所示的O_2和O_3。这种有效的移动方式允许进攻球员先于防守球员执行某个动作，而防守球员还需要一定的反应时间，因此进攻球员的速度更快。有效的V形切入或L形切入通常是一种由慢到快的移动方式。

- 应用这些技术时，保持适当的距离（除了切入或掩护之外需保持4.6~5.5米的距离），同时选择正确的移动时机（晚比早更好）。在进攻时，适当的间距有利于利用余光观察整个球场（抬头，面向大半场）。

图2.2 摆脱防守球员（移动到防守球员的视线之外），然后快速切入获得空位

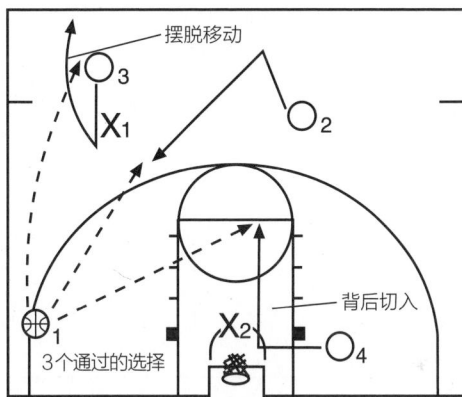

图2.3 迎球跑动并接传球（见图中O_2）

图2.4 靠近并获得空位：O_3向X_3处移动，然后快速执行V形切入或L形切入动作，获得空位并接队友传球；O_2通过V形切入或L形切入朝试图阻止O_1传球的X_2移动，然后使用背后切入的方式移动到篮下

基本的无球跑动或步法

基本的无球跑动需要球员通过有欺骗性的假动作来迷惑防守球员。球员需要在开始时使用缓慢的动作并保证动作的规范性，然后不断加快速度，直到出现错误。纠正错误后继续训练，直到可以掌控比赛节奏。

V形切入

有特殊目的的切入或移动（快速迈步）方式还包括V形切入，即能够形成V形的切入或者变向切入。执行V形切入时，需要将身体重心放在与目标移动方向相反的那只脚上（臀部下沉进入切入姿势），引导脚在前，使用另一只脚执行迈步动作。例如，使用右脚蹬地发力，而左脚向左侧迈步。通常情况下，V形切入的一部分是朝篮筐方向移动、远离篮筐或者朝防守球员移动，V形切入的另一部分是快速变向切入以获得空位。初学者也可以在做假动作时使用短小的顿步（获得平衡），然后以正确的角度快速发力迈步。

要点提示
善于背后切入，但永远不要做背后切入的假动作。

在指导年轻球员执行V形切入获得空位时，可以使用“假动作突破”（fake-and-break）这一术语。V形切入的第一部分是朝篮筐或防守球员移动（假动作），执行这一动作时应该选择较慢的速度；然后快速执行V形切入的第二部分（切入）以便获得空位。突破时，双手朝移动的方向移动。球员设立掩护或者准备投篮时，需要执行突破移动（使用双手示意队友自己处于空位）。通常情况下，突破移动时朝球移动，但也可以是朝着篮筐移动，如O_2面对X_2防守时执行的背后切入（参见图2.4）。V形切入是一种以60~90度快速变向的切入方式（角度为90度时，称为L形切入）。

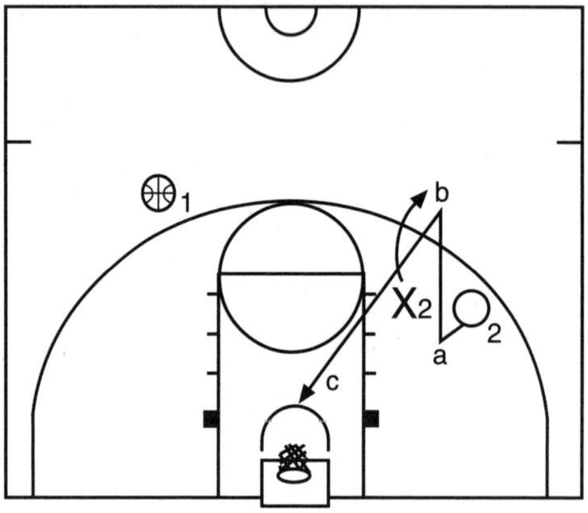

图2.5 背后切入：a. 执行V形切入获得空位；b. 背后切入前吸引防守球员并发出假动作的信号（外侧手握拳并向下）；c. 背后切入篮下，并用引导手示意队友自己处于空位

头部是平衡的关键，它会导致重心的移动，也会导致方向的改变。例如，在执行V形切入时，头部首先略微向一个方向移动（假动作），然后快速向预定的方向移动（突破）来完成切入。

背后切入是一种重要的移动方式，如图2.4所示，防守球员阻挡传球路径时，切入球员需保持距离篮球4.6~5.5米，要执行这种移动，切入球员需要先靠近防守球员获得空位，并执行由慢到快的V形切入或L形切入，直接向篮下移动（切向篮筐），同时在做假动作时使用外侧手进行交流（手臂向下并握拳），突破时则使用引导手与队友进行交流（屈肘，张开手掌，手臂处于水平位置）。图2.5对这种移动方式进行了清晰地描述：切入球员需要通过假动作吸引防守球员并示意队友将要做假动作，同时与传球队友保持4.6~5.5米的距离以便在外线创造足够的空间，进而执行背后切入的动作。球员在做背后切入时应该果断快速，并且永远不要做背后切入的假动作，因为这样通常会使传球队友产生迷惑，进而导致丢球的发生。为了更有效地执行此动作，球员应该在假动作突破时就做一个快速有力的背后切入。

前切和后切

V形切入有很多种类型，球员已经将球传给队友并想切到篮下寻找接队友回传球的机会，进而破解对方的防守时，可以使用这些类型的V形切入方式。传切配合是最有价值的进攻移动方式之一，是篮球运动中最先发展出来的两个人进攻移动方式。它分为两种形式：一种是广泛使用的前切，这种形式允许进攻球员在防守球员前面（很好的得分位置）接球；另一种是后切，这种形式能够让进攻球员切到防守球员后面以便获得上篮优势（参见图2.6）。前切使用V形切入破解防守，而后切则是通过变速

图2.6 前切和后切（传切配合）

或者由慢到快的移动方式执行直接的直线切入。无论前切还是后切，都是朝着篮筐方向执行切入，并且结束于篮筐前面。执行切入时，前手或引导手置于前面与肩同高，以便向传球球员示意自己的意图（切入时使用手势进行交流），如图2.7所示。

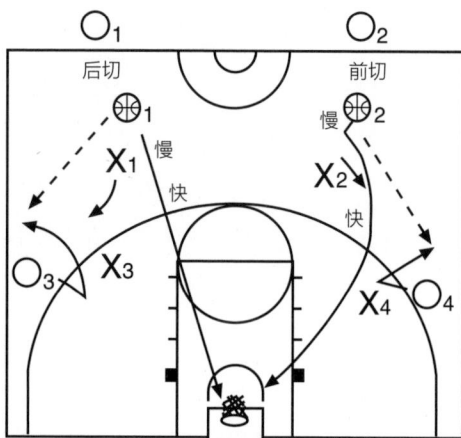

要点提示
执行切入动作时用双手进行交流，引导手打开并上举。

图2.7 后切：a. 切入时使用引导手进行手势交流；b. 接传球

假动作移动

假动作移动是一种基本的移动方式，用于打乱防守球员的防守思路，如分散防守球员的注意力，使其不能针对控球球员实施协防或包夹防守。让球员学会做各种迷惑性的假动作，可以使用欺骗性的眼神、夸张的身体动作以及其他视觉和听觉动作来误导防守球员；同时学会进行难以预测的变速移动。

投篮移动

进攻球队出手投篮且篮球位于空中时，每一名进攻球员都应该进入争抢篮板球的位置，或者根据自己的位置和角色准备执行防守任务。投篮之后，球员需要果断地做出决策，而不是站在原地观察篮球。观众才是观察篮球的人，而球员需要不停地跑动并总是做好投篮不中的准备，抢篮板球或者回防，在每次进攻中都做好自己的本职工作。本书第8章将详细介绍进攻篮板、攻防转换的动作，以及在适当情况下使用假动作突破。

指派移动

指派移动是指在特定情况下，根据战术需要为单个球员指定某种移动切入动作。教练可以为球员指派抢篮板球、跳球、界外球、罚球以及队形设置等任务。所有的球员必须在正确的时间快速、准确地执行指派给自己的任务，这一点是非常重要的。距离和时间的掌握是跑动过程中两个基本的要素。

掩护跑动

通过设立和使用掩护使队友获得空位，进而执行传球或者突破，是一种无私的团队跑动方式，同时也是基本的个人进攻技术。中学生水平的球员才能学习如何设立和使用掩护，小学生水平的球员应该集中学习更多的基本的无球跑动和概念等方面的知识。

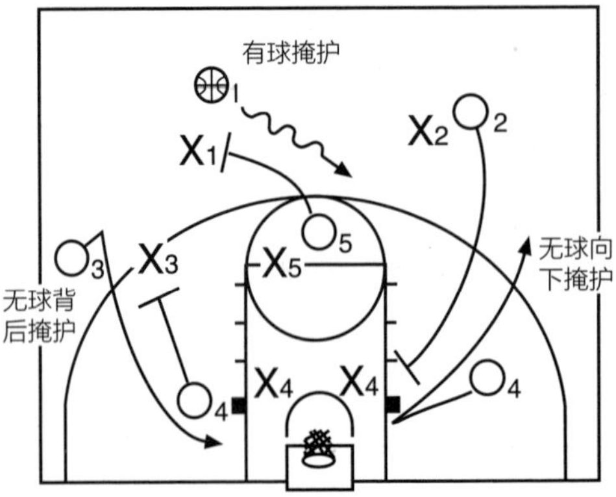

图2.8　掩护的类型

掩护的类型

掩护可以按照以下3个方面进行分类（如图2.8所示）。

- 位置：有球掩护或者无球掩护。
- 身体接触：身前或身后接触掩护。
- 使用类型：背后掩护（背对篮筐，在防守球员后面或盲区设立掩护）；向下掩护（背对篮球，在掩护球员前面或侧面设立掩护）。

教练应该形成属于自己的有效的掩护理论：针对某个特定位置或者场上区域的掩护（位置掩护），或者针对防守球员的掩护（球员掩护）。对于进攻球员来说，球员掩护通常更为有效，但是这种方式也可能导致更多违规或非法掩护的发生。本书的作者更喜欢球员掩护，也就是针对某个对手设立掩护，而不是某个位置或者自己的队友。

设立掩护

设立掩护是一种基本的移动方式：球员应该执行声音较大、速度较快的急停动作，双脚分开并与肩同宽，双手置于掩护之外（参见图2.9）。应该在防守球员想要移动的路径的垂直方向设立掩护，掩护力度要足够大，使防守球员能够看到并听到掩护的存在。设立掩护的球员应该发出较大的声音、降低身体高度并使用合规的动作（执行急停动作后采用快速站位）设立掩护以及与防守球员接触时能够被他人听到。球员应该降低身体高度，并做好与对手进行身体接触的准备。合规的掩护动作包括使用正确的姿势以及合规的手部动作。向下掩护可以身贴身设立，但是背后掩护要给防守球员留出至少一步的变向空间。为了避免违规的手部接触动作，球员应该用一只手紧握另一只手的手腕（通常是投篮手，以便起到保护作用），并将双手置于身体前面的关键部位（男球员护住腹股沟区域，女球员护住胸部）。对方防守能力比较强时切入球员通常会被阻挡，而掩护球员却能在对方执行换防或者协防时获得空位机会。

要点提示
设立掩护时要大声、降低身体高度且动作合规。

图2.9 身前掩护：使用声音较大且双脚间距较大的急停动作，保持手臂位于掩护之外。a.男子球员用手紧握投篮手的手腕并置于腹股沟区域；b.女子球员手臂交叉置于胸部区域

还存在其他几种掩护方式：防守球员比较分散时，可以使用向下掩护（朝

向篮筐）；防守压力较大或者防守球员实施密集防守时，可以使用背后掩护（远离篮筐）；防守球员密集地站在内线时，可以使用向外掩护（远离球和篮筐）。球员还应该通过手势或声音信号提醒队友掩护的存在。

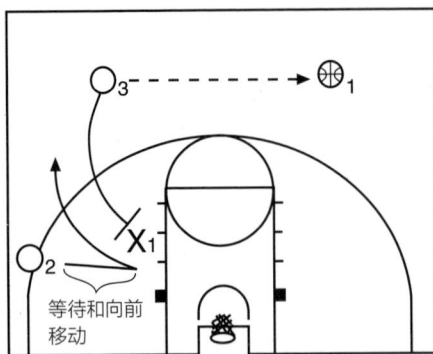

等待和向前移动

图2.10 跑动掩护

使用掩护

难度最高的掩护技巧是准备或者设置一个Ｖ形切入时的跑动掩护（球员应该以队友为掩护或者障碍物），通常是朝着篮下的方向开始，参见图2.10。一个重要的要素是要耐心等待掩护的设立：教练应该指导切入球员耐心等待，只有当设立掩护的球员喊"前进"后，切入球员才开始执行Ｖ形切入动作。这种移动当时被贡萨加大学的汤米·劳埃德所推崇。但是很多其他教练则坚持另一种方式，即切入球员在执行切入动作前应抓住掩护球员的球衣或身体，这些技巧能够迫使切入球员等待并观察掩护的形成。因为进行这方面的掩护非常重要，所以有些教练在使用或者切入这个掩护之前会对掩护球员说"等等，等等，等等"。

球员执行切入动作时应该尽量靠近掩护球员，以便使自己与其进行肩部接触。远离篮球执行掩护时，球员通过掩护时应该降低身体高度并将双手举起准备接球。进攻球员进行突破，通过掩护球员时应该双手上扬。在有效的掩护战术中，时间掌控是一个非常关键的因素：球员在执行移动动作前，必须先等待掩护被完全设立，并观察防守球员的位置，以便做出正确的反切动作。

对于设立和使用掩护的2名球员来说，他们都有得分的机会。切入球员在等待时，观察防守球员的位置，然后执行相应的切入动作，使自己获得空位。例如，如果防守球员试图从掩护和被掩护的2名球员中间穿过，使用掩护的球员可以向外移动，形成外线的空位，而设置掩护的球员可以下顺到内线。根据防守球员的防守策略，通常要么在内线的低位，要么在外线的高位，切入球员都可以通过掩护获得空位的机会。当防守球员不够果断或者技术不成熟时，切入球员通常会获得空位。当防守球员的防守能力比较优秀时，设立掩护的球员可以通过挡拆－闪切（或向外移动）的方式，获得空位投篮的机会。

有球掩护

挡拆配合是一种基本的二人配合战术，所有阶段的球员都能够使用。犹他爵士队的卡尔·马隆和约翰·斯托克顿的内外线配合战术，造就了篮球史上最经典的挡拆战术示例。当掩护的对象是持球球员时，可以使用挡拆战术。使用有效的挡拆战术且防守球员没有换防时，控球球员会获得投篮空位（运球突破上篮或定点跳投），如图2.11所示。顺序是O_1执行Ｖ形切入获得空位时，O_2

传球,并针对防守球员X₁设立掩护(O₂快速移动
设立掩护)。这种情况下,X₁试图摆脱掩护(防守
球员没有换防的情况下)却被对手阻挡,而O₁可
以获得空位并投篮(带球上篮或者定点投篮)。

为控球球员设立掩护且防守球员执行换防时,
设立掩护的球员可以拆到篮下并获得空位。针对
掩护球员执行的挡拆配合如图2.12所示。控球球
员使用掩护时,掩护球员向后转身半圈并朝向篮
下滑动,使自己位于控球球员和最初的防守球员
X₁之间。

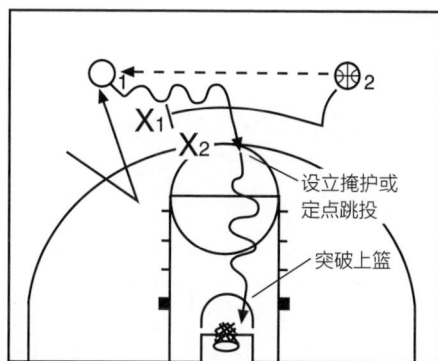

图2.11 挡拆配合,防守球员原地不动(没有进
行换防)

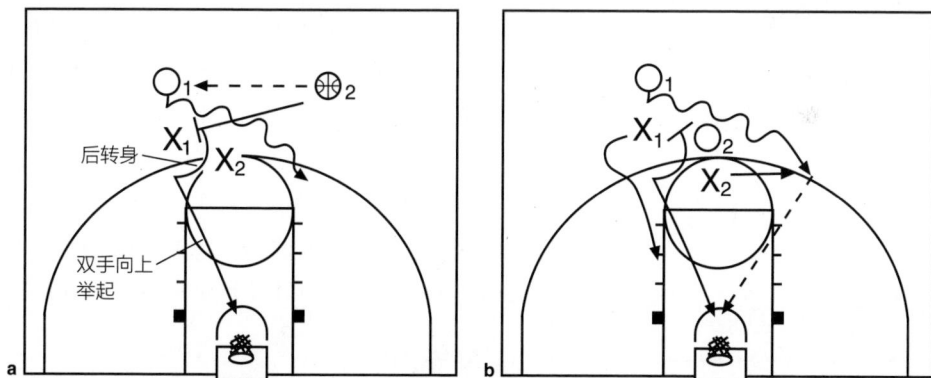

图2.12 挡拆配合(防守球员换防):a.掩护球员站好位置并用左脚进行后转身,同时控球球员利用运球
切入通过掩护球员;b.向前传球给掩护球员并推进到篮下

掩护球员使用合适的后转身动作,以便将篮球一直纳入自己的视线范围
内。控球球员至少运球两次通过掩护,并吸引换防的防守球员X₂,尤其是当
掩护球员的防守球员在协防的时候。这个运球动作(通常是犹豫的运球)让
控球球员有时间获得运球优势,然后朝篮筐移动把球传给掩护球员(通常是
击地传球)。在这种情况下,掩护球员应该执行"挡拆后外切"(pick and pop)
动作,然后向外面移动接队友的回传球并执行外线投篮。

对于所有的掩护战术来说,如果掩护被有效地设立,那么都存在两种得分
机会:如果防守球员没有执行防守,那么非掩护球员会获得空位;如果防守球
员执行换防,那么掩护球员就会获得空位。对于水平较高的球员来说,应该指
导他们努力寻找这两种得分机会。

在所有的两个人掩护战术中,另一个比较高级的选择是掩护球员进行滑
动掩护或假动作掩护,在防守球员选择提前预判假动作掩护时换防,切入篮
下。这种有球掩护的选择如图2.13所示。掩护球员的滑步是挑战防守时机和
战术执行的必不可少的得分方式(尤其是在协防或换防时)。

图2.13　滑动掩护

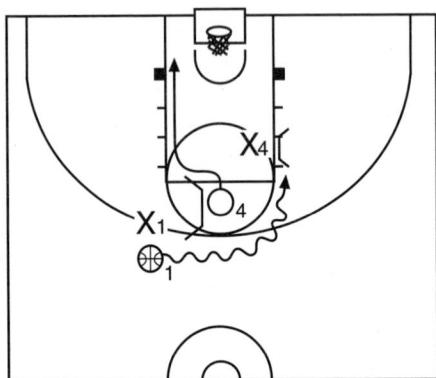

图2.14　快速切入（没有换防）

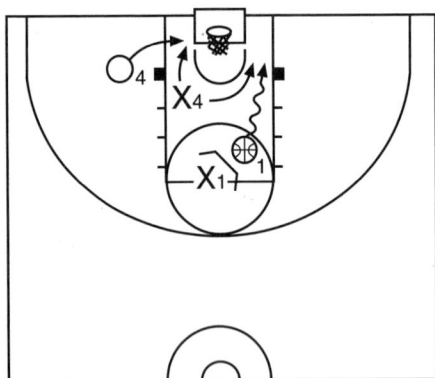

图2.15　高位掩护

还有一种高级的持球掩护技巧，是专门给高位掩护战术设计的，通常用于一个大块头的低位球员与一个控球功夫了得的外线球员之间进行配合。这个掩护技巧需要迫使防守方的外线防守球员陷入挡拆的缠斗中，这样便会失去最有利的防守位置，无法紧跟持球球员。控球球员通过犹豫步控球，让防守球员处于自己身后的不利防守位置（篮筐–球–防守球员）。这样不仅可以一步过掉对手，还可以在身体对抗中获得优势（参见图2.14）。而这种形势下，刚才负责挡人的球员也下顺到篮下，迫使自己的防守球员跟随后，形成2打1的局面（参见图2.15）。防守球员不得不换防切入篮下的球员，而此时会出现高位传球的机会，可以吊给内线球员，从而形成擦板投篮甚至是扣篮的机会，2名内线球员也可以通过配合创造更好的投篮机会。如果内线球员并没有换防，由于防守方的外线防守球员此时处于不利位置，进攻方的外线球员可以通过长上篮技巧，形成一个打板上篮的机会。

无球掩护

这是一种远离篮球设立掩护的方式，由常规掩护中的2名球员外加一名传球球员共同执行。无球掩护可以按照切入球员针对防守球员破解掩护所采取的措施进行分类。具体分为弹切、曲线切入、闪切以及背后切入。

弹切（pop cut）。掩护球员试图通过掩护时可以使用弹切的移动方式（参见图2.16）。具体来讲，O_1传球给O_2，并针对离球较远、防守O_3的防守球员X_3设立掩护。如果防守方不进行换防，那么O_3会获得外线投篮空位（参见图2.16a）。如果X_1执行换防，那么掩护球员O_1可以在对方进行换防时闪切到有球侧并完成内线投篮（参见图2.16b）。通过掩护时，球员之间应该通过举起双手的方式与队友进行交流，示意队友自己即将执行切入动作，或至少张开手指示意需要传球的位置。

曲线切入（curl cut）。防守球员绕过掩护跟随切入球员进行防守时可以使用曲线切入的移动方式（参见图2.17）。在第一个选择（参见图2.17a）中，防

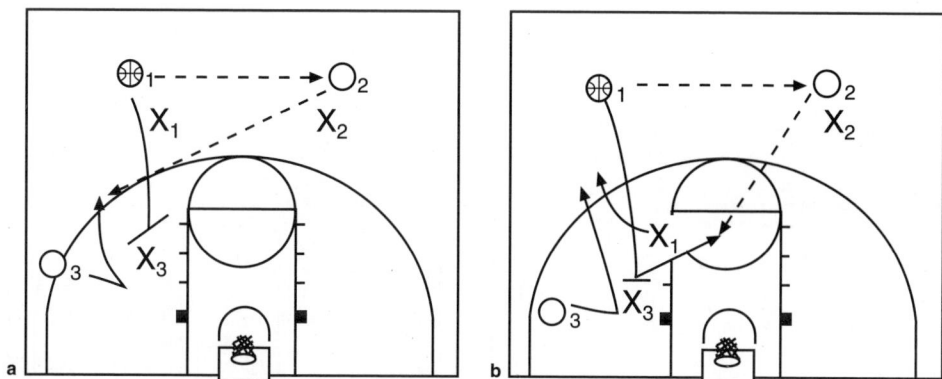

图2.16 弹切：a. 没有执行换防；b. 执行换防

守球员原地不动，切入球员获得内线投篮空位（曲线切入篮下）。如果防守球员换防，那么掩护球员O₁就会切到有球侧，并获得外线投篮空位（第二个选择，参见图2.17b）。前波士顿凯尔特人及名人堂球员拉里·伯德完美地演绎了这种掩护切入方式。绕过掩护时，球员应该用向前移动的内侧手（引导手）与队友进行交流。

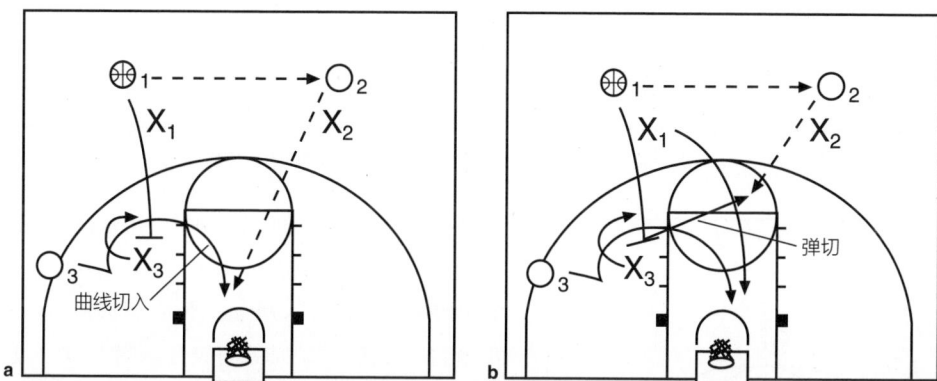

图2.17 曲线切入：a. 没有执行换防，O₃获得空位并曲线切入篮下；b. 执行换防，掩护球员O₁进行弹切

　　闪切（flare cut）。防守球员预测到进攻球员要执行弹切动作时，可以使用闪切的移动方式（参见图2.18）。如果防守球员原地不动（没有执行换防），那么切入球员可以远离篮球闪切（U形切入）到外线，获得空位机会（参见图2.18a）。切入球员执行闪切远离掩护球员时，掩护球员可以重新设立掩护，以便将防守球员阻挡在内线区域。如果防守球员执行换防，那么掩护球员可以向内闪切（滑动）到有球侧，以便在内线获得空位机会（参见图2.18b）。切入球员执行U形切入时可以使用双手向上摆动的方式示意队友。

　　背后切入（back cut）。切入球员执行弹切动作而防守球员通过了掩护时，可以使用背后切入的移动方式（参见图2.19）。如果防守球员没有换防（参见

图2.18 闪切：a.没有执行换防；b.执行换防

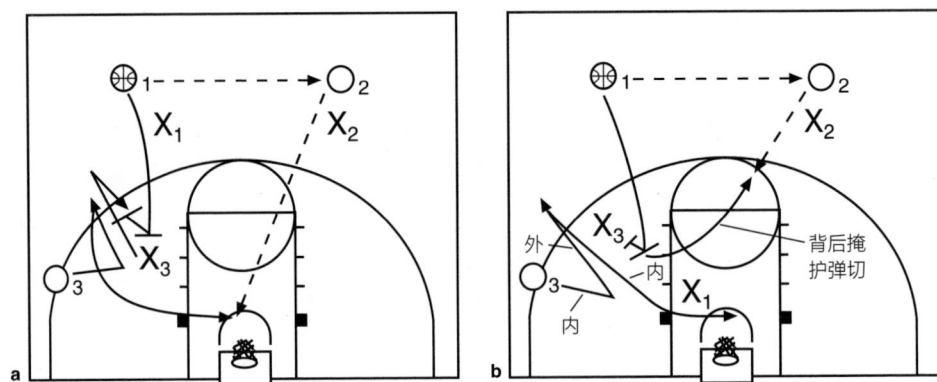

图2.19 背后切入：a.没有执行换防；b.执行换防，使O₁设立背后掩护，进行弹切

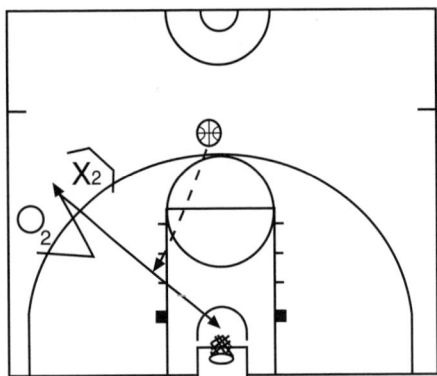

图2.20 快速背后切入

图2.19a），切入球员执行弹切动作，但是被对方阻挡，然后使用O₁的背部掩护切到篮下。切入球员的移动顺序是切到篮下（向内）、弹切（向外），然后切到篮下（向内）。对方没有执行换防时，切入球员移动到篮下执行内线投篮。对方执行换防时，掩护球员O₁在对方执行换防时向外闪切到有球侧获得投篮机会。切入球员执行向外切入动作时，使用外侧手握拳并下垂的方式与队友进行交流。背后切入也可以在不使用弹切移动方式的情况下单独使用：切入球员在朝掩护移动时等待一段时间，防守球员预测到对方的弹切动作，并没有理会掩护的存在（参见图2.20）。掩护球员喊"前进"时，切入球员快速朝篮筐执行背后切入的动作，并使用前手示意队友自己要上篮。对方执行换防时，掩护球员可以滑动切入罚球线区域。有一点非常重要，提醒球员永远不要执行背后切入的假动作。

要点提示
执行背后切入，但永远不要执行背后切入的假动作。

需要特殊掩护的情况

掩护与二次掩护

在球员互相防守时，有时会使用这种掩护方式。通过在掩护外围跑动来防止对方换防。具体来说，设立掩护的防守球员（通过与对方进行肢体接触）帮助阻止切入球员利用掩护将球转向篮筐（参见图2.21a）。防守球员回到"篮球、切入队员、篮筐"的位置，如X_1在打破原有掩护后，O_4对其设立二次掩护（参见图2.21b）。在这个技术动作中，掩护O_4旋转并迈步对X_1设立二次掩护。O_1运球转身，或在观察好场上的形势后，在两腿之间运球完成转身，并利用O_4设立的掩护。两个防守球员都很难用相同的技术来对二次掩护进行防守（参见图2.21c）。因此，O_1将获得得分机会，在掩护球员被防守时使用跳投或篮筐突破，沿弧线上篮或者回弹跳投得分。掩护与二次掩护技术可用来对抗直击和对冲防守技术，最好在场地中央使用。

改变掩护角度

防守方经常试图用一种叫作"覆冰"（icing）的战术来削弱掩护。在这种战术中，防守方将持球球员围在边线，以便将球控制在球场一侧，同时也在此外围掩护进行防守（参见图2.22a）。对于进攻方，对抗这种防守战术的一种方法是改变掩护角度，让持球球员在底线上占优势。如图2.22b所示，O_2慢速突破，或观望运球移动到底线，从而与掩护球员O_4形成一个2打1的局面。当防守方准备使用"覆冰"战术时，通常会安排1名防守球员在篮下，所以O_2可以选择在罚球区外跳投，或者在护筐的X_5防守O_2时，传球给O_4（参见图2.22c）。因此，在设立掩护时，掩护球员应始终寻找最佳角度，以突破被掩护的防守队员的位置。

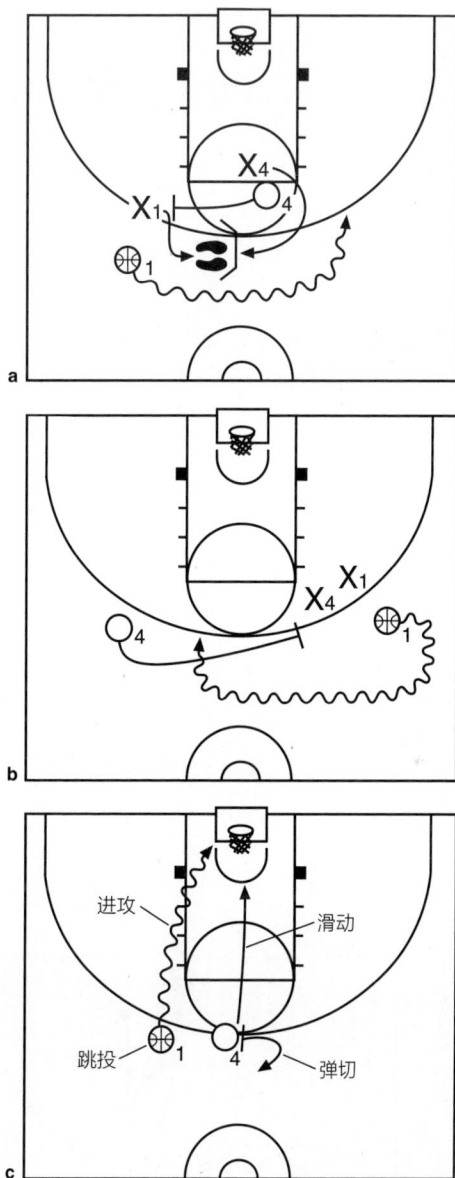

图2.21 掩护与二次掩护：a. 防守方设置并打破掩护；b. O_4转身并对X_2设立二次掩护；c. 创造得分机会

图2.22　掩护角度：a."覆冰"战术；b.改变掩护角度，对抗"覆冰"战术；c.O₂改变角度移动到底线

在中高位掩护后跑向篮筐

　　大多数掩护在球场中央设立完成，当持球球员使用掩护时，掩护球员沿弧线移动到篮筐（参见图2.23a）。这个动作是通过后转身和侧移来完成的，以保持对球的位置的关注。图2.23b展示了一种常见的路径。

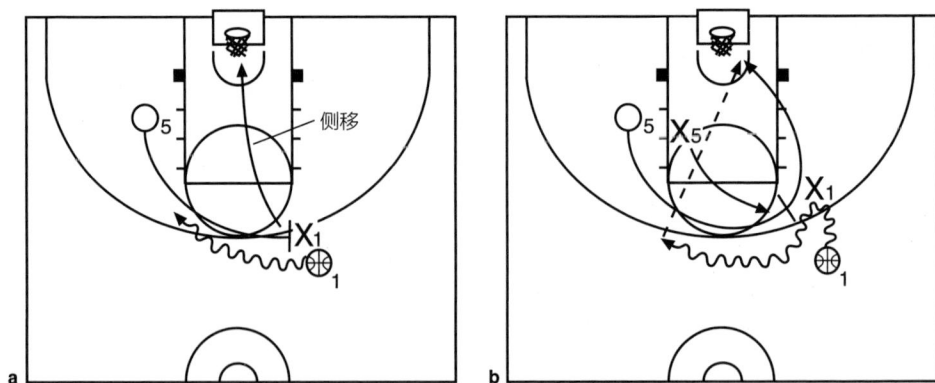

图2.23　中高位掩护动作选择：a.高位要球，沿弧线跑向篮筐；b.高位要球，直接跑向篮筐

在这种高位要球中，掩护球员设置高位要球（声音较大、身体位置较低且动作合规），然后在不走弧线或旋转的情况下运动到相反的位置，即篮筐另一侧，为球越过防守做准备，这有助于完成一个轻松地投篮或扣篮。

无球跑动的教学要点

- 用余光观察整个球场（包括队友和防守球员的位置）。
- 移动时将地面作为动作执行的起点。
- 移动时要果断。
- 要带着目的移动。
- 解读防守球员和球的位置并相应地做出反应。
- 努力获得空位或者向外移动，不要原地不动。
- 了解并使用完美的接球位置（到球的距离为4.6~5.5米）。
- 善于表演：占据主动并使用逼真的假动作。
- 摆脱防守球员。
- 朝着球跑动（迎球）。
- 靠近获得空位。
- 设立掩护时用声音或手势提示队友
- 设立掩护时使用较大的声音并降低身体高度，设立合规掩护；以快速的跳跃姿势设立掩护。
- 在防守球员的移动路线上以合适的角度阻挡或者设立掩护。
- 使用掩护时，等待队友的"前进"信号，使用 V 形切入或者快速向掩护球员移动，使自己擦过掩护（肩并肩或者适当的身体接触）。
- 挡拆配合以及有球掩护的两种选择。
- 无球掩护切入方式：弹切、曲线切入、闪切和背后切入。
- 每种掩护的两种得分选择：切入球员和掩护球员。
- 善于执行背后切入，但永远不要做背后切入的假动作。

问题解答

进行无球跑动时，对距离和时间的掌握非常关键，这种移动被认为是一种需要顾及全局的移动方式，是一种比较高级并且实施起来比较困难的移动，需要耐心和对细节的关注。对于大多数无球跑动来说，执行得晚一些比执行得过早取得的效果会更好，尤其是执行切入时。

无球球员出现失误时，会导致整个移动过程出现失误。球员需要注意及时复位，需要时向队友寻求帮助，完成一个动作后立即进入下一个姿势，以便为下一步动作做准备。在进攻过程中更是如此，因为这时的每个错误都可能导致丢球。球员应该努力避免在一件事上犯两次错误，并学习从错误中获得经验和教训。当然，错误也能够提高学习效果，学会对错误进行分析然后改正，之后彻底忘记，避免以后出现同样的错误。概括一下，什么是"下一个完美动作"（next best action）呢？这也恰恰是美国职业篮球联赛（National Basketball Association，NBA）的另一种解读。

无球跑动训练

　　这些训练的目的是指导球员进行无球跑动中大多数具有挑战性的移动方式，尽管球员更倾向于提高自己的控球技术，而对无球跑动训练并不热心。这些动作需要团队紧密协作，通常需要2~3名队员。

队列训练：无球跑动 ▶

目的： 教授球员进行基本的无球跑动。

设施： 全场场地。

过程： 球员在底线位置分成4个训练队列。每个队列的第一名球员向场上做无球跑动，想象球就位于场地的中央（参见图2.24）。教练在Ｖ形切入、背后切入、前切或后切中选择一个动作发出指令，球员做出回应（重复口头指令），然后在移动到对面的底线时执行切入，并在适当的距离和时间内以4列队形（向下和向后移动）返回到起始位置。

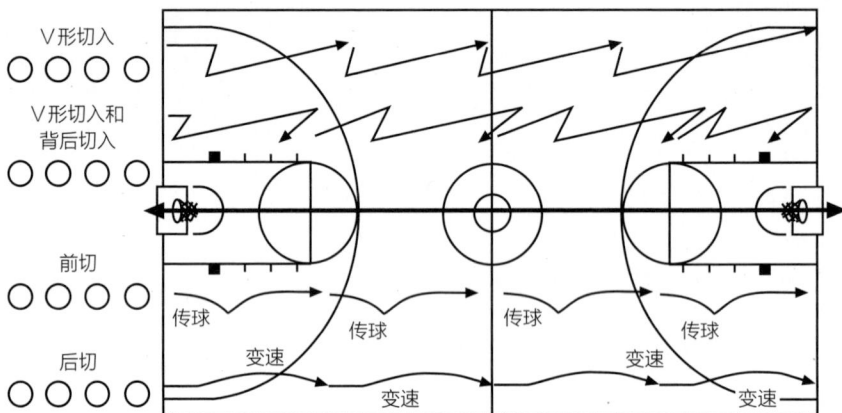

图2.24 队列训练：无球Ｖ形切入、无球背后切入、无球前切和无球后切

选项

- Ｖ形切入获得空位（朝篮下以及篮球切入或者朝防守球员和篮球切入）。重复执行Ｖ形切入动作，然后急停并模拟接球动作，以这种形式走完全场。切入时双手向上进行交流。

- Ｖ形切入获得空位，然后执行背后切入。球员应该使用合适的步法和手部动作。使用双手进行交流（获得空位时举起双手，背后切入时外侧手向下握拳并贴近身体）。

- 前切。向场地中央模拟传球动作，然后执行前切动作（Ｖ形切入，慢速离开并快速切入有球侧），并在罚球线和中场线处执行急停动作。使用内侧手交叉并向上的动作进行交流。

- 后切。向场地中央模拟传球动作，然后执行后切动作（由慢到快变速移动）并在罚球线和中场线处执行急停动作。使用双手向上或者前手向前的动作进行交流。

在每个罚球线和中场线位置执行急停动作。每次完成急停动作后，球员应该使用接球并面向篮筐的移动方式（首先急停，然后执行转身动作面向篮筐并观察全场局势）挑战想象中存在的防守球员。

V形切入训练

目的： 指导球员在2打0和2打2的情况下执行基本的无球跑动动作。

设施： 每个队列1个篮球和1个篮筐。

过程： 这个训练需要将球员分成两个队列，1列由后卫或者组织后卫组成，站在前面；另一列由前锋或者翼部球员组成，站在一侧（即2个外线球员组成的队列）。教练也可以让两队球员全上场来训练"无位置"技能。

选项

- 1名前锋V形切入获得空位（做假动作并突破），接到后卫的传球后，使用接球并面向篮筐的移动动作。
- 后卫可以向篮下执行前切或者后切的动作并接前锋传回来的球，然后移动到V形切入路线的末尾（传切配合），或者前锋可以持球向篮下运球突破（参见图2.25a）。
- 前锋执行抢篮板球的动作并将球传给队列中的下一名后卫，然后移动到后卫队列的末尾。
- 图2.25b中显示了前锋在后卫运球移动时执行背后切入（高级技术）。持球球员朝防守球员运球，并示意自己将执行背后切入，接球球员则通过外侧手向下（握拳）的动作示意自己的切入动作。前锋应该在三分线外执行背后切入：使防守球员分散并执行背后切入。

前锋执行V形切入时，可以使用向篮下移动的假动作并突破获得空位，也可以朝想象中的防守球员移动（L形切入，靠近获得空位）。达到比较满意的水平后，可以增加2名防守球员并执行2打2训练。训练时使用双手手势进行交流（参见图2.26）。

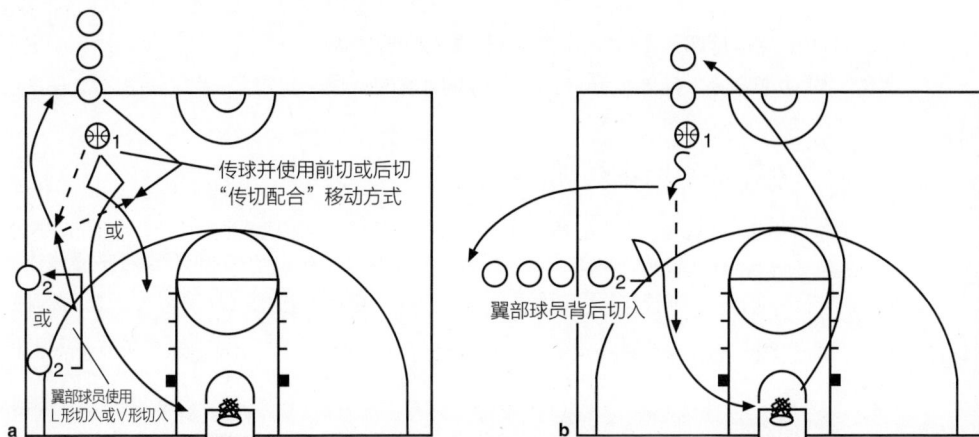

图2.25 a. V形切入训练；b. 选择背后切入（O₂通过外侧手向下的动作示意自己将要执行V形切入动作）

图2.26 切入时使用双手进行交流：a. 执行∨形切入获得空位；b. 前切或后切"传切配合"（引导手）

2打2攻防训练

目的： 渐进式学习∨形切入动作。

设施： 每组1个篮球，1个篮筐。

过程： 这是一个持球进攻和防守的过程，用来限制个人持球移动，突破"传切配合"的进攻。

选项

- 从任意一组开始：后卫对后卫，后卫对前锋，站在外线两侧低位运球。
- 进攻必须只使用持球移动和传切配合。限制持球球员运球3次。从持球开始进攻。
- 在每次进攻时形成两条防线，球员从进攻到防守再到防线后进行角色轮换。这在其他包括3打3或5打5的比赛中也同样适用，胜方继续持球（进攻方得分后继续持球）或停留在进攻阶段，直到防守停止。
- 防守变化可能包括向对方施加不同程度的压力。

4打4半场攻防训练

目的： 教导球员在非结构化半场中，在正确的时间和距离内执行基本的团队进攻动作。

设施： 每组（8~12名球员）1个篮筐，1个篮球，半场场地。

过程： 球员在半场分成4组：4人进攻，4人防守，4人场外候补（如果有的话）。可进行如下动作变化。

- 进攻变化：个人持球移动、有球掩护、无球掩护以及持球投篮。
- 防守变化：变换施加压力、换防掩护和不换防掩护防守，以及低位防守。
- 战术变化：4外线、3外线1内线、2外线2内线。
- 结果变化：在一次处理球后进行轮换（进攻到防守再到候补），胜方继续持球（进攻方得分后继续持球），防守停止后进行角色轮换。

4打4防攻转换训练

目的： 教导球员进行有效的转换训练（从防守到进攻）

设施： 每场1个篮球，12名球员（4名进攻球员，4名防守球员，4名候补球员）。

过程： 4名球员在半场开始，执行教练指定的进攻任务和基本动作变化。投篮时，进攻球员扮演好指定的角色。

- 3个篮板球球员举起双手，抢夺进攻篮板球的机会。1名球员充当后卫球员（安全位置），其目标是在球击中篮筐或篮网前，用余光观察投球区中心。
- 其中2名担任篮板球球员，1名担任后卫（安全位置），另一名担任半后卫，移动到罚球区争抢长篮板球，然后接球球员在投篮或防守篮板球和突破时上场。第三名进攻篮板球球员用视野进行转换（三步冲刺）。

  当4名防守球员在篮下或防守篮板球后拿到球时，他们会迅速将球举起来，以测试对手的防攻转换。如果他们能在快攻中得分或在定位球进攻初期得分，那么他们会继续进攻。如果这4名原本处于进攻状态的球员成功转换，那么他们就会回到进攻状态。球员们从进攻到防守轮换一直到防守停止。

1分钟不间歇比赛

目的： 通过高级无球移动，指导球员进行全场3打3攻防训练。

设施： 每场1个篮球，6名球员（3打3训练）；12人1组2场，18人1组3场，以此类推。

过程： 同时进行1分钟比赛，每场比赛1个场地。比赛可以从跳球开始，也可以通过其他方式开始（例如，掷硬币以获得处理球权）。不允许运球（自动换位），允许所有其他动作，允许全场防守。此外所有常规规则都适用。这种模拟比赛训练强调基本原则，包括时间和距离、获得空位、接球和面向篮筐，以及所有防守的基本原则。至少进行3次1分钟比赛。每场比赛后，获胜方之间继续比赛，失败方之间继续比赛。获胜方在下一场比赛中获得优先权（教练决定球队是否在1分钟比赛后候补）。

挡拆配合训练 ▶

目的： 指导球员进行有球掩护和切入动作。

设施： 每组1个篮球和1个篮筐（需要4组或4组以上球员参与）。

过程: 两列外线球员距离4.6~5.5米站立,使用掩护传球模式并阻挡防守控球球员的防守球员。步骤如下。

1. 2打0: 选择切入球员(控球球员)得分或者掩护球员得分(拆到外线投篮或者阻挡后外切)。

2. 2打2: 防守球员原地不动(掩护球员得分),或者防守球员执行换防(拆到外线投篮得分或者阻挡后外切)。

   • 持球进攻和防守。

   • 球员轮换: 到达对面底线处双方交换角色。

3. 3打3。

   • 持球进攻和防守;

   • 胜方继续持球。如果防守方成功阻挡对方进攻,则双方交换角色。

3打0移动训练

目的: 指导球员在无球掩护时选择两种得分方式;双球投篮。

设施: 每组2个篮球1个篮筐,6名球员最佳,2名传球者(教练或者球队的助理)。

过程: 教练先确定切入方式,切入球员喊出切入动作,然后加入3名防守球员,掩护球员或者切入球员必须解读防守球员的意图并执行切入动作,同时喊出切入方式(参见图2.27)。

图2.27 3打0移动训练: a.基本设置; b.传球并掩护; c.3打3攻防移动

3打3移动掩护训练

目的: 指导球员在做无球掩护时选择掩护和切入方式。

设施: 每组1个篮球和1个篮筐（6名或者更多球员）。教练可以使用2个篮球分别为两种得分方式进行传球。

过程: 3列外线球员彼此距离4.6~5.5米站立，选择使用传球以及无球掩护的方式执行弹切、曲线切入、闪切和背后切入。步骤如下。

1. 3打0。
   - 弹切（切入球员向外切，掩护球员向内切入或者滑动）。
   - 曲线切入（切入球员向内曲线切入，掩护球员向外切）。
   - 闪切（切入球员向外执行U形切入，掩护球员向内滑动）。
   - 背后切入（切入球员向内切，掩护球员向外切）。
2. 3打3。
   - 防守球员原地不动（切入球员选择得分）。
   - 防守球员换防（掩护球员选择得分）。
   - 持球进攻和防守。
   - 胜方继续持球（进攻方得分后继续持球）。

教学要点

- 队友发出信号后快速设立掩护。
- 切入球员等待掩护完全设立（听到队友喊"前进"再移动）。
- 设置掩护时使用较大的声音并降低身体高度，动作合规。
- 执行切入动作时使用双手示意队友，执行左右切入动作时喊出相应的口令。
- 每次设立掩护时都存在两种得分选择。

伍登金句

"篮球运动是一项注重细节的运动，小事情才是大学问。"

——约翰·伍登

第 3 章

处理球

"传接球是整个团队的进攻技术，而运球则是个人的进攻技术，
因此传球应该是基本的进攻武器。"

——拉尔夫·米勒，名人堂教练
曾任艾奥瓦大学和俄勒冈州立大学主教练

处理球（控球）包含所有持球进攻移动（传球、接球、运球、投篮、单人移动以及抢篮板球）。在本章的讨论中，处理球仅包括传球、接球以及运球的相关技术（其他技术穿插于不同章节中介绍）。

进行传球、运球以及投篮时，手臂的运动机制几乎都是相同的：执行每种技术时手臂和手的运动都是相同的。传接球是最重要的个人有球进攻基本技术。投篮可以被视为向篮筐传球，而传球也可以被视为向接球队友进行的投篮。同样，可以将运球当成是对地面的传球，运球是次重要的进攻武器。错用、过多地运球是大多数球员容易出现的错误。球员应该首先选择传球，然后选择运球。

为了增强处理球技术中的平衡能力，还有一点非常重要，那就是要同时增强主导手（强手）和非主导手（弱手）的处理球能力。对球员来说，弱手运球的训练量应该是强手训练量的2倍或者3倍。

快速进入三威胁姿势（进攻快速站位，球员可以从这种姿势开始选择投篮、传球或者运球动作）应该成为一种习惯性动作（参见图3.1）。处于三威胁姿势时，持球球员应该使球贴近身体来护球，使球靠近腋窝位置，防止球被防守球员抢断。球员应该努力不让球离身体太远，以保持紧密的比赛节奏。这个保护区域也被称为"投篮口袋"，即最佳投篮点。

球员应该坚持使用接球并持球面向篮筐的动作：接球，采用三威胁姿势，然后转身面向篮筐，使自己看到整个前场的局势（尤其要注意是否存在处于空位的队友，以便为其传球）。可以用一个动作完成接球和面向篮筐，接球时双脚腾空，落地时面向篮筐，采用RPA原则（请参阅本章"传球和接球的原则"中关于RPA原则的讨论）。球员应采用快速、平衡的进攻快速站位。球员必须果断做出决策，以最快速度移动的同时要保证对身体有良好的控制，时

要点提示
训练处理球技术时（传球、运球），非主导手的训练量应该是主导手的2倍或3倍。

图3.1 三威胁姿势（持球进攻快速站位）：a.侧视图；b.前视图

刻准备好传球或接球，然后才是运球。持球球员应该首先寻找向队友传球的机会（除非自己处于投篮范围内并有机会投篮得分），然后才选择自己运球，运球是转移球的最后一个选项。要在跑的过程中获得速度和平衡，应该采用传球优先于运球的基本理念。脚部和手部做好准备，在前场投篮（观察赛场，用余光盯住球），然后在运球前优先传球（先传球，后运球）。投篮通常从传球开始（第一个接球优先权）。

传球和接球

传球和接球是最容易被忽视的两种篮球基本技术。为了成功地进行团队进攻，球员必须提高这些技术。在主攻得分中，有效的传球和接球能够衡量团队协作的水平，同时也是在进攻中控制比赛节奏的重要方法。对于团队进攻效率来说，一个重要的衡量标准就是将助攻得分（团队传接球得分）的数量与运球突破得分（个人技术得分）的数量进行比较。团队得分应该始终高于个人得分。另一个衡量团队水平的标准是助攻与失误的比率。对于团队合作水平高的球队，这个比例通常会大于1。换句话说，球队的助攻数将大于失误数（助攻数除以失误数大于1）。

具备优秀传接球技术的球员通常都能成为球队的核心成员。在篮球教学中，良好的传球能够减轻防守压力并能破解对方的防守。因为传球是最快的转移球的方式，并能轻松地破解对方的防守，所以应该成为最基本的进攻方式。这种方式能够保证较快的速度和较好的平衡性。

"魔术师"埃尔文·约翰逊在大学和NBA比赛中都曾带领球员获得冠军，这也使他成为篮球运动历史上最优秀的传球球员之一。约翰·斯托克顿以同样的方式在20世纪90年代带领犹他爵士队取得了非凡的成绩。斯蒂芬·库里带领金州勇士队夺得NBA冠军。康涅狄格州哈士奇队和美国国家女子篮球联盟（Women's National Basketball Association，WNBA）西雅图风暴队的苏·伯德，职业生涯的助攻失误比超过了2：1。

让球员相信传接球是基本的团队进攻战术是实现进攻目标最有效的方式：快速转移球以便将球传给处于空位的队友，创造得分机会。

传球和接球的原则

传球和接球的总体目标是让传球者和接球者都能及时、有针对性地传球。表3.1展示了3个关键传球原则和3个相关接球原则。

球员在运球前应该先寻找传球机会。接球时，应该遵从RPA原则。球员在自己的投篮范围内接到球后，应该进行接球并面向篮筐的动作，寻找投篮机会（篮筐）、将球传给内线的低位球员（低位），然后开始移动球（行动）。

球员接到球后的第一本能是运球，要克服这种本能，需要不断强调投篮和传球动作。

表3.1　传球和接球的原则

传球	领域	接球
双脚置于地面（用迈步脚发力）	步法	接球时双脚腾空，快速急停。准备投篮（先向篮下传球）
将球传到目标位置（通常手指张开）	目标	提供一个目标位置（通常使用接球手）
快速传球（接球时发出"砰"的声音）	速度	点击接球（双眼紧盯，双手抓球）

只有教练将所有与传球有关的技术教给球员，球员才能获得良好的传球技术。

- 步法。大多数情况下，传球时双脚要置于地面。使用快速迈步传球（使用迈步脚）以便获得更快的速度。可能的话，接球球员接球时应该双脚腾空，这有利于避免犯规。当球员一次快速急停落地时，可以将任何一只脚作为轴心脚。

- 目标。每一次传球时必须将球准确地传到目标位置（通常是远离防守球员）。接球球员通常会举起距离防守球员较远的那只手给传球队友作为传球目标。接球时，应该将双手举起，一只为队友的传球目标手，另一只举起的手臂用来封阻防守球员（参见图3.2）。接球球员无论何时都要尽可能提供目标位置。

- 速度。传球时必须将球快速传出（在防守球员反应过来前）。传球动作应该干净利落，但是力量不能过大或者太小。为了增加传球时的力量，通常会朝传球方向快速迈一步。球被快速传出时，接球时会发出"砰"的声音。这种理念被长期担任芝加哥公牛队和洛杉矶湖人队助理教练的弗雷德·特克斯·温特推崇。在成功的传接球中，最重要的部分是第二步，即接球。大多数情况下，接球球员应该使用"点击接球"（两手接球）。传球力量过大时，接球时会发出很大的声音；传球力量太小时，接球时不会发出任何声音。正确的接球方式有两种：用一只手停球然后使用另一只手抓住篮球，在接球时尽快用两只手接球。

另外介绍3个要点。

- 时间。球必须在接球球员处于空位状态时传出去，不能提前或者拖后。在正确的时间点上传球并发出"砰"的声音。在学习传球的过程中，可以进行夸张一些的跟随动作。

图3.2　获得空位：保持双臂举起姿势

- 假动作。传球球员必须使用具有欺骗性的假动作来迷惑防守球员，因为后者一直在观察传球球员（尤其是眼神）并试图预测传球路线。传球球员确定传球目标时，使用假动作并将全场局势纳入视线范围内。

- 迎球。通过迎球或者朝球移动的方式缩短传球路线，向外突然切出时除外（当然，这不适用于球员在防守前向篮筐移动的突破）。

传球球员应该将所有的队友以及防守球员纳入自己的视线范围中（在前场看篮筐，在后场看篮网），关注潜在的接球队友，但是不能一直盯着他。最佳方式是持球时以三威胁姿势观察全场局势（广泛注视）。接球时，如果处于空位并且在自己的投篮范围内，球员应该准备投篮；如果没有投篮条件，则应该先尝试将球传给正处于空位的队友，然后考虑自己运球（RPA原则）。

球员必须学会无私地将球传给处于空位的球员。处理球球员也可以在运球突破后传球（突破－分球）。他们可以运球移动并将球传给处于空位的队友使其投篮得分，以此来创造助攻。球员进行传球时应该选择最简单、直接的传球方式，使球穿过防守球员。指导球员不要抱着博弈的心态传球，传球时要运用智慧，而不能自以为是。大多数时间，球员进行运球突破时，应在突破的末尾进行急停动作，然后将球传出去，此过程中要控制住身体（保持平衡）。传球时应该遵循双脚以地面作为起点并进行迈步动作的原则。贡萨加大学以及犹他爵士队的全明星球员约翰·斯托克顿就是通过简单、直接的传球方式（即简单战术）一直保持着NBA的助攻纪录。他的搭档，贡萨加队的考特尼·范德斯洛特，曾入选全美第一阵容和WNBA全明星，也是一个以简单战术闻名的无私的传球手。

> **要点提示**
> 使用简单直接的传球方式。

选择正确的传球方式

最快速的传球方式是空中直线传球。简单的几何原理（两点之间直线最短）证明了空中直线传球比吊传或者击地传球更快，如图3.3所示。因此，空中直线传球是基本的传球方式。所有围绕防守进行的外线传球都应该使用双手或单手空中直线传球这一方式。

吊传用于为进行快速突破的队友进行传球的情况，因为这种传球方式能够使他们跑动接球。当队友进行低位空中直线传球战术时被对手挤到

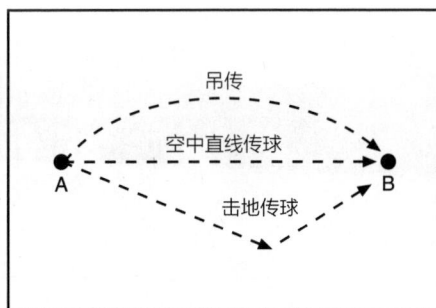

图3.3 传球类型及它们的运行路线和距离

前面，或者当吊传是能够使球穿过防守球员的最佳方式时，也可以使用吊传。吊传是一种速度比较慢的传球方式。

只有接球球员处于以下情况时，才适合使用击地传球的方式。

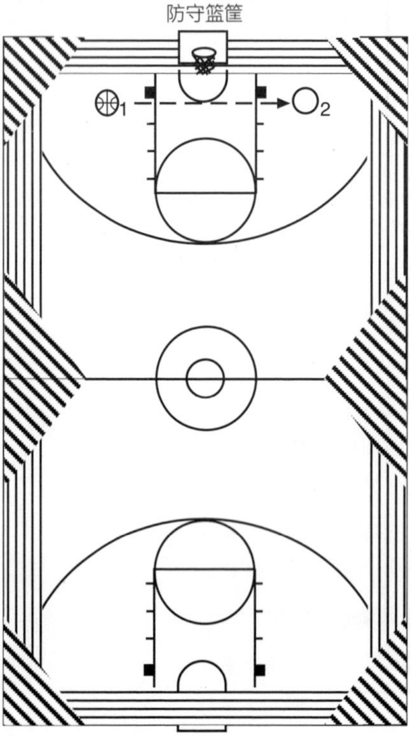

防守篮筐

图3.4　传球或接球的危险区域

- 处于内线并且身材比防守球员矮小。
- 处于底线位置的空位。
- 进行背后切入。

特殊传球情况

不要在本方篮下横向传球，这容易被对手抢断并上篮得分。其他危险区域包括边线和底角区域（参见图3.4）。在外线位置接来自底线的传球时，应该快速将球传到场上的另一侧以便测试防守球员的反应，以及队友对于协防侧的反应（测试另一侧或者通过反向传球迫使防守球员移动）。

传球的类型

在篮球运动中，所使用的传球类型必须符合当时的实际情况。例如，在空旷区域或者外线区域最适合使用胸前空中直传和单手长传，因为这两种情况对速度的要求是第一位的，而对于近距离传球或者背后传球来说，最好的方式则是单手推传。

胸前传球

要点提示
在训练过程中，进行跟随动作。

要点提示
胸前传球：拇指向上到拇指向下的位置。

胸前传球是一种基本的空中直传方式，能够在进攻球员处于严密防守下或者开阔的区域时有效地将球转移，可以使用这种方法进行较远距离的传球。开始传球时，以三威胁姿势开始，将球移动到胸前中央位置并紧贴身体，拇指朝上持球。传球时，球员伸展肘部并向内旋转手臂，拇指向下。传球时拇指应该推动篮球使其后旋。时间比较充足时，球员也可以在传球时向前迈一步，但是不迈步时的传球速度更快。大多数时候，都可以选择迈步（快速地）传球的动作。进行较长距离的传球时，需要环形移动篮球：在球被释放前向外、向下并朝着身体移动篮球。接球球员处于静止状态时朝其喉部（脖子）位置传球，接球球员后面有防守球员时则瞄准其脸部或稍下方位置传球，接球球员附近有防守球员时朝他的外侧手（远离防守球员，使用左手，参见图3.2）进行传球。

胸前击地传球

在进行背后切入以及发生紧急情况时，即当传球球员摆脱包夹防守或者防守球员阻挡传球路线时，建议使用胸前击地传球的方式。进行这种传球时，需要注意的是，将到接球球员三分之一距离的位置作为传球目标并向该位置做跟随动作，与胸前传球一样。传球的力量应该足够大，以便使球能够反弹到接球球员的胯部位置。开始传球时，拇指向上持球，传球时推动拇指，然后做拇指向下的跟随动作（参见图3.5）。在这种传球方式中，使球后旋非常重要，因为这能够增大击地传球的反弹角度，使接球球员更加轻松地接到球。一次好的胸前击地传球能使球直接弹到球员手中。要获得更大的力量，也可以在传球时向前迈一步（使用迈步脚）。

图3.5 胸前击地传球：a. 拇指向上的起始姿势（传球目标是地面上的某个点）；b. 拇指向下的结束姿势（向该位置进行跟随动作）

头顶传球

球员接到球时，应该快速进入三威胁姿势（接球并面向篮筐，遵循RPA原则），然后可以快速从头顶将球越过防守球员传给队友。一个比较好的传球方式是将球越过所面对的防守球员头顶传到场上的另一侧，这称为跳传（skip pass）。这种方式在破解区域联防时特别有效。进行这种方式的传球时将球举起，并可以做一些假动作。球员需要保持高举篮球的动作，从一开始就保持肘部伸展的状态，使用手腕和手指传球。球应该位于头部上方，不能向后偏移。球员从始至终都应保持屈膝准备姿势。

进行头顶传球时，拇指最初位于球后，然后发力推球，球被传出后拇指向前（参见图3.6）。进行头顶传球时，球很容易下沉，因此应向较高的目标位置传球（通常是接球球员的头部位置）。否则，球向下沉，接球球员不容易接到。为了获得更大的传球力量，可以在传球时向前迈一步进行跟随动作。

图3.6　头顶传球：a. 拇指向后的起始传球姿势（高举篮球）；b. 手掌向外的结束姿势（使用手腕和手指，向上传球）

传球距离不同，头顶传球的方式也会有所区别。抢到防守篮板球以及向外分球时，头顶传球的距离一般比较长，可以进行跳传，还包括将球从场上的一侧传到另一侧（底角到另一侧的边路、边路到另一侧的边路）或其他长距离传球及其他一些特殊情况。短距离传球包括高位向低位传球或者由外线到低位的传球，以及其他一些情况下的外线传球，大多数时候是为离篮筐最近的球员传球。为了增强传球力量，较长距离的头顶传球需要在传球时向前有力地迈一步，完全释放手臂和拇指的力量并进行完整的跟随动作。进行头顶传球时应该选择空中直传的方式，而不是击地传球的方式，这是因为头顶传球的传球起点位置比较高。

单手长传

传球距离很长时（通常大于半场距离），可以选择使用主导手进行单手长传的传球方式。传球时，球员应该尽可能地延长双手在球上的时间，站立时身体与边线平行，且双脚与底线平行；然后后脚固定，迈动前脚将球从耳朵旁边传出，类似于棒球运动中接球手的传球方式；同时需要进行正确的跟随动作，包括主导手手臂完全地向内旋转和伸展，并以拇指向下的动作结束（参见图3.7）。采用这种传球方式时，应该选择使用主导手，使用另一只手做传球假动作并起固定篮球的作用。要一直使用后脚作为轴心脚，而将前脚作为迈步脚（使用PPF步法时除外）。

要点提示
长传：尽可能延长双手在球上的时间。

图3.7 单手长传：a. 开始姿势，将球置于耳边，双手置于球上；b. 向后拉，可以以这个姿势做传球假动作；c. 传球时向下摆动手臂（拇指向下）

单手推传

单手推传或敲传（flick pass）是最重要的进攻传球方式之一，能够使球快速地穿过距离较近的防守球员。这种传球方式适合距离防守球员较近以及距离队友4.6~5.5米远时使用。传球时可以选择空中直传或者击地传球的方式，并可以由三威胁姿势开始，开始传球时肘部要弯曲（目的是获得更大的力量）。传球球员应该着重防守球员身体的一侧，特别是尽量使球从他的耳朵旁边穿过，因为这里通常容易出现最大的空隙，发现空位后，也可以将球从防守球员手臂的上方或者下方传出去。球员解读防守球员时，可以使用垂直方向的假动作（参见图3.8）。球员向下做假动作时可以从上面传球（空中直传），或者向上做假动作（可以做投篮假动作）然后从下面传球（击地传球），解读防守球员的手臂姿势并做简短、快速的假动作。防守球员手臂向下移动并落在身体两侧时，使用空中直传的方式使球快速从他的耳朵旁边传出去。

要点提示
防守球员手臂向下时，将球快速从他的耳朵旁边传出去；防守球员手臂向上时进行低传。

图3.8 单手推传或敲传：a. 使用三威胁姿势并着重从防守球员身体的一侧传球，防守球员手臂向下时，从其耳朵旁边传球（向下做假动作，时机恰当时从上面传球）；b. 防守球员手臂向上时，使用垂直的假动作（向上做假动作，从下面传球）

球员从优势侧进入三威胁姿势时，快速（猛地拉开）将球从一侧移动到另一侧（腋下移动），并着重从防守球员身体的一侧传球，传球时手臂成环形并上下移动以便获得速度和平衡。

接球原则

接球时需要球员做好一定的准备。潜在的接球球员应该执行快速站位，双手高举并且必须处于空位，同时要在正确的时间点上为传球球员提供传球目标。

迎球跑动接球是另一个接球原则（除非球员向篮下进行背后切入或者切出动作）。被对方严密防守时，接球球员必须朝球跑动直到拿到球，这样能够确保不丢球。球员应该在距离球4.6~5.5米远时进行切入动作（即缩短传球路线）。

无论何时，球员都应该尽可能采用双脚轻微离地的接球方式。具体来说，接球球员双脚跳起接球，然后持球急停并进入三威胁姿势（常规情况下），或者将球置于颌下护球（被对方压迫时），这样能够确保对身体的控制并且不会丢球，同时快速转身执行快速站位（可以以任意一只脚为轴旋转，这也是急停的优势）。最后，接球球员在接到球后应该面向进攻篮筐，以便将全场局势和篮筐纳入视线范围内。

要点提示

接球时双脚离地。

在篮球运动中，使用双手是球员应该培养的一种好习惯。他们应该坚持使用双手接球。在3种接球的方式中，第一种是双手向上（两个拇指靠近），可以在球被传到身体中间以及腰部以上的位置时使用（参见图3.9a）。第二种方式是双手向下（两个拇指分开指向两侧），可以在球被传到身体中间以及腰部以下的位置时使用（参见图3.9b）。第三种方式是停球并抓住，球被传到身

要点提示

点击接球：接球时，使用双手和双眼（盯住手中的球）。

图3.9 接球：a.腰部以上；b.腰部以下；c.一只手停球；d.双手抓球

图3.10　接球时手腕弯曲并准备投篮（三威胁姿势）

体的一侧时可以使用：球员使用一只手停球，然后使用另一只手抓住篮球（参见图3.9c）；双手立即置于球上（参见图3.9d）。"停抓球"（block-and-tuck）技术更常用于单手接球，主要目标是尽可能简单、安全地双手传接球。

接到球时，接球球员应该使手腕和肘部自然放松，这有时候被称为使用"软手"（soft hands）。同时，双眼应该紧盯篮球，直到用双手抓住球。球员在接球时也要善于使用眼睛，结合使用双手和双眼的接球方式被称为"点击接球"（catching with a click）。条件允许时，球员接球时手腕可以弯曲并将球移动到"投篮口袋"的位置（参见图3.10）。最后，接球球员接球时应该主动迎球或者朝球移动来缩短传球路线，接球时双脚离地（除了在严密防守时进行背后切入动作）。重要的接球原则如下。

- 双脚离地接球。
- 使用传球目标接球。
- 点击接球（接球时使用双眼和双手）。

传球和接球的教学要点

- 指导球员学习三威胁姿势：转身接球和观察场上局势（遵从RPA原则）时将球贴近身体护球。
- 帮助传球球员提高他们的速度，使用传球目标以及掌握正确的传球时间。
- 指导球员在传球时双脚以地面为起点，干脆利落地传球。
- 指导球员使用双手进行传接球并尽可能使用双手处理球。
- 指导球员使用双脚离地的方式接球（球在空中，脚在空中）。
- 指导球员点击接球（使用双手和双眼接球）。
- 指导接球球员将球移动到"投篮口袋"的位置或者置于颌下护球。
- 指导球员接球并立即观察全场局势（接球并面向篮筐或者接球时双脚朝向篮筐并遵循RPA原则）。
- 训练接球球员如何应对不良传球并采用双手举起并随时移动的快速站位。始终遵循"处理球大于站位"的原则，首要的任务是在接球时处理球，而不是保持接球姿势不动。

回顾本章表3.1，了解基本传球和接球的原则（参见本章开头的"传球和接球的原则"部分）。

传球和接球时的交流

完成每一次传接球是传球球员和接球球员共同的职责，不但要成功，更要努力追求完美。成功的传球取决于球员的交流，尤其是来自接球球员的交流。每个潜在的接球球员都应该随时做好接球的准备（采用双手举起的快速站位），喊出传球球员的名字告之自己处于空位并使用双手进行交流（处于空位时举起双手，进行曲线切入时一只手向内，进行背后切入时外侧手握拳靠近膝盖，张开手接球时远离防守队员）。接球球员使用一只手提供目标位置，另一只手用来挡开防守球员，传球球员则必须决定是否传球。一些教练喜欢让传球球员在传球前喊出接球球员的名字，一些教练倾向于让传球球员喊两次。在传接球过程中，传球球员需要使用眼睛和声音与接球球员进行交流，但是球员之间不能进行过多的语言交流。

运球

运球是一种触觉技术，而非视觉技术。球员应该学会在不看篮球的情况下向前场运球，关注进攻篮筐（眼睛看着篮网或者篮圈）并观察全场局势（通过眼睛余光观察）。在后场将篮网纳入视线范围能够使运球球员观察到整个场上局势以及处于空位的队友。在前场将篮圈纳入视线范围，则能够获得传球目标并使球员养成每次接到球后都寻找投篮机会的习惯（RPA原则）。在前场时，运球的基本目标应该是通过移动将球传给队友投篮得分。球员运球时，应该进行持球移动，通过向篮下运球越过防守球员进行篮下突破，或者将球传给处于空位的队友。无法通过传球而想将球推至前场、希望获得更好的位置以便为队友传球、执行进攻战术，以及想冲出重重防守或者包夹防守（2名防守球员同时防守运球球员）时也可以选择运球。

运球技巧

球员在运球时，应该伸展肘部并放松手腕和手指，使用手腕、手以及一小部分前臂进行运球动作。实际上，运球就是与地面进行传接球动作。使用运球手的手指和手掌控制篮球（手掌后部不能接触到篮球），手指自然地分开并成握杯状（参见图3.11）。球员应该轻抚篮球并在运球时保持稳定，同时降低身体高度。运球时应该尽量离地面近一些以便获得更快的运球速度。

球员在运球时应最大限度地保持与球的接触。这一原则需要将手部置于球上，手不能离开它的垂直位置，将手置于球下翻转运球或者托球等都是违规

图3.11 运球：a. 使用手指和手掌运球；b. 肘部伸展，手腕和手指放松将球推向地面

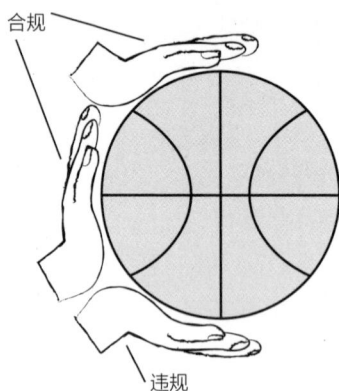

图3.12 运球时的手部位置规定

的运球方式（参见图3.12）。开始运球时，球必须在轴心脚离开地面前从手上离开（美国篮球规则）或在轴心脚离开地面前球必须置于地面（国际篮球联合会规则）。

强烈建议在运球结束时使用急停的方式（参见图3.13）。这是防止走步以及护球的最佳方式，同时能够节省对于传球和投篮来说至关重要的时间和空间。面对严密防守时，应该停止运球，进行急停并将球置于颌下护球。将球置于颌下护球时，球员应该采用快速站位并将球置于颌下位置，手指向上，肘部向外和向上（球员应该尽量占据较大的空间以便护球）。在运球突破（突破、分球）移动中，在快速急停后，持球球员还可以绕过防守球员并将球传给后面的队友，然后进入突破线路，在通常被称为"回击"的过程中进行空位投篮（通常是三分球）。

球员应该学会使用任意一只手运球，尽管惯用手是运球时的首选，但是也应该增强弱手运球的能力。相较于惯用手来说，使用弱手运球的训练量最好是前者的3倍或以上。被对方严密防守时，球员应该始终使用距离防守球员较远的手运球，并使用身体和另一只手（手臂）来护球，运球时应该尽量降低运球高度并使用类似坐着一样的姿势（参见图3.14）。

运球策略

运球的一般原则是运球时应该有目的地进行移动。向篮下突破时运球球员应该穿过防守球员。目标是通过一次运球在前场投篮得分，只是在原地运一次球而进行移动的做法是不可取的，这称为"落球"（dropping the ball）。球

图3.13 停止运球时进行急停并将球置于颌下（或者采用三威胁姿势）

图3.14 面对贴身防守时的运球：使用身体和另一只手护球，保持腿部紧绷以及快速站位（低运球或控制性运球）。利用身体控制防守球员

员接到传球后，进行运球突破（突破、分球）是最佳的选择，这样能够避免被迫向防守球员（已经为球员的突破做好了防守准备）方向运球的情况出现。

为了不使自己在运球过程中陷入困境，球员需要记住的一个指导原则是：要尽量避免运球到对方的包夹范围中（2名防守球员之间）。运球球员应该随时注意防守球员的动向并对其设置的包夹陷阱保持高度警惕，同时还要避免向球场的底角位置运球（参见图3.15）。

要点提示

运球是一种触觉技术：运球时看着篮网和整个场地或者篮圈和半场。

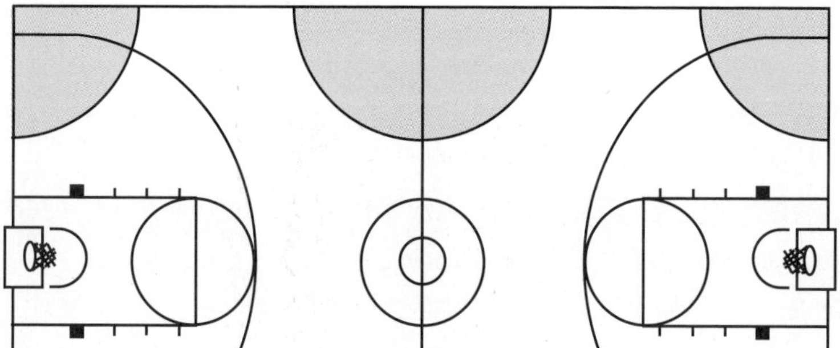

图3.15 运球时不要使自己陷入困境，不要向球场的底角位置运球

球员要保持将球控制在自己手中，最好是能够在一个急停动作后，以传球或投篮结束控制。控球球员需要采用正确的移动方式，看准时机完成移动，并且能够有良好的大局观，了解清楚场上的形势，掌握队友和对手所在的位置。

运球移动的类型

球员应该在正确的时间使用正确的运球类型。球员没有被严密防守时，应该在防守球员周围使用低重心运球或者控制性运球的方式；球员处于空位并需要将球推进至前场时，则可以使用快速运球的方式。所有的运球移动在变向时都应该快速果断。

低运球。控制性运球或者低运球是每个球员的首选，同时也是最简单的运球方式。运球时使用双脚错开的姿势，膝盖弯曲，有球侧的脚在后。另一只手用于护球，防止球被防守球员抢断，但不能向后推或勾住防守球员，只是保护球就可以了。基本的身体运动方式是滑步移动，与防守滑步或者小短步类似。球员通过在距离防守球员较远的身体一侧运球以对球提供保护，保持在较低的高度并在后脚附近快速有力地运球。

强力运球。强力运球是低运球或者控制性运球的高级形式。进行这种运球时使用滑步（迈步滑动或者推步）移动和低运球，因此可以借助前腿和臀部、前臂应对极严密的防守。在膝盖下方运球，高度为后腿附近，这样可以尽可能远离防守球员。运球球员使用推步移动方式向前场推进。球员向前移动时，球位于后脚的附近或者前面（参见图3.16a）；球向后移动时，球位于后脚的附近或者后面（参见图3.16b）。采用强力运球时，球员可以使用更高级的运球移动方式（本章后面会介绍），如后拉交叉运球、转身运球或者转身运球，这些运球的目的是创造一定的空间以便投篮得分。球员应该在运球过程中一直将视线越过肩部观察场上局势：在后场时观察篮网，在前场时则观察篮圈。这种方式能够使运球球员观察到整个场上的局势。

要点提示

面对极大的防守压力时可使用强力运球的方式。

快速运球。进行快速运球或者高运球时，球员应该向前推球并跟在篮球后面跑动，使篮球始终保持在自己的前面。可以在较高的高度运球（腰部位置附近）以便获得更快的速度。运球的速度越快，球员在运球时距离球就越远，运球位置也越高。

要点提示

变速运球是一种由慢到快的移动方式。

变速运球。变速运球或者停顿运球，是通过由慢到快地改变运球速度或者停止并再次启动的控制性运球来实现的。降低运球速度或者进行停止动作时，运球球员应该稍微挺直身体以便使防守球员松懈下来。变速运球可以在防守球员降低速度或者被停止假动作迷惑时通过他们。这是一种通过由慢到快的移动，使运球球员进行突破并获得空位的移动方式。

进行变速运球或者停顿运球时，球员应该通过身体挺直或者犹豫停顿的动作使自己看上去想要投篮或者传球。如果是在自己的投篮范围内，球员可以

图3.16 强力运球：a. 向前移动；b. 向后移动

做向上方拉球的准备，进行跳投的假动作；如果处于投篮范围之外，则可以眼睛看着球场的另一侧，并假装自己要向那一侧传球并交叉运球。运球球员与防守球员之间存在足够大的空间，以及运球球员具有足够大的动力来通过防守球员时，可以选择交叉运球或者转换运球这种基本的运球方式（参见图3.17）。

　　面对静止不动的防守球员时，一定不要在腿前面进行交叉运球的动作（前交叉）。防守球员停止防守动作时，应该在防守球员的一侧使用交叉运球通过对方。进行这种运球动作时，应该降低运球高度并使球快速通过身体。正确的技巧应该是从右至左进行Z字移动或V形切入时，进行从右至左的推动运球动作（反之亦然）（参见图3.18）。

要点提示

进行交叉运球时，
要使球贴近身体
并快速运球。

图3.17 交叉运球：a.低运球（单手）；b.在身体前面交叉低运球；c.低运球（另一只手）

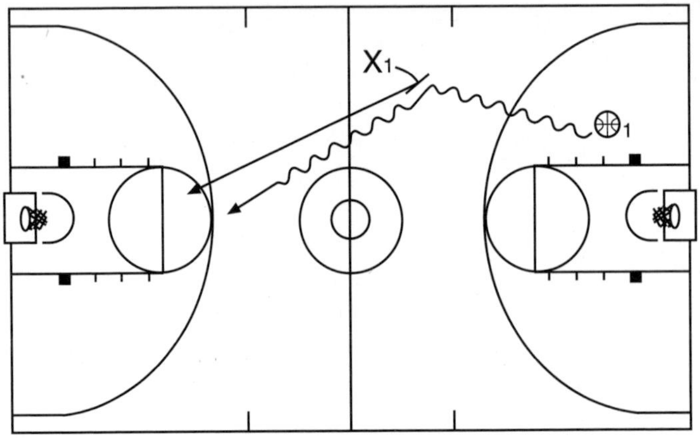

图3.18 从右至左交叉运球：右脚蹬地，迈左脚进行进攻Z字移动，同时球从右手交叉运至左手（快速低运球）

防守球员在有球侧封阻运球球员的前进路线时，运球球员可以使用这种移动方式。指导球员在防守球员靠近前就进行这种移动（因为需要一定的交叉运球空间），并且要快速通过防守球员。

头肩移动。头肩移动（内外移动）是一种高级的移动方式。它是一种使用惯用手通过防守球员进行的运球动作（参见图3.19）。

球员应该使用惯用手运球，并通过向相反方向做假动作继续移动。做假动作的方式是，使用另一侧的脚执行Z字移动，同时向同一方向做头肩假动作，还要保持球的节奏与移动的节奏一致。球员移动通过防守球员时应该使用惯用脚。节奏应该是右、左、右（球员在身体右侧运球），对于左手是惯用手的球员来说，节奏则是左、右、左。这种假动作移动的优势在于，在使用惯用手通过防守球员进行运球移动时，运球球员可以面向防守球员并观察防守球员的动作。对于右手是惯用手的球员来说，进行步骤应该是运球时右脚蹬地，左脚、头和肩向左做假动作；使用右脚向前迈一大步通过防守球员，同时向前推动运球；使用左脚向篮筐迈步通过防守球员，同时胯部与防守球

图3.19 头肩移动（内外移动）：a. 将身体重心放在右脚上，在身体右侧运球；b. 左脚进行Z字移动，头部和肩膀向左做假动作；c. 右脚移动通过防守球员

员接触以便对球提供保护（通过防守球员成功过人，通过内侧胯部接触阻挡防守球员，上篮得分）。

头肩交叉移动。头肩交叉移动（或者称为内外交叉移动），是另一种高级的移动方式。运球球员将球从惯用手运至另一只手并在同一侧通过防守球员，同时保持面向防守球员的姿势（参见图3.20）。这种移动方式的起始动作与头肩移动类似。交叉运球时要使用低运球穿过身体将球运至另一侧，同时从惯用手一侧进行Z字移动至另一侧。步法是"右、左、右、左"，这样从左至右移动时，能够进行从右至左（或反向移动）的动作。执行步法动作时应该掌握合适的运球节奏。必须要在防守球员靠近前开始移动，否则运球过程中容易被对方抢断。对于右手是惯用手的球员来说，向左移动脚、头和肩；然后移动回右侧（短小的步伐）；使用左脚迈一小步的同时将球从身体前方的右侧交叉运至左侧；再向篮筐方向迈右脚通过防守球员。

图3.20 头肩交叉移动（内外交叉移动）：a. 将身体重心放在右脚上，在身体右侧运球；b. 左脚做Z字移动；c. 将身体重心置于右脚上；d. 将球从身体前面的右侧交叉运至左侧；e. 左手运球向篮下突破

要点提示
转身运球时，将球拉回到臀部位置运球。

转身运球。被对方近距离严密防守，或运球路线被对方阻断时，使用转身运球（旋转运球）能够对球提供最大的保护。以这种方式运球时，身体始终保持在篮球和防守球员之间，如图3.21所示。这种运球方式的劣势是运球球员会暂时无法看清全场局势，包括防守球员和队友所在的位置，因此可能比较容易陷入对方的包夹防守中。转身运球的步法是使用急停、后转身以及锐角的Z字移动从右向左移动（反之亦然）。以左脚为轴（或者右脚）进行270度后转身的同时，右手（或者左手）拉球直到转身动作结束，并使用右脚（或左脚）迈第一步。要一直保持贴近身体运球。指导球员学会往回拉球，并使球贴近臀部和腿部以便阻止防守球员进行抢断。完成后转身动作后，球被交换至另一侧的手中，这时球员又可以看到全场局势了。篮球被从右手转换至左手时，移动的角度也会随之从右前方转至左前方（反之亦然）。

图3.21 转身运球（旋转运球）：a. 低运球；b. 急停（后转身）；c. 往回拉球；d. 进行换手并通过防守球员

　　向后运球。想要远离防守密集的区域或者包夹防守时，可以使用向后运球或者称为摇摆运球的方式。使用右手（左手）运球时，球员应该采用低运球或者强力运球姿势，左脚（右脚）向前指向密集防守或者包夹的区域，然后快速向后强力运球远离防守球员。球员与防守球员之间出现了一定的空隙后，可以运球突破上篮或者通过防守球员。使用向后运球后再选择交叉运球的方式能够获得非常好的效果。移动方式是先朝防守球员移动，再向后移动，然后突然变向通过防守球员。通过人员密集的区域时，最好选择胯下运球或者背后运球的方式，因为这样能够更好地护球，而不是在前面进行交叉运球的方式，尤其是运球通过防守球员时。

要点提示
向内移动后再出来，向后运球通过防守球员。

图3.22　后拉交叉运球：a. 被包夹时，使用控制性运球；b. 使用向后滑步并强力运球摆脱防守；c. 交叉运球并通过防守球员

后拉交叉运球。这种运球方式是将其他几种运球方式结合在一起，包括强力运球（陷入人员密集或者包夹的困境时）、向后运球（摆脱困境或者创造空间）、交叉运球并通过防守球员。这是一种高级并且重要的运球移动方式（参见图3.22）。这种移动方式的优势在于能够使运球球员成功应对防守的同时，还能够看到整个场上的局势，并且能够帮助那些处理球能力相对较差的球员成功应对攻击性强且行动快速的防守球员。在面对困境或者被包夹时，运球球员应该进行控制性运球，再向后滑步并强力向外运球以便创造一定的空间，然后通过快速进行交叉运球（内、外，通过）通过另一名防守球员（通常是位于外侧的球员）。

背后运球。背后运球是一种流行的运球方式，它用于交换运球手（通常是从惯用手交换到非惯用手）并通过在右侧（左侧）进行严密防守的防守球员。进行这种移动时，稍微向左（向右）变向并从运球球员的左侧（右侧）通过。内侧脚不动，使用外侧腿迈步通过防守球员。左脚向前移动时，球在背后从右侧移动至左侧（反之亦然），使用左手继续运球。球员可以通过站在原地并在身体一侧进行悠悠球式的V形运球来学习如何协调运球进攻步法（参见图3.23）；运球球员使用一只手来回运球，另一侧的脚置于前面。球从前面运至后面时，可以使用左侧脚迈一步，将球移动到背后（参见图3.24）。

图3.23 背后运球：a、b. 前后悠悠球式来回运球（在身体的一侧）；c. 背后悠悠球式来回运球（在背后从一侧运球至另一侧）

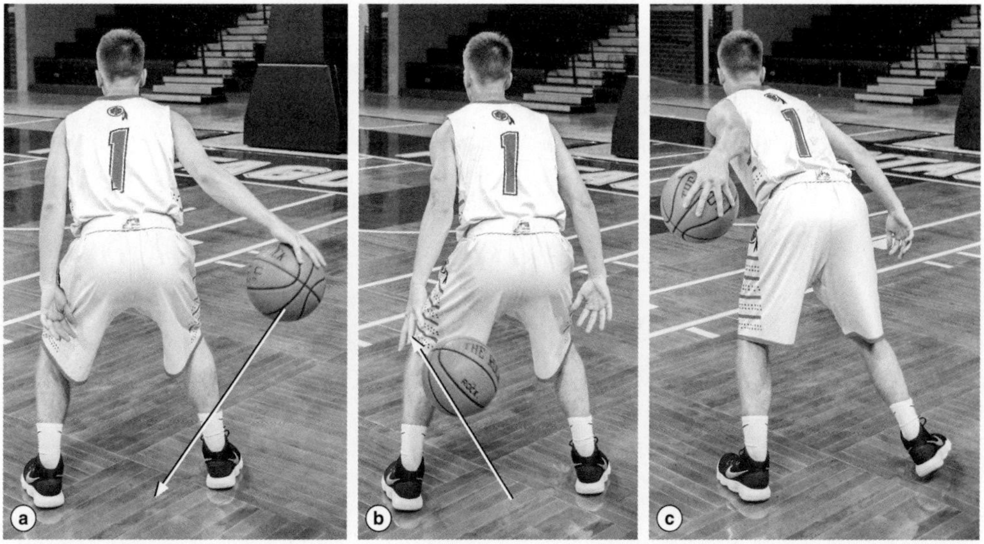

图3.24 背后运球（右手到左手）移动：a. 使用右手运球；b. 在背后将球从右侧运至左侧；c. 使用左手继续运球，移动通过防守球员

要点提示

使用单脚急停，然后在两腿之间快速运球。

胯下运球。胯下运球可以用于摆脱防守以及将球从一侧（一只手）转移到另一侧（另一只手）。使用右手运球时，可以将球从胯下运至左手，同时左脚使用单脚急停或者右脚朝前迈步（最好是右脚）。使用左手运球时方法相同。进行胯下运球时，应该快速、强力地运球，同时保持在较低的位置运球（参见图3.25）（球员使用另一只脚迈步时在两腿之间运球）。球员可以通过慢步向前走并且在每迈出一步都在胯下运一次球的方式来训练运球和步法的协调能力。

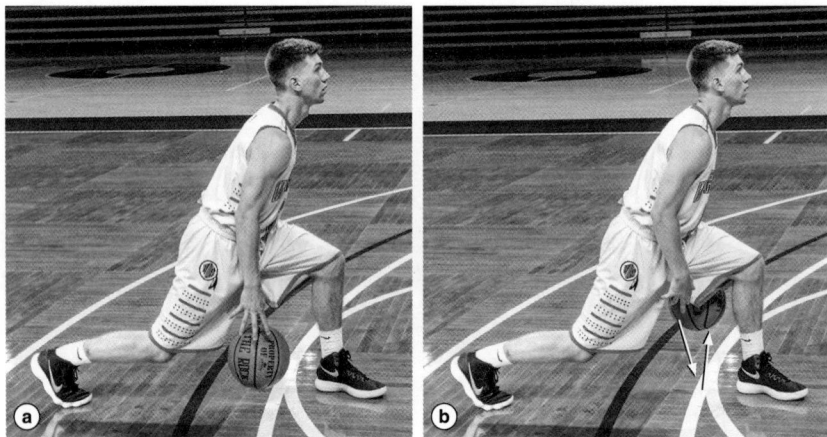

图3.25 胯下运球：a. 使用右手运球；b. 一只脚在前并在两腿之间运球

运球的教学要点

- 保持抬头。在后场时看篮网和全场，在前场时看篮圈和半场。
- 使用手指和手掌处理球。
- 自然稳定地运球；与地面进行传接球运动。
- 在防守球员周围或者贴近防守球员，降低身体高度并保护篮球（身体呈坐立姿势，保持腿部紧绷并使用手臂阻挡对手）。
- 运球末尾使用急停并将球置于颌下护球（三威胁姿势），急停后准备传球（向身体一侧的内线球员，尤其是当内线球员助攻时），或后侧球员（当队友在你完成后转身后突破并得到空位，你可以回传）。
- 接球球员要时刻做好投篮准备（头部和脚部准备）。接球后传球是第一选择，而运球是最后的选择。

进行胯下运球时，外侧脚急停，球在两腿之间进行移动，通过防守球员时，迈一个快速的变向步，同时球从一只手转移到另一只手上。然后外侧脚从防守球员处拉回以便保护篮球。

基本处理球训练

有关处理球技术的训练深受广大球员的喜爱。教练需要不断强调速度、动作正确性及时间节奏。球员应该从较慢的速度开始训练这些技术，然后不断加快速度直到自己适应比赛时的节奏。

处理球训练

目的： 指导球员如何处理球并熟悉篮球（观察、倾听并感受）。

设施： 每名球员1个篮球，1个直径为1.8米的场地。

过程： 球员分散站在自己的区域内并进行以下训练动作。首先保证动作的正确性，然后提高进行速度。

1. 8字快速运球。以右手或者左手开始进行训练。在两腿之间进行内外8字运球。开始时使用较慢的速度并保持在较低的位置运球。球员熟练后可以逐渐加快运球速度。这个训练没有时间限制，但是1分钟20次或30秒内10次可以视为优秀。

2. 拨球。开始训练时双脚分开，与肩同宽。一只手在腿前持球，将球抛向空中然后双手交替拨球。使用手指尖接球并在30秒内尽可能快速地拨球。如果进行得当，那么篮球会一直在两腿的距离间运动。评估标准：优秀，81~100次；良好，61~80次；一般，40~60次。

3. 胯下拨球。开始训练时双脚分开，与肩同宽，膝盖弯曲，双手持球在前。在两腿之间轻轻向上拨球，双手移动到腿后面并在球落地前接球，再次向空中拨球并尽可能快地将双手从后面移动到前面。在球不落地的前提下尽可能提高速度。持续训练30秒。评估标准：优秀，81次或以上；良好，61~80次；一般，40~60次。

4. 节奏训练。先围绕右腿运球。拿球时左手在前右手在后。松开篮球，迅速交换双手并在球击地反弹一次后接球，向后移球并开始围绕左腿运球。反方向运球时左手拿球。持续训练30秒。评估标准：优秀，33~40次；良好，21~32次；一般，10~20次。

5. 双腿和单腿。在腿后面拿球并绕到前面。右手持球，分开双腿并只使球绕过右腿，并拢双腿并使球围绕双腿移动一次，然后分开双腿并使球围绕左腿移动一次，之后再次并拢双腿运球。篮球应该始终朝着同一个方向移动。然后使用左手持球进行训练。持续训练30秒。评估标准：优秀，51~70次；良好，36~50次；一般，25~35次。

6.绕腰训练。右手持球移动到背后并使用左手接球，再将球绕过身体移动到前面并使用右手接球，要完成一个连续的运动循环。尽可能快速地持续训练30秒。然后使用左手持球开始训练。评估标准：优秀，51~70次；良好，36~50次；一般，25~35次。

7.绕头训练。右手持球，背部向后，将球绕到头后并使用左手接球，然后绕到头前并使用右手接球，这就完成了一个循环。反方向的训练是先使用左手持球进行训练。持续训练30秒。评估标准：优秀，51~75次；良好，41~50次；一般，30~40次。

8.从后向前8字训练。开始训练时右手持球，将球从两腿之间移动到左手，球在左手上时，将其移动到左腿后面并从两腿之间移动到右手上。反方向的训练是从前向后进行8字训练，将球在腿前面从右手移动到左手上。持续训练30秒。评估标准：优秀，66~85次；良好，46~65次；一般，30~45次。

9.一次反弹8字训练。开始训练时双脚分开，与肩同宽，膝盖弯曲。右手持球，使球在两腿之间击地反弹并使用左手在腿后接球；球在左手上时，将球移动到前面并在两腿之间击地反弹，然后用右手接球。反方向的训练是将球移至腿后并击地反弹至前面的右手或左手上。评估标准：优秀，41~50次；良好，31~40次；一般，20~30次。

10. 个人处理球热身训练（斯蒂芬·库里的风格）。这种个人处理球和投篮训练很好地说明了有目的的训练，可以用作个人训练、赛前训练或多队员的热身训练。它体现了所有成功球员必须养成的"掌控比赛节奏"的训练习惯。个人处理球热身训练包括以下几点。

- 双球静止运球：2个球在前面，从外向内、从高到低在两腿之间V形运球（从一侧到另一侧）。
- 近篮单手投篮：单手接球，45度角投篮。
- 篮下中距离投篮：单手定位投篮（跳投）和活球进攻并得分。
- 底角球：三分球。
- 远距离投篮：从弧线内侧开始，向弧线外侧移动，向后跳或向后退投三分。
- 距离篮筐6.1米时返回：从转身传球开始，模拟1打1软防守。
  面对面接球：突破，一次上拉运球，完成运球后后退投三分球。
  转身移动，单手跑投进攻篮筐。
- 三分球接球和投篮：弧线附近，变换运球，假动作探步后运球。
- 超级三分区域：在弧线外移动1.8~3米。
- 罚球。
- 从罚球线附近高位肘区进攻。
- 弧线周围的三分球区域：底线角到另一侧底线角。

队列训练：传球和接球

目的： 指导球员传接球技术以及全部基本的接球方式。

设施： 每个队列1个篮球，半场场地。

过程： 球员分成4列站在球场一侧的底线后面，教练则位于罚球区顶端指挥训练。开始训练时，每个队列的第一名球员在罚球线位置面向底线作为第一个接球球员（采取准备接球的姿势）。底线处的球员首先持球。传球时，传球球员传完球后快速移动并替换接球球员的位置。要注意的关键是，球员传球时应该双脚位于地面上，而接球时双脚则位于空中（略微离地）；传球球员要做比较夸张的跟随动作，传球时发出"砰"的声音并朝目标点精准传球；

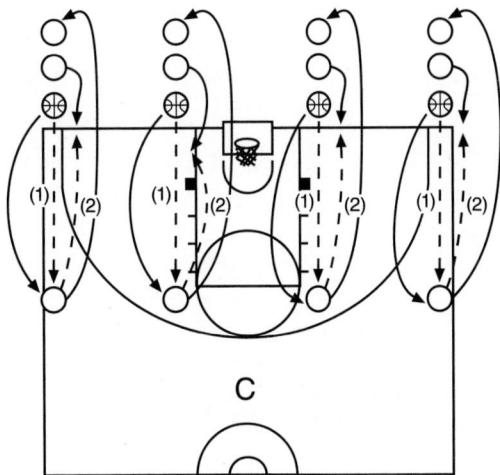

图3.26 传接球训练

接球球员则需要提供传球目标，接球时运用眼睛和双手。首先保证动作的正确性，然后努力提高进行速度。可以参考一些步骤如图3.26所示。

- 胸前传球：空中直传、击地反弹。
- 单手推传或敲传。

  向右侧（空中直传、击地反弹）或左侧传球。

  向左侧（空中直传、击地反弹）或右侧传球，使球快速贴近身体以护球（环形）。

  解读防守，尽量从防守球员耳朵旁传球并优先选择空中直传的方式（向高处做假动作时从低处传球，向低处做假动作时则从高处传球）。

  传球球员传球并做防守姿势（指定的手部姿势）。

- 头顶传球。

  接球、让球靠近身体以护球。

  将球置于头顶。

- 长传。

  仅使用主导手传球。

  面对边线并朝传球方向迈步（移动到罚球区顶端或者更远的距离）。

  先做假动作（使用非主导手传球），然后传球。

双人传球和接球训练 ◉

目的： 指导球员如何在运球后使用任意一只手进行单手推传的传接球方法。

设施： 每2名球员1个篮球，全场场地。

过程： 球员分成4个队列站在球场一侧的底线后面，中间2列球员持球。持球球员做向内护球的动作并使用与搭档相反一侧的手进行运球突破，与此同时，搭档与运球球员平行向前移动。如果使用EPF步法（任意一只脚作为轴心脚），那么运球球员进行急停并使用距搭档最近的手为搭档进行单手推传。如果使用的是PPF步法，在右侧使用右手运球的球员迈步，并使用左手进行左侧PPF完成传球。在左侧，球员应该使用右脚迈步（左侧PPF）并使用右手进行传球。搭档双脚离地接球并重复运球突破的循环动作。接球球员在对方传球前应该说出传球球员的名字。完成的过程如图3.27所示。当前一组球员距离下一组球员4.6~5.5米时（前一组大约在罚球线附近），下一组球员开始进行传接球训练。

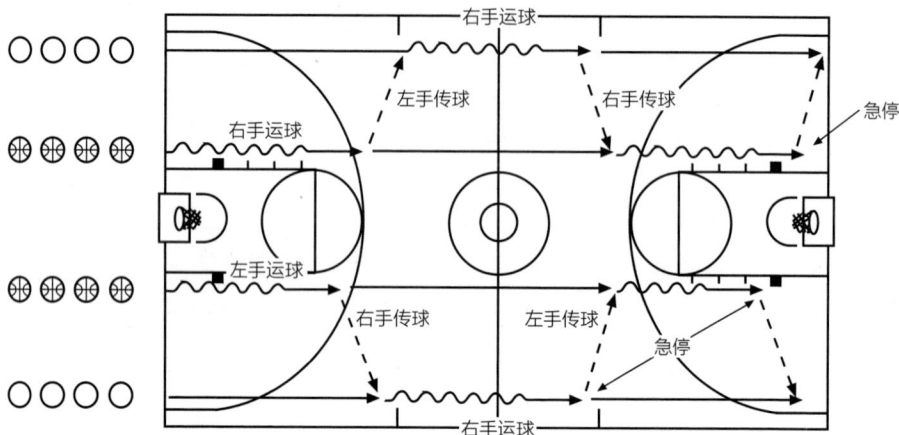

图3.27　双人传接球训练

　　这种传球训练可以用EPF步法进行修正。在这种变化中，搭档运球突破并急停，然后以内侧脚为轴心脚（朝向搭档）跨过去，双手从胸前传球给搭档。搭档双脚腾空接球，并用外侧手运球和急停，重复运球突破训练。持球球员进行传球假动作，然后以内侧脚为轴心脚转身，跨步，双手传球给搭档。接球球员应注意适当的时机并与搭档保持恰当的距离。

贝林教练的完美传球

目的：以高水平的要求，发展球员在比赛节奏中基本的传球和接球技术。

设施：每半场1个篮筐，场上4名进攻球员。

过程：前4名球员（2名后卫和2名前锋，或4名自由球员）在半场采用4打0进攻。球员必须完成至少10次传球，同时在30秒内完成教练选定的任何进攻动作，不得传球或接球失误。只使用传球、切入、传切配合、后退运球移动。必须正确掌握以下基础要点。

- 双脚着地传球。
- 双脚悬空（急停）。
- 给出手势目标点。
- 向目标球员传球。
- "砰"的一声传球；点击接球。

- 面对面接球（遵循RPA原则）。

　　前4名球员发生错误后，4名新球员轮换上场，完成完美传球，原来的球员在边线冲刺30秒。

贡萨加队传接球训练

目的： 评估团队在传接球效率以及正确步法方面的表现（高级训练）。

设施： 半场场地，每队2个篮球。

过程： 球员平均分成4组，成菱形列队（参见图3.28）。训练计时1分钟，球员向逆时针方向传球，用双手向右侧空中传球，完成后回到队伍后侧。球员必须正确地执行所有动作，否则将面临惩罚（例如，做俯卧撑或仰卧起坐、赛道跑或重新开始训练）。球队的目标是在1分钟内传球65次（女子）或75次（男子）。

教学要点

- 脚：双脚着地传球；双脚腾空接球。
- 目标：传给空位球员；引导手给出目标。
- 声音："砰"的一声传球；点击接球。

　　在1分钟内成功完成训练后，重新开始并顺时针（即向左）传球。目标可以根据年龄、技能和水平进行修改。

图3.28　贡萨加队传接球训练

要点提示

传球时双脚置于地面上，持球朝防守球员做垂直假动作；接球时快速精准并双脚离地，保持4.6~5.5米的距离。

2打1远距离传接球训练

目的： 指导球员如何在中间有1名防守球员的情况下进行传接球。

设施： 每3名球员1个篮球，4.6~6.1米的场地空间。

过程： 球员每3个人1组：2名进攻球员之间距离4.6~5.5米，1名防守球员位于中间（参见图3.29）。每30秒或者球被抢断时轮换防守球员。可使用以下步骤进行训练。

- 防守球员就位，采用指定手势（上、下）。
- 防守球员靠近传球球员或者远离传球球员（指导传球球员朝防守球员做假动作，延长对方的反应时间）。

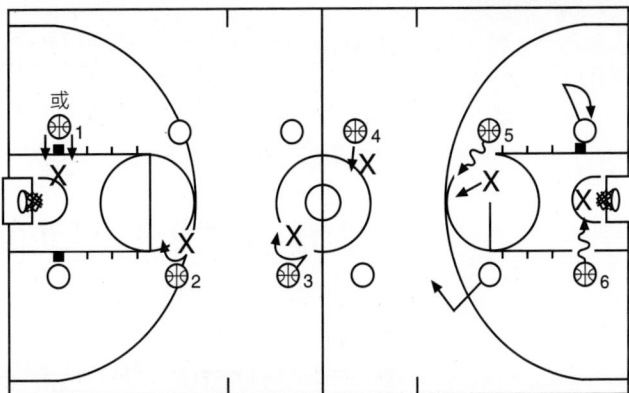

图3.29　2打1远距离传接球训练

- 活球防守和进攻。
- 传球球员执行垂直假动作，快速移动到防守球员身体的一侧（在一侧移动），并解读防守球员的手在该侧的位置（向低处做假动作时从高处传球，向高处做假动作时从低处传球）。

移动中双人传接球训练 ▶

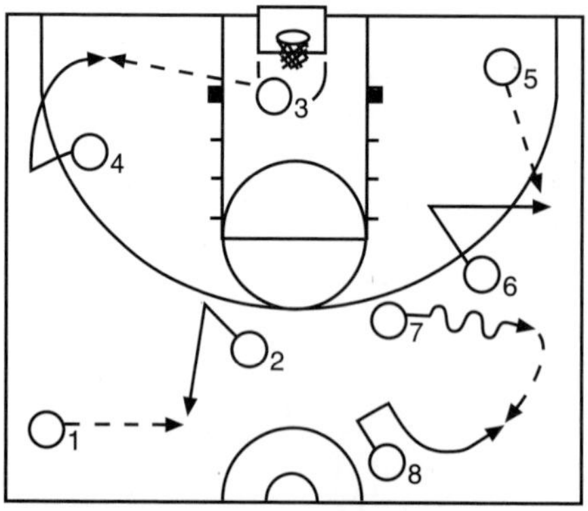

图3.30 移动中双人传接球训练

目的：指导两名球员在移动并面对一名防守球员时如何传球和接球。

设施：2名球员1个篮球，直径为4.6~5.5米的场地。

过程：球员2个人1组（1名传球球员和1名接球球员），并分配1个篮球和一块场地（参见图3.30）。假想1名防守球员，接球球员处于空位，双脚离地接搭档传球、急停、接球并以三威胁姿势面向传球球员。然后传球球员变成接球球员。这个训练需要进行连续的传球和接球。所有传球和接球都应该按照相应的规则进行。例如，球员传球时双脚着地，而接球时双脚腾空。其他训练的方面包括接球、运球突破、急停和传球。接球球员需要掌握自己切入的时间，以便使自己刚好在传球球员准备传球前获得空位。

对墙传接球训练

目的：指导球员在没有搭档的情况下进行传球和接球训练。

设施：每名球员1个篮球，1面墙或者反弹设备。

过程：利用墙面或者其他目标可以训练所有基本的传球方式。市场中售卖的反弹或者传球、篮板球辅助设备，能够很好地帮助球员进行这些训练。这种训练方式的优势在于能够使篮球准确地返回到球员手里并能将准确的传球效果直观地反馈给球员。训练时应选择胸前传球、胸前击地传球、头顶传球、单手长传以及单手推传。球员在向着墙面传球时应该双脚位于地面，而接球时双脚应该位于空中。可以利用反弹设备来增加传球的速度和强度，直到出现错误（出现错误意味着应该进行更多的学习）。球员应该不断进行训练，直到达到正常比赛的节奏。

队列训练：快速站位、启动和技术分解

目的：指导球员从快速站位和快速启动开始训练各种指定的步法技术（直接突破、交叉突破）。

设施：每个队列1个篮球，4个队列站在底线位置。

过程：具体步骤如下。

1. 第一个阶段，无球训练。
   - 在罚球线、中场线、对面的罚球线以及对面的底线位置进行快速启动和急停动作。
   - 进行快速启动和急停动作并进入2打2篮板球模式（在4个位置）。
   - 在两次想象的运球动作后，进行快速启动和急停动作，使用固定轴心脚步法进行后转身，迈步并做向队列里下一名球员传球的动作。
2. 第二个阶段，有球训练。
   - 重复第一个阶段中的各种动作，重点训练进行动作时迈出的第一步，即使用较长较低的步伐（直接突破和交叉突破）；在活球移动中使用固定轴心脚或任意轴心脚步法。

队列训练：启动、急停和转身 ▶

目的：指导球员综合训练运球、启动、急停、传球、接球和转身等各种动作。

设施：每个队列1个篮球。

过程：每个队列里的第一名球员持球采取进攻快速站位姿势（三威胁姿势）。听到命令后，球员向前运两次球通过罚球线，进行急停并使用固定轴心脚步法向后转身（非主导脚），面向底线处的接球球员（下一名球员），迈步并进行推传，然后移动到队列的末尾。开始训练时，教练可以指定任意形式的传球以及进行突破或者交叉突破。

综合运球训练 ▶

目的：指导各种基本的运球技术。

设施：每名球员1个篮球（或者每2名球员1个篮球，一名是运球球员，另一名充当教练的角色），半场场地。

过程：球员分散站在自己的运球区域内，在中场的圆圈位置面向场地站立。每名球员按照教练的命令进行以下种类的动作。

1. 原地控制性低运球。
   - 右手原地控制性低运球（命令：右低）。
   - 右手换到左手（命令：换手）。
   - 左手原地控制性低运球（命令：左低）。
2. 移动中强力低运球。
   - 右手低运球（命令：右低）。
   - 左手换到右手（命令：换手）。
   - 左手低运球（命令：左低）。
   - 向前拖曳滑步（命令：前）。

- 向后拖曳滑步（命令：后）。
3. 节奏推动运球和拉动运球（悠悠球式）。
   - 在身体两侧（命令：侧面悠悠球）。
   - 在身体前面（命令：前面悠悠球）。
   - 在两腿之间（命令：侧面到侧面）。

开始训练时，教练发出命令时要尽量慢一点，目的是确保球员以较慢的速度和较高的高度运球，进而保证技术的正确性。然后逐渐加快命令的发出速度，使球员进行更快速的低运球，直到出现错误。相较于惯用手来说，球员使用非惯用手训练的数量应该是前者的2~3倍。教学时需要强调，球员应该以坐立的姿势进行训练（身体处于较低位置），保持抬头（看着篮网）并使用强力的低运球（连续重击篮球），在保持正确进行的基础上不断加快速度，直到出现错误。不断训练以便使球员达到并适应比赛时的节奏。

全场运球训练

目的： 指导球员的运球技术。

设施： 每个队列1个篮球（最低要求），半场场地（最低要求）。

过程： 采用队列训练形式，球员在底线位置组成4个队列。运球移动训练采用循环训练模式。球员在移动中要始终看着对面场地的篮网。教练可以在场地的两侧（边线）为球员提供有关球、防守球员以及球员自己位置的相关反馈信息。可以在场地上放一些桩型障碍物来充当防守球员的角色。

选项

1. 高运球或者快速运球。球员使用一只手将球运至场地对面，然后使用另一只手运球返回起点。
2. 变速运球。球员交替进行快速高运球和控制性低运球，将球运至场地对面，然后使用另一只手以同样的方式运球返回起点。
3. 全场采用胯下运球的方式。
4. 向后和交叉运球（后拉交叉运球）。球员在罚球线、中场线、对面的罚球线位置想象自己运球进入了对方的包夹中，进行急停并将球置于颌下护球。
5. 重复进行后拉交叉运球，向前运球3次，向后运球2次，交叉运球并向前移动。在全场场地重复这个动作循环。
6. 球员按照教练发出的信号使用特定的运球方式并稳定地进行急停动作。
7. Z字移动、交叉运球或者转身运球：球员以三威胁姿势开始进行Z字移动，使用V形切入以及交叉或者转身运球在全场运球。
8. 双球运球（高级）。球员在进行所选择的运球移动动作时可以使用2个篮球进行节奏低运球（双手）、非节奏低运球（双手）、节奏高运球（双手）、非节奏高运球（双手）、由高到低运球（右高左低，反之亦然）。球员开始运球时可以使用强力的低运球，然后转为高运球并变换节奏（一高一低），接下来再加入变向运球和快速运球，最后将各种运球方式结合在一起进行。进行双球运球时可以采用以下步骤。

- 原地：节奏低运球、非节奏低运球、节奏高运球、非节奏高运球、由高到低运球和由低到高运球、雨刮器式运球（侧面悠悠球式运球）、从前到后悠球式运球。
- 移动到半场运球（使用全部运球方式）。
- 从中场线到底线运球（使用全部运球方式并加入换手动作）。

9. 运球训练。
- 进攻-防守急转（1打1进攻运球）。
- 1打1进攻得分：在罚球区顶端添加1名执行防守假动作的防守球员，在篮筐附近添加1名负责防守的球员，在罚球区顶端添加1名直线防守球员，在篮筐附近增加1名篮筐防守球员。
- 1打1全场（进攻球员1人2球或1人1球）：目标是通过罚球线（活球进攻或活球防守）。

对墙运球训练

目的： 指导球员在有挑战的情况下训练运球技术。

设施： 平整的墙面，每名球员2个篮球。

过程： 每个球员队列（4人或者以下）使用1个墙面，使用惯用手和非惯用手进行以下动作。

选项

1. 一只手，1个球（左手和右手）。
- 重击。
- 全方位（环式）。
- 由高到低。

2. 两只手或者2个球（一只手运球）。
- 重击。
- 全方位。
- 由高到低和由低到高。
- 双球顿球（非节奏性）。
- 双球（一球重击，一球移动）。
- 双球（两球环式）。

处理球基础训练 ▶

目的： 提高基本的运球、传球和接球技术。

设施： 篮球、网球和场地。

过程： 训练内容如下。

1. 内场训练。这是一种被棒球名人堂游击手奥奇·史密斯推崇的处理球训练方式。篮球运动员使用这种方式进行处理球训练时，可以手持1个网球并找1个墙面，采用较低较宽的快速站位、脚尖略微向外，站在距离墙面大约6米的位置。球员朝墙面上距离地面大约15.2厘米的位置大力抛球，并准确接球（手眼配合）。球员可以逐渐缩短与墙面之间的距离，以便增加训练难度。训练过程中应该始终采用侧臂抛球的方式，不要高举手臂抛球，以免伤害到肩袖肌群。

2. 运球和花式技巧。这是一个专门针对非惯用手进行的训练，球员在运球时视线要离开篮球。球员在使用非惯用手运球的同时，使用另一只手抛和接网球。要增加训练的难度可以向更高处抛网球，采用不同的接球方式或当网球位于空中时使用不同的运球移动动作。教学要点是尽量压低身体并采用较大的双脚间距，并在运球时使用较大的力量。球员应该不惜一切代价保持对球的控制，包括对网球的控制。训练过程中始终不要停止运球。

3. 搭档运球和抛球。2名球员在彼此互相交流的同时，使用非惯用手运球并进行低手抛球和接球动作。球员在训练过程中应始终坚持运球。

4. 搭档运球和高抛球。2名球员在使用非惯用手运球的同时，向对方进行高抛球。要增加训练的难度，球员可以随机拉开彼此之间的距离。

5. 搭档三球传球。球员在训练时可以选择使用2个篮球和1个网球，或者选择使用2个网球和1个篮球。2名球员使用单手推传或者敲传的方式为对方传球，开始训练时使用惯用手进行，然后双方可以通过转换到非惯用手来增加训练的难度。对于这个训练交流至关重要。球位于空中时，要双脚离地接球，而传球时也应该朝着接球球员的非传球肩膀方向进行。手持2个球（3个球中的2个）的球员在训练时首先进行传球。

6. 搭档不良传球反应。球员2个人1组，1人持球，2个人距离4.6~6.1米站立。彼此以快速直接并且不准确的方式为对方传球。接球球员接球并将球置于颌下护球。教练也可以通过低手传球（柔软形式）为球员传球，以测试其反应能力。接球球员接球时应该采用快速接球姿势。球员接球时应双脚离地，移动双脚并让身体位于传球路线的前面。

7. 搭档背对传球球员。2名球员使用1个篮球，彼此之间距离4.6~6.1米。没有持球的球员背对传球球员并采用快速接球姿势站位。传球球员喊出接球球员名字的同时快速传球。接球球员必须快速跳跃转身，面向传球球员并使用双手接球。双方交换角色并重复训练。双方应该根据需要尽可能快速地传球，以便测试搭档的反应能力。接球时应发出"砰"的声音。

8. 连续后拉交叉运球的步骤。使用1个篮球，球员开始时以静止姿势站位，与球相对的脚位于前面，按照以下步骤进行训练。

   - 在右侧推拉运球，获得节奏感。
   - 交叉运球到左侧并重复。

- 推拉运球2次或3次,交叉并重复。
- 重复上面的动作,但是先迈一小步,然后向前迈一个弓步。
- 向前运球2次或3次,向后运球2次或3次,交叉并重复。球员的前脚应该指向自己要移动的方向。

贡萨加全场步法和上篮训练(一定强度对抗下) ▶

目的: 指导球员学习并回顾EPF内旋步法和双手传接球技术,在适当的时间内球员之间距离4.6~6.1米。

设施: 2名球员1个篮球,全场场地。

过程: 球员在球场的一端从底线开始分成2队。两个人一组训练(每队各1名球员)。持球球员沿对角线向前传球给搭档,并以双线快攻隔向前移动。接球球员用双手接球并迅速停球。重复此过程,直到两个人完成从罚球线弧顶顶端的双线快速突破。其余的球员以相同的方式跟随,然后重复该训练并返回篮下起始位置。在快速停球后,球员一只脚内旋,另一只脚沿对角线跨步,进行下一次传球(参见图3.31)。球员应在适当的时间内保持适当的距离,并按照以下步骤进行训练(向下和向后)。

- 循环1(仅传球和接球):双脚腾空接球,快速急停,使用EPF内旋步法,跨步,然后传球。
- 循环2:一些教练可能更喜欢使用PPF步法。快速急停然后接球,运球两次移动到外侧并快速停球,然后用PPF步法转身跨步,用单手传球给队友,队友重复这个动作。
- 循环3:使用与循环2相同的技术,但在后退上篮时运球结束。

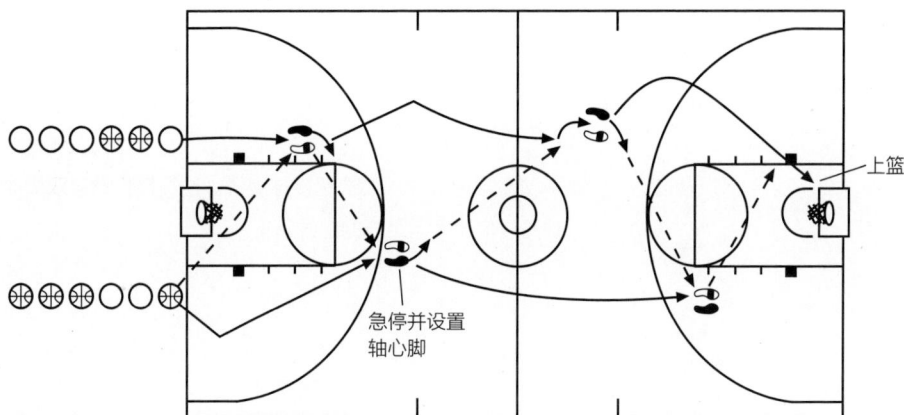

图3.31 贡萨加全场步法和上篮训练

伍登金句

"不要让困难阻挠你真正想做的事。"

——约翰·伍登

第 4 章

投　篮

"进攻的主要目标，就是每次到达前场时都能够成功地完成投篮。"

——皮特·卡利尔
曾任普林斯顿大学男篮教练，现在是奈史密斯名人堂教练
摘自 *Pete's Principles* 一书

投篮应该是最被人们所熟知的一种篮球技术：每名球员都对投篮得分很感兴趣。只要提供1个篮筐和1个篮球，即使是初学者，也会自然而然地开始执行运球和投篮动作。

投篮是球员最喜欢，也是训练最多的篮球技术，球员一个人就能训练这种技术。同时，训练的效果也是立竿见影的。大多数教练都认为，只要进行足够多的训练，所有的球员都能成为优秀的投手。当然，最优秀的投手还必须具备一定的身体天赋。尽管如此，任何球员都可以通过训练掌握良好的投篮技术并成为出色的罚球球员。

篮球运动中有两个基本目标，其中之一就是通过良好的投篮得分，而另一个目标就是阻止对手投篮得分。本章将指导球员如何进行身体训练（正确地训练篮球技术）以及如何通过精神训练来建立信心，使自己每次都能正确地执行投篮动作，并提高自己的得分效率（提高投篮命中率）。

常规投篮

球员和教练都应该认识到常规投篮（即除罚球以外的按照比赛节奏进行的投篮）得分和罚球得分是与赢得比赛息息相关的两个最重要的战术因素。因此对于球员来说，通过精心的准备以及使用正确的精神方法和投篮技术不断地建立投篮信心至关重要。球员按照比赛节奏进行训练时，不能进行过多的投篮训练（无论是身体上还是精神上）。进行团队训练时，教练也不会给球员太多的投篮训练时间。因此，要提高自己的投篮命中率，球员需要认识到利用其他时间进行投篮训练是必要的。建立信心的关键是精心准备，即有目的地训练。马尔科姆·格拉德韦尔在其著作 *Outliers: The Story of Success* 中指出，只要进行10 000小时的目的性训练，任何技能的潜力都能得到完全激发。坚持10年，每天4小时，每周5天，这是一项艰巨的任务，很少有业余球员能做到（除非他们成为专业球员）。不过，请记住，重点不是你身处何处，而是你要朝何处走，以及达到目标的速度！

一般概念

教练应该指导球员如何成为得分球员，而不仅是投手。任何人都可以投篮，但是能够在比赛中连续得分的能力才是最具价值的。为了最大限度地提高投篮命中率，球员必须学习何时投篮、何时传球，以及了解自己的投篮范围和投篮命中率较高的投篮位置。表4.1中提供了针对各水平球员的最低投篮命中率，而训练的目标应该至少再高5%，因为在正式比赛中投篮命中率会比训练时的低一些。那些立志成为最优秀得分球员的精英球员应该设置更高的目标。

表4.1 常规投篮命中率的基本目标

年龄（岁）	球员级别	备注	训练		比赛	
			两分球命中率（圈内）	三分球命中率	两分球命中率（圈内）	三分球命中率
4~7	2级以下，学龄前儿童	家长陪同	不适用	不适用	不适用	不适用
正式学习阶段						
8~10	3~4级（小学）	设施调整#5球，降低篮筐高度，半场打球	30%~35%	不适用	25%~30%	不适用
10~14	5~8级（小学~初中）	设施调整#6女子球或#7常规球	40%	不适用	35%	不适用
14~18	9~12级（初中~高中）	设施调整#6女子球或#7常规球	45%	35%	40%	30%
18~25	大学	不适用	50%	40%	45%	35%
专业球员						
不适用	不适用	不适用	55%	45%	50%	40%

投篮命中率是衡量投篮效率最基本的标准。球员需要注意自己训练以及比赛时的投篮命中率，特别是新手或那些没有达到所在球员级别目标命中率的球员，他们需要接受完整的投篮指导。如果球员的命中率在目标命中率附近或者高于目标命中率，他们应该勇于在比赛中接受新的理念，并将投篮命中率作为自己在训练或者比赛时的自我反馈，进而评估自己所处的水平以及是否取得了进步。球员必须学会使自己逐步适应比赛的节奏，按照正式比赛的节奏来设定自己在训练时的得分目标。投篮命中率有助于确保球员在提高自己的得分技术时，认识到自己的真实水平以及比赛情况。

可以通过不断强化基本技术以及身体力量来提高投篮技术。教练在训练5级以下的球员（10岁以下的球员）时可以选择使用较小的篮球和较低的篮筐。球员可以在早期，即第3~4级（8~10岁）时先学习正确的投篮技术，然后使用常规尺寸的篮球和篮筐。年轻的球员应该先学习易于掌握的技术。对设施的调整（使用小尺寸篮球，降低篮筐高度，半场训练），能够使球员学习正确的技术，同时还能够使他们更加快速地建立信心。

要了解专门针对年轻球员而编写的完整的训练指导（包括设施推荐），可以参考另外一本同类型的著作——由杰里·克劳斯、柯蒂斯·詹兹和詹姆斯·库恩编写的名为*NABC's Handbook for Teaching: Basketball Skill Progressions*的作品。该书详细介绍了针对不同级别的球员的篮球技术教学内容（采用按顺序进阶式的方法）。即使一些年轻的学员想要使用较大的篮球和较高的篮筐，他们也必须在早期按步骤打下坚实的基础并掌握正确的技术。在学习的早期就使用大球以及3米高的篮筐对于球员技术的提高并无益处。

传球、接球以及急停是投篮中最重要的基本技术。球员应该学会通过移动（使用正确的步法）获得空位，然后进行投篮。接球时必须面向篮筐,（手部、脚部做好准备）采用三威胁姿势并准备投篮（同样使用正确的步法）。因此，步法和手法都是正确投篮的关键。此外，为了精准投篮，球员需要有良好的观察习惯，在投篮前观察全场（观察对方投篮）并利用余光观察特定目标。

指导球员在运球时尽可能在离篮筐较近的位置投篮。他们应该通过不断接近篮筐的方式破解对方的防守，一直到能够带球上篮。英文中的首字母缩略词BEEF可以用来帮助球员学习一些关键的投篮概念。年轻球员可以使用BEEF原则学习正确的投篮技术。

B：balance（平衡）。每次投篮时最重要的基本要素。投篮从地面开始，球员在拿到球前需要执行正确的步法：弯曲膝盖，脚部同时做好投篮准备。曾经长期担任高校和职业球队教练的凯文·伊斯门用一句话来概括步法的重要性："双脚成就跳投。"其意思就是要成功执行跳投，需要执行正确的步法。

E：eyes（眼睛）。要获得准确度，球员必须尽早锁定目标（至少在1秒内获得完全的专注）并且更加关注某个目标点（首选的目标点是篮圈后部的中心或者篮板上矩形区域的上角位置）。俗话说"眼睛成就带球上篮"。

E：elbow（肘部）。通常情况下，球员应该将手臂的移动限定在垂直的平面上，特别是要保持手部向上和向内并位于篮球下方［除了跳投（pedestal-pocket）之外］。

要点提示
冻结跟随。

F：follow-through（跟随动作）。球员应该执行完整的手臂跟随动作（肘部锁定），常规投篮时坚持跟随动作1秒，罚球时坚持跟随动作直到篮球通过篮网。这就叫作"冻结跟随"（freeze the follow-through），以保证在每次投篮时都重复相同动作。

要点提示
向高处投，而不是向外投。

一只手手腕完全伸展，手指向下（成鹅颈状），另一只手向下成飘浮的降落伞状。跟随动作必须稳定，同时保持灵活。正确的投篮角度是水平位置上方60度。投篮结束时双手应位于较高位置（在高处出手并让球飞向篮筐）。要获得正确的投篮弧度，"向高处投，而不是向外投"是一个非常关键的投篮准则。55度~60度的投篮角度能够使篮球以45度左右（43度~47度皆可）进入篮筐，这是最理想的入筐角度。

约翰·邦恩是奈史密斯名人堂教练，同时也是一名受过专业教育的工程师，他在其1955年编写的名为*Scientific Principles of Coaching*一书中认为60度是最理想的投篮角度。他认为投篮时应该根据球员的力量尽可能采用较大的投篮弧度。他还发现，相对于投篮力量过大，大多数没有命中的投篮都是由于投篮距离不足导致的。

一种名为Noah Basketball Shooting System的新技术能够对投篮进行精确的

评估，提供每一次投篮的弧度和入筐角度的即时反馈。将投篮动作和投篮弧度记录下来，输入计算机并进行分析，每一次投篮后，可以将入筐角度精确地反馈给球员。除了牢记教练强调的"向高处投，而不是向外投"这一准则，投篮球员还可以利用现代技术评估自己的肌肉记忆。理想的投篮角度是55度~60度，这能够产生45度左右（43度~47度皆可）的理想的入筐角度，这些数据能够即时反馈给球员。使用 Noah Basketball Shooting System 收集的数据证实了这样一个理论：成功的投篮需要高投篮角度（目标角度为60度），以提供进入篮筐后半部分的深度（超过中心5厘米或距离前面28厘米，理想入筐角度为45度）。

研究显示，很多球员在投篮时投篮角度都存在问题，导致篮球入筐角度过小。事实上，篮球入筐角度小于35度时，只会给球提供23厘米的移动范围。要解决这个普遍存在的问题，教练需要不断强调60度的高投篮角度，或者使用计算机程序提供的肌肉记忆数据对投篮弧度进行训练。

也就是球员通常在投篮时需要根据自己的力量尽可能产生较大的弧度，进而获得良好的投篮效果。优秀的投篮具有较高的一致性：开始、结束和投篮弧度。为了使得分机会最大化，每名球员必须找到自己理想的投篮弧度（不能太大也不能太小）来平衡准确度和力量。

当然，球员也需要发展直线投篮的技术。Noah Basketball Shooting System 可以帮上忙。在这种情况下，它以两种形式向投篮球员提供从视频信息中获得的关于投篮准确性的口头反馈：当球到达篮筐时到篮筐右边或左边的距离，以及到篮筐右边或左边的偏离角度。这种关于用适当的技术投篮（直线深入篮筐）的口头反馈可以用来发展肌肉记忆，以进行持续投篮。

总体来说，在所有的投篮训练中，马蒂和卢西（2018）的研究已经证明，正确的投篮技术有两个关键点：直线投篮和深入篮筐（当球的重心距离篮筐的前半部分或后半部分28厘米时）。这两个要点可以通过以下训练解决。

● 直线投篮。这个技术是所有准备和执行投篮动作的关键。一般情况下，球员的脚必须指向目标：瞄准篮筐投篮，是指篮筐后的中间位置；瞄准篮板投篮，是指矩形上角附近的45度投篮角度位置。此外，球员脚、肩、肘和手需要在一个垂直的平面上对齐，向前延伸穿过目标。所有的投篮动作都应该发生在垂直平面上，包括冻结跟随动作。

● 深入篮筐（在篮筐的后半部分）。为了完成这一点，开始投篮（靠近"投篮口袋"，手腕完全向后或伸展）和完成投篮（手腕完全弯曲和放松）是关键步骤。当然，在篮筐后半部分的最佳投篮动作是挥击（仅限篮网），有时也被简称为 BRAD（back rim and down into the net，篮圈后部和进入篮网）。球的抛物线轨迹（形状像鸡蛋的一半）要求球员将球投得足够高，使其高于篮筐，并让球从上方进入篮筐，同时尽量减小让球到达篮筐所需的肌肉力量。

再次，研究表明，达到这一目标的最佳方法是以55度~60度的离去（当球离开手时）角和45度左右（43度~47度皆可）的进入（当球进入篮筐时）角投篮。这些角度是最佳的投篮角度。当角度太大或太小（更常见）时，球不太可能进入篮筐。

一个对投篮球员有用的学习工具是一个缩写为ROBOT的原则，其涵盖了投篮范围、空位、平衡、一次动作和队友。球员可以使用这个原则来帮助自己成为"投篮机器人"，也就是"得分机器"！

R：球员应该选择有效的投篮范围（range），并且有节奏地进行投篮（感觉自己的投篮）。例如，高中等级（14~20岁）的球员的有效投篮范围，训练时两分球（圈内）最低命中率目标为45%，三分球（圈内）最低命中率目标为35%（有关基于年龄和技能水平的一整套命中率目标，请参阅表4.1）。

O：良好的投篮需要投篮球员处于空位（open）状态（面前没有对方球员双手阻挡）。

B：良好的投篮始终具有较好的平衡（balance）。奈史密斯名人堂球员和教练约翰·伍登认为，平衡效果极大地取决于步法（以及头部位置）。也就是说，投篮由地面开始，因为球员应该先使双脚做好准备。可以通过投篮前后双脚的位置来评估投篮效果。在完成定点投篮或者跳投后，双脚落地时应该稍微向前（大约15厘米），而不是向后、向左或者向右。头部是投篮时保持平衡的关键，球员应该使头部稍微向前倾，尤其是在投篮前。

O：良好的投篮是连续的一次（one-count）动作，球员双脚做好准备，篮球从做好准备的手中一次正向朝篮筐移动（如果没有特别需要，不要在投篮前降低球的高度或者摆动腿部）。

T：没有队友（teammate）处于比自己更好的投篮位置时，球员应该双脚离地向上投篮，只有队友确实处于更好的投篮位置时才为其传球。提醒球员，只有团队合作才能实现最佳投篮。最后一个关键点是发展一致性：弧度一致，高度一致，深度一致。

建立投篮信心

在掌握了身体方面的技巧之后，球员可以开始关注精神方面。信心是一种心理优势，构建于精心的准备之上，恰当的准备能够在训练和比赛中使球员不断获得成功，其包括精神上的准备和技巧等关键要素，能够使球员构建投篮信心。最重要的精神优势方面的技巧包括投篮准备、投篮执行以及投篮后技巧。

• 投篮准备。球员应该提前锁定投篮目标并关注投篮目标1秒的时间。球员还必须学会不被外界所干扰，头脑中只有篮球和篮网。可以使用口头语"专注"来提示自己保持全神贯注。

● 投篮执行。研究表明，球员更多地关注从开始（投篮区）到结束（完整的跟随动作）的整个投篮过程时，更能够提高他们的技术。在每一次的投篮过程中使用"感觉"这个口头语能够提醒球员增加他们的投篮意识。

● 投篮后技巧。心理控制方面的研究指出，每一次投篮后应通过控制自我对话记住成功，莫谈失误。在这个过程中，需要投篮球员强调并欣赏那些成功的投篮，不要在意那些失败的投篮，只是对其进行分析然后忘掉就可以了。球员永远不要过于在意那些失败的投篮。投篮不中时，只需让球员注意出现错误的地方并继续训练或者比赛。可以使用下面的一些口头语来提示自己。

成功投篮："好""进了""嗖"等。

投篮不中：注意投篮时出现错误的位置（投篮距离过短、距离过长、偏左、偏右）。优秀的球员能够找到更具体的原因。

● 总结。在训练的过程中，球员需要在每次投篮时都使用口头语对自己

投篮的教学要点

● 投篮动作由地面开始：双脚和双手做好投篮准备（双脚成就跳投；球放在做好准备的手中，手腕完全伸展）。

● 进攻快速站位：将身体重心置于整只脚上以便获得较好的速度和平衡，投篮手一侧的脚指向篮筐。

● 完全的专注：在1秒内将篮圈或者篮板确定为目标（关注）。

● 投篮手：使用整只手拿球，采用投篮区姿势护球。

● 手部动作：手部从侧面向外和向上移动进行投篮动作（仅在保持球的平衡时使用）。

● 向高处投球：使球飞向篮筐向上投球，不要向外投，在水平位置上方以60度角投球；使用手指推球使球后旋。

● 完整的跟随动作：采用稳固而放松的跟随动作（常规投篮坚持跟随动作1秒，罚球时坚持到篮球入网）。

● 建立信心，只记成功，莫谈失误。

● 使用积极的自我对话：专注（投篮前）、感觉（投篮过程中）以及每次投篮后进行反馈（投篮成功时使用"好""进了""嗖"之类的词鼓励自己；投篮不中时找出问题所在）。

● 行动快速而不匆忙：投篮时快速准备，但是不能匆忙投篮。

● 保持在垂直方向移动：保持手臂与篮球在同一个平面上移动（使用跳投时除外），球员需要使用双手向上拾球并快速投篮。

● 使用身体和精神训练法（看、听、感觉完美的投篮动作）。

● 使用BEEF原则。

● 习惯并应用ROBOT原则，成为一个"得分机器"。

● 按照正式比赛时的位置和节奏进行训练。

● 训练直接投篮、传球投篮以及运球后投篮等方式。

● 达到投球一致性（弧度、高度和深度）。

进行提示：专注、感觉、反馈（投篮成功时说"好"，投篮不中时说出错误的投篮位置）。信心是日积月累建立起来的，是长期保持较高命中率的情况下获得的。

正确的训练能够使投篮球员成为得分球员，这也是良好投篮的秘密。让球员花费足够的时间正确地训练投篮。训练能够使技术变成习惯，因此，球员必须学会如何正确地进行训练（身体和精神两方面）。按照比赛中的位置和节奏进行训练，然后单独训练精神层面，花3~5分钟在脑海中回忆那些成功投篮或者某个具体投篮的场景，想象完美投篮应该有的外观、声音以及感觉（看、听并感觉）。在脑海中呈现完美投篮的画面时，球员每天至少重复25次诸如"专注""感觉""好""进了"这类口头语。只有将身体训练与精神训练结合在一起，才能取得最大的进步。

> **要点提示**
> - 投篮前：关注目标位置。
> - 投篮中：完成顺畅的"一次"投篮。
> - 投篮后：只记成功，莫谈失误。

投篮力学

特定的投篮身体技巧，也称为投篮力学，包括在投篮过程中躯干、双脚以及双手的移动。单手定点投篮与跳投的移动方式几乎是相同的，区别在于跳投是在跳跃到最高处前执行定点投篮。

中等弧度的投篮（投篮角度大约为60度）是最好的投篮弧度（几乎是垂直轨迹）与可实现的、最精准的投篮力量之间的最佳折中方式。大多数初学者的投篮角度达不到理想的60度。使用常规的投篮区姿势，投篮手一侧的脚、肘、腕、手与篮球处于同一个垂直平面上，将球向上举起从脸前通过（参见图4.1）。手以及手臂的运动在定点投篮和跳投中是相同的，投篮力量均来自腿部。篮球运动中的后旋力量是由手指推动篮球产生的，能够增加篮球接触到篮圈后的反弹角度（即产生更加垂直的反弹轨迹），还能够增大篮球进入篮筐的概率。同时，还会使球在飞行过程中更加稳定。

图4.1 垂直平面投篮

球员在投篮时可以通过用手指推动篮球的方式使球在运动过程中产生后旋的力量。除了这些一般的投篮力学要点，球员还应该学会一些具体的基础知识，如如何保持正确的身体姿势、如何持球以及如何进行投篮时各阶段的动作。

双脚就位，保持平衡

> **要点提示**
> 双脚就位（保持平衡），双手就位（采用投篮区姿势持球）。

实现良好的投篮前要双脚就位以做好准备（膝盖弯曲），主导脚稍微向前并以快速姿势或者进攻的三威胁姿势指向篮筐（参见图4.2）。球员的头部处于平衡状态并稍微向前，身体基本面向篮筐（肩膀并非正对篮筐，主导手一侧的肩膀稍微向前）。球员应该将投篮手一侧的脚指向篮筐并呈坐立姿势（双脚成就跳投）。执行跳投投篮（稍后会进行介绍）时，双脚需要正对篮筐。

图4.2 平衡的投篮姿势：a. 双脚就位的三威胁姿势（前视图）；b. 双脚就位的三威胁姿势（侧视图）；c.双脚就位的跳投姿势（方形站姿）

步法是投篮的基础，能够保持身体的平衡。曾担任俄克拉荷马基督教大学教练，同时也是名人堂教练的丹·海斯使用一套独特的方法指导球员执行正确的定点投篮与跳投的步法。球员双脚并拢站立（参见图4.3a）。投篮手一侧的脚稍微向前移动，使非投篮手一侧脚的脚趾与另一只脚的中点对齐（参见图4.3b）。然后投篮手一侧的脚横向移动，进而双脚就位并保持平衡，可以准备投篮（参见图4.3c）。当然，当从传球中投篮时，用正

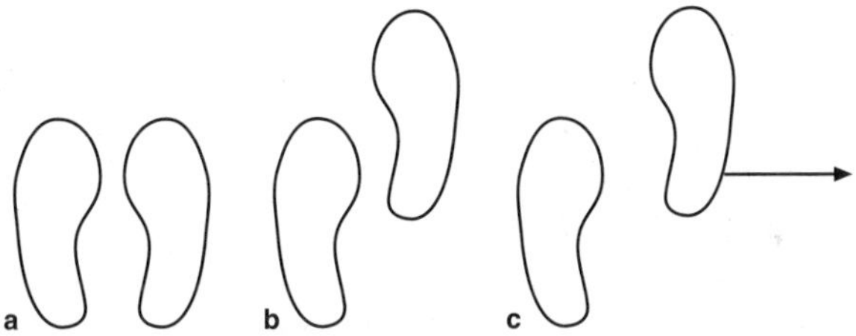

图4.3 平衡移动：a. 开始时双脚并拢；b. 主导脚略微向前；c. 以双脚分开的姿势结束

确的步法双脚腾空接球，然后在"脚准备好"投篮的情况下以上述的位置落地。

目标

以篮筐上的篮圈作为投篮目标时，应该关注篮圈上想象中的中心点（完美目标）或者篮圈后面（替代目标）。为了精准地投篮，需要有一个目标点。大多数投篮不中的情况都是因为投篮距离过短，而大多数投中的情况都是以篮筐的后半部分为目标点。一些教练喜欢将篮圈的前部作为目标点，一些教练喜欢将篮圈后部作为目标点。

在进行有角度的投篮时（与篮板成45度角），球员可以将篮板上矩形区域的上角位置作为投篮目标点。可以执行投篮的最佳区域如图4.4所示。教练应该提醒球员投篮时让球击中篮板上的目标点以便使球向下反弹，以正确的弧

要点提示
完全的专注：提早锁定目标（篮圈或者篮板）。

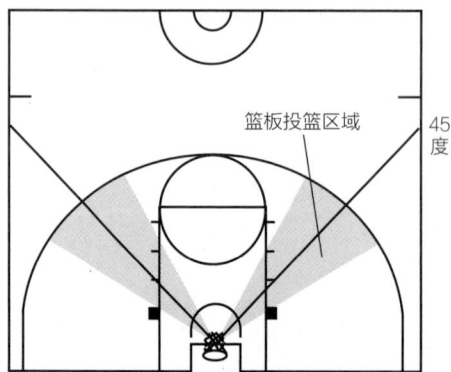

图4.4　以45度角将篮板作为投篮目标

度落入篮圈（篮板投篮经常会出现投篮过低或者过于平直的现象）。

　　在执行篮圈投篮或者篮板投篮时，球员应该提前锁定投篮目标并在1秒内获得完全的专注。投篮时应该向高处投球并使球飞向篮筐，向高处自然投篮并使球产生后旋（尤其是执行篮板投篮时），向上投球而不是向外投球。双眼应该一直关注投篮目标，除了在投篮后眼神跟随篮球的飞行轨迹时，每周都要进行相关的训练，以便检查自己是否能够正确地使球产生后旋。

投篮手

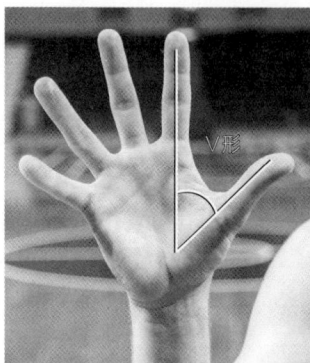

图4.5　正确的投篮手持球方式：使用除了手掌根部之外的整个手掌（拇指与食指70度角，形成V形）

　　投篮球员的另外一个任务是要学会如何正确地持球。投篮手的手指应该自然地伸展，使用除了手掌根部以外的其他位置（参见图4.5）。拇指与食指的角度大约为70度（并非90度）。球员应该使拇指和食指成V形，而不是L形。球员（面向教练）举起投篮手并尽可能地伸展手指（90度角），然后稍微放松手指（拇指与食指成V形），将球放在投篮手的整个手掌上，同时在身体前面将手掌高举（参见图4.6）。持球时，球员可以在一侧双手持球并旋转篮球使投篮手位于篮球后部和下部，进而形成投篮姿势。这种技巧被称为"锁定并载入"（locking and loading）投篮区。

　　这种技巧能够使投篮手每一次投篮时都能放在相同的位

图4.6　锁定并载入：a. 将球置于整个手掌上；b. 将球放于投篮手中，锁定手腕位置；c. 手腕完全伸展，将球移动至投篮区位置

置，因此投篮区总是处于相同的起始位置。

锁定并移动篮球进入三威胁姿势的投篮区位置（每次投篮都从同一个位置开始）。球员应该首先将球放在整个手掌上并置于身体前方的一侧（参见图4.6a）。然后非投篮手抓住投篮手的手腕使其锁定进入起始位置（参见图4.6b），再将非投篮手放在篮球的顶部以便手腕伸展进入投篮区位置（参见图4.6c）。此项技术中，手腕后部皮肤出现褶皱时投篮手才到达标准位置。

将篮球移动至投篮位置后，投篮球员应该向后弯曲手掌并向内移动，腕部和肘部形成L形（可以在手腕后部皮肤看到褶皱）。将球置于手上，就像高举一只想象中的托盘一样。侧面的投篮出手位置如图4.7所示。锁定并载入技巧能够确保每次投篮始终从相同的起始位置开始。

肘部（L形）保持高举并向内，位于手腕前面（参见图4.7）。初学者可能会降低肘部的起始位置，但同时肘部仍然位于手腕前面以及投篮手一侧脚的上方。年轻球员一般还会持球过低，并将手腕拉到肘部前面，这样无法获得足够的投篮力量。投篮力量来自腿部，手臂的投篮力量是不变的。球员犯得最多的错误是，当投篮手一侧的脚指向篮筐，使用腋窝或者肩膀投篮区投篮时，投篮手一侧的肘部通常会向外倾斜。优秀的球员会通过上移手部的方式来纠正这种错误。这样的跳投投篮是一种中距离投篮方式，最适合近距离面对篮筐的内线球员，本书后面会对此进行介绍。

图4.7 常规的侧面的投篮出手位置：肘部向上并向内，置于手腕前，使手部保持平衡

平衡手

平衡手［或者称为书挡手（bookend hand）］仅用于保持篮球的稳定，并不用于投篮。这个术语更加适合用来描述非投篮手的位置和功能，最早是由俄克拉荷马基督教大学的教练丹·海斯提出来的。平衡手保持在篮球一侧，以避免出现拇指推动篮球的情况，但并不用于引导篮球的移动路线。球被投出时，平衡手会稍微向上和向外移动，然后以垂直路线远离篮球，手指尖与投篮手的手腕处于同一水平位置，肘部保持稍微放松的状态。对于平衡手来说，球员比较普遍的错误是使用拇指推动篮球（投篮时）、手掌跟部拉动篮球（置于球下并拖动篮球）以及投篮后立即旋转非投篮手（它应该处于静止的状态）。这些错误可能是在投篮过程中伸展非投篮手的肘部而导致的。图4.6c中显示的是正确的投篮区位置以及平衡手的位置。平衡手的位置也可以通过将拇指以正确的角度指向投篮手拇指来描述。平衡手最重要的作用是在运球过程中，把球举起并移动至投篮区。由平衡手辅助最后一次运球，使用强力弹跳将球从下方举起，快速送入投篮区。

　　教练在没有球的情况下介绍整个手以及锁定并载入的概念时，可以让球员将投篮手放在身体前面，手掌朝上，手指分开呈持球姿势。球员应该想象自己的手掌上有一个篮球，如图4.8a所示。然后球员用非投篮手握住投篮手的手腕并进行旋转，直到无法继续旋转（锁定，如图4.8b所示）。最后，球员应该将平衡手放在投篮手上（手掌对手掌），并伸展手腕载入想象中的篮球以进入最后的投篮区（参见图4.8c）。所有这些动作都可以在无球的情况下进行，目的是确保球员能够理解每次投篮时都从相同的位置（投篮区）开始的这种感觉。可以通过推动肘部尖端位置的方式来模拟投篮动作，将想象中的篮球投出，同时保持投篮后的稍跟随动作。

图4.8 锁定并载入（无球状态）：a. 整个手掌持球（手掌向上）；b. 锁定投篮手手腕；c. 载入投篮手；d. 开始投篮，同时保持跟随动作（至少保持1秒）

投球

推动肘部的尖端位置向上投篮，如图4.8d所示。这需要用手指向上和向前推动篮球或者用力弯曲手腕使球产生后旋后柔和地击中篮圈。球员应该想象自己使球越过一个2.1米高的防守球员。手指向上推动篮球（手指推动篮球并且还要手腕弯曲）时会使球产生后旋（参见图4.9）。篮球最后离开食指和中指。

后旋会使球柔和地击中篮圈，减慢速度并弹球入网；后旋还会使球稳定地朝投篮目标移动。球员可以每周通过无目标垂直投篮或者在常规投篮（击线5次）后追随随飞行的方法来检查自己投篮时篮球产生的后旋效果。球员不能养成观察篮球的习惯，而是应该始终关注投篮目标，偶尔检查后旋效果。

正确的投篮角度是水平位置以上大约60度。对于大多数球员来说，他们的投篮角度都很小，这会减小球从上方进入篮筐的可能性，进而降低投篮命中率。教练应该指导球员向高处投篮并使球飞向目标（向高处投而不是向外投）。

图4.9 向高处投球并执行跟随动作：至少保持1秒，手腕完全弯曲并放松

投篮过程中普遍存在的问题往往集中在投篮后篮球飞行的弧度上。较小弧度的投篮一般会减小篮球入网的区域。因此，很多球员会努力获得理想的投篮弧度。投篮弧度越大，用于推动篮球所需的力量就越大，结果是力量增加了，但是准确率却下降了。球员和教练都应该注意如何使用最小的力量获得理想的投篮弧度，使球平顺且有节奏地从手中投出。55度~60度的投篮角度能够使球以理想的43度~47度进入篮筐（45度最佳）。

投篮角度的重要性

下面介绍的是篮球进入篮筐时的角度（入篮角度）。

- 投篮角度为水平位置上方90度时，目标区域为100%。
- 投篮角度为水平位置上方51度时，目标区域为55.6%（远小于90度）。
- 投篮角度为水平位置上方31度时，目标区域为33%（空心球所需的最小入篮角度大约为35度）
- 投篮角度为水平位置上方20度时，目标区域为22%（过小）。
- 投篮角度为水平位置上方9度时，目标区域为12%（命中的概率几乎为0）。

来自卡尔加里大学的哈尔和维克斯的研究表明，理想的投篮角度范围应该在52度~55度。要以更大的角度投篮，需要更快的投篮速度和球速（除了投球手的肌肉力量），而这些都会影响投篮的准确性。鉴于实际的学习情况，在给球施加的力量与投篮准确性之间平衡，最佳的方式就是以55度~60度的角度投篮。应用研究得出了折中方案，当球接近篮筐时，通过优化目标的大小来平衡可用的肌肉力量。

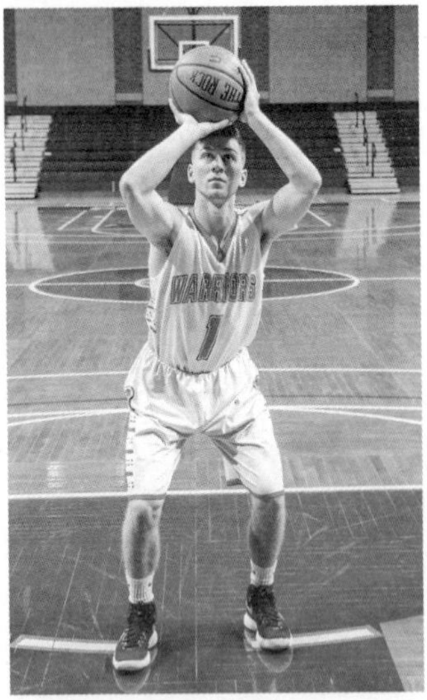

图4.10 跳投投篮：向上投

向高处投球并使用跳投投篮时，会从头顶或者中间起始位置投篮，应用这个方式会更加容易。向上（而不是向外）投球时，手指向上推球并最后离开篮球使球产生后旋（参见图4.10）。

跟随动作

投篮的最后一个步骤是执行完整的跟随动作，包括完全伸展肘部（锁定肘部）、手臂向内侧旋转并弯曲手腕（有控制地弯曲）。球员的一只手的手形应该成鹅颈状，手指呈伸进罐子里的姿势，看上去就像将手放进一个篮子里或者抓住在空中飘浮的降落伞一样，并保持这种姿势至少1秒（参见图4.9）。手和手指要稳定，但同时还要保持灵活。完整的跟随动作能够确保每次投篮都能以同一个姿势结束。

要点提示
常规投篮时执行完整的跟随动作并保持1秒，罚球时保持到篮球入网。

要提高自己的投篮技术，首先应该应用正确的投篮力学原则和技巧，如本章前面介绍的。球员必须学习正确的技巧并以此作为投篮的身体基础。

- 双脚做好准备，保持身体平衡。
- 将球移动至投篮区（相同的起始位置）。使用整个手掌持球（拇指和食指形成V形）。锁定并载入篮球（双手拾球），使用平衡手护球。
- 投球并执行完整的跟随动作（相同的结束点）。以60度角向上投篮（并非向外投篮），手腕弯曲，保持跟随动作（至少1秒）。
- 在投篮结束时保持身体平衡（头部前倾）。

投篮类型

虽然基本的投篮力学原则根植于定点投篮和跳投，但是同样可以应用于近距离投篮（包括带球上篮）以及长距离投篮（如三分球投篮）。低位球员在投篮时同样可以使用这一原则。

带球上篮

所有球员都应该学会在以一条腿起跳时能够使用两只手执行带球上篮。这一技巧的应用原则是左腿起跳时使用右手带球上篮，而使用右腿起跳时则使用左手带球上篮。如果想跳得更高，可以在跑动的最后一步用力蹬地以便将向前的冲力降到最低，同时获得最大的向上冲力。无论何时，如果可能，教练还应该让球员利用篮板，除非执行底线运球突破以及扣篮动作。球员只有在防守压力最小时才适合使用扣篮这一投篮方式。

接近篮筐。球员可以选择进攻或者加速接近篮筐这种比较积极的方法。球员执行带球上篮动作时，可以选择以下方式执行进攻移动：双手向上拾球（运球时使用自由手护球，拾球贴近投篮手一侧的肩部，通常是与起跳脚相反的一侧——保持球位于远离防守球员一侧的胸部位置）。使用双手拾球（参见图4.11a）并将球贴近身体远离防守球员进行护球。球员应该保持篮球远离髋部位置并且避免球远离自己的发力位置（胸部上方或者肩膀附近区域）。双手拾球并贴近身体移动篮球，能够防止向外移动篮球进而被防守球员抢断（不正确做法参见图4.11b和图4.11c），并且能够防止移动篮球时将球暴露在防守球员面前。

图4.11 带球上篮：a. 双手拾球；b、c. 不要来回移动篮球

球员执行运球突破动作时，最后一次运球应该与最后的内侧脚的跳跃步互相配合。球员使用左脚（相反的脚）跳跃，右手带球上篮的方式时，称为反向移动，如图4.12所示。使用左脚起跳时，反方向（右侧）膝盖朝篮筐方向上抬（膝盖与同侧的肘部就像从弹簧上弹起一样）。教练应该指导初学者在带球上篮时使用快速跑动的方式。对于用右手运球和投篮的球员来说，应该使用右脚执行最后的跨步移动动作，而将左脚作为起跳脚。

要注意的是，在执行最后的带球上篮动作时，球员应该提前锁定目标（通常是篮板）并且专注目标至少1秒，"眼睛成就带球上篮"。球员应该使用单手上篮。双手将球举到发力点，但用单手上篮。投篮手应该在球的后面进行高手上篮，在球的下面进行低手上篮。

当面对防守球员时，进攻球员可以采用一种先进的上篮动作，这种上篮动作的步法与常规的单脚跳跃反方向上篮相反。例如，篮筐右侧的进攻球员会用右脚起跳，双手举高拾球，最后单手上篮。这种非常规的"同侧手脚"的技术可以用来摆脱防守球员。

起跳。在球员起跳（参见图4.13）时，在起跳脚到达最高点前向上抬起另一侧的膝盖。其他的技巧包括：善于将篮板作为自己的优势、使用柔和的力量进行投篮（向高处柔和投篮）、专注于篮球和投篮目标。对于单脚起跳带球上篮来说，教练可以指导球员学习基本的抄手上篮或推手带球上篮（手掌朝向目标，参见图4.13），以及低手上篮或者掏手带球上篮等，执行后一种方式时使用柔和的力量并且投篮手的手掌朝上（参见图4.14）。

图4.12　反向移动上篮　　图4.13　抄手或推手上篮　　图4.14　低手或掏手上篮

要点提示

单脚起跳带球上篮：反向移动，双手拾球，向高处的篮板柔和投篮。

强行带球上篮。这种上篮方式需要球员面向底线执行急停动作并双脚起跳带球上篮。执行急停动作时需要较大的力量并保持平衡。相对于单脚起跳带球上篮来说，强行带球上篮速度较慢，但是力量更强。接近篮筐时，球员需要面向底线或者篮板落地，急停后双脚指向底线（双脚同时落地），参见图4.15。球员在一次强力运球后将球举起，远离防守球员将球放在外侧肩膀上，并且双脚起跳以篮板为目标单手带球上篮（投篮手面对目标或在球下）。

图4.15　强行带球上篮：a. 急停；b. 强行投篮（外侧手）

　　长距离上篮。这是一种先进的上篮技巧，用于需要在投篮区附近或周围完成投篮的情况，如图4.16所示。此技巧包括从罚球区顶端沿罚球道（如图4.16所示）或在罚球道外（避免接触投篮区）进攻篮筐。进攻球员跑动单手投篮，或将球置于外侧肩膀（发力位置）上小勾手将球投向篮板。球员还应该意识到，如果一名篮板球球员出现在罚球道的边缘（上下移动），其队友在后场进行切入动作将很容易获得空位。当篮板球球员的移动能力或投篮距离有限时，这个动作尤其有用，该动作同样适用于女篮。

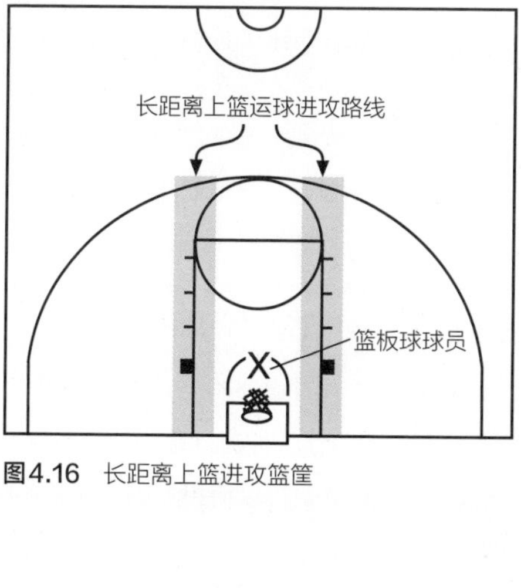

图4.16　长距离上篮进攻篮筐

要点提示

执行三分球投篮时，需要从腿部获得力量和冲力，肘部向内（常规投篮区）执行完整的跟随动作。

三分球投篮

相对于一般的两分球投篮来说，执行三分球投篮时球员需要做一些调整。投三分球的球员必须培养自己在不向下看三分线的情况下就知道其位置的能力（留意并知道三分线在哪）。长距离投篮会产生长距离的篮板球，因此抢篮板球的队友也必须进行相应的调整。在比赛的过程中掌握比赛进程以及双方得分情况对于所有的投篮都很重要，但对于三分球投篮来说则更加重要。

只有球员朝着三分线移动执行急停或者转身动作时才应该尝试进行三分球投篮（参见图4.17）。这些类型的动作能够提供三分球投篮所需的力量，还能够使初学球员的三分球投篮变得更加轻松。需要注意的是，投篮时需要弯曲膝盖以便获得更大的冲力，主要的投篮力量来自腿部，肘部成L形并执行完整的跟随动作。对于大多数球员来说，三分球投篮都是定点投篮。

瓦尔帕莱索大学的霍默·德鲁指导他的球员在执行三分球投篮时使用以下6种传球方式。

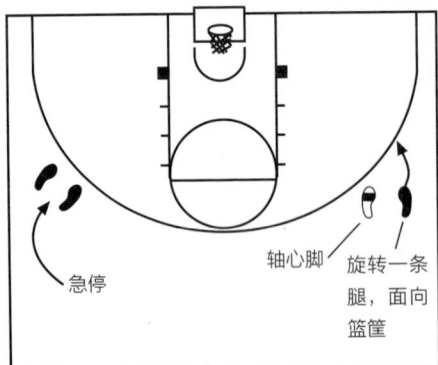

图4.17 三分球投篮步法

- 由内向外传球。
- 进攻篮板球：向外传球。
- 突破并传球（横传球或击地后传球）。
- 快攻三分球（运球通过快攻道）。
- 高吊传球（有掩护或者没有掩护）。
- 掩护并外切。

后撤步跳投

后撤步跳投（也叫后跨步跳投）要求投球球员改变跳投步法，特别是面对优秀的防守球员时，从篮下突破动作开始执行投篮。篮下突破动作为跳投（三分球）创造出空间。为了从防守球员身上创造空间并平衡投篮，投球球员需要掌握高级的步法和控球技术。持球球员必须积极突破三分线，迫使防守球员防守篮筐（位置为球、防守球员、篮筐），如图4.18所示。这一突破动作需要将重心转移到内侧突破脚，持球球员用此脚执行推步来向后跳跃，并在三分线后向后移动。然后，持球球员面对篮筐，在防守球员力量的反方向落地（进攻动作对抗防守力量）。因此，持球球员可以使用右脚右转并跳回左侧，也可以用左脚左转并跳回右侧。

图4.18 后撤步跳投：突破，然后从左脚后退跳投

跳投投篮

对于具备较大力量（尤其是身体中部和上部力量）的球员，以及大部分投篮都是距离篮筐较近的定点投篮和跳投的内线球员来说，他们可以使用一些略有不同的投篮方式。要更加深入地了解这些技巧的训练方式，可以参考由斯科特·贾米特编写的 *The Perfect Jump Shot* 一书（Elemental Press, 2006）。该书中介绍的技巧与本书前面所介绍的投篮技巧有所区别，可能并不适合大多数球员，但是却拥有自身的优势，包括更高的投篮弧度、更好的平衡、更对称的动作以及能够增加投篮时的灵活性。这些技巧是专门针对那些上半身力量比较强大的精英球员而设计的。

贾米特认为，应该将注意力放在4个因素上：平衡、节奏、伸展和对称。前面介绍的单手定点投篮或者跳投，极大程度上取决于投篮的节奏、完全的伸展以及平衡。而平衡取决于基本的步法，与球员身体一侧的投篮区情况也息息相关。将篮球移到球员头顶以及身体中间附近有助于获得更好的平衡。头顶和额前投篮区就是跳投投篮位置。球员应该双手抓球，投篮手成V形，然后锁定篮球并用双手将球移动到跳投投篮区，如图4.19所示。在执行传统一侧的投篮或者比较居中的跳投投篮时，整个手掌应该始终放在篮球下面。球员应该使用双手拾球并将球移动至投篮区。

图4.19 跳投投篮：a. 双手拾球，投篮手形成V形；b. 锁定并载入篮球以形成帐篷状，完全的关注，注视"帐篷"的下方；c. 折叠"帐篷"并保持跟随动作

跳投是通过一个平衡的触发点，从而出手投篮，球员从这个位置通过推动触发点向上（并非向外）朝篮筐投篮（参见图4.19c）。中间位置或者跳投位置具有独特的优势，能够使球员向上投篮，而不是向外投，这就避免了一个最普遍的投篮错误：由于投篮弧度过小而导致篮球进入篮筐的区域变小。

球员使用跳投投篮方式时，手臂和双脚的位置也必须进行调整。投篮手（位于球下）和平衡手（位于球侧）此时应该以几乎相同的方式置于球上。双脚采取更加平行的站姿，两个肘部以平衡和放松的姿势向外指，形成帐篷形状（肘部位于最下方，篮球位于最上方，参见图4.19b），前臂和上臂在肘部形成90度角。这种投篮方式的另外一个优势是，投篮球员能够更早地锁定投篮目标，并且不会受到手臂或者篮球的干扰。球员在投篮时应该形成帐篷状的姿势，并将球置于位于头部上方的投篮区。

教练需要强调的是，球员的肘部应该位于接近眼睛位置的高度，手臂在肘部形成正确的角度。这些能够使投篮球员更容易地向上投篮（而不是向外投），球员从他的触发点投篮时，手臂需要完全伸展（投篮手的手臂、肘部以及手腕），执行完整、稳定但柔和的跟随动作。跳投时，在跳跃的最高点向上投篮，执行定点投篮时则是在脚尖触地时向上投篮。

需要注意的是，球员使用跳投投篮技巧时，双脚和双臂应该处于互相对称的位置（参见图4.19）。身体直接面向篮筐并保持平衡，在投篮前、投篮过程中以及投篮后，保持这种对称的姿势。

要点提示
跳投时肘关节呈直角，双手拇指呈直角。

跳投投篮的教学要点

- 面部和肩膀正对篮筐，采取双脚平行的站姿。呈坐立的投篮姿势并从腿部发力。
- 快速锁定并将篮球移动到跳投投篮区。双手快速拾球，手腕弯曲并能看到皮肤褶皱。
- 肘部向外形成帐篷状并将球置于触发点位置。手臂、肘部与拇指形成正确的角度。提前将注意力放在投篮目标上（篮圈的后部或者篮板上矩形区域的上角位置）
- 腿部完全伸展起跳，身体竖直向上或者微微前倾。
- 拉动触发点向上投篮（不是向外投）并执行完整的跟随动作。折叠"帐篷"进行投篮。
- 以快速站位平衡落地。

图4.19所示的跳投投篮的完整执行顺序如下所示。

- 使用急停（或者转身）进入面向篮筐的快速站位。呈坐立投篮姿势并面向篮筐，持球时手腕应出现皮肤褶皱（参见图4.19a）。
- 使用双手向上拾球，拾球时手腕弯曲出现皮肤褶皱，快速将球移动到跳投投篮区，形成帐篷状（参见图4.19b）。锁定并将球带入跳投投篮区，将球移动至触发点位置，拇指以正确的角度置于球上。
- 完全伸展腿部跳跃，并在1秒内专注目标（通过"帐篷"下方的V形区域注视目标）。
- 在跳跃的最高点将球投出，执行完整的跟随动作（参见图4.19c）拉动触发点并折叠"帐篷"（类似于跳伞时的姿势并保持1秒）。
- 在起跳点稍微向前的位置平衡落地。

低位强行投篮

强行投篮，是针对低位球员从强行带球上篮而衍生出来的一个变种，是背对篮筐的球员所使用的最基本的得分方式。防守球员在侧后面位置（身后侧面）进行防守时（参见图4.20）可以使用这种投篮方式。进攻低位球员位于底线位置时，位于底线处的那只手接队友传球（传球得分）；接到球后（接球并将球置于颌下护球，参见图4.21a），进攻球员保持下半身状态，通过向后半转身或者用腿部来封阻防守球员（参见图4.21b）；然后立即双脚同时起跳将球朝篮筐移动（强力运球）。图4.22中显示的是双脚起跳急停落地后，在主导脚位置从颌下开始执行一次运球移动。低位球员落地时面向底线，并从颌下开始向上朝篮筐或者篮板强行投篮（参见图4.23）。

图4.20 低位：侧后防守

图4.21　低位强行投篮：a. 接球并将球置于颌下护球；b. 向后半转身封阻防守球员

图4.22　强行投篮：a.（内侧主导脚）起跳；b. 急停并颌下护球；c. 强行投篮

低位强行投篮可以通过两种方式来实现：球员在罚球区内接球，通过无运球（仅靠腿部动作）的方式强行投篮；球员在罚球区外接球，通过运球并起跳的方式（双脚到双脚）强行投篮。这两种方式的投篮都被称为"角度篮"（angle basket），能够使进攻球员借助身体位置的优势以低位球员角度朝篮筐移动。移动可以在任何一个方向进行，始终与侧前防守球员相反即可。

当投球球员背对篮筐时，强行移动可以帮助突破篮筐。也可以用在低位、中位或高位，作为一个突破性的移动到对方篮筐防守球员的位置。这是一个强力但安全的移动，使用身体来护球进行单次运球向篮筐突破。

图4.23 强行投篮：快速跑向篮筐

要点提示
强行移动：抓球，双手强力运球（起跳），跳跃；快速急停得分。

要点提示
强力运球：在主导脚附近双手强力运球（起跳）。

低位勾手投篮

最擅长使用低位勾手投篮的人是路易斯·阿尔辛多，后改名为卡里姆·布杜尔·贾巴尔，他曾经是纽约市加利福尼亚大学洛杉矶分校以及NBA的球员。贾巴尔发明了"天勾"这种投篮方式，并达到了炉火纯青的程度。他在洛杉矶湖人队时的教练帕特·莱利曾经这样描述贾巴尔的这种投篮方式："所有运动历史上最可怕的'武器'。"

美国球员曾经通过背对篮筐的打法，依靠自身的身体和位置优势称霸世界篮坛。"天勾"的打法非常适合贾巴尔，因为这种打法需要极大的精神上的驱动力。正如贾巴尔所说的："每个人在投篮后都想看到篮球，使球始终位于自己的视线内。"但是低位勾手投篮实际上无法使球员在投篮后看到篮球，因为球是从后面绕过头顶飞向篮筐的。贾巴尔说："这种投篮方式需要决心、节奏，以及手感和不断地尝试。"这说明低位勾手投篮需要坚定的信念和意愿（强烈的试错心理），以及不断的训练（Wolff, 2002）。

有时，低位勾手投篮被称为"小勾手"或"现代勾手"，球员在低位背对篮筐接队友传球。低位勾手投篮的最佳位置在罚球区外侧靠近拦截位置附近（参见图4.24）。这个低位到中间的位置在罚球区的外侧，在第一个或者第二个罚球区附近的区域。

低位球员应该位于低位线上或者附近区域，也就是在传球球员和篮筐之间的直线上。

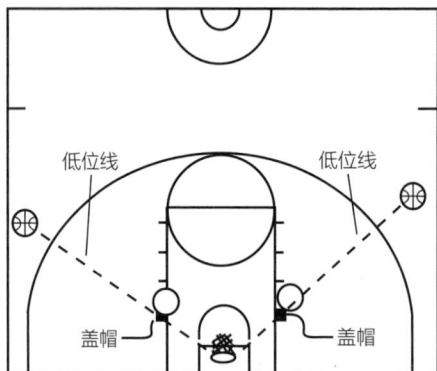

图4.24 在拦截位置执行低位投篮

在低位背对篮筐接队友传球时，球员应该使用双手接球并将球置于颌下护球。进攻球员在低位时，也应该使用双手处理球并将球置于颌下的强力位置护球。实际上，任何球员在接到传球后都应该采用快速站位并将球置于颌下护球。球员执行低位勾手投篮动作时，步法是以底线位置的脚作为轴心脚，向后执行半转身进入罚球区；另一只脚尽可能大步地迈进罚球区，形成背对篮筐的平衡姿势，理想情况下，这只脚应该是与底线互相平行的。非轴心脚触地时，轴心脚随着膝盖的抬高而升起并转身面向篮筐，此动作与常规的带球上篮一致。然后将球从头部的一侧移动到头部上方，手臂完全伸展，手掌朝下进行投篮（肘部锁定）。图4.25介绍了完整的低位勾手投篮顺序，其中包括以下基本步骤。

- 低位背打时双手作为传球目标。呈坐立姿势（参见图4.25a）。
- 接球并将球置于颌下。接队友传球并将球置于颌下的强力位置（相对于位置来说，不丢球更加重要）（参见图4.25b）。
- 使用靠近底线的脚作为轴心脚向后执行半转身，迈步进入罚球区，迈步脚与底线平行（参见图4.25c）。
- 将球向上移动到头部上方，手臂完全伸展，在篮球出手前保持篮球贴近身体（参见图4.25d）。
- 转身执行低位勾手投篮动作（参见图4.25e）。

图4.25-1 低位勾手投篮：a. 低位背打使用双手作为传球目标准备接队友传球（图中的传球目标是左手，因为低位球员接到球后将朝着中间位置投篮得分）；b. 迎球并将球置于颌下，可能时使用急停的方式

- 以快速站位姿势落地，并做好投篮不中的准备。执行快速站位，双手
  举起，准备抢进篮板球（参见图4.25f）。

图4.25-2 低位勾手投篮：c. 迈步进入罚球区，迈步脚与底线平行；d. 使用外侧肩膀护球；e. 向上移动篮球到头部上方；f. 执行跟随动作，面向篮筐，双手举起做好投篮不中的准备

低位勾手跳投

低位勾手跳投是低位球员勾手投篮的一个变种，比低位勾手投篮更简单，需要的技术水平也比较低，教学也更容易，它还具有更快的投篮速度。这种投篮方式适合所有的球员，可以在靠近篮筐以及面对高个球员防守的情况下，选择这种投篮方式。

这种投篮方式的教学步骤如下所示。

• 投篮力学。在篮筐前面面向边线［本位（home base）］进行投篮（惯用手和非惯用手）。球员投篮时从类似于深蹲的姿势开始，篮球位于外侧肩膀一侧的颌下位置，投篮时直接从头上开始，如图4.26所示。需要注意的是，头上投篮时，手臂要完全伸展，手腕发力，内侧肘部或者肩膀指向篮筐。非惯用手的训练次数应该是惯用手的2倍或3倍。执行投篮时脚要指向边线。

图4.26　低位勾手跳投：a. 起始位置；b. 结束位置（不起跳）

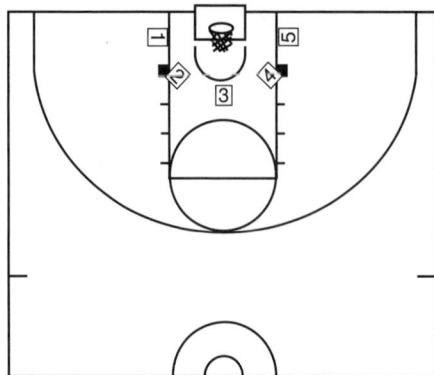

图4.27　低位勾手跳投的5个位置

• 从本位执行勾手跳投。在将要跳跃至最高点时出手投篮，落地时双臂举起，做好投篮不中的准备。

• 低位勾手跳投。从5个位置使用右手和左手执行低位勾手跳投（底线、45度角、本位、45度角、底线），如图4.27所示。

• 在5个位置越过假想的防守球员或者投篮辅助装置，执行低位勾手跳投（双手举起）。

● 强行移动到中路。一次运球强行移动到本位（篮筐前面或者罚球区）并执行低位勾手跳投（参见图4.28），或者在本位处做投篮假动作并执行低位勾手跳投。

要点提示

强行移动到中路：移动到本位（面向篮筐）执行低位勾手跳投。

图4.28 强行移动到中路：a. 低位球员接球，防守球员位于底线一侧；b~c. 强行移动到中路；d. 在篮筐前面的本位处执行低位勾手跳投

图4.29　投篮假动作：锁定腿部姿势，做假动作时移动篮球的距离为2.5厘米，保持脚跟位于地面上

- 俯位勾手跳投的终极版本。在空中转身接球并在罚球区内落地，向罚球区内为低位球员传球。球被传出后，低位球员双脚滞空接球并转身寻找篮筐，非投篮手一侧的肩膀指向篮筐。将球置于投篮手一侧的颌下护球。低位勾手跳投时双脚强力起跳并从投篮手肩膀直接向上投篮，锁定肘部并放松手腕执行跟随动作。执行步骤：接球并转身，低位勾手跳投并以快速站位姿势落地，做好投篮不中的准备。

投篮假动作

双脚和双手做好投篮准备（三威胁姿势或者投篮区）能够使持球球员更加快速并有力地执行进攻动作，同时能够允许球员使用投篮的补充动作。

进行投篮假动作的正确技巧是，球员持球（颌下持球、三威胁姿势或者跳投投篮区）快速在垂直方向移动篮球（眼睛保持注视投篮目标的同时，快速上下移动篮球2.5厘米的距离）。球员在上下做投篮假动作的同时，身体要保持快速站位并且眼睛注视篮筐。不要立即移动，而是应该提供一点时间，以便对手对假动作做出反应。球员面向篮筐时可以使用投篮假动作。背对篮筐或者执行低位勾手跳投时，是否可以使用假动作，要看球员的脚跟是否位于地面以及腿部是否处于弯曲状态。使用假动作时球员需要保持固有的站位（参见图4.29）。

罚球投篮

常规投篮和罚球投篮的命中率是与比赛胜负直接相关的第一统计因素。球员和教练需要认识到得分的重要性，并掌握正确的投篮技术，采用正确的方法进行训练。罚球投篮之所以特别重要，是因为这是一个心理技巧和身体技巧兼而有之的投篮方式（信心至关重要），在罚球时比赛时间会暂停，而过去40年罚球命中率并没有提高（National Collegiate Athletic Association 2016）。实际上，罚球投篮是一个团队技术，每名团队成员都应该精通这种技术，忽略年龄或者性别因素，至少要达到全国的平均水平。

正因为罚球非常重要，团队应该拿出一定比例的时间对此进行训练。20%~25%的得分、投篮以及比赛的胜负是由罚球决定的。鉴于训练时要均匀地进行防守和进攻训练，因此花费在罚球上的训练时间应该是10%~12%，1小时的10%是6分钟，因此每小时至少应该拿出5分钟的时间训练罚球技术，将这种

要点提示

比赛期间和日常训练中，每小时至少花费5分钟训练罚球技术。

时间安排当成一种规则，无论是常规赛还是季后赛的训练，每小时都应该拿出至少5分钟训练罚球。

比赛中要达到的命中率应该按照不同的年龄段进行设定，如表4.2所示。可以通过这些标准，检验球员是否需要完全或者部分接受本书中的指导，以便增强罚球投篮能力。由于在正常比赛中的表现会比训练时有所下滑，因此训练时的标准应该比比赛时高5%。

表4.2 罚球命中率目标

年龄	球员级别	比赛类型	训练命中率	比赛命中率
8~10岁	3~4级（小学）	5号球 降低篮网高度 半场比赛	50%	不适用
10~14岁	5~8级（小学~初中）	不适用	55%	50%
14~20岁	9~10级（初中） 10~11级（高中） 11~12级（高中）	不适用	65% 70% 75%	60% 65% 70%
18~25岁	大学	不适用	80%	75%
不适用	职业球员	不适用	85%	80%

罚球投篮的教学要点

- 保持投篮的简单性和一致性：简化运动路线，并且每次投篮时都使用相同的方式进行。
- 每天进行投篮训练（例如，可以进行20次投篮并记录投中的次数）。
- 竞争（例如，第一次投篮命中后可以额外进行第二次和第三次投篮）：每次投篮时都将其当成是比赛中的投篮，并设定具有竞争性的投篮目标。
- 记录：将成绩用笔记录下来，训练时设定的目标应该比比赛时高5%。
- 付出时间：无论是日常训练还是比赛期间的训练，每训练1小时至少用5分钟进行罚球训练。

罚球技巧

与常规的投篮相比，罚球技巧的区别在于它在特定的地点进行（脚的位置），且有一套特定的程序，投篮的末尾还要停顿一下以及配有夸张的跟随动作。球员应该在每一次罚球时都使用简单且一致的动作。完整的罚球技巧如图4.30所示。

图4.30 罚球：a. 站在罚球线中央，身体重心向前；b. 注视目标1秒；c. 确保每次投篮时球的起始位置与结束位置相同；d. 执行完整的跟随动作（保持到篮球入网）

　　球员应该了解良好投篮应该具备的外观、声音和感觉，最终达到能够闭上眼睛执行罚球的程度。投篮时应该掌握正确的节奏，不能太过放松或者太紧张。比较重要的身体技巧如下。

● 找到投篮点。每次罚球时站在与罚球线的中点对齐的位置：投篮手一侧的脚、肘、手、球和眼睛与篮筐处于同一个竖直的平面上。每一次罚球时，投篮手一侧的脚应该在同一个位置，并且向前指向篮筐或者稍微向左一点。将主导脚或者前脚（右手投篮球员的右脚，左手投篮球员的左脚）的脚尖置于罚球线的正中央。对于硬木场地来说，罚球线的中央会有一个钉子孔，可以用作参照物。对于其他场地来说，需要自己进行标记。将前脚脚尖放在罚球线中央，脚趾指向反方向篮板的边角（即右脚指向篮板的左边角，反之亦然）。将另一只脚放在比较舒适的位置，双脚分开与肩同宽，双脚错开平衡站立。相对于平行站位来说，这种站位更好一些，能够使球员的肩膀肌肉得到放松，同时使投篮手的手臂与篮筐直接位于同一竖直平面内。执行跳投投篮时，双脚采用并拢的平行站位，眼睛和篮球处于同一条线上（参见图4.31）。

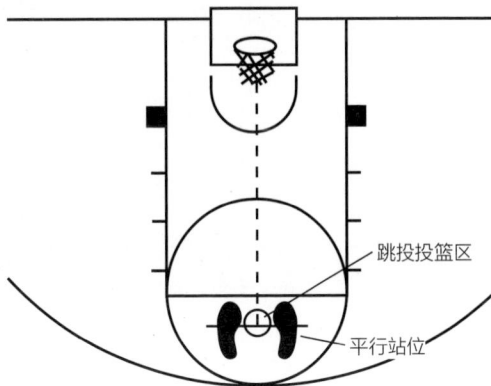

图4.31 跳投投篮位置

右侧标注：
跳投投篮区
平行站位

● 完全的专注。投篮时应该专注于篮筐的中央或者篮圈后部。球员在执行任何投篮时，都应该做到心中只想着篮筐或者让对方为自己的犯规付出代价。应该提前就关注目标并持续1秒的时间（专注、感觉和反馈的精神法）。

● 投篮末尾弹跳动作。在投篮的末尾，球员应该停顿一下，使身体和精神镇定下来并集中注意力，然后执行弹跳动作以获得节奏感。停顿后，所有的运动都应该是向上朝着篮筐进行的。这种方式被称为"一体式投篮"（onepiece shot），所有运动都是朝向篮筐的正向运动。球员应该保持简单利落的投篮动作，使用更简单的正向运动代替那些不必要的上下移动。

● 投篮程序。应该将一套完整的投篮动作形成一个固定的投篮程序。教练应该帮助球员每次都使用同一个方法执行相同的动作，即不断地重复能够更容易使其成为一种固有模式。投篮前应该先做一个深呼吸，并使其成为投篮程序的组成部分（使用鼻子吸气，用嘴呼气）。球员可以坚持将手放在球上的同一个位置。大多数球员会将指腹放在球囊的接缝上。球员应该在保持简单的同时花些时间认真总结出自己的投篮程序。有时候，在投篮程序中规避运球动作是最佳选择。可以借助一些口头语使自己在投篮时更加专注。

要点提示
使用身体打开的站位（同样的位置，同样的方式）站在投篮点上。

要点提示
完全的专注：提前关注投篮目标并至少持续1秒（篮圈后部是较好的目标点）。

要点提示
保持跟随动作一直到篮球入网。

> **罚球身体技巧的教学要点**
>
> - 找到投篮点：每次投篮都在同一位置进行，前脚与地面上的钉子孔对齐。
> - 使用投篮程序：每次都使用相同且简单的投篮程序动作，包括深呼吸（用鼻子吸气，用嘴呼气）、手指位于篮球上相同的位置、使用让自己专注的口头语以及在脑海中想象期望的投篮画面。
> - 投篮末尾弹跳带着节奏（弹跳2次或3次）朝篮筐正向运动（一体式投篮）。
> - 使用完整的跟随动作：执行稳定但放松的跟随动作，并保持到篮球入网（保持身体重心向前，身体不要向前冲）。

　　完整的跟随动作：手臂完全伸展且手掌朝下，这是跟随动作中的关键要素。球员投篮时应该用脚尖蹬地，即从腿部获取力量。执行跟随动作时，上臂应该与水平线成60度左右。向高处投球并在篮球入网前保持跟随动作。投篮后，手呈放在篮子里的姿势。脚尖着地或者略微向前跳动。保持跟随动作并将身体重心前移。

建立罚球信心

　　罚球信心的建立是一个渐进式的、长期的过程，球员可以使用特定的精神技巧，包括前面介绍的投篮程序动作。球员需要在训练以及比赛期间，以正确的方式连续地进行罚球，需要提前锁定投篮目标并完全专注1秒的时间（可以使用口头语"专注"）。教练可以指导球员在每次罚球投篮时都使用一些积极的想法。例如，要让对手为自己的犯规付出代价，心中只想着篮球入网的情形并注视篮球入网掠过网时的情形或BRAD投篮原则。罚球球员在罚球时可以使用口头语"感觉"来增强自己的投篮意识。

要点提示

投篮前只想着篮筐。

　　要培养积极的投篮态度，也可以通过庆祝每次投篮命中，以及对投篮不中的罚球进行正确的反馈（例如，命中时可以使用口头语"好"，不中时可以使用"短""长""右""左"）这两种方法来实现。罚球球员应该自觉屏蔽所有消极的想法，只想那些积极的想法。总之，信心来源于精心的准备工作，以及比赛中对各种技术的演练。球员需要在具有竞争的环境中训练罚球，使每次罚球都像是在比赛中一样。

要点提示

精神训练：专注、感觉、反馈。

　　小学阶段（8~12岁）的球员可以使用较小的篮球、更低的篮筐（2.4米），以及距离更短的罚球线（2.7米）。适合初中阶段（12~14岁）球员的篮筐距离是3.7米，篮筐高度为2.7米（克劳斯、简、康恩，2003）。

问题解答

- **问题**：投篮时失去平衡，投篮时身体向侧面或者向后移动。

  纠正：具有平衡性的正确步法（双脚分开与肩同宽，呈坐立姿势）是纠正这个问题的良方。平衡的急停或者跨步急停（一脚为轴，一脚转身）能够纠正这个问题。

- **问题**：投篮弧度过小。

  纠正：投篮区过低或者篮球离身体太远（悬在身前）。抬高侧面投篮区或者使用居中的跳投投篮方式。投篮时向上投，不要向外投，要朝篮筐上方投篮，而不是篮筐的位置。

- **问题**：不能提前锁定目标。

  纠正：保持专注并提前注视目标。运球或者接到传球后立即注视目标（余光保持专注）。

- **问题**：各部位无法对齐或者存在方向问题（双脚）。

  纠正：球员应该以稍微错开的站位（侧面投篮区）或者平行站位（跳投投篮）使自己面向篮筐。使用常规的侧面投篮区时，确保篮球、投篮手、投篮手的肘部和肩膀、投篮手一侧的脚和膝盖处于同一竖直的平面上。使用跳投投篮方式时，确保触发点位于头部上方正中央，手臂和身体要对称。

- **问题**：投篮时篮球不能快速投出。

  纠正：通常来说，球员向上拾球进入投篮区（侧面投篮区）的动作较慢，持球位置过低，锁定并移动篮球到投篮区的距离过长或者在投篮过程中上下移动篮球（两步投篮）是导致这种问题的原因。应该加快动作的执行速度，缩短将球移动到投篮区的距离并使篮球完全正向地朝篮筐运动。身体不要向下移动，增大膝盖的弯曲幅度并呈坐立姿势。手、脚部做好完全的准备。

- **问题**：投篮时身体向前冲。

  纠正：这种问题通常是由球员没能专注于投篮节奏导致的。球员应该模拟比赛环境和节奏来投篮，应该遵循名人堂球员和教练约翰·伍登的建议，即动作要快速但不能匆忙。

- **问题**：动作不连贯。

  纠正：这种问题通常是由每次投篮都使用不同的技巧或低效训练导致的。每次投篮都应该使用相同的起点或者触发点和结束点（完整的跟随动作）。球员应该规范自己的投篮动作，并将其变成自动发生的习惯。

- **问题**：无法快速建立信心。

  纠正：教练应该反复指导球员进行自我对话的投篮技巧（专注、感觉、反馈）。坚持按照比赛的环境和节奏进行投篮训练。应用 BEEF 和 ROBOT 的投篮原则。

建立罚球信心的教学要点

- 投篮程序：使投篮更自然并增强信心（说出口头语"进了"使自己更加专注、深呼吸并使用相同的拿球位置）。注视篮网，说出"进了"，并在脑海中形成相关画面。
- 完全的专注：提前锁定目标，可以选择篮圈后部的中点作为目标并注视1秒。说出口头语"专注"。
- 感觉：在投篮过程中说出"感觉"，使自己自始至终将注意力放在投篮上。
- 反馈：每次投篮后，记住那些成功的投篮（可以说口头语"好"以示庆祝）并忘记所犯的错误（分析错误然后忘记它们，可以使用口头语"短""长""右""左"来提示投篮位置）。

投篮训练

教练在指导球员进行投篮训练时应该发挥自己的创意，使用分阶段的进阶式训练方法，包含无球步法、平衡训练、定点投篮、接传球后投篮以及运球后投篮等基本的投篮技巧。首先强调正确地执行动作，然后按照比赛时的环境和节奏训练投篮。

队列训练：投篮（无球和有球）

目的： 指导球员模拟比赛环境进行投篮训练。

设施： 半场（最低要求），4个篮球（最低要求）。

过程： 将球员分成4个队列站在底线处。本训练中不加入篮球和防守球员（稍后会加入篮球）。球员用距离底线最近的脚起跳后执行急停动作，并摆出投篮姿势。稍后训练中将加入篮球，并执行低手传球或者运球的动作。

选项

- 直线：球员在罚球线、中场线以及对面的底线位置执行无目标投篮动作，眼睛注视对面的篮筐，并在每个投篮位置执行急停。
- 进攻Z字移动：在罚球线、中场线，以及对面的罚球线和对面的底线等变向位置进行投篮动作。大部分的移动应该采用横向移动的方式，这样球员能够更加容易选择距离篮筐最近的脚。
- 遵从教练指令直线投篮：底线的4个队列中的第一名球员在听到"前进"指令时向前移动，第一名球员移动到前方4.6~5.5米时第二名球员开始移动。教练在场地侧面指定一个篮筐位置（可以选择边线与中场线的交叉处作为篮筐位置）。球员以基本的姿势有控制地向前移动，直到收到下一个指令。教练喊"投篮"指令时，场上的球员要模拟接球急停动作，或者运球后投篮动作并朝向想象中的篮筐投篮。再次听到"前进"指令时，所有球员继续向前移动直到教练发出下一个指令。球员必须始终保持身体平衡和控制，准备进行投篮动作，向前场推进时向右投篮，返回（或直接朝篮筐前进）时向左投篮。

- 有球直线投篮：每个队列的第一名球员以正确的技巧执行4次想象中的投篮动作（分别在罚球线、中场线、对面的罚球线和对面的底线处持球做投篮动作）。球员在对面篮筐处进行投篮动作，然后想象篮筐位于侧面。此时，球员应该以靠近篮筐一侧的脚起跳，并在落地时面向篮筐。球员持球在空中转身面向侧面，然后进行投篮动作。球员可以自己为自己传球并进行投篮动作（在想要投篮的位置为自己执行低手传球），也可以执行运球后投篮动作。投篮时，在投篮位置稍微向前的地方以60度投篮，执行夸张的跟随动作并保持到篮球落地。训练中不使用投篮目标。教练应该强调要向上投，并在篮球落地前保持跟随动作。球员可以用假动作混合投篮动作，以检查平衡和步法。

带球上篮进阶训练 ◉

目的： 指导球员正确并快速地按照比赛形式进阶式执行带球上篮动作。

设施： 每名球员1个篮球（如果条件允许，或互相指导时2人1个篮球），每12名球员1个篮筐。

过程： 教练应该根据球员的年龄以及技术水平应用多个阶段的训练。

选项

注意：在进行常规上篮前，一个可能的进阶训练是在传球时，将球放在投篮手一侧的肩膀和颌下的位置，同时快速奔向篮下。

1. 队列训练：无球、持球、运球。在罚球线、中场线、对面的罚球线和对面的底线处执行带球上篮动作。使用夸张的跟随动作。
2. 在拾球位置持球，使用高位拾球姿势（外侧肩膀）护球；在每一个投篮位置执行单手带球上篮动作。
3. 单队列运球带球上篮：每名球员1个篮球（6名球员1个篮筐）。开始训练时，持球形成快速站位，并使用直接突破或者交叉突破从翼部位置运球。需要强调的方面包括提前锁定目标、双手拾球、向高处跳（在球落地前自己抢篮板球），可以在球员与篮筐之间加入想象中的防守球员或者障碍物。
4. 双队列带球上篮（12名球员使用3个篮球和1个篮筐）。
   - 向内运球，对面的队列抢篮板球。
   - 从对面底线处接球后上篮。
   - 在中场线附近接到提前传球后，执行运球突破上篮。

5. 运球追逐带球上篮：球员分成两个人一组，每组1个篮球。持球球员站在
底线后以及罚球线外侧。搭档（接球球员）站在罚球线和中场线中间。传
球球员使用单手肩上传球为接球球员传球，后者接球并朝场地的另一端快
速运球并带球上篮，刚才传球的球员现在开始追逐运球球员（不能犯规，
但是可以抢球）。另一端的球员同时执行相同的动作。将所有球员分成两
个部分，每侧一部分球员。按顺时针顺序轮转，然后变为逆时针顺序，这
样能够确保非投篮手能够得到足够的运球和带球上篮训练。

同级压力训练

　　同级压力训练起源于堪萨斯大学。更具体地说，篮球先驱堪萨斯大学毕
业生，篮球发明者詹姆斯·奈史密斯的直系后代（如福里斯特·艾伦、约
翰·邦恩和拉尔夫·米勒）等人，将同级压力训练强调为篮球基础训练的一
部分。事实上，米勒的训练版本是本书原版的基础。

　　这是一种特殊的团队训练，重点是组合进攻训练，这可以帮助球员发展
基本的进攻技能，特别是步法、传接球、时间和间隔，直接影响常规投篮目
标 [无论是上篮还是定点投篮（跳投）]。这种训练技术大大增强了教练和球
员互相帮助的能力，以比赛节奏进行训练。具体来讲，教练需执行以下操作。

- 设定团队得分目标。
- 专注于相关的进攻技能。
- 关注相关的间隔和时间移动。
- 通过挑战球员以达到一定的目标来培养团队凝聚力（所有队员必须完
  成目标）。
- 关注与基本得分目标相关的过程和结果。
- 如果达不到训练得分目标，则重新开始训练（也可能由于未能执行选
  定的基本相关技能）。

贡萨加全场团队上篮

目的： 以比赛节奏执行所有控球动作、接传球及上篮，进行有竞争的队内同级压
力训练。

设施： 全场场地，2~4个篮球，4名教练或助理人员（每个罚球区顶端位置安排
1个人）。

过程： 球员分成两列，分队站在全场两侧篮下底线后方（参见图4.32）。从每个
篮筐投进1个球开始（稍后每个篮筐可增加到2个球）。每个队列的第一名球员带
球上篮，无论命中与否，都将球传给同一侧的教练并快速突破到边线罚球区的另
一个篮筐。然后球员在中场线附近位置接第一名教练的回传球并将球传给第二名

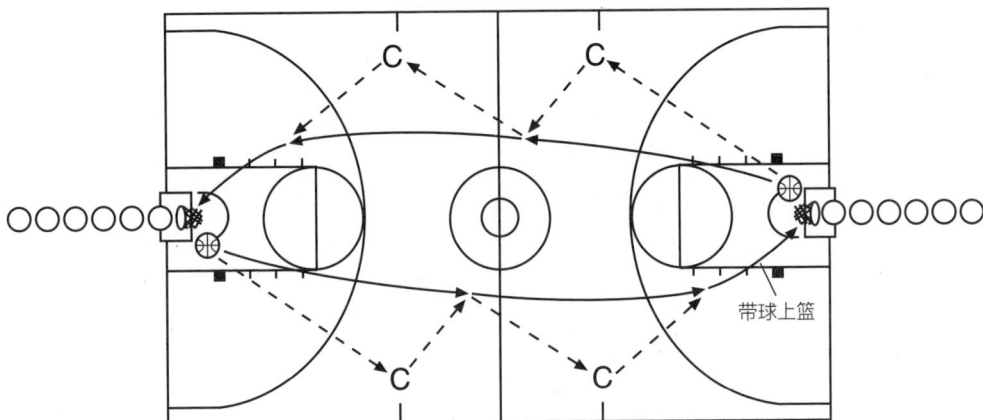

图4.32 贡萨加全场团队上篮

教练，再次接回传球执行带球上篮动作。场地另一侧的球员同时执行相同的动作（两球同时进行）。教练可以再加2个球来增加训练难度。

教学要点

- 单脚带球上篮：反方向（起跳脚和投篮手不在同一侧）。
- 双脚带球上篮：一次性发力或者双脚执行急停动作。
- 双手拾球并在远离防守球员一侧的肩膀处护球：平衡手驱动或者将球向上移动至肩膀处（不要左右摇晃）。双手向上移动单手完成投篮。
- 向高处跳，不要横向跳跃（最后一步用力蹬地）。
- 提前锁定目标：向上柔和投篮，尽可能利用篮板。
- 团队目标：根据球员的年龄和技术水平制定投篮目标。

常规投篮进阶训练 ▶

目的： 球员通过自己进行热身训练来提高投篮技术，同时从中获得反馈信息，进而帮助自己提高。一些常规投篮进阶训练需要每天都进行，以便回顾其中的身体和精神技巧。球员可以选择多种训练或重点训练某一项，来创建一个定制的投篮进阶计划，或者简单地使用以下"基础"的常规投篮目标选项。

设施： 每名球员1个篮球（条件允许的情况下）、1个篮筐，或者2个球员使用1个篮球（可以互相充当对方的教练）。

过程： 每个球员持1个篮球，并通过不断的训练检验自己的投篮技术。每次训练时，每个选项重复训练5次。

选项

- 双手击打篮球以提高使用整只手持球时的球感。将手放在篮球的侧面，轻轻向上抛球，然后双手用力接球，发出"砰"的声音，重复训练5次。球员每次拿到篮球以及进入球场时都应该先进行这项训练（感觉）。

- 单手手臂摆动进入投篮区，进行投篮动作并返回（无球）。球员也可以使用平衡手执行此项训练。重复训练5次。

- 无球电视机支架投篮训练。球员躺下，将投篮手的肘部置于地面，水平手持想象中的篮球（类似于电视机支架的姿势）。竖直投篮并保持跟随动作。重复训练5次。

- 有球电视机支架投篮训练。执行动作与上一个训练相同，区别在于此训练是有球训练。篮球必须向上投出至少1.8米高（同时确保执行完整的跟随动作）。保持跟随动作1秒，然后接住下落的篮球。重复训练5次。

- 无篮筐目标的墙面或篮板投篮。开始训练时，投篮手持球，另一只手手掌朝上（形成V形），锁定并载入投篮区，平衡手朝上但是不能接触篮球，然后向上朝墙面或者篮板投篮。

基础常规投篮进阶训练

日常使用的"基本"动作选项。

垂直投篮（直线投篮并深入篮筐）。

柔和投篮（在5个位置进行1或2次近距离投篮）。

海斯步法训练。

传球和运球（用适当的步法）。

传球投篮和运球投篮。

这些动作选项应该包括在所有的常规投篮进阶训练中。

- （基础）垂直投篮，即单手垂直向上执行无目标投篮。开始训练时，球员投篮手掌心向上持球。投篮球员需要将投篮手一侧的脚与场地上的任意一条直线对齐，然后投篮手翻转篮球进入投篮区，平衡手不能触球且要稍微偏离垂直位置。投篮于投篮并使球产生后旋，手腕发力。在篮球触地前保持跟随动作并检查球落地的位置（如果球员是垂直向上投篮而不是向外投篮，那么篮球会落在直线上或者直线附近，距离球员1.8~2.4米）。重复训练5次。

- 近距离投篮或者称"柔和投篮"（soft touch），有目标进行投篮动作（篮圈或者篮板）。提醒球员训练时按照从内向外的方式进行，开始时离篮筐较近，然后逐渐远离篮筐。所有的投篮都应该在罚球区内进行。每个位置至少投篮5次（中级和高级阶段可以制定更高的目标）。交替使用单双手投篮技术。

- 环形投篮训练强调步法的运用。每名球员都在环形区域内移动，使用双手在胸前持球（将球置于颌下护球），在罚球区内运用正确的急停步法（用靠近篮筐一侧的脚起跳，落地时双脚对准篮筐并准备短距离投篮）在5个位置进行投篮，如图4.33所示。顺时针完成5次投篮后，每名球员再按照逆时针的顺序完成5次投篮。在45度执行的是擦板投篮（位置2和4），在位置1、3和5处执行的则是篮圈投篮。训练时不允许运球，环形投篮着重训练的是双脚的位置以及双手对篮球的控制。每完成一次投篮绕环形区域移动。球员顺时针移动时，正确的

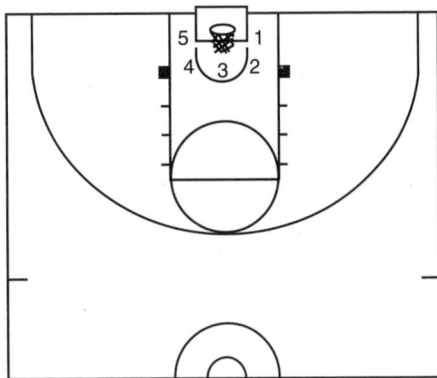

图4.33 柔和投篮或环形投篮位置

步法是用靠近篮筐一侧的脚起跳以便双脚能够立即执行急停动作并使球员面向篮筐。主导脚指向篮筐，双手立即就位（篮球位于投篮区内）。逆时针移动时用左侧脚起跳，顺时针移动时则使用右侧脚起跳，起跳后执行急停动作，面向篮筐。

- （基础）还可以选择其他方式的热身步法训练。俄克拉荷马基督教大学的丹·海斯开发出一套名为"海斯步法"的训练，训练时从罚球区一侧的肘区到另一侧的肘区（可以在罚球区附近的任意位置从一侧到另一侧，中间的距离是4.6~5.5米）。传球投篮的步法从左侧肘区开始，球员面向另一侧的边线并使用双手低手传球的方法为自己传球并使球产生后旋，将球抛向另一侧的肘区，并执行正确的步法移动去接传球（用靠近篮筐一侧的脚起跳并面向篮筐急停）。球员使用双手快速接球并将球移动到投篮区。需要提前锁定目标并使用口头语"专注"，可以使用短快的投篮假动作来测试身体的平衡性，但不是真的进行投篮动

作。然后球员再面向另一侧的边线，使用反弹传球的方法在胸部练习，每种方式者投篮区的高度为自己传球，并重复从右到左的传球步法。此时，右侧脚变为起跳脚。将这个过程重复10次，向右和向左侧分别重复5次。整个过程演示的是，在保持身体平衡的前提下，从右向左移动快速接队友传球并进行投篮的动作（参见图4.34）。

图4.34 海斯步法（肘对肘）训练

接下来，将使用外侧手运球并投篮的动作重复10次。右手从右向左运球，左手从左向右运球。需要着重训练的地方是，球员用靠近篮筐一侧的脚起跳时能够正确地为自己传球（即最后一次运球）。最后一次运球应该采用强力运球的方式，使球能够快速、准确地进入投篮区（运球后拾球），同时靠近篮筐一侧的脚起跳执行急停动作。训练时不进行投

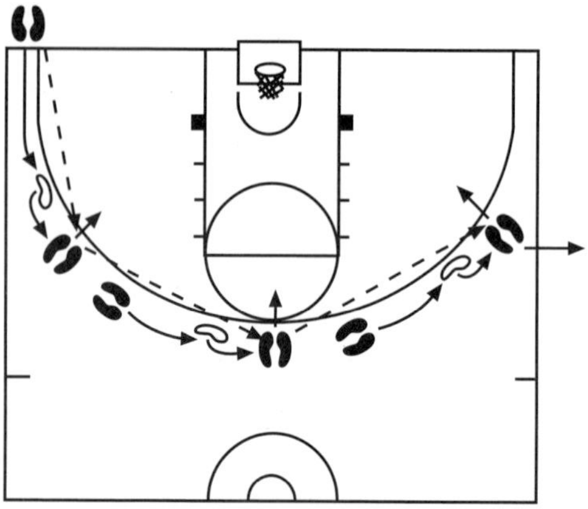

图4.35 传球后投篮：沿三分线传球和运球（不做投篮动作，关注步法，执行假动作）

篮动作，但是可以做投篮假动作以便测试身体的平衡性（第一步），然后自我传球或运球后投篮（第二步）。

- （基础）传球后投篮训练要求向高处抛球，使用双手低手传球在合适的地点为自己传球，使用正确的步法以三威胁姿势落地，面向篮筐准备投篮。在接传球后投篮之前，可以先围绕三分线进行一些传接球步法训练（顺时针和逆时针）。不进行真的投篮动作，重点训练的是步法以及使用投篮假动作来检查身体的平衡性（参见图4.35）。拾球时，双手向上拾球并快速将球移动至投篮区。每次接传球或者运球结束时，球员必须快速将球移动至投篮区。

整个过程包括球员自己为自己传球，用靠近篮筐一侧的脚起跳，面向篮筐落地并双脚就位，使用投篮假动作检查身体的平衡性。不断重复这一训练过程（顺时针和逆时针）。

- 运球后投篮。以三威胁姿势开始，站在距离篮筐4.6~6.1米的位置。球员向左或者向右执行运球突破并执行急停，在合适的地点投篮。事先应该专门针对拾球技巧进行一些准备性的训练。传球后投篮和运球后投篮的步法是相同的。运球后投篮时，最后一次强力运球是与用靠近篮筐一侧的脚起跳并执行急停面向篮筐（前脚指向篮筐）同时发生的。教练可以要求球员使用任意一只手执行最后一次运球，同时使用另一侧的脚起跳并急停，以三威胁姿势落地。球员从一侧的底线边角移动到另一侧的底线边角，使用正确的步法沿三分线移动并运用拾球技巧（快速抓球并移至投篮区），然后执行真正的运球后投篮动作。训练时，球员应该按照顺时针和逆时针的顺序进行。使用外侧手运球，执行最后一次强力运球时用靠近篮筐一侧的脚起跳，并将球移至投篮区（双手拾球），面向篮筐急停落地（双脚就位），使用投篮假动作检查身体的平衡性，然后重复这些训练动作。

"柔和投篮"或"绝杀投篮"训练

目的： 通过日常的投篮训练检查球员的投篮技术并建立投篮信心（建议将此项训练作为其他训练的热身）。

设施： 每名球员1个篮球和1个篮筐，每个篮筐最多4名球员。

过程： 根据特定的目的以及技术水平，"柔和投篮"分别在5个位置执行，即在5个位置执行5次投篮。例如，初学者应该在每个位置都进行投篮动作或者命中一次（2个45度的擦板球以及底角、中路、底角3个篮圈投篮），如图4.36所示。精神目标是养成球员完全专注的习惯（提前锁定目标并注视1秒）。中等水平的球员可以在每个位置命中2次或者3次，高水平球员的目标应该是在5个位置只投空心

球（连续命中3~5次）。可以选择2种投篮形式，即
单手投篮和双手投篮，但是应该重点训练单手投篮。
球员站到每个位置上，将球放在整只投篮手上（掌心
朝上），锁定并将篮球移动到投篮区，将平衡手置于
篮球的一侧（不能接触篮球）并进行投篮。

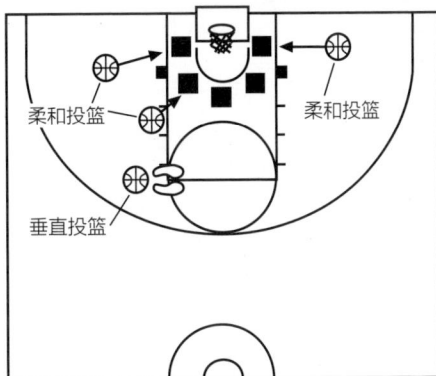

图4.36 柔和投篮或垂直投篮

　　教练应该强调以下几点：双脚就位、投篮时呈
坐立姿势、将球置于投篮区内、完全专注（可以使用
口头语"专注"进行提示）以及执行完整的跟随动
作。每名球员都应该按照这几点进行评估，以便对每
次投篮进行检查。也可以使用平衡手在以上5个位置
执行5次投篮训练。球员每次进入场地进行训练时，
都应该针对常规投篮中的2个基本步骤进行训练。球员每次拿到篮球时，都是一
个重复学习的机会（基本的垂直投篮、柔和投篮、海斯步法训练）。

　　球员应该坚持使用柔和投篮训练以便达到精神训练和使用口头语提示的目的
[专注、感觉（投篮过程中）、反馈（投篮后，命中时说"好"，不中时说出投篮
不中的位置）]。

强化投篮训练

目的： 评估投篮效率和范围。

设施： 篮球、篮筐和场地。

过程： 从任意位置移动并执行投篮，最低要求是10
次中能够命中5次（10次中命中7次更佳），比较好
的移动位置和投篮位置如图4.37所示。为每个位置
选择距离和地点，并根据比赛目标设置训练目标。

选项

　　在每个位置进行强化投篮训练，在三分线外侧
的5个位置持球开始训练。

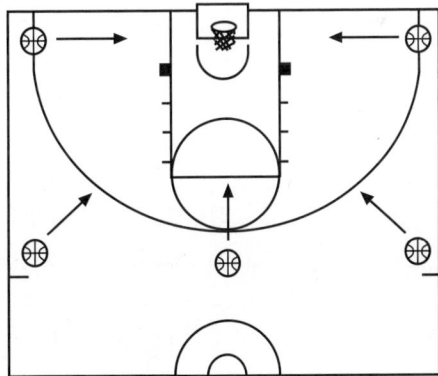

图4.37 强化投篮训练

- 向右和向左传球。每次执行10次投篮，直至达到
  命中目标。从附近开始，努力向外投。

- 使用投篮假动作并以正确的步法向右和向左运球。
  执行10次投篮，直至达到命中目标。从附近开始，
  努力向外投。

- 在5个位置前面距离篮筐3米远的位置背向篮筐站立。在3.7米的位置以双手低
  手传球的方式为自己传球，使用双手拾球并执行PPF步法后转身使自己面向篮
  筐，应用精神优势技巧（专注、感觉、反馈）进行投篮动作。球员应该追踪自
  己在每个位置连续命中的记录。

两人内-外投篮训练 ▶

目的: 指导球员进行包含所有投篮情形的2打0模拟比赛训练。

设施: 篮筐、每2名球员1个篮球(球员也可以分成3人一组或者4人一组进行训练)。

过程: 本训练是一个连续的竞争性投篮训练,如图4.38所示,其中包含全部的移动原则,即传球和接球、投篮以及进攻篮板球。球员分成2个人一组(每个篮筐可以分配一组或者两组球员)。基本规则如下。

- 所有球员需要听从教练的指令,开始训练时,传球球员在篮下持球站立。
- 队友获得空位并为投篮做好准备,喊出传球球员的名字并接球进行投篮(双脚腾空接球,需要时面向篮筐)。
- 投篮球员抢自己的篮板球,直到命中(每次投篮后都应该做好投篮不中的准备),然后将球传给刚才的传球球员,由后者进行投篮动作。

图4.38 两人内-外投篮训练:一次传球

- 接球球员必须处于空位状态并喊出传球球员的名字。
- 传球球员在正确的时间快速为队友传球使其投篮,并快速移动到投篮范围边缘的其他位置上,队友投篮命中并抢到篮板球后,再准备移动。

选项

- 强化。每名球员在空位上执行30秒的投篮,队友负责抢篮板球;球员需要执行转身投篮并抢篮板球,每30秒双方交换角色进行训练。
- 投篮球员命中5次后与队友交换位置。
- 将训练设定为一个10次命中(或者5次命中)获得10分的比赛,球员执行接球后投篮或者运球后投篮动作。
- 由教练指定传球方式(单手推传、头顶传球、空中直传、击地传球)和投篮方式(常规投篮或者假动作投篮)。这个训练非常适合用于增强非惯用手的传球能力(传球球员只能使用非惯用手重复传球)。
- 对投篮球员施加压力,将球传给投篮球员后通过一些动作(从旁边通过、大声干扰、手部阻挡视线和身体接触)执行松散的防守以便为其施压。防守球员不能封阻投篮球员、抢断篮球或者对投篮球员犯规。每星期至少进行一次这样的训练,防守球员双手举起对投篮球员施加压力,这样能够增强投篮球员在面对防守时以更好的投篮弧度投篮的能力。
- 3种传球投篮训练,即向外传球(传球球员低位背打)、向低位传球(传球球员切入)和转身传球投篮(参见图4.39)。

- "挑战明星球员"训练，让投篮球员与指定的明星投篮球员和篮板球球员进行对抗。训练时按照顺序执行罚球、定点投篮和跳投比赛。得分规则是，挑战球员罚球命中获得1分，罚球不中则明星球员获得3分；挑战球员命中常规投篮一次获得1分，投篮不中则明星球员获得2分。比赛最高可以达到11分或者21分。

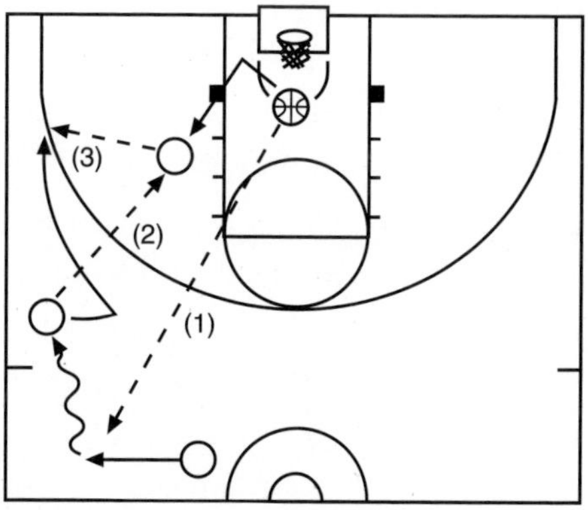

图4.39 两人内－外投篮训练：3种传球方式

个人淘汰投篮训练

目的： 指导球员对投篮技术进行自我测试并根据教练设定的标准进行调整。例如，常规投篮目标为连续3次投篮命中，然后罚球，去另一个地点或执行不同的移动。

设施： 每名球员1个篮筐和1个篮球。

过程： 本训练的全部任务是进行自我测试，并需要球员达到有效的得分标准。所有的移动都应该按照比赛节奏进行，训练过程中不能休息。

球员从左右边角（一只脚置于边线上）每个发球点和罚球区顶端执行运球突破上篮动作。球员只允许执行一次运球，并必须在每个位置连续命中3次。具备扣篮能力的前场球员必须通过一次运球就能达到要求。训练的目的是使球员在最大限度的距离内能够执行带球上篮得分移动动作。连续3次投篮命中后，球员获得罚球权。罚球时必须达到要求的命中率（大学阶段的球员需要5中4，高中阶段的球员需要4中3，初中阶段的球员需要3中2），否则需要重复移动动作并再次罚球。

高级选项

- 从某个位置按照指定的移动方式进行投篮，直到连续两次投篮不中。
- 连续空心球。从某个位置按照指定移动方式进行投篮，直到每两次投篮中就有一次是空心球（篮球入筐时只接触篮网）。
- 40分训练。沿三分线在5个不同的位置执行3种不同的得分移动方式：两侧的底线位置、两侧的翼部位置以及罚球区顶端位置。第一次投篮为接球后投三分球，如果投篮命中，则获得3分。第二次投篮为快速一次运球跳投，命中获得2分。第三次投篮为投篮假动作后突破到篮下强行带球上篮，命中获得2分。完成这些投篮后再执行5次罚球，每命中1次获得1分。40分是满分，其中5个位置每个位置获得7分，5次罚球获得5分。
- 三分球比赛。在与上一个训练相同的5个位置各执行5次三分球投篮。每命中1次获得1分，每个位置的最后一次投篮命中获得2分。30分为满分。

个人强化投篮训练

目的： 指导球员在增加投篮范围的同时对投篮手和平衡手的能力进行自我评估。

设施： 篮球、篮筐，还需要请队友或者教练帮助抢篮板球和提供反馈。

过程： 球员在篮筐正前方沿罚球线和中场线进行直线投篮。开始训练时，在篮筐前1.8米和罚球区内进行投篮。将球放在投篮手上（投篮手水平放置，掌心朝上）。训练时只能使用投篮手接触篮球，翻转篮球并移动至投篮区（向后弯曲腕部，将篮球放置在投篮区或者肘部成L形）。平衡手放置在篮球的侧面（但是不能接触篮球），向高处投篮并保持跟随动作1秒。继续远离篮筐并以正确的方式投篮。球员能够快速找到自己的投篮范围（将命中率提高到50%）。

这个训练还能够有效地检测球员是否能够使投篮手、肘部和肩膀（保持篮球处于垂直平面）处于同一个垂直平面内并使用腿部发力。保持每次投篮时手臂都处于同一位置。膝盖弯曲以便获得投篮力量。搭档可以帮助投篮球员检查投篮姿势和投篮力学原则。投篮结束时平衡手应高举。投篮手的肘部应该处于锁定状态，手腕自然弯曲执行跟随动作，平衡手的手指垂直指向投篮手的手腕。也可以选择双手投篮的跳投投篮方式，这种投篮方式通常要求球员距离篮筐较近。

常规投篮纠正训练

目的： 重点纠正投篮球员存在的具体问题。

设施： 篮球、篮筐以及教练。

过程： 每次关注一个问题，步法、平衡、投篮手、平衡手或者跟随动作。由内向外进行训练：距离篮筐0.9米、1.8米、2.7米和4.6米。从侧面和后面观察投篮球员。

选项

- 步法和手部动作。球员在投篮区位置持球向右和向左移动，执行急停动作并投篮，然后向右和向左运球并投篮。

- 平衡。检查投篮前和投篮后头部和脚的姿势，头部应该竖直向上或者略微向前倾斜（不能向左、向右或者向后倾斜）。

- 投篮手和平衡手。检查投篮手在投篮前（肘部向内成L形，手腕成L形）和投篮后（以55度~60度投篮，跟随动作稳定而放松）的姿势。检查平衡手在投篮前（位于篮球侧面，与篮板和地面垂直）和投篮后（投篮后平衡手略微向后拉，肘部保持放松，投篮手位于平衡手上方并完全伸展，或者平衡手的手指与投篮手手腕处于同一水平位置）的姿势。

- 空心投篮比赛（加3减2）。一次空心投篮记1分，命中但碰到篮圈记0分，投篮不中减1分。获得3分则赢得比赛，负2分则输掉比赛。可以根据球员的技术水平对获胜和失败的分数进行调整。

- 连续空心投篮。球员连续投篮，直到连续2次没能实现空心投篮，记录球员连续的空心投篮次数。
- 连续投篮，直到连续2或3次投篮不中。记录常规投篮的命中次数。

赫特教练的竞争投篮训练

源自：D. Hutter, "Practice Drills and Ideas," accessed February 23, 2018.

目的： 从一个非常成功的篮球项目中为球员和教练复刻一套竞争投篮训练。这些训练是由梅维尔州立大学女篮主教练丹尼斯·赫特开发的。赫特是一位优秀的教练，他运用克劳斯和迈耶教练的理念开发了一套成功的篮球训练，包括各种竞争投篮训练。基本规则如下。

- 像比赛一样训练，这样在比赛中就可以呈现最佳状态。
- 增强球队能力的最好方法是提高球员的个人技术，当每个球员都变得更好时，球队也会变得更好。
- 与比赛竞争。
- 以比赛节奏在场地进行投篮训练。

设施： 每个球员（或每个球员和搭档）1个篮球，带篮筐的场地（至少半场场地）。

过程： 每一次投篮训练都是与自我、时间或标准相竞争的，可以单独进行，也可以与队员一起进行。

1. 投篮10次（不可连续2次不中）。
   - 以比赛节奏训练。
   - 如果连续2次不中，则在下次投篮时取得空心投篮来恢复节奏。
   - 所有的投篮都需要球员自己拿球后，按照同一个投篮节奏出手。投篮出手的方式既可以是运球后的急停跳投，也可以是运球过程中的干拔跳投。
2. 75秒内投篮10次。
   - 所有的投篮都是自传球后投篮的。
   - 以75秒进行10次投篮的速度训练。
   - 在所有投篮中拿到自己的篮板球。
   - 这是一个很好的训练前热身训练。
3. 25分投篮训练。
   - 在突破和上拉后，在三分球和急停并跳投两分球之间交替进行。
   - 投球球员试图在2分钟内得到25分。
   - 不要连续2次在同一地点接球，使用整个半场。
   - 进攻篮筐时，左右手交替进行。
   - 安排1名篮板球球员。

4. 2分钟内投篮10次。

- 从5个位置：底角、翼部、顶端、对面翼部和对面底角进行投篮，然后从另一个方向返回，共完成10次投篮。
- 从一个位置投篮，连续2次后，前进到下一个位置。
- 位置5和6是同一个底角投篮。
- 在这个训练中使用1个篮板，如果有长篮板，则增加1个球。

5. 21分条件反射挑战。

- 需要教练或搭档传球。
- 从中场线开始向三分线冲刺，在弧线处接球，并按以下顺序连续投篮。

  突破并上篮，然后冲刺回中场线。

  进攻篮筐，急停，然后冲刺回中场线。

  从三分线顶端位置投三分球，然后冲刺回半场底线。
- 上篮得1分，急停并跳投得2分，三分球得3分。
- 继续此顺序，直到得到21分。

6. 30分投篮（双人）。

- 使用篮板球球员或传球球员。
- 从4个位置投篮：两侧翼部，专用位置（两侧肘区）。
- 在三分线外的每一个位置上放置1把椅子或圆锥体。
- 接到传球，攻击椅子或圆锥体。
- 从每个位置投3个球：急停并跳投三分球、从右到左交叉到急停并跳投、从左到右交叉到急停并跳投。
- 投篮，然后在椅子或圆锥体后冲刺接球并做出下一步动作。
- 急停并跳投得2分，三分球得3分。
- 因此，现场投篮的最高可能得分是每个位置7分，共28分。以2个罚球（每个罚球得1分）完成训练，总共30分。
- 得分目标为23分或更高。

7. 44分投篮。

- 目标是在90秒内完成训练。使用篮板球球员。
- 在顶端接球，然后上篮进攻，右手2次，左手2次（交替）。
- 在顶端接球，进攻篮筐，用右手和左手分别进行2次急停并跳投攻击。
- 在左侧和右侧各投8个三分球（翼部和专用位置）。
- 以4个罚球结束。
- 上篮、急停并跳投各得2分，三分球得3分，罚球得1分，总共44分。

8. 6分钟罚球比赛

- 6分钟内罚球16次。
- 罚球一般为1打1。如果2次都投进，则冲刺至中场线后；如果第一次投进，而第二次没投进，则进行1次全场冲刺；如果第一次没投进，则进行2次全场冲刺。

- 所有冲刺用非惯用手运球。
- 继续训练直到完成16次罚球或者时间结束。

唐·迈耶的竞争投篮训练

以下内容已得到唐·迈耶许可。

目的: 为球员和教练提供由教练唐·迈耶开发的竞争投篮训练。

设施: 每个球员1个球(或根据实际,每列1个球),半场场地。

过程: 每个篮筐3列球员,每列1个球。如果可能的话,增加篮筐数以减少每列球员数。

1. 3列热身。从靠近篮筐(3~3.7米)的地方开始,如图4.40所示。执行一个完美投篮:直线投篮,向上,保持高位一次跟随,然后在距离篮筐15厘米处落地以保持平衡。球员自己拿篮板球,传给下一个球员。向右或向左转身,但不要进入篮下。当1列球员连续命中3次后,该列的第一名球员逐步后退。教练需设定热身时间(5分钟以上)。

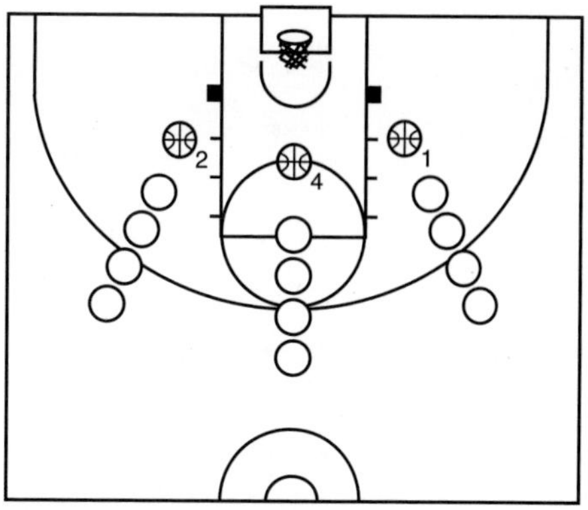

2. 有收尾的3列。1名投篮球员在场上,篮下形成3列(每列1个球)。排在第一位的球员传球,然后用高位手投篮。收尾球员成为下一名投篮球员。

图4.40 3列常规投篮热身

3. 10次投篮后结束比赛。在赛场上以比赛节奏进行比赛。在连续2次投篮不中后,年轻球员上篮,年长球员定期候补(必须进行一次快攻或打板入篮)。

4. 连续5次投篮。内线球员冲向高位并跳投。球员拿自己的篮板球,如果球没有打到地板上而是回弹就算成功。

5. 25次投篮训练。如果是个人训练,先转身传球给自己;如果是双人训练,1名球员通过篮板传球给投篮球员,并阻碍投篮球员移动和投篮。

- 前5次投篮(2名球员或3列):面对内线补防球员,在其面前30~60厘米处完成投篮。有机会尽量打板投篮,投篮要干净利索(空心或打板入筐)。

- 第5~10次投篮:让队友传球,并在三分线内完成跳投。

- 第10~15次投篮:使用投篮假动作,如果在三分线外,不可有脚上的假动作。一次运球到篮下,或者用两步犹豫停顿步靠近篮下,完成投篮。在罚球区外进攻时,使用长距离上篮。

- 第15~20次投篮:从三分线外投篮。使用投篮假动作,佯装突破,然后干拔完成跳投。至少使用一次向后跨步或向后跳步的技术。

- 第20~25次投篮。投三分球。搭档传球给投篮球员，然后收尾，模拟施加压力并尝试盖帽（没有犯规）。每组总共需要6分钟。
- 如果用作团队训练，完成后罚球投篮（为内线球员修改投篮选项）。

6. 空心罚球训练。快攻或使用打板入篮得1分，击中篮筐得0分，失误减1分。得2分胜出，失2分失败。优秀的投篮球员可以6胜2负。这是一个很好的提高注意力的竞争压力训练。

7. 集体罚球训练（训练末尾）。每名球员投一次。教练设定罚球的目标，如果没有达到这个目标，球队将罚球（例如，12人的团队必须罚球20次）。球员可以分成2队，每队6到8人，每队2个篮筐。

问题解答

- **问题：** 步法和姿势不当。

  纠正： 重新调整步法和姿势；在篮下开始投篮。

- **问题：** 非惯用手上的小动作（出手慢）。

  纠正： 迅速把球调整到出手位置上，快速出手。

- **问题：** 垂直偏差（例如，从后面看时肘部向外）

  纠正： 先沿线投篮，然后执行"柔和投篮"。

- **问题：** 持续向上投篮。

  纠正： 从近距离投篮开始，确保在起跳至最高点前投篮。

- **问题：** 平衡手拖曳。

  纠正： 使用单手击球，然后进行双手击球。

- **问题：** 关注球而不是目标

  纠正： 从柔和投篮开始，每次投篮都把注意力集中在目标上；使用"专注"口头语进行提醒。

贡萨加竞争投篮训练

目的： 为球员和教练提供一套竞争投篮训练。

设施： 每个篮筐2-3名球员，指定篮球数。

过程： 球员双脚腾空接球，并以三威胁姿势面对篮筐落地。教练指定传球类型（通常包括单手传球、非手传球）。传球必须准时、准确；每一次传球都是对队友的1次投篮。球员需在赛场以比赛节奏进行投篮。

1. 2名球员1个篮球：2名球员间传球1次后投篮（篮板球自投自抢或搭档抢）、传球2次后投篮（搭档抢篮板球）、传球3次后投篮（篮板球自投自抢）。

2. 计时投篮。2人在4分钟内投50个三分球。

3. 内外投篮。3名队员，2个篮球。球员们在两侧的2个位置（翼部角落和顶端区域）投篮。1分钟后，轮换3名球员，每边训练3分钟。

4. 三连投加罚球。这个训练可以成对进行，也可以单独进行转身传球。教练指定一个比赛动作和一个目标，如连续3次肘击。球员必须达到目标，然后要么罚球，要么重复训练。使用半场场地和所有动作。

5. 100分投篮：球员从5个位置投篮：底线、侧翼、罚球弧顶、对面侧翼和对面底线。在每个位置投篮3次，分别为三分球、中距球和上篮。最后在罚球弧顶完成一次运球上篮。球员们在每个位置投篮，命中一次得3分，空心入或打板入额外加1分。目标是在所有5个位置（底线、侧翼和罚球弧顶）完成所有3次投篮（三分球、上投和上篮）之前，累计得到100分。可以给这个投篮训练计时，这样可以刺激每名球员在每一个位置都能竭尽全力。

罚球进阶训练 ▶

目的： 在每个训练阶段为球员提供指定的日常训练，帮助球员回顾罚球投篮的基本技术。

设施： 篮球、场地和篮筐。

过程： 罚球进阶训练包含以下4个部分，每个部分提供一个学习重点。

1. 5次强力抓球。球员向上拾球时，应该使用双手同时从篮球的两侧用力抓球。
   学习重点： 使用整只手投篮，手指张开，拇指和食指形成Ｖ形。努力找到球感。

2. 在任意位置使用5种投篮形式执行无目标投篮。将投篮手一侧的脚置于场上的任意直线（如边线）位置，使用完美的技巧执行5次罚球。在篮球落地前保持跟随动作。
   学习重点：
   - 找到投篮目标；
   - 养成自己的投篮程序动作；
   - 投篮结束时执行弹跳动作；
   - 使用完整的跟随动作（夸张地执行）；
   - 向上投篮，不要向外投；
   - 使用腿部获得投篮力量，投篮时脚尖触地；
   - 保持身体重心前倾。

3. 至少执行10次"柔和投篮"以及罚球。在篮筐前面1.8米的位置使用完美的身体技巧执行罚球动作。教练或者球员自己对身体技巧满意后，可以添加精神优势技巧以便建立投篮信心。根据球员的技术水平设置合适的罚球命中目标，从10中5到10中8或9，直至达到10次空心投篮。
   学习重点：
   - 应用4种基本的身体技巧。
   - 添加精神优势技巧（专注、感觉、反馈）。

4. 站在常规的罚球线上，使用完美的技巧执行罚球动作。使用正确的身体和精神技巧强化罚球动作，在有竞争性的环境中使用这些技巧。设定目标并保持记录。

学习重点：
- 使用全部身体技巧；
- 使用全部精神技巧。

罚球投篮高尔夫训练

目的： 指导球员在与自己或者他人竞争的环境下进行罚球投篮。

设施： 篮球和篮筐。

过程： 开始训练时站在罚球线上，执行18次罚球投篮。每投中空心球一次获得1分，投中但不是空心球获得0分，投篮不中则减1分。球员每轮执行3次投篮直到所有球员完成所有训练。比赛一共完成6轮。获得最高分的球员成为比赛的胜利者。

淘汰投篮训练

目的： 在竞争环境下训练投篮。

设施： 2个篮球，每个篮筐分配3到8名球员。

过程： 将球员在选定的距离和位置排成一个队列。第一名球员投篮并自己抢篮板球，如果投篮命中，将球回传给队列中的下一名无球球员。如果投篮不中，球员上前抢篮板球。如果下一名球员首先投篮命中，则上一名球员被淘汰，可以要求被淘汰的球员跑圈或者快速跑到对面底线并返回，也可以使用其他的惩罚方式，然后让其返回到比赛中。比赛的时间为1~3分钟。教练也可以自己设定比赛规则，使被淘汰的球员不再回到比赛，直到剩下最后一名球员，即比赛的胜利者。

连续命中＋罚球投篮训练

目的： 提供有竞争性的投篮训练环境。

设施： 篮球和篮筐。

过程： 球员可以选择一个移动方式、投篮方式或比赛中的一个特定的情景下，连续命中一定数量的投篮，最后以一个罚篮结束训练。任何球员都可以完成这样的训练。这种投篮训练的方法是在许多伟大的进攻球员使用的投篮训练方法基础上稍作修改而得来，比如比尔·布拉德利（Bill Bradley），他在高中（密苏里州水晶城）、大学（普林斯顿大学）和职业队（纽约尼克斯队）都使用这种方法，成为了篮球历史上最好的得分手之一。

例如，球员可以从罚球线弧顶位置的顶端区域开始，选择一个动作，包括投篮假动作或运球，在15~18英尺（4.6~5.5米）的距离进行一次干拔跳投。我们的目标是连续2次命中再加上罚球。也就是说，球员将以比赛节奏进行移动和投篮，直到连续2次进球，然后在进行另一个移动或投篮之前进行罚球。如果罚球未命中，球员必须重新开始并重复训练，直到达到目标为止（连续两次投篮外加一次罚球）。高级球员可能会使用连续5个（或更多）的挑战性进球加上罚球来进行突破性训练。

步法和常规投篮（或罚球）训练 ▶

目的： 提供有竞争性的投篮训练。

设施： 篮球，篮筐，半场场地。

过程： 训练时，可以将目标设定在一定的时间段内（如3分钟）连续投篮命中（常规投篮和罚球），或者避免出现连续2次投篮不中的情况，或者采取限定投篮次数的方式（10、15或20次）。持球球员可以选择任意常规投篮情形（接到传球后投篮或者运球后投篮）以及任意的移动方式（跳投、带球上篮或者跑投）。罚球时也可以选择不同的情形。

　　竞争球员在训练开始时背对底线，在篮筐正下方采取三威胁姿势站立。使用投篮假动作，球员执行直接突破或者交叉突破移动（任何持球移动方式）运两下球，尽可能移动到三分线外较远的位置，然后执行控制性的急停动作。以三威胁姿势落地时，球员执行PPF步法后转身，以三威胁姿势面向篮筐。此时，球员可以执行双手低手传球，将球传到投篮位置（接传球后投篮），或者使用投篮假动作以及运球突破或者持球移动（运球后投篮）这种有竞争性的移动方式（带球上篮或者跳投）。每次投篮时，球员都应该做好投篮不中的准备，等待篮球入筐后从网中落下或者投篮不中时争抢篮板球。球员使用双手抓球，并将球置于颌下护球后，处于面对底线的情形，这时可以执行PPF步法后转身，使自己背对篮筐并朝向一个新的方向，然后重复刚才的动作。训练的顺序如下：抓球并将球置于颌下护球，使用持球移动运两下球远离篮筐，急停，执行PPF步法后转身面向篮筐，执行接传球后投篮或者运球后投篮，执行完整的移动，准备抢篮板球，然后重复以上动作。

　　在这个训练的过程中，球员需要使用全部的持球移动以及整个半场场地突破到边角、两翼和前面位置。可以设定重复训练的次数（10~20次）或者连续的常规投篮次数。如果球员针对步法和罚球进行训练，那么每次执行急停动作以及PPF步法后转身面向篮筐时就代表训练结束。此时，球员可以走到罚球线处执行罚球。无论罚球命中与否，都开始下一轮训练。这样，在很短的时间内就可以训练众多的持球步法。每个篮筐最多可以允许4名球员同时训练。

常规投篮和罚球的精神训练

目的： 指导球员自觉使用口头语提示、形成投篮程序动作以及自我评估，以便建立投篮信心。

设施：篮球和篮筐。

过程：训练内容如下。

1. 投篮时的精神训练。每天在安静且专注的情况下完成至少25次完美的投篮。

   - 常规投篮目标。口头语提示：专注（投篮目标是篮圈的后部）、感觉（正确投篮时贯穿投篮开始到结束、从投篮区到跟随动作的整个过程）和反馈（投篮命中时说口头语"好""进了""空心"）。脑海中不要思考任何投篮不中的情形或者对错误进行分析。

   - 擦板球投篮。专注（向高处投）、感觉（柔和投篮）和命中时的反馈。视觉化：每个投篮在脑海中都是完美的，看、听并感觉。球员应该在脑海中描绘完美投篮的画面。

   - 罚球。口头语提示：在投篮前注视篮筐并说出"进了""空心""唯有网"（如反弹球、专注、感觉和反馈"好"或者"进了"）。

2. 柔和投篮。每次执行柔和投篮或者近距离投篮时，使用口头语来提示自己。

   - 篮圈投篮。专注、感觉、反馈（"好"或"进了"）。

   - 擦板球投篮。专注高处、柔和投篮、反馈。

3. 精神训练个人记录。将每个星期的状态和进步绘制成图表。从距离篮筐3.7~4.6米的位置，在5分钟的时间内尽可能多次投篮，尽力在规定时间内连续多次投篮命中。

   - 篮圈投篮。从底线位置绕场地移动到底线罚球区另一侧。记录5分钟内在以下两种情况下连续命中的次数。

     在3.7米的位置使用双手低手传球，接球并背向篮筐。使用PPF步法，面向篮筐并注视目标，投篮（感觉）并在重复执行动作时使用反馈方法。记录5分钟内的成绩（接球并面向篮筐的个人记录）。

     使用双手低手传球到投篮位置，接球并面向篮筐落地，然后在投篮时使用口头语提示（"专注""感觉""反馈"）。记录5分钟内连续投篮命中的次数（面向篮筐的个人记录）。

   - 擦板球投篮。球员在距离篮筐3.7~4.6米与篮板成45度的位置上，从一侧移动到另一侧（2个投篮位置），在以下两种情况下执行擦板球投篮。

     在每次执行擦板球投篮时使用口头语提示，注视高处的目标（专注），使用柔和投篮方式（感觉），说出口头语"好"或者"进了"（反馈）。记录在5分钟内连续投篮命中的次数。

     接球并面向篮筐（面向篮板的个人记录）。背向篮筐落地，转身并面向篮筐，投篮（面向篮板的个人记录）。记下5分钟内的个人记录。

     面向篮筐落地并投篮（接球然后投篮），或使用EPF步法突破（5分钟内的个人记录）。

长距离上篮进攻训练 ▶

目的： 为外线球员提供一个长距离上篮进攻篮筐训练，从中场开始（延伸至罚球区外）。

设施： 外线球员在罚球区顶端位置带球（稍后转变为篮下防守队员）。

过程： 外线球员从罚球区的顶端位置开始一个活球或运球移动，将盖帽球员（主要防守球员）从篮筐（上或外）拉开，以便向下（向后）传球或长距离上篮，单手"跑投"从篮板上投篮（见图4.41）。在没有防守球员的情况下，长距离上篮完成后，可以在2打1的情况下增加一名拦网球员（主要防守球员）。拦网球员可以假装帮助或帮助阻止长距离上篮，从而迫使进攻球员使用倒传球将球传给切入或低位队友。

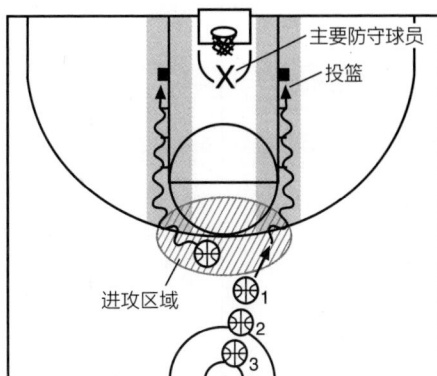

图4.41 长距离上篮进攻训练

后撤步（后跨步）投篮

目的： 与外线球员一起训练后撤步（后跨步）投篮技术。

设施： 3~5名外线球员各1个球和1个篮筐（稍后转变为防守球员）。

过程： 进攻球员在每一个翼部突破，运球突破到中路或底线，然后推出内侧（篮筐侧）脚执行后跳动作来进行三分球跳投。可以在这两个阶段后各增加1名防守球员：首先是1名假软手防守球员，然后是1名活球防守球员。进攻球员必须攻击篮筐，迫使防守球员专注防守进攻，然后使用向后跳跃的动作，从防守球员对面和远处（参见图4.42）投一个三分球。在

图4.42 后跳（后跨步）投篮训练

防守性的"飞越"近距离攻防和三分球回跳后，训练可以变为沿三分线的回跳横向移动。

贡萨加的全场打法（一定强度对抗下的训练）▶

目的： 训练跳投和上篮、传球和接球技巧（同级压力团队得分训练）。

设施： 一整队球员，5个篮球，全场场地（2个篮筐）。

过程： 计时5分钟的训练开始时，球员在底线（参见图4.43a，A）上分成3列，底线中间（篮下）的那一列的第一名球员持球。在球场的另一端（参见图4.43a，B），2名球员站在底线外，1名站在篮筐一侧，另一名持球。站在蓝筐一侧的那名球员在篮下等待对面球员上篮，然后回到场地中线，在球场另一端上篮（参见图4.43b）。

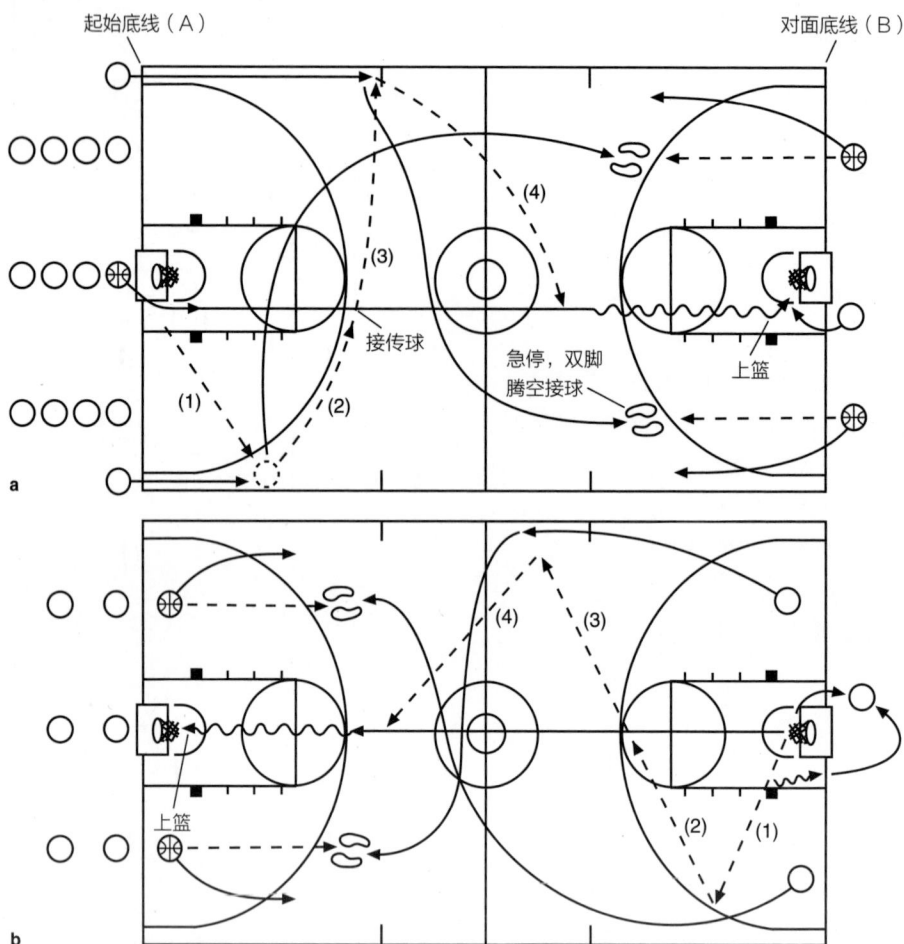

起始底线（A）
对面底线（B）

(4)
(3)
接传球
急停，双脚
腾空接球
上篮
(1)
(2)
a

(4)
(3)
上篮
(2)
(1)
b

图4.43 贡萨加的全场打法：a. 第一阶段；b. 回程阶段

　　训练从底线中间开始。持球的中部球员一次传球给两边的边线球员（图4.43a，右部），然后转身接球，最后在底线中间上篮。2名边线球员在球场的另一端完成跳投。3名选手返回开始位置并重复训练（参见图4.43b）。

　　投篮目标。根据教练的跳投目标（三分线线内、线外；线外假动作投篮和一次运球上篮；线内突破，线外跳回），球队尝试在5分钟内投篮50到100次（总上篮和跳投数）。这个训练是为了以比赛节奏在场地进行投篮训练。教练可以根据上篮失误次数实施一定的调整。

　　传接球区域投篮选项如下。

- 中距离跳投。

- 三分球。

- 假动作三分球，一次运球跳投。

- 突破，后跨步或跳回投三分球。

贡萨加传接球上篮训练（一定强度对抗下的训练）⊙

目的： 在半场以比赛节奏进行训练，同时进行步法、传接球和上篮的训练（队内同级压力训练）。

设施： 半场场地和1个篮球（可以增加1个球以增加难度）。

过程： 球员在底线排成3列，第一列（1号位置）有1个或2个球，如图4.44所示。训练开始时，第一名球员（在时间和目标上）准确地传球给相邻列（2号位置）的第一名球员，然后跳过两个位置（如图4.44所示，1号位置传2号位置，移动到4号位置）向该方向移动。该训练可以先逆时针方向进行，然后顺时针方向进行，目标是在给定的时间内连续进行10到15次上篮（或重复训练）。

训练规则

- 给相邻列传球，并努力切入下一列（距离两个位置），并准备准时、有目标地回传。

- 接球球员提供一个单手的目标点，两脚腾空接球。

- 接住传球，并双手传球到邻近位置继续训练。

- 当球员到达6号位置时，停下来做一个"假动作突破"前切，并上篮（提供一个手部目标点）。

- 逆时针传球时，从3号位置到2号位置再到1号位置执行旋转，顺时针传球时，旋转按相反顺序进行。

- 完成上篮目标后，反方向重新开始训练。

- 注意图4.44中的传球次数（每轮传球8次）。

- 出现上篮失误，或当教练观察到传球、接球或步法的错误时，重新设置规则（重新开始）。

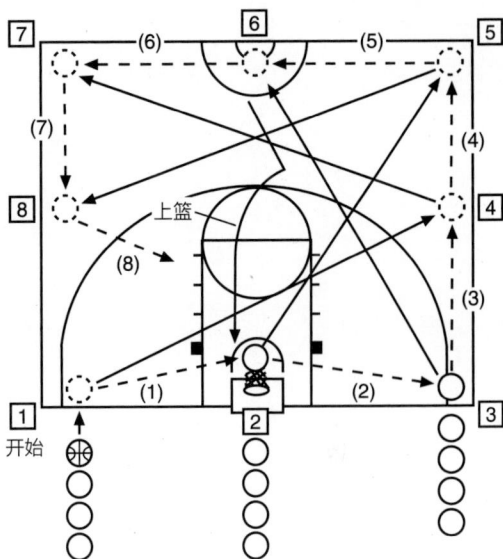

图4.44 贡萨加传接球上篮训练

伍登金句

"明白自己尽了最大努力去成为能成为的最好的人，这就是成功。"

——约翰·伍登

第 5 章

外线进攻移动
—— 外围战术 ——

"突破并分球、传球和接球，以及为队友
创造得分机会，就是对组织后卫的定义。
得分很重要，但远远不如给队友传球重要。"

——杰里·V.克劳斯

讨论任何与个人进攻移动相关的话题时都应该强调，篮球首先也必须是一项团队运动。尽管每场比赛都为个人提供了使用进攻移动的机会，但持球球员必须与其他4名队友紧密配合。教练应该限制个人进攻移动的比例，这样才能确保所有球员充分发挥自己的长处。

外线移动是指围绕场地外围进行的进攻移动，球员处于面向篮筐的状态，共有4种类型的个人外线移动方式。

- 活球移动（进攻球员持球并拥有运球权）。
- 运球移动（进攻球员处于运球过程中）。
- 死球移动（运球结束，球员已经停止运球动作，仍然持球）。
- 完成投篮（运球后投篮）。

要熟练掌握活球移动技术，应该同时增强有目的地执行快速控制性运球的能力。所有活球移动和运球移动最后都会以传球、死球移动或者投篮结束。本章将介绍活球移动和死球移动的内容。运球移动和投篮已经分别在本书第3章和第4章中进行了介绍。

活球移动基础知识

所有的活球移动都从一个基本站位开始，即球员采取进攻快速站位或者面向篮筐的三威胁姿势（可以选择投篮、传球或运球），球员应该站在自己有效的投篮范围内。球员接球时双脚离地并且以面向篮筐的急停姿势落地（在空中接球并向篮筐开始执行转身）。另一种方式是接球并面向篮筐：球员使用双手接球，背向篮筐执行活球移动，停止移动，然后以三威胁姿势执行转身动作，使自己面向篮筐（无论何时，尽量使用非主导脚执行固定轴心脚步法）。球员在接球时应该特别注重执行活球移动。

球员应该始终坚持利用身体来护球，尽量贴近身体持球并将球置于有利位置（将球贴近身体护球）。球员采取三威胁姿势时，保持篮球贴近身体，主导手位于篮球下面（手腕弯曲并出现皮肤褶皱，肘部弯曲），以这种方式来护球（参见图5.1）。活球移动时的护球方式是在远离防守球员的一侧运球，使用接球并面向篮筐的技巧（将球置于颌下并转身进入三威胁姿势）来破解防守（参见图5.2），肘部锁定并伸展以免使球悬在空中。使球悬在空中是非常危险的动作，球员会失去手臂对球的快速控制能力以及护球的力量，球可能会被防守球员抢断。

在具备平衡和速度的前提下节省时间和空间是持球执行外线移动的基本准则。无论何时，都应该尽量快速地执行所有的移动动作，朝着篮筐直线移动。进攻球员在使用运球突破通过防守球员时，应该与防守球员进行轻微的身体接触（参见图5.3），然后在保持快速站位的同时使用快速的投篮或者传球假动作。执行活球移动（使用运球突破的方式通过防守球员）时，应该首先

图5.1　三威胁姿势：a.侧视图；b.前视图

轴心脚

运步脚

图5.2　接球并面向篮筐护球：a.背对篮筐接球；b.使用固定轴心脚或任意轴心脚步法转身面向篮筐

快速朝篮筐方向迈一个较低、较大的步子来通过防守球员。以活球移动方式
运球突破防守球员时，可以记住一句简单易懂的俗语，即"肩膀到膝盖，感
觉有风在"（shoulder to knees, feel the breeze）。需要注意的重点就是，应该使
头部和肩膀通过防守球员的身体，这样在进行身体接触时，防守球员将被判
为犯规的一方。这种技巧被称为"第一步掌握胜局"，可用于对抗防守球员的
冲力或前脚。

要点提示

运球突破：肩膀
到膝盖，感觉有
风在。

　　防守球员采取双脚错开的防守姿势时，可以应用朝前脚进攻或者前手进攻的规则（参见图5.3）。对于防守球员来说，最薄弱的部分是他的前脚或者前手一侧，因为要回撤身体阻断进攻球员的运球突破，他必须先进行转身。因此无论何时，进攻球员都应该尽量从防守球员的前脚和前手处着手，并使用活球移动方式移动到这一侧。内侧的胯部与防守球员进行接触以防止对方回防时，说明已经成功执行了运球突破移动。

　　球员向篮下进攻时，应该在保证控球的前提下加速向篮筐运球突破。一定要把握好时机，活球移动的最佳时机就是在球员接到球后，正处于移动中（朝向防守球员或者向相反的方向移动）且防守球员尚未做出调整的这个时间段。如果不确定自己能否通过运球突破获得空位，那么突破球员应该选择传球（传球是第一选择，运球是最后选择）。

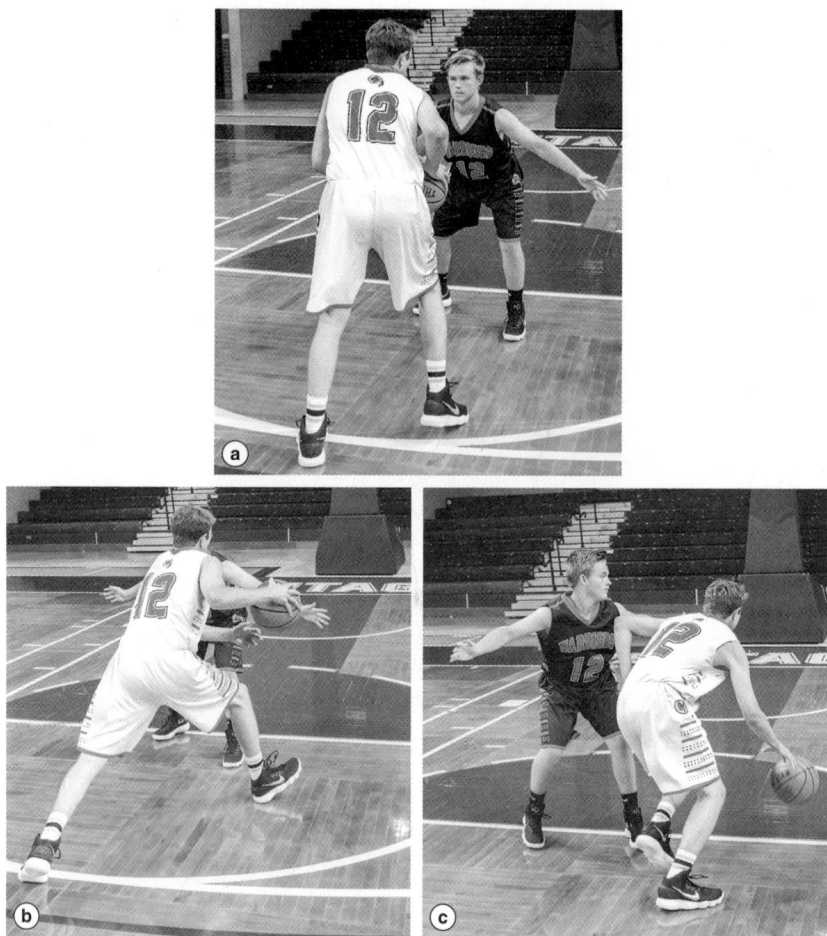

图5.3　PPF直接突破：a. 朝前脚进攻；b. 防守球员采取双脚错开的防守姿势（左脚在前）；c. 防守球员必须转身阻断进攻球员的移动，然后进攻球员在迈第二步时胯部与防守球员发生接触（成功突破）

在投篮范围内的任何活球移动，其基本目标都是一次运球带球上篮（两次以上运球的情况很少出现）。球员应该解读防守球员的意图并预测使用控制性运球突破的成功概率。学习如何从防守球员身边通过以及如何正确地执行控制性运球动作，以便在最后时刻将球传给处于空位的队友或者自己急停跳投，甚至帮助队友破解对方的防守。突破分球是一种非常好的外线移动方式，所有外线球员都应该掌握这种技术。执行运球突破的球员通常会面对以下几个选择：带球上篮、将球传给一同进攻的队友（要先执行急停动作）、急停跳投。如果其他防守球员在篮下实施封阻，那么需要停止移动。

固定轴心脚移动

在所有的活球移动中，应用固定轴心脚步法时，可以使用本节介绍的移动方式。对于右手为惯用手的球员来说，应该使用左脚作为固定轴心脚，反之应该使用右脚作为固定轴心脚。在指导球员如何通过防守球员时，应该将以下介绍的移动方式作为基本的教学点：直接突破、犹豫步移动（hesitation move）、进退虚晃步移动（rocker step）以及交叉突破。

相对于任意轴心脚步法，固定轴心脚步法更适合外线球员，因为这种步法更简单易学。由于这种步法中的选择和移动相对单一，因此球员更容易提升自己的技术水平。除此之外，在两种基本的活球移动方式中（直接突破和交叉突破），成功突破的关键在于在舒适度较高、速度较快的惯用侧执行的第二步，以及在舒适度欠缺、速度较慢的非惯用侧执行的第一步。执行直接突破时，关键在第一步（头部和肩膀通过防守球员），执行胯部与防守球员进行接触（通过内侧胯部接触实施封阻的防守球员）的第二步时就意味着成功突破。执行交叉突破时（到速度较慢的非惯用侧），成功突破的重点只在第一步上，即突破球员在头部和肩膀通过防守球员的同时内侧胯部与防守球员进行接触。活球移动的关键是在迈第一步时使用较长较低的步伐（肩膀到膝盖，感觉有风在）。

直接突破。这种突破方式是使用主导脚通过防守球员。惯用右手的球员应该从防守球员的左侧通过，使用右脚迈出第一步（惯用左手的球员则正好相反），形成双脚错开的三威胁姿势，保持向前推动轴心脚，不要使用负步。在轴心脚抬起前，篮球在前脚前面落地时，使用迈步脚快速朝篮筐迈一个较长较低的步伐。最后，使用PPF步法朝篮筐迈一步通过防守球员。动作的分解步骤包括：球员使用主导迈步脚迈具有爆发力的一步（向下），迈第二步在突破运球时在前面推动运球（参见图5.3）。比赛规则要求球员在抬起轴心脚前篮球必须出手（美国规则）。对于国际比赛来说（国际篮联规则）在轴心脚抬起前，篮球必须在第一次运球时击到地面，这就需要球员迈一个更长更低的步伐。

犹豫步或步步移动。这是第二种主导侧移动方式，需要采用三威胁姿势并使用主导脚朝防守球员和篮筐执行一个短小的试探步。如果防守球员没有对试探步做出任何反应，那么可以再执行一个较长较低的爆发步，与直接突破中所采取的方法一样，以这种方式通过防守球员。动作的分解步骤包括一个短小的试探步（略微向前和向下）、一个较长较低的爆发步（前），以及通过在身前推动运球并进行胯部接触的方法执行的运球突破动作（参见图5.4）。

进退虚晃步移动。这是另一种在主导侧或者称为"惯用侧"执行的移动方式：先执行一个直接突破的探步假动作并回到三威胁姿势，然后执行直接突破移动。顺序是采用三威胁姿势，执行直接突破短探步，然后回到三威胁姿势，期间可以做一个投篮假动作以便吸引防守球员向前移动。防守球员在

图5.4　PPF犹豫步或步步移动：a. 迈出短小的一步；b. 迈出较长较低的第二步通过防守球员；c. 与防守球员进行近距离胯部接触（第三步）

进攻球员回到三威胁姿势并向前移动时，进攻球员可以执行直接突破移动。移动原则是朝与防守球员冲力相反的方向执行突破。动作的分解步骤包括一个探步（向下）、向后移动回到三威胁姿势（向上）、朝与防守球员冲力相反的方向迈一个较长较低的爆发步（向下），以及朝身前地面推动运球的运球突破（移动）（参见图5.5）。

　　交叉突破。 这是一种防守球员对主导侧施加严密防守时所采取的反向移动方式。其中包括采取三威胁姿势，然后主导脚交叉移动到另一侧并通过防守球员，同时保持篮球贴近身体交叉运球到另一侧。然后从非惯用侧的三威

图5.5 PPF进退虚晃步移动：a. 探步假动作（向下）；b. 回到三威胁姿势（向上）；c. 在防守球员对投篮假动作做出反应时迈出较长较低的第一步（向下）

胁姿势开始，球员使用非惯用手向前运球开始执行交叉运球突破，主导脚指向篮筐。球员应该保持轴心脚处于静止状态，使用迈步脚执行交叉步动作。动作的分解步骤包括：三威胁姿势，主导脚移动到另一侧（通过较长的步伐）的同时，非主导手置于球后，将球贴近身体从一侧运至另一侧并向前推动运球执行运球突破（参见图5.6）。篮球应该在胸部高度从身体一侧运至另一侧（贴近身体），一些教练更推崇在交叉运球时使用高运球和低运球的方式，但是这种方式速度太慢，并且从投篮或者突破位置向回运球的距离较长。还有一些教练指导球员通过向惯用侧执行探步的方式执行交叉运球，但是这种移动方式不但速度比较慢，而且还容易导致球员执行横向交叉移动，而不是朝篮筐方向移动。

大多数球员都能够通过直接突破移动和交叉突破移动这两种基本的活球移动方式对抗大部分防守球员。初学者通常会依赖于一种直线移动（直接突破）和反向移动（交叉突破）方式，同时将在惯用侧（即大多数球员习惯使用的一侧）执行的进退虚晃步和犹豫步作为次要的移动选择。

图5.6　惯用右手的球员PPF交叉突破：a. 三威胁姿势（探步）；b. 将球运至非惯用侧（贴近身体环形运球）；c. 朝篮筐迈出较长较低的一步通过防守球员

任意轴心脚移动（高级技巧）

球员在执行活球移动并使用任意脚作为轴心脚时，可以指导他们使用以下移动方式。无论是惯用右手的球员还是惯用左手的球员，都应该能够以任意脚作为轴心脚来执行这些移动方式。

使用方向脚执行EPF直接突破（右脚向右，左脚向左）。这种移动方式的目的是通过运球移动通过防守球员，包括使用球员突破方向同一侧的脚执行一个爆发步。球员先执行急停动作并面向篮筐，在向右突破时，使用左脚作为轴心脚并使用右脚迈一个爆发步通过防守球员；向左突破时，球员应该使用左脚迈步，将右脚作为轴心脚。运球突破时，朝身前的地面推动运球。动作分解步骤包括使用与运球突破方向处于同一侧的脚（右脚向右，左脚向左）迈一个较长较低的爆发步，以及在身前地面推动运球开始执行运球突破动作。篮球必须在轴心脚离开地面前离手。这种移动方式的劣势是在迈第二步时才与防守球员发生胯部接触（得分）。也就是说，第一步只能成功突破而无法得分。

使用反向脚执行直接突破。这种移动方式的目的是在执行较长较低的直接突破时，使用与突破方向相反的脚迈交叉步并护球，进而从防守球员身体任意一侧通过。使用反向脚突破时，首先执行急停动作面向篮筐，向右突破时，使用左脚迈爆发步通过防守球员，并在身前推动运球执行运球突破。动作的分解步骤包括使用与运球突破一侧相反的脚迈一个爆发步通过防守球员，以及在身前向地面推动运球执行运球突破（参见图5.7）。这种移动方式的优势在于能够在迈出第一步时使头部和肩膀通过防守球员，并与之发生胯部接触。

要点提示
- 直接突破：使用方向脚或反向脚。
- 交叉突破：使用反向脚。

图5.7 以任意脚为轴心脚的活球移动，使用反向脚执行直接突破移动：a. 使用左脚向右移动；b. 使用右脚向左移动

双脚支撑交叉突破。球员还可以学习如何使用任意一只脚作为轴心脚执行反向移动。向右做假动作，使用左脚为轴心脚向左交叉移动；或者向左做假动作，使用右脚为轴心脚向右交叉移动。采用这种方法移动时，执行急停动作面向篮筐，做一个探步并使用同一只脚向相反一侧迈交叉步（绕过身体移动篮球时使球贴近身体），最后在身前地面推动运球开始执行运球突破。动作的分解步骤包括执行一个探步并在将球绕过身体移动时使用同一只脚执行一个交叉步、在身前地面推动运球开始执行运球突破（参见图5.8）。这是EPF步法的首选动作，因为它能使进攻球员突破（通过防守球员的前脚）并通过一个交叉步（或探步交叉突破）在胯部内侧得分。

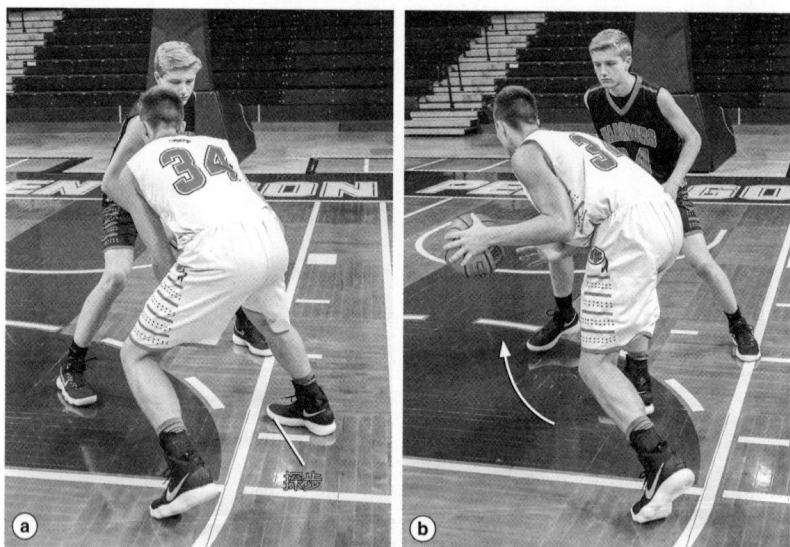

图5.8   任意轴心脚活球移动，交叉突破：a. 从右向左交叉（向右探步）；b. 向左执行交叉突破通过防守球员

外线移动的教学要点

- 留意防守球员，并学习如何解读防守球员，做出正确的反应。
- 攻击前脚，对抗防守球员的冲力。
- 增强直接移动和反向移动能力。
- 按照比赛节奏进行训练。
- 提高执行所有移动方式时的平衡性和速度。
- 在保证控制的前提下使用最快速度。
- 执行合规移动（了解步法规则）。
- 保证移动动作的正确性后再将正确性和速度协同发展。首先按照正确的方式执行动作，然后加快动作的执行速度，直到出现错误，最后努力按照比赛节奏进行训练。

死球移动基础知识

运球结束并在距离篮筐3~3.7米的位置执行急停时，可以使用下面介绍的这些技巧。球员使用任意脚为轴心脚移动，但必须移动到自己的投篮范围内才可以使用死球移动技巧。无论何时，持球球员都应该努力避免死球情况的发生，除非在传球或者投篮的情况下。换句话说，应该努力保持持球运球状态。

使用任意脚为轴心脚执行的死球移动，发生在急停后或者接队友传球时，也发生在运球终止时（更多时候）。提醒球员在急停后注意观察全场情况，解读防守球员的位置并快速做出正确的决策（传球或投篮）。死球移动需要球员保持冷静，因为进攻球员在解读防守时可能会使用移动和反向移动，以便最有效地突破。

跳投。球员执行急停动作并在保持平衡和控制性的前提下执行跳投（参见第4章）。急停动作能够使投篮球员减小向前的冲力、向上起跳并在起跳位置稍微向前的地方落地。以闭合（方形）姿势停止有助于投篮球员将向前的冲力转换为向上的冲力。

投篮假动作跳投。球员应该执行急停动作，然后做一个逼真的投篮假动作（眼睛注视篮筐；做一个短小且快速，移动范围为2.5厘米的垂直动作）。在保持篮筐处于自己视线范围内的情况下，球员略微向上移动篮球2.5厘米，同时保持双腿锁定、脚跟向下的快速站位，然后快速执行跳投。

交叉步通过并单脚带球上篮（高级技巧）。从防守球员任意一侧通过并在急停后带球上篮（有或者没有投篮假动作）是另外一种高级进攻移动选择。球员应该执行急停动作使自己面向篮筐，然后做一个投篮假动作使防守球员放弃快速站位，球员此时也可能已经不处于快速站位的状态。向右移动时，使用左脚迈步通过防守球员（向左移动时则使用右脚迈步通过防守球员）并执行右手或者左手带球跑动上篮或者低位投篮。动作的分解步骤包括投篮假动作、使用相反一侧的脚迈步通过防守球员以及带球上篮（单脚带球上篮或者强行上篮）。

交叉步通过移动（高级技巧）。这是一种高级的EPF步法反向移动方式，向一个方向做假动作，然后向相反方向移动并执行带球上篮或者低位投篮。执行时，急停面向篮筐，使用任意一只脚做一个顿步、一个交叉步，然后使用另一只脚迈步通过防守球员执行带球上篮或者低位投篮。动作分解步骤包括一个顿步、交叉步移动以及带球上篮或者低位投篮（参见图5.9）。

交叉步通过强行上篮或者带球上篮（高级技巧）。虽然使用交叉步通过和探步移动带球上篮并不违规，但是有时候官方（裁判）也会将这种动作判为走步。要避免这种情况的发生，球员可以执行一个完整的交叉步通过并在最后使用双脚起跳强行投篮，这样轴心脚会与移动脚同时离地，如图5.10所示。教练

图5.9 死球交叉步通过移动：a. 急停；b. 使用左脚朝防守球员做探步动作；c. 交叉步移动（左脚为轴心脚）；d. 带球上篮或者低位投篮

图5.10 死球交叉步通过强行上篮：a. 急停；b. 左脚探步；c. 右脚为轴心脚，左脚执行交叉步移动；d. 双脚起跳强行上篮或者勾手跳投

图5.11 死球 EPF 转身步：从翼部中路运球突破或旁边有掩护运球突破

应该在球员使用这种移动方式前尽可能地与官方进行沟通，以便对动作做出解释。

转身投篮（高级技巧）。球员在自己的前进路线上被防守球员封阻，并与底线成合适的角度时，向后转身并带球上篮或者低位投篮是最有效的破解防守的方法。教练在指导球员执行这种移动方式时，可以让球员在罚球区内面向边线急停并将球置于颌下护球，将距离篮筐较近的脚作为轴心脚向后转身并带球上篮（单手带球上篮、双手拾球或者强行上篮）或者低位投篮。动作分解步骤包括使用急停、向后转身、使用相反一侧的脚迈步通过防守球员向篮筐移动以及带球上篮或者低位投篮（参见图5.11）。低位球员可以在转身移动时，使用扎克进攻（Zak-attack）从底角中低位突破（如第6章所述）。

问题解答

以下是一些常见的外线技巧问题，以及相应的纠正措施。

- **问题**：学习过程中动作执行效果很差。

  纠正：多次演示并放慢速度，首先要能够正确地执行动作，再加快速度。

- **问题**：在非惯用侧执行移动动作存在困难。

  纠正：针对这些动作的训练量比惯用侧的训练量多2~3倍。

- **问题**：走步犯规。

  纠正：重复强调移动和步法的规则，慢慢纠正，在此基础上再提高执行效果。

- **问题**：控球技术不强。

  纠正：专门针对传球、接球、运球和基本的控球技术增加一些额外的训练。

- **问题**：面对防守球员时，无法自如地执行外线移动。

  纠正：使用有顺序的进阶式训练。球员应该以较慢的速度正确地移动、获得节奏感并逐渐加快速度，直到出现错误（看到错误、理解错误并从错误中获得经验教训），按照比赛节奏进行训练。教练可以在所有训练情况中加入模拟的防守球员，然后在所有训练情况中加入真实的防守球员。总之，球员必须学习解读防守球员。

外线进攻移动训练

教练可以根据自己的执教风格以及外线球员的特点，对下面介绍的训练方法进行适当的改变。与以前的训练一样，这些训练同样需要按顺序进阶式地进行。

外线训练指导

- 球员一个人训练时，在移动前使用低手传球方式为自己传球，始终保持持球面向篮筐的三威胁姿势。
- 留意三分线位置。双脚始终保持位于三分线后方或者突破带球上篮或者在篮下急停投篮。
- 执行全部带球上篮动作时，尽量投空心球或使用BRAD原则；结合使用强行上篮和单脚带球上篮这两种方式。
- 学习外线进攻技巧时，执行全部突破前，先做投篮假动作。
- 加快训练节奏。按照比赛节奏进行训练并增强平衡能力和加快速度。
- 注意：精心的准备能够提升自信心。

外线球员热身训练

目的： 为外线球员提供针对基本技巧的热身训练

设施： 每名球员2个篮球、网球以及带篮筐的半场场地。

过程： 每种训练方式训练1分钟。

1. 运球顺序：1个球、2个球、运球和花式运球、后拉交叉运球。
2. 通过口令加入想象中的防守：有球防守、无球防守、从无球到有球防守、向低位防守和封阻，以及多种方式互相切换。
3. 无球移动（防守）：进攻传球和切入、掩护和滑步、掩护切入、进攻篮板球以及多种方式切换。
4. 快攻冲刺：无球训练。
5. 投篮进阶训练：常规投篮和罚球（参见第4章）。
6. 手指尖向上推并伸展，尤其是在使用较长较低的步伐突破时腹股沟的伸展以及进行投篮动作时手腕大力伸展。
7. 控球顺序：绕身训练、绕臂训练和绕腿训练。

教学要点

- 发挥想象力，模拟比赛中的移动。
- 先保证动作的正确性，然后按照比赛节奏加快动作的执行速度。
- 成为一名注重细节的球员。

队列训练：活球、死球和完整的移动

目的： 指导球员进行活球和死球移动，并检查移动的效果。

设施： 每个队列1个篮球、全场场地。

过程： 将球员分成4个队列站在底线位置。场上不设防守球员。每个训练循环进行，包括开始时的活球移动、中场位置的运球移动以及在远端篮筐处的死球或者完整移动（以急停结束）（参见图5.12）。教练让4列同时开始训练。所有队员完成训练循环或教练指定的动作后，每一列的第一名队员继续开始新一轮的训练。

变换： 还可以选择另外两种队列训练方式。

- 让每个队列中的第一名球员站在罚球线的延长线上，第二名球员持球，以三威胁姿势站立。控球球员将球传给对面罚球线上的球员并上前防守。接球球员执行1打1战术通过防守球员。首先使用虚张声势的趋前防守（先防守左侧，再防守右侧），接下来执行真实的趋前防守，运球2次后，突破防守球员。突破球员通过防守球员，防守球员到达罚球线，将球传给对面队列里的球员，并成为下一个趋前防守球员。

- 第二种方式是队列中的第一名球员执行活球移动在罚球线处执行急停并拾球面向篮筐（使用后转身技巧）。接下来球员用力抓球，并用单手推传动作将球传给队列中的下一名球员。传球球员成为接球球员的趋前防守球员，接球球员围绕防守球员进行活球移动。重复以上步骤。

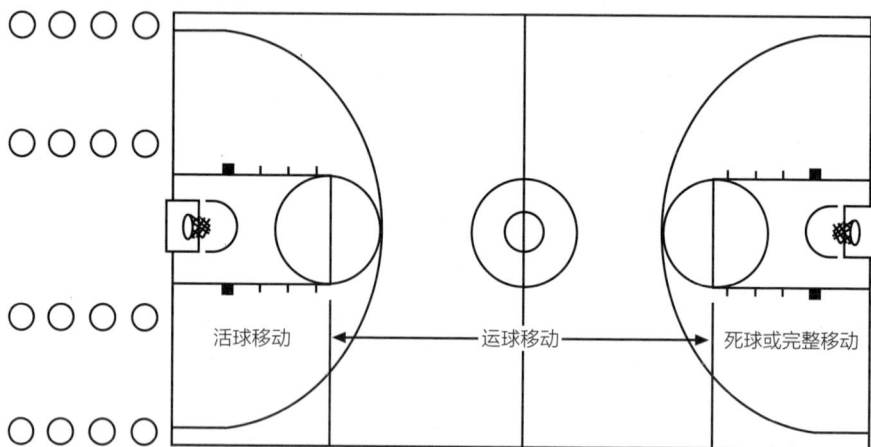

图5.12 队列训练：单人外线移动训练时的开始、急停、转身

低手传球外线移动训练 ▶

目的： 提高外线移动的技术。

设施： 每名球员1个篮筐和1个篮球，半场场地。

过程： 球员在一个模拟的传接球环境下训练活球移动和完整的死球移动技术。开始训练时，球员在基本的进攻位置和情况下使用双手低手传球的方式为自己传球。执行顺序是，先在三分线常规投篮线边缘附近通过低手传球方式为自己传球，在球第一次反弹时双脚离地接球并面向篮筐落地。应用RPA原则。球员每次接球时都应该使用急停和后转身技巧使自己面向篮筐，然后朝篮筐进攻。设定目标，如移动过程中连续2次或者3次命中篮筐，特定移动中五投三中等。教练应对球员的每次移动给予评价：熟能生巧。使用固定轴心脚（基本）或者任意轴心脚（高级）步法以便提高自己的步法水平。这种可以自我监督的训练方式，可以让球员通过使用基本的技巧，便训练活球、运球、死球或运球停止后的各项基本技术动作。在训练低手传球时，可以借助反弹辅助装置、搭档或者教练，模拟外线移动中需要的传接球环境。

选项

- 接球和投篮。低手为自己传球并执行快速（但不匆忙）、平衡的投篮动作。
- 接球和快速突破。低手为自己传球、V形路线切出、面向来球方向接球、快速突破并结束动作。
- 接球和一次运球推球跳投。
- 接球、投篮假动作以及一次运球推球跳投。以快速站位（腿部锁定，脚跟向下）执行快速且简短的投篮假动作（2.5厘米）。
- 接球、传球假动作和投篮。做传球假动作时只移动手臂和头部。做传球假动作时要简短、快速并保持平衡。
- 接球、传球假动作、突破和投篮。教练可以指定一套完整的移动动作（如进攻或长距离上篮）。
- 接球、探步和投篮。创造投篮空间保持平衡并使用简短的探步动作。
- 接球、探步（犹豫步或者进退虚晃步）突破和投篮。向左侧或右侧突破。
- 接球、一次运球、变向和投篮。开始运球朝篮筐进攻、变向（交叉运球、转身运球、背后运球）并继续突破进而结束动作。
- 注意。在非惯用侧进行重复（3次）移动动作。

近距离攻防训练：1打1、2打2、3打3和4打4 ▶

目的： 训练外线球员应该掌握的全部外线移动方式。

设施： 每组球员1个篮球和1个篮筐。

过程： 在每个篮筐外面将球员组成一个队列。每个队列的第一名球员持球站在篮筐下扮演防守球员的角色。进攻球员队列在距篮筐4.6~5.5米远的位置面向篮筐站立。第一名防守球员使用干净利落的空中直传方式（双脚位于地面上）将球传给进攻球员队列的第一名球员，然后上前防守该球员。攻防双方做出传接球动作就代表训练开始。外线进攻球员应该双脚离地接球并面向篮筐，解读防守球员的动作并做出相应的回应，应用基本技术进行投篮或者外线移动。

球员可以在每次训练后轮换到对面队列的队尾。可以采取得球者继续比赛的淘汰制或者其他对抗形式。也可以进行2打2的训练（参见图5.13），这时训练就变成了有球和无球的团队比赛形式了。在第一次传球时，传球球员负责防守控球球员。或者教练可以喊叫任何一名防守球员的名字来执行有球近距离防

图5.13 2打2近距离对抗：有球和无球防守

守，而另一名防守球员冲刺到协防位置。

1打1训练

目的：为外线球员提供不同的1打1对抗环境。

设施：每组1个篮球和1个篮筐。

过程：1打1对抗训练能够使每名进攻球员有机会对在全部环境下的外线移动效果进行评估，即活球、运球以及对抗移动。

1. 从距离篮筐4.6~6.1米的位置开始1打1训练。
    - 开始训练时通过移动获得空位（V形或者L形切入），然后接球并面向篮筐或使用RPA原则。教练和球员可以执行传球。
    - 在一定量的控球（2次或3次）后，采取得球者继续比赛的淘汰制或双方轮转进行训练。
    - 一方最先投篮命中5次时比赛结束。
    - 将每次运球的时间限制为5秒或者最多只能运球2次。

2. 在半场附近开始1打1训练。
    - 请队员或教练扮演传球球员。
    - 使用切入方式获得空位，然后接球并面向篮筐或使用RPA原则。
    - 使用运球移动方式通过防守球员。
    - 使用对抗移动投篮得分，通常采取带球上篮或者跳投的投篮方式。
    - 选项：在罚球区内添加另一名防守球员（第一名防守球员返回到罚球线处）。

3. 在罚球区内执行1打1对抗移动。
    - 由防守队员执行传球或自我传球，或者请球队经理或者训练助理扮演无实际动作的防守球员。
    - 从外线开始移动，在罚球区内接球并面向篮筐。
    - 执行对抗移动并投篮得分（跳投、跨步通过带球上篮、交叉步通过带球上篮以及转身移动）。移动时不进行运球。
    - 一方命中5次后双方交换角色，或者每次投篮命中交换角色。

4. 从进攻位置开始1打1训练。
    - 让球员在快攻位置或者定点进攻位置接球，或设置防守进行1打1训练。
    - 可以在篮筐处添加第二名防守球员。

搭档突破分球训练 ▶

目的：训练在运球突破的对抗环境下执行活球移动，并为队友传球创造得分机会。

设施：2名球员，1个篮球和篮筐（每个篮筐可以允许3对球员进行训练）。

过程： 2名球员在距离篮筐6.1~7.6米的位置开始训练，球员之间的距离为4.6~5.5米。采用组织后卫球员－翼部球员、后卫－前锋以及前锋－前锋的组合方式（参见图5.14）。控球球员开始在活球移动情况下执行运球突破。接球搭档在合适的时间，即传球球员准备传球时，执行切入动作并保持合适的距离。后卫－前锋组合可以使用横向切出（漂移）或者跟随的移动方式进入突破路线。切出的球员寻找投篮或者外线投篮的机会，即中距离投篮或者三分球投篮。切入球员或者传球球员传球（分球）给他的搭档或者做传球假动作并投篮。前锋－前锋组合在场地的另一

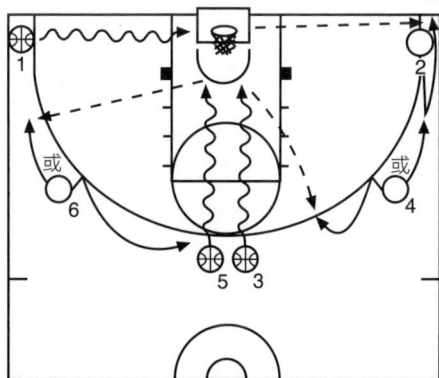

图5.14 搭档突破分球训练

侧。突破球员突破到底线并沿底线进行传球，传球时使用靠近底线一侧的手以单手推传为搭档传球，后者朝底线滑步移动到场地另一侧的空位位置。除了底线传球时使用击地传球，其他外线传球都应该使用空中直传的传球方式。搭档有时可能会执行防守篮筐切入。

搭档传球和投篮训练

第4章介绍了单人外线移动后各种方式的投篮训练。一个示例是使用1次、2次或者3次传球：1次传球后执行6次常规投篮，2次传球后执行6次常规投篮，3次传球后执行6次外线投篮。

限时带球上篮训练 ▶

目的： 训练在对抗环境下的控球和带球上篮。

设施： 篮球、罚球区、篮筐和计时设备。

过程： 该训练内容如下。

- V形带球上篮。从场地右侧肘区的罚球线处以三威胁姿势开始训练，向篮筐执行运球突破并带球上篮。篮球落下时使用双手抓球，并使用右手运球通过罚球线移动到左侧肘区，继续使用左手运球并执行左手带球上篮，然后双手抓球并使用左手运球通过罚球线移动到右侧肘区。在30秒或60秒内尽可能重复多次，记录个人的带球上篮命中次数。

- 反V形带球上篮。训练方式与上一个训练基本相同，区别是穿过篮筐到另一侧时使用合适的运球手执行带球上篮。例如，从右侧肘区开始，使用左手运球从篮筐前穿过，然后使用左手带球上篮，然后使用右手运球通过罚球线到左侧肘区并返回到另一侧。将时间限制为30秒或60秒，记录带球上篮命中的次数。这个训练适合作为外线训练的结束项目。

外线对抗训练

目的： 使球员能够在与自己或者个人对抗的情况下训练所有外线持球移动动作。

设施： 篮球和半场场地，每个篮筐2名或者3名球员。

过程： 本训练可以从3个位置（左侧翼部、罚球区顶端、右侧翼部）或者5个位置（再加上两个底角位置）开始。训练规则：所有带球上篮必须要空心入网，不是空心入网不得分。跳投可以得2分，如果跳投空心入网，或打板入网，或者打板空心入网，可以得到额外的分数奖励。可以混合使用强行上篮和单脚跳投。无论中与不中，每次投篮时都喊出应得的分数。投篮不中时尽量补篮，但补篮不计入成绩。使用罚球空心规则（空心或打板入网得1分，投篮命中但击中篮圈得0分，投篮不中得-1分）。移动方式如下。

- 每一组3个常规投篮。
- 中路突破穿过篮筐。
- 底线突破到篮筐（移动到底线强行带球上篮）。
- 中路突破上拉跳投。
- 底线突破上拉跳投。
- 中路突破急停、交叉步强行上篮（或者跑投）。
- 底线突破急停、转身或者强行投篮。
- 中路突破后跳投三分球。
- 底线突破后跳投三分球。
- 中路突破，犹豫步或者进退虚晃步后撤步投篮。
- 底线突破，犹豫步或者进退虚晃步后撤步投篮。
- 探步执行3次常规投篮。
- 罚球投篮（4次）。

教学要点

- 执行强行带球上篮时，球员所有脚趾均指向底线。
- 从全队利益出发，正确并快速地执行基本技术。
- 勤于训练。
- 比赛节奏和环境进行训练。按照比赛强度进行训练并将自己想象为冠军球队的成员。

在5个位置运球并完成训练

目的： 训练运球动作并在篮下完成投篮（适合热身）。

设施： 每名球员1个球，5个桩型障碍物，半场1个篮筐4名球员。

过程： 在三分线上放置5个桩型障碍物（底角、翼部、中间点、对面翼部和对面底角）。开始训练时，球员带球站在篮下。

1.单球系列。

- 向底角障碍物执行活球直接突破，环绕障碍物，用右手运球到篮筐，最后强力上篮。
- 直接突破到翼部障碍物，用右手运球环绕障碍物，然后完成上篮。
- 交叉突破到中部障碍物，环绕障碍物并面向篮筐，左手完成动作。
- 向左交叉突破至翼部，环绕障碍物，左手完成动作。
- 左手交叉突破至底角障碍物，运球围绕障碍物，以强力上篮结束。

下一名球员在前面的球员绕过第三个障碍物后开始。教练可以用软接触结束比赛。这5种移动方式都是为球员个人记录计时的。

2.双球系列。

执行相同的动作，但忽略投篮。运球手采用反手无节奏运球技术。

菱形运球动作（全场）

目的： 训练篮板球和全场外线技术（在罚球线、中场线和对方罚球线处运球，在篮下完成）。

设施： 全场场地，4个障碍物或椅子（假扮防守队员），2个篮球，8名球员（每个篮筐下安排2名或3名）。

过程： 设置菱形障碍物，如图5.15所示。2名球员（O$_1$和O$_2$）远离篮板高抛篮板球开始训练。抢篮板球，面对对面篮筐并观察球场，（在罚球线上）进攻第一名防守队员，然后在半场观察并进攻第二名防守球员（当球员上场时，在球场的另一侧），最后在对方罚球线上进攻，在篮筐处完成投篮。每个篮筐下都有新球员上场，重复此训练。候场球员可以替换假防守球员。

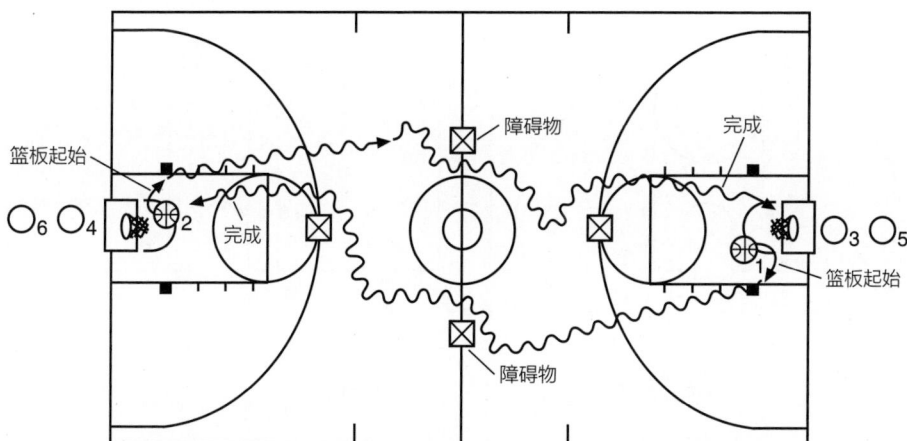

图5.15 菱形运球动作（全场）

连续传球和包夹

目的： 先在一个连续的2对2包夹训练中训练传接球，然后进行连续的4对4防守包夹训练。

设施： 在半场场地，2个相对的底角各2个球，3.7~4.6米的长方形场地，8名球员分成2组，每组4人，进攻2人，防守2人（参见图5.16a）。

过程： 训练的A阶段是一个教学活动，防守和进攻球员在2分钟后交换位置，即每个人在进攻和防守上分别花费2分钟。每2分钟，如果防守队员抢到球，他们会把球交回进攻方，继续防守。不建议运球，可以跨步通过移动分裂包夹，持球球员可以跳到空中，以通过包夹作为最后手段。

在A阶段结束时（总共4分钟），在对面小矩形区域内组成2个小组（4名在进攻，4名在防守，穿着不同颜色的球衣），（参见图5.16b）。教练开始4对4训练（B阶段），在一个矩形区域内传球给一个小组。接球球员被不同球衣的相邻球员困住，两个位置较近的队友进行阻截，如图5.16b所示。继续比赛直到防守方持球。然后新的进攻球员传球给防守球员，重新开始一轮训练。

- 传球球员规则。专注包夹。绕过、越过或跨过，运球只是作为最后手段（在包夹中被严防的4次）。
- 包夹球员规则。使用活跃脚来防止跨步移动。保持高位内侧手，用外侧手跟踪球。仅用胸部接触球，身体其他部位不要接触球。传球时，移动到阻截位置。

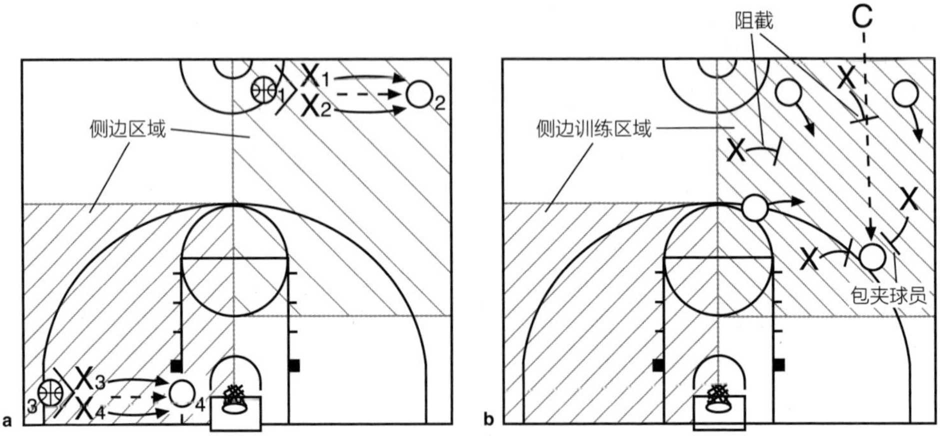

图5.16 连续传球和包夹：a. 阶段A（2打2）；b. 阶段B（4打4）

终结比赛 ▶

目的: 从各种不同的位置进攻篮筐完成训练。

设施: 每对球员1球（每半场3对），至少2个半场场地。

过程: 球员2个人1组交替进攻和防守，2个组等待轮换（参见图5.17）。教练每轮选3个突破位置。按以下顺序进行防守。

1. 无防守（1打0）。
2. 无外线防守（在完成时软防守）。
3. 无内线防守（只有外围防守）。
4. 处处防守。

移动和完成选项

1. 右侧底角。
   - 中部突破，死球完成。
   - 底线突破，篮下完成。
2. 左侧底角。
   - 中部突破，死球完成。
   - 底线突破，篮下或同侧强行移动完成。
3. 右翼。
   - 中部突破，后跳完成。
   - 底线突破，在罚球区对面上篮。
4. 左翼。
   - 中部突破，转身完成。
   - 底线突破，上篮选择。
5. 罚球区顶端。
   - 向右突破，内侧完成。
   - 向左突破，外侧完成。

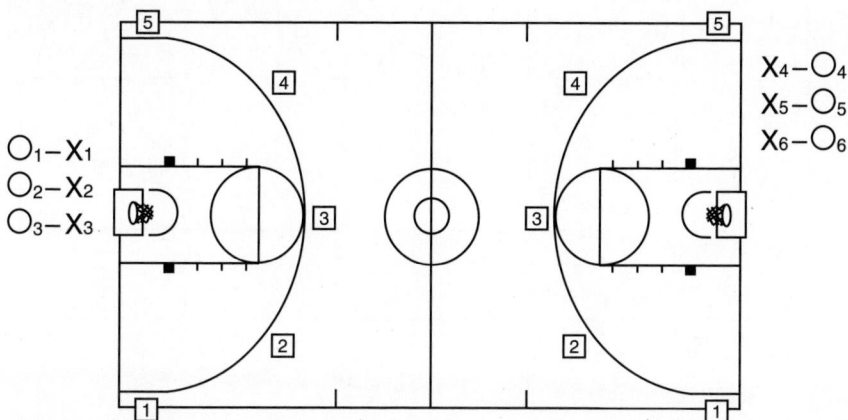

图5.17 终结比赛

三分线冲刺传接球（一定对抗强度下的训练）

目的： 全场场地上篮训练，提高传球时将球推至地面的技术（不允许运球）。

设施： 1个篮球，全场场地。

过程： 球员在全场1个篮下形成3列。中部球员开球，传球给到达中路的侧翼球员。传球球员应该移向边线，然后对面篮下冲刺。O_2 3次传球上篮得分。O_3得到篮板球，然后在另一端冲刺上篮。O_5获得第二次传球，传球给O_2，O_2传给O_3，O_3在原篮下上篮（参见图5.18）。教练可以从一个1-2-3的向下和向后循环或一个时间目标开始。稍后，目标可能会提前（以重复次数或时间计算），直到球队达到3人1组完成完美的传球循环，且所有上篮都没有运球的水平。所有的传球都是空中传球，不允许运球。

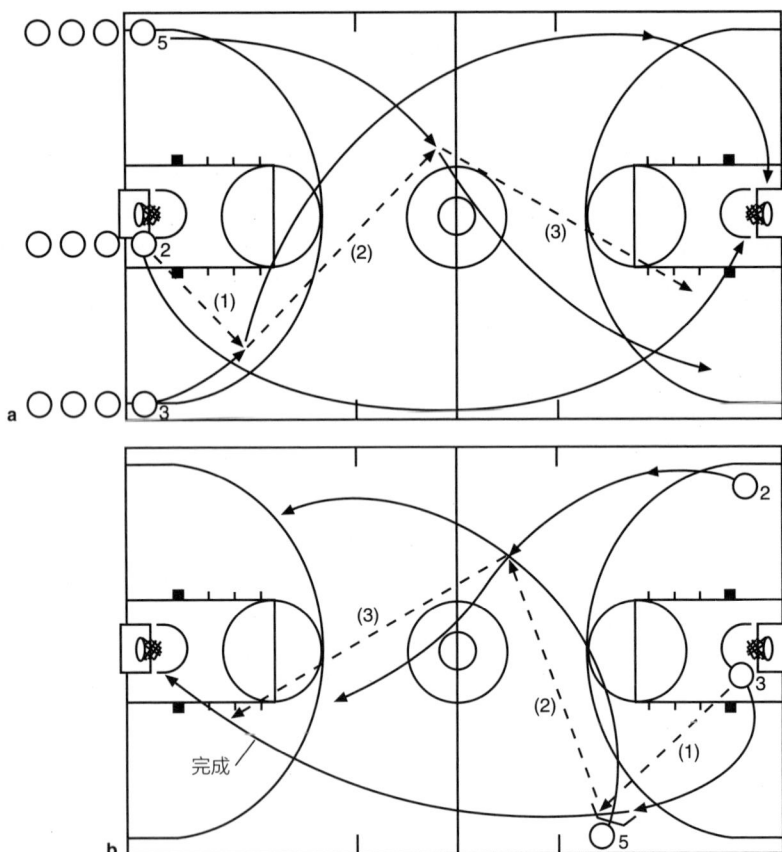

图5.18 三分线冲刺传接球：a.起始位置；b.返回起始位置

伍登金句

"如果你不能不求回报的付出，生活就无法完美。"

——约翰·伍登

第 6 章

内线进攻移动

—— 低位战术 ——

"在内线时首先要获得控球权，即在内线持球或者移动到底线。向防守方施压促使其犯规。低位战术是成功的关键所在。"

——迪安·史密斯，北卡罗来纳大学篮球队教练，奈史密斯名人堂教练大多数教练和球员都能认识到通过低位球员在罚球区内或者罚球区附近接球，从而建立内线战术的重要性。这种内线战术有多个目的。它能够实现较高的投篮命中率：在篮筐附近创造得分机会，还能提高执行原始的三分球战术的成功的概率（内线投篮得分加上罚球得分）。处于内线区域的低位球员很难防守，并且经常在投篮时造成防守球员犯规。将球传给处于内线的低位球员时（传球突破），防守方会被迫打乱阵型以便对其进行防守。这时将球回传给外线球员能够增加外线投篮的机会（三分球战术）。本章中的基本概念强调得分目标中的另一个基本元素，即在内线持球提高投篮命中率，或者迫使防守方加强内线防守，进而使外线球员获得空位并增加外线投篮机会，尤其是三分球的投篮机会。

低位战术基本知识

低位战术是从内向外进攻的关键。低位战术能将控球技术的需要降到最低，并且只要付出足够的内线训练时间和耐心，任何身体条件的球员都能快速掌握这种战术。所有球员都应该学会背打技术，以便能够经常利用身高方面的优势。优秀的低位球员能够通过提高各种内线移动技巧，尤其是背对篮筐移动（通常在低位或者中等距离的位置执行）的方式来获得空位，进而提高自己的投篮命中率（参见图6.1）。低位球员需要学习如何获得空位、保持空位状态、安全地接球以及通过简单的方式投篮得分。

突破。要成功得分，进攻方必须通过运球突破（突破分球）将球运至内线，或者将球传给低位球员，从而突破防守方的外围。进攻突破的目标是尽可能在篮筐近处创造投篮机会，通常在罚球区内，或者迫使防守方打乱防守阵型，进而执行外线投篮。可使用传球或者运球突破防守方的防守。这个原则能够极大地提高团队进攻的效率，还能在一定程度上提高对手的犯规概率，使内外防守之间达到平衡。

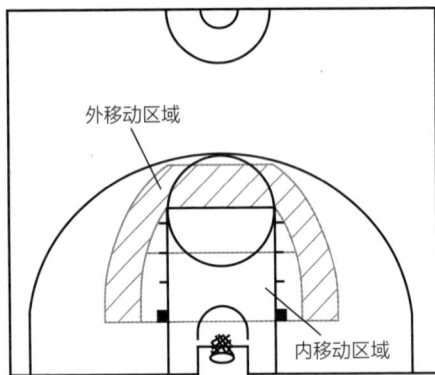

图6.1　内、外移动区域：内移动区域是低位至中位区域，用于背对篮筐移动，而外移动区域用于面向篮筐移动

擦板球投篮。执行大多数背对篮筐的内线移动后，在使用强行移动或者获得进攻篮板球的情况下，进攻球员会选择进行擦板球投篮，尤其是从45度的位置投篮。内线战术需要较多的控制，而且通常会面对球员拥挤的状况，而擦板球投篮的命中率要比篮筐投篮更高一些。除非球员扣篮，否则应该坚持"因地制宜"这一规则。将擦板球作为投篮目标时，误差要更大一些。第4章讨论了执行擦板球投篮的基本方法（即向高处柔和投篮）。

做好投篮不中的准备。内线球员距离篮筐较近，因此抢篮板球也是他们的基本职责。因为投篮球员能够很好地预估投篮的精确位置以及时间，因此内线球员应该始终通过内线移动的方式做好投篮不中的准备并争抢篮板球。抢篮板球时采用快速站位，肘部朝外，手臂和手掌在肩膀上方呈伸展状态（即双手举起的2+2篮板球）。可能的话，内线球员还可以封阻防守球员，至少需要向罚球区中间移动，从而占据争抢篮板球的有利位置（寻找中部间隙）。

每个人都是低位球员。 每名球员都可以成为内线球员。尽管一些最好的内线球员都具有身高优势，但是技术比身高更加重要。相比于身高，技术才是更加关键的因素，每名球员都可以针对与自己身高相似或者更矮的球员执行背打战术，提高基本的低位移动技术。肯塔基的中锋克利夫·哈根身高只有193厘米，却成功地被选为奈史密斯名人堂球员。除此之外，很多身高不具优势的内线球员很享受在低位区域内对身体技巧的应用。面对篮筐低位投篮也为所有喜欢进攻移动和接触的进攻球员创造了更多机会。

创造身体接触。 内线区域通常人员众多，因此存在较多的身体接触。内线进攻球员应该善于"创造"身体接触（背打时创造传球空位）并使用身体牵制防守球员。球员必须学会在保持平衡站位的基础上，主动使用胯部和大腿根部位置与防守球员发生身体接触。双脚分开并降低身体重心，采用快速站位并保持双脚处于活跃状态。通常情况下，先允许防守球员占据某个防守位置，然后低位球员依靠身体接触将其限制在该位置上。

双手举起。 为低位球员传球存在较大的难度和挑战性，而且由于这个区域球员众多，还存在时间上的限制，因此误差比较小。正因为这样，内线球员应该始终使用低位姿势随时准备接队友的快速传球。与防守球员进行身体接触时双手举起（参见图6.2）。采取坐立姿势，腿部和身体下半部分与防守球员产生身体接触，然后举起双手为传球队友提供传球目标（上臂与肩部处于同一水平高度，前臂几乎竖直，手部稍微位于肘部前方以便能够看到自己的手背）。双脚应处于活跃状态以与防守球员保持接触。

耐心。 很多高个子球员都属于大器晚成的类型，由于身高的关系，他们缺乏对自我形象的认可，身体协调性也相对欠缺。对于这种问题，解决办法就是进行时间、耐心和例行的训练（重复，重复，再重复）。乔治·麦肯是美国职业篮球联赛（NBA）前50年中的最佳球员，在德保罗大学上学时，他花费了大量的时间与他的教练雷·迈耶在一起，将大部分精力用在了步法、控球（传接球）、投篮以及身体协调性方面的训练上。

要点提示
每次投篮都做好投篮不中的准备，双手举起向防守队员的间隙移动（除非已经在防守队员内侧）。

要点提示
双脚分开并降低重心。在低位区域进攻时主动创造身体接触；双脚处于活跃状态，保持接触。

图6.2 低位球员的基本姿势：a.前视图；b.侧视图

低位技术

教练应该使球员掌握低位球员应有的站位姿势。内线或者低位球员必须培养自己执行夸张的基本站位姿势的能力。与常规姿势相比，双脚要分开得更宽，降低身体重心，肘部朝外且前臂竖直，上臂与地面平行并与肩膀位于同一水平线上（"钢铁般的"手臂）。双手举起并微微前倾，手指分开指向天花板（参见图6.2）。低位球员应该使用双手为队友提供传球目标，保持双手举起并随时准备接球。

图6.3 低位线（在低位或中低位背打）

球员应该在低位线（即穿过篮球或者球员与篮筐的直线）处执行背打战术。低位线如图6.3所示。内线球员应该努力在内线或者罚球区外侧获得空位，即在低位线上或者附近区域获得空位。在低位线上站位能够缩短传球球员的传球距离。理想情况下，低位球员执行背打时，肩膀应该与低位线垂直（右侧视角），向传球队友"展示数字"（即传球队友在给低位球员传球时能够看到其球衣上的数字）。通过向传球球员展示数字的方法保证传球路线的畅通，在下半身与防守球员进行接触的同时移动双脚（保持双脚处于活跃状态或者使用快速步法），使用臀部作为身体接触的缓冲区。除非防守球员位于前面（在传球球员和低位球员之间进行防守），这一规则适用于所有传接球情形。

无论何时都应该尽量使用低位线规则，除非传球球员位于底角位置。此时，站在低位的球员，靠近底线的那只脚应该在低位线，或尽量靠近低位线，以便有充足空间可以溜底线得分。有时，低位球员从低位线的一侧启动，强迫防守球员在一侧或者另一侧执行防守。

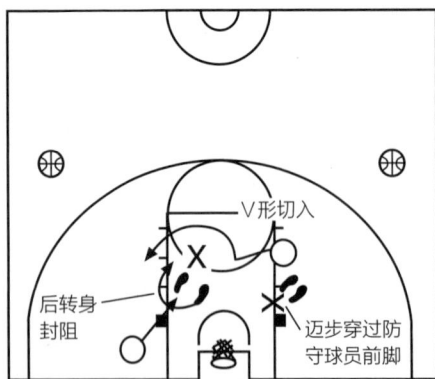

图6.4 在低位获得空位

在低位获得空位

无论何时，低位球员都应该尽量在低位线上、传球球员和防守球员之间获得空位，使用V形切入方式，朝防守球员迈步并使用后转身的方法封阻防守球员（将轴心脚置于防守球员的双腿之间），进行身体接触时迈步穿过防守球员较近的脚（"坐"在防守球员的腿上或者封阻其前脚）（参见图6.4）。进攻中的低位球员可以使用正确的步法执行背打，然后在保持身体接触的同时迫使防守球员朝其设定的方向移动（即防守球员位于高位迫使其向更高位移动；防守球员位于低位，迫使其朝更低位移动；防守球员在身后，迫使其朝篮筐移动；防守球员在身前，迫使其朝远离篮筐的方向移动）。

在正确的时间获得空位并保持自己处于空位状态是内线球员的基本任务。由于低位战术是一个持续的1打1对抗过程，因此球员必须学会如何"创造"身体接触并保持空位状态。一旦防守球员获得了某个防守位置，那么内线球员应该与其进行身体接触以便将其限定在该位置上。球员应该保持双脚始终处于活跃状态，并使整个身体执行半圆移动（参见图6.5）。臀部和躯干较低的部位应该"坐"在防守球员的腿上或者身体上，并一直保持这种接触。

图6.5 半圆移动：使用臀部与防守球员进行接触，并向传球队友展示球衣上的数字以保持空位状态

在靠近篮筐的罚球区内投篮时，投篮球员需要注意时间限制（3秒）。因此，他们应该在那个位置执行背打2秒，然后迅速离开时间限制区域。

在内线接球

低位球员应该具有对篮球的欲望。他们需要对队友保持信心，相信队友能够获得空位并在将球传给他们时能够安全地接球，队友能够在内线得分或者在吸引2名防守球员时可以将球向外传出。

保持身体接触的目的是感觉防守队员的存在并对其进行封阻（使用臀部作为缓冲区，而不要使用手臂或手）。低位球员应该能够通过解读传球路线来确定防守球员的位置。为低位球员传球的传球球员，应该将接球球员位于防守球员远端的手作为传球目标。传球位置能够帮助低位球员确定防守球员的位置（"传球造就得分"）。对于低位球员来说，保持传球路线的畅通是一项艰巨的任务。球员保持双脚处于活跃状态并保持身体接触，直到篮球到达接球球员的手上，向传球球员展示球衣上的数字（即面向传球球员）。

低位球员必须迈步进入传球路径迎球，同时使用双手接球，双脚略微离地（可能的话）以守住自己的位置，然后执行急停动作（向前移动时除外）。虽然位置是获得空位所需的条件，但是应该以拿到球为前提。教练应该训练球员在双手触到球前一直保持对篮球的关注。球员接传球时，必须使用颌下护球的技巧：肘部朝外并向上、手指向上、将球置于颌下（或者从一侧肩膀移动到另一侧肩膀），这种技巧能够防止低位球员在持球时使篮球悬空，进而能够很好地保护篮球。

低位球员向前移动时，可以使用吊传或者反传的传球方法。防守球员占据篮球与低位球员之间的位置（在低位球员前面）时，可以使用以下两种技巧。

第一种技巧是头顶吊传（参见图6.6），传球球员将篮球从三威胁姿势移

要点提示

双脚保持活跃状态（或使用快速步法），保持空位状态。

要点提示

低位接球：双手接球（点击接球）且将球置于颌下。

动到头顶，使用测试性的传球动作解读对方的协防情况，然后快速使球掠过防守球员，将球抛向篮板与篮圈的连接位置。低位球员此时保持快速站位并双手举起的状态（掌心朝向防守球员），面向底线并使用臀部和身体下半部分（缓冲部位）与防守球员进行接触。低位球员应该等到篮球被传出并到达头顶时，

图6.6 头顶吊传，使球掠过防守球员：a. 双手举起，使用身体下半部分和臀部与防守球员进行接触；b. 使用测试性的传球（向后拉）测试协防球员的反应；c. 双手接球并采用强行移动的方式将球置于颌下护球，强力移动得分

使用双手接球，接球时掌心朝向篮球。需要注意的地方是，要保持身体的下半部分与防守球员的接触，不要推动手臂（尤其是前臂）。

第二种技巧是向高位或者协同进攻的队友进行反向传球。如果防守球员在场地一侧的低位球员前面防守，那么可以向第二侧传球，队友接球后传给低位球员，然后低位球员可以迈步接球（参见图6.7）。

挤开防守球员

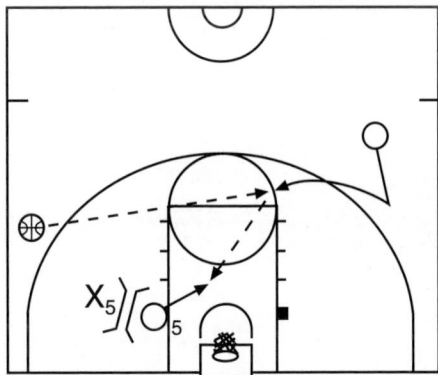

图6.7　低位战术：反向传球（第二侧），限制和封阻低位的防守球员（身体接触时使用臀部缓冲）

内线球员必须学会在对抗中自动将防守球员挤开的技巧。如果低位球员在较低的一侧被防守，那么应该迫使防守球员向更低的位置移动；如果防守球员位于较高的一侧，则迫使其向更高的位置移动；如果防守球员在前面防守，应该使用身体下半部分与之接触，面向底线并迫使防守球员远离篮筐；如果防守球员在后面防守，则应该向罚球区内迈步，然后执行V形切入或者后转身动作。动作的执行理念是允许防守球员占据某个位置，然后迫使他们向该方向更远处移动，并通过腿部和身体下半部分（缓冲部位）的接触将其限制或者封阻在该位置。

解读防守状态

防守球员在前面防守，即在传球球员和低位球员之间防守，教练应该指导球员使用头顶吊传或者反向传球的方法，限制或封阻防守球员并从相反的方向为低位球员传球。执行吊传时，进攻球员应该使用强行移动或者转身带球上篮的方式。防守球员在后面防守时，传球球员应该以头部位置（或身体中部）作为传球目标，低位球员应该接球并面向篮筐。这种中部传球表明低位防守球员正处于接球球员与篮筐之间的正后方，这种情况下也可以选择低位跳投。

防守球员位于低位一侧（底线一侧）时，低位球员可以使用低位或者轮式移动或者强行移动的方式执行勾手跳投。同样，防守球员在高位一侧防守时，也可以使用强行移动或者轮式移动的方式。对于外线传球球员和低位接球球员来说，原则就是通过传球获得得分机会。

对于低位球员来说，解读防守并做出相应的反应意味着应该学会如何进行身体接触、如何解读队友的传球、如何转到中路（协助队友找到空位）、观察全场局势并破解对方的防守。优秀的低位球员在持球时能够迫使2名防守球员对其进行防守，并为队友创造空位。

低位或内线移动

教练应该指导低位球员如何执行具有攻击性的移动并留意处于空位的队友。执行内线移动时，球员的目标应该是获得近距离投篮的位置或者为处于得分位置的球员传球。低位球员在进攻时必须努力迫使2名防守球员过来防守，而要达到最佳效果，球员应该掌握并熟练地执行基本的低位移动，进而轻松得分。

低位投篮

对于低位球员来说，向中路或者罚球区内移动是一种基本要求，同时也是重要的得分武器。这种移动通常并不需要运球，步法以及低位投篮和勾手跳投的力学原则已经在本书第4章中进行了介绍。低位投篮的优势在于能够使进攻球员快速移动到防守的中间位置并进入高位得分区域（罚球区）。也可以选择强行移动和勾手跳投，这种方式需要运球，因此速度较慢。

强行移动

防守球员位于高位一侧时（远离底线的位置），低位球员通常可以在底线一侧使用强行移动的方式。防守球员位于底线一侧时，低位球员也可以使用这种方式朝中路移动。底线强行移动的顺序是，以距离防守球员较近的脚为轴心脚向后旋转半圈并使用臀部和身体下半部分封阻防守球员，然后在两腿之间（在离篮筐较近的脚附近）大力运一下或者两下球，同时双脚强行起跳朝篮筐方向移动，双脚与底线成合适的角度时执行急停动作（腹部面向底线）。有时候，低位球员位于罚球区或者离篮筐较近时，可以省略运球的动作。最后，执行强行投篮或者勾手跳投，使用身体保护篮球并使用离防守球员远的手投篮得分。无论何时，都要尽可能借助篮板优势（参见图6.8）。本书第4章对此进行了详细描述。

向中路强行移动（参见图6.9）的执行方式与上面所讲基本相同。接球并将球置于颌下护球（防守球员位于底线一侧），以靠近底线的脚为轴心脚向后转身封阻防守球员，在两腿之间离前脚较近的位置大力运球，同时双脚朝篮筐方向强行起跳移动到罚球区内，以双脚起跳带球上篮或者勾手跳投的方式结束（有时可能需要做投篮假动作）。强行移动的最佳结束位置是面向边线快速急停完成强行移动。这是最好的位置，像勾手跳投一样通过死球移动完成强行移动。执行这种动作时，最普遍的错误是在执行后转身动作时没有贴近身体运球（远离地面），使篮球在人员密集的低位区域暴露给防守球员。应该在双腿之间的前脚附近使用双手抓球，同时双脚起跳（双脚到双脚）朝篮筐方向移动。

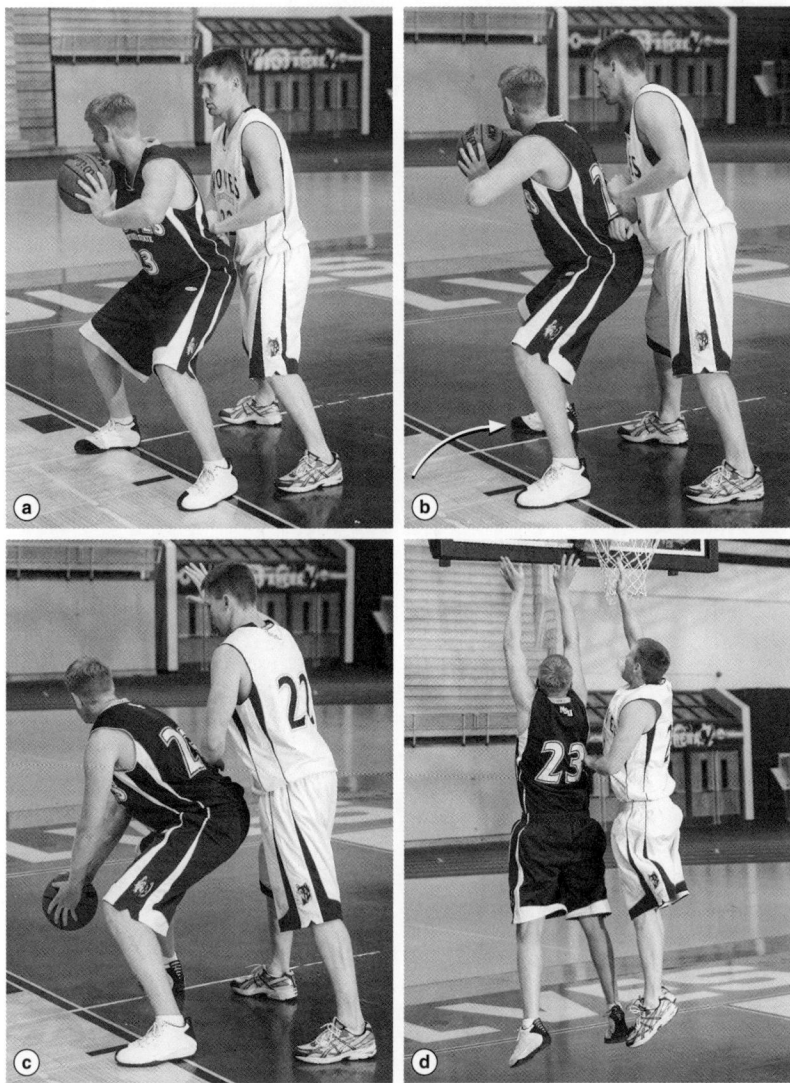

图6.8　强行移动到底线：a. 接球并将球置于颌下护球；b. 向后转身半圈封阻防守球员；c. 螃蟹步运球，双手在两腿之间运球（强力运球）；d. 强行上篮（面朝底线）

勾手跳投

　　勾手跳投是一种双脚起跳的投篮方式，使用离防守球员较远的手朝篮筐进行投篮动作。勾手跳投的技巧是将球置于颌下护球并移动到离防守球员较远的肩膀位置，然后执行强行起跳（双脚）并使用前臂阻挡防守球员，将球移至头顶和防守球员上方进行投篮。非投篮手一侧的肩膀应该指向篮筐，可以使用任意一只手执行勾手跳投。这是一种安全且有力的投篮方式，很多球员都喜欢在防守密集的区域使用这种投篮方式。

要点提示

如果你在投篮范围内接球，可以执行直角转身动作并使用勾手跳投。投篮时，将非投篮手一侧的肩膀指向篮筐。

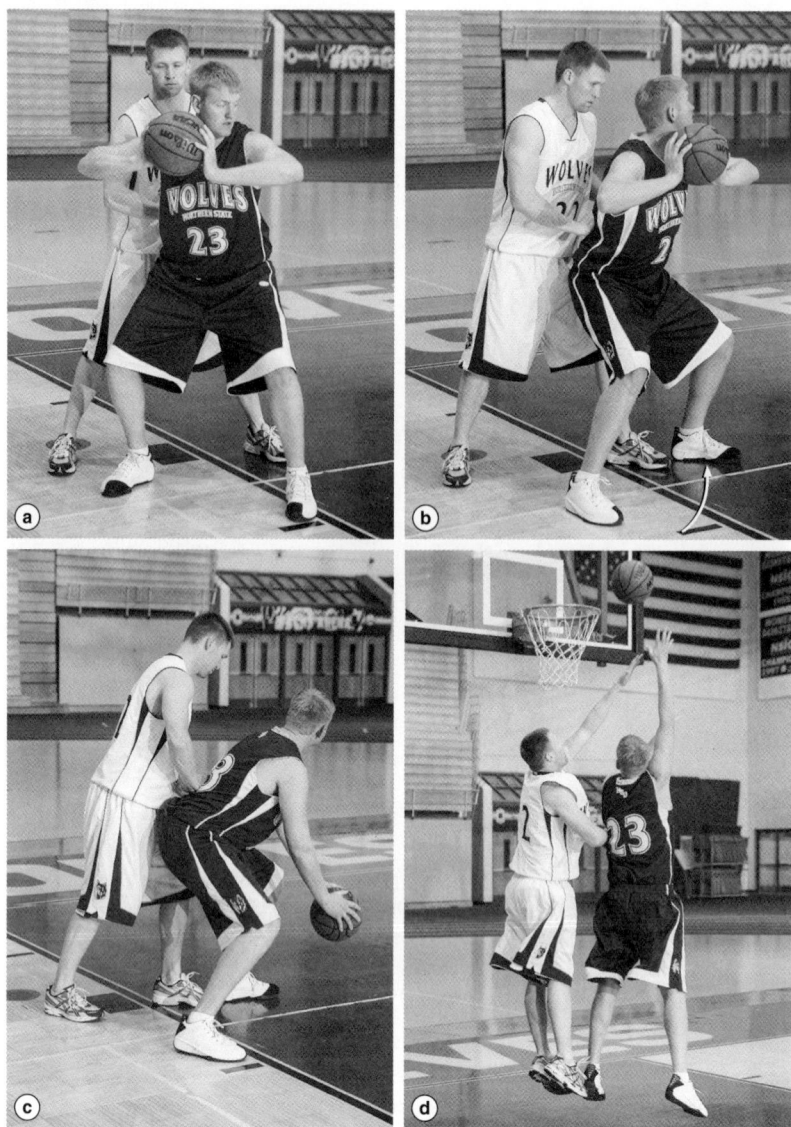

图6.9 强行移动到中路：a. 接球并将球置于颌下护球；b. 向后转身封阻防守球员；c. 双手强力运球；d. 面向底线勾手跳投

轮式移动（高级技巧）

这是一种高级移动方式，是强行移动和低位移动这两种移动方式的组合。防守球员在进攻球员强行移动时执行高位（或低位）防守，恰好切断了强行移动中的进攻球员的移动路线时可使用这种技巧。低位球员接下来可以快速执行反向低位移动动作（参见图6.10）。动作的执行顺序是：先以强行移动开始，然后急停并在防守球员严密防守时将球置于颌下护球，最后向防守球员前进方向相反的方向执行低位移动。

图6.10 轮式移动：a. 强行移动到底线（进攻路线被防守球员切断）；b. 低位移动返回中路位置；c. 执行低位投篮

面向移动

防守球员在低位球员后面防守，尤其是存在防守间隙时，可以使用这种基本的外线移动方式。进攻球员以任意一只脚为轴心脚向前或者向后转身，使自己面向篮筐和防守球员。向前转身时可以选择带投篮假动作的跳投和交叉低位投篮的方式（参见图6.11）。这种情况下可以使用全部类型的活球移动方式。例如，低位球员可以以任意一只脚为轴心脚向后转身，然后执行跳投。这种后转身的移动方式，最初是从前"超音速"球员杰克·希克马开始流行起来的，目的就是摆脱防守球员并创造执行勾手跳投的间隙，如图6.12所示。

图6.11　面向移动：a.以任意脚为轴心脚转身；b.跳投假动作；c.交叉步；d.低位投篮

向低位传球

对于大多数低位球员来说，需要向底线一侧传球时，他们比较喜欢使用击地传球的方式向低位传球。防守球员要阻断或者抢断击地传球并不容易。尽管如此，在向中路或者反向（第二侧）传球，还有头顶吊传（防守球员在前面的低位防守时），空中直传的传球方式更为快速。在采用空中直传的方式为低位传球时，从肩膀和头部上方传球，以接球球员距离防守球员较远的手作为传球目标，或者从三威胁姿势（低处假动作，向高处传球）使用单手推传或者敲传的方式使球穿过防守球员的耳旁。外线球员在向内线传球前应该先确保自己能够看到低位球员球衣上的数字，以这种方式确保传球路线不被阻断。外线的传球球员应该将球传到接球球员处于空位的手上（距离防守球员较远的手），因为传球的目的是直接投篮得分。低位球员需要使用低位姿势（"钢铁般的"手臂）、快速步法和下半身接触来保持传球路线不被阻断。传球球员应该向低位球员传递应该采取何种移动方式的信息（解读防守球员）。防守球员在低位球员正后方防守时，传球球员应该向低位球员的头部位置（或身体中部）传球。

图6.12 希克马低位移动：向后转身（图中以右脚为轴心脚）

面向篮筐低位传球

此技术用于高位打法或短角区域（低位）打法，结合了背对篮筐和面对篮筐的技术。通常，高位防守球员在有球侧用手进行防守。高位进攻球员可以通过下半身接触，并在远离防守球员的位置提供一只目标手来获得空位（参见图6.13）。这种接触式获得空位的缺点是，当高位球员用RPA原则接球并面向篮筐时，将一只脚作为轴心脚。使用任意轴心脚步法，低位球员可以放弃自己的位置，双脚腾空面向篮筐接球。

当球员处于快攻或从下方切入低位时，应切入高位面向篮筐双脚腾空接球（球在空中，脚在空中），如图6.14所示。

然而，当高位球员接球时，他们需要用一个确定的轴心脚（已建立），使用RPA原则接球并面对篮筐。如果低位球员接球时面向篮筐，双脚腾空，可以向任意一侧发起进攻。如果使用固定轴心脚步法，高位球员可以用直接突破进攻优势侧，或者用推荐的交叉突破加投篮攻击非优势侧。当选择EPF步法时，球员应在高位拥挤区域（距离篮筐4.6~6.1米）使用以下面对篮筐的进攻动作（扎克进攻）。这些面对篮筐的进攻动作只需运球1次或2次，然后上篮、传球给队友、跳投、空中传球或靠近篮筐进行死球移动。

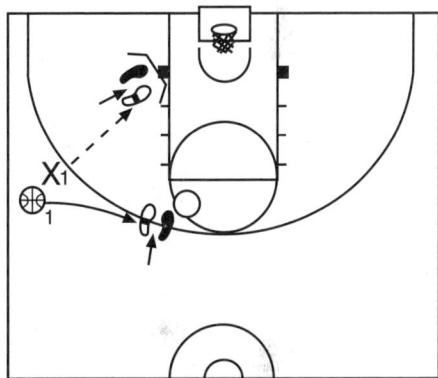

图6.13 在高位或短角区域获得空位

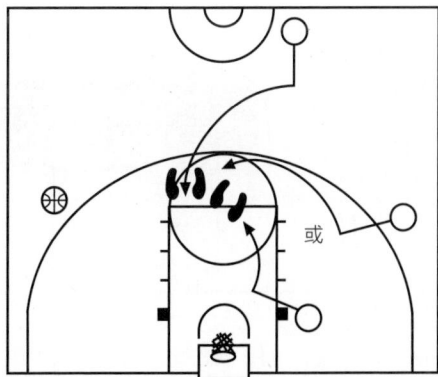

图6.14 从低位进行高位切入或拖曳位置

扎克进攻低位传球技术 ▶

扎克进攻是一种外线（面向篮筐）移动方式，适用于罚球区顶端距离两侧1米的区域，通过1次或2次运球在罚球线附近进攻防守球员。个人移动的首选步法包括急停、EPF步法。如果使用PPF步法，或者在接球和面对面的动作中选择了轴心脚，那么进攻动作会受到一定的限制。图示和视频中显示的主要进攻动作是使用EPF步法急停并使用内侧轴心脚时的进攻动作。

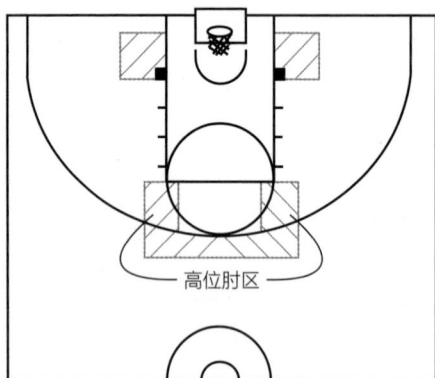

图6.15 扎克进攻主要区域

扎克进攻最好与EPF步法结合使用，EPF步法在高位肘区（参见图6.15）建立内侧轴心脚或在短角区域建立远离底线的轴心脚，目的是让使用扎克进攻的低位球员以最佳的护球位置将球推向篮筐，在近距离投篮时只使用1~2次运球（上篮、跑投、低位投篮、勾手跳投或死球移动）。扎克进攻最好用于进攻中场。

这种方法允许面对篮筐的低位球员通过选择中场防守的最佳移动方式来进攻防守。当运球至中部时，低位球员可以用一个探步来试探防守球员。如果防守球员试图阻止中部进攻，低位球员可以在底线外或在罚球区外的高位区域用探步（跨步）快速突破防守球员。测试方法是向篮筐使用跨步假动作。在高位肘区，低位球员可以使用EPF步法，选择内侧轴心脚和交叉突破攻击中部（参见图6.16）。

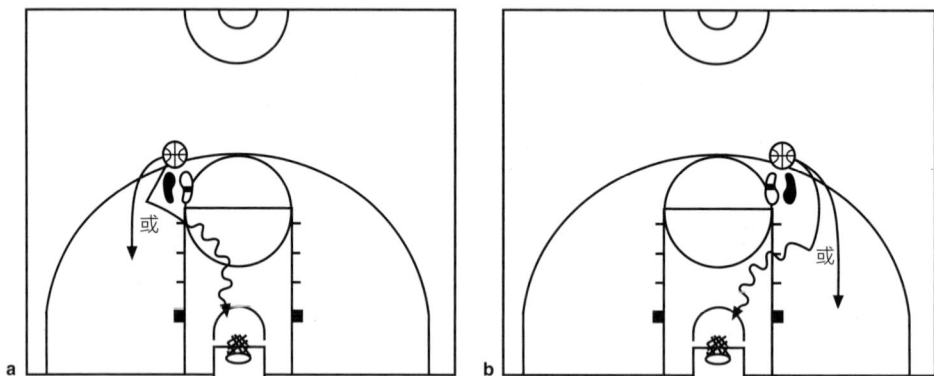

图6.16 扎克进攻移动（高位区域）：a. 从右肘区域开始，建立内侧轴心脚（左），并使用右脚交叉（右探步，左交叉）进攻中路；b. 从左肘区域开始，建立轴心脚（右），用左（跨步）脚向左探步，交叉右旋攻击中部

在低位或中低位区域，低位球员可以使用EPF步法，选择远离底线的脚为
轴心脚（参见图6.17）。这种技术允许使用靠近底线的脚探步测试防守球员，
使远离底线的脚执行交叉步，从而攻击中部。如果进攻遭到严防，低位球员可
以用直接突破跨步移动进攻底线。

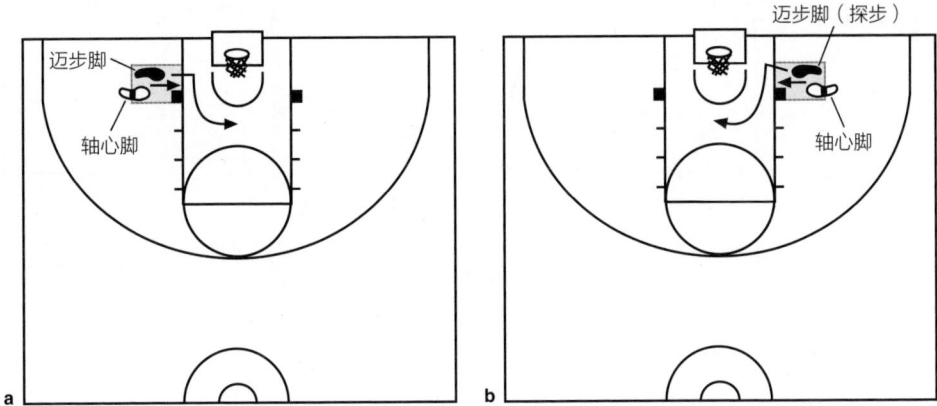

图6.17　扎克进攻移动（低位或中低位）：a. 在左侧（面对篮筐），使用右脚为轴心脚；b. 在右侧（面对篮
筐），使用左脚为轴心脚

可在面向篮筐的高位和短角区域使用外侧脚作为轴心脚移动，如图6.18
和图6.19所示。

- 用外侧脚作支撑脚，从高位弧形突破（参见图6.18）。
- 以右脚为支撑脚，从右侧溜底线弧形突破（参见图6.19a）。
- 以左脚为支撑脚，从左侧溜底线弧形突破（参见图6.19a）。

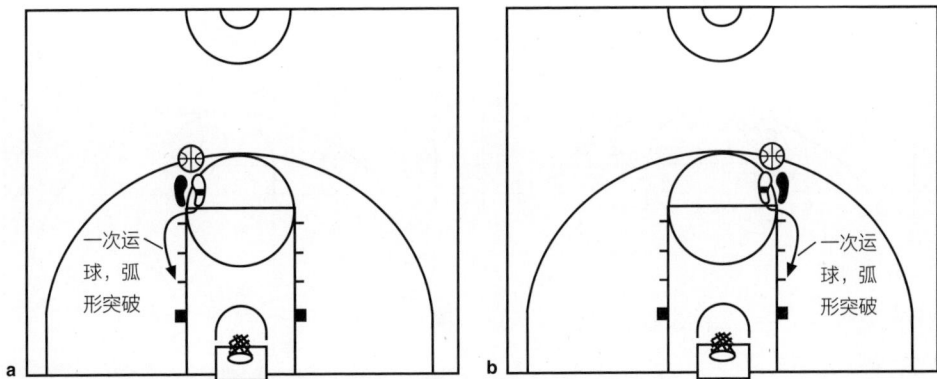

图6.18　高位进攻，内旋脚移动的演变：a. 右脚走弧线，从右侧肘区突破；b. EPF步法左脚直接跨步的弧
线突破

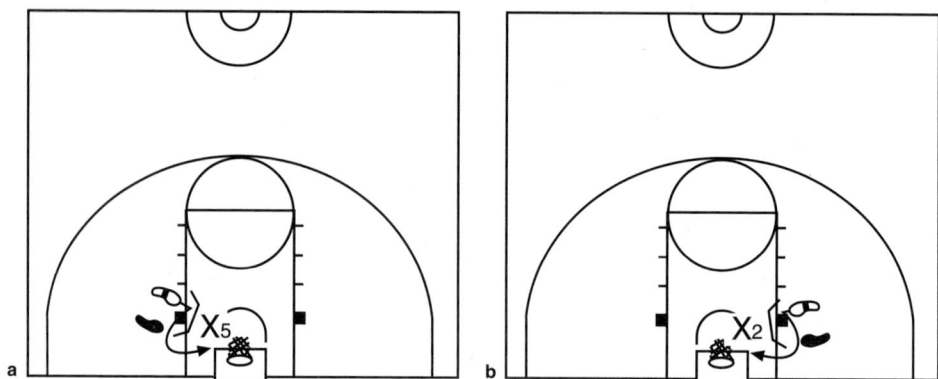

图6.19 从低位底线位置的内旋脚进攻动作（左侧底角）的演变：a. 右脚从底线弧线突破；b. 左脚通过交叉步到中路（从右侧底角方向），或底线弧线突破

扎克进攻低位战术教学要点

- 远离底线或边线建立轴心脚，使用扎克进攻交叉移动至中部。
- 首选移动方式如下：左脚交叉步，然后向右突破；右脚交叉步，然后向左突破。
- 使用迈步脚和腿护球。
- 进攻移动时，朝上观察。尽可能早地以篮板矩形上角为目标。
- 强力运球双手高位接球。
- 首选结束动作是低手上篮或远离篮板头顶上篮。
- 肩部与前进方向成直角（结束位置），在非投篮手一侧护球。
- 使用翻转手腕的动作来软化擦板投篮（向上或向前）。
- 从两个手指上松开保持笔直。
- 打板上篮：用低手（手掌向上）把球抛到篮板上。
- 直接上篮：用手掌给球一个向前的力，朝篮板方向松开球，用肘部来做方向的瞄准，投篮手臂保持垂直。
- 上半身应带动所有转身动作。
- 其他完成动作包括跳投、单手跑投和急停完成死球移动。

注：所有扎克进攻的主要动作和替代动作都显示在视频库中。扎克进攻原则自2015年1月8日起，由霍尔格·格什温纳教练的国际篮球联合会所修改。

问题解答

下面所列的是一些常见的错误、相应的教学回馈和对问题的纠正。

- **问题：** 低位球员不能持续进行身体接触。

  纠正： 让球员在训练中呈坐立的低位姿势，然后大胆地与训练辅助设备或者训练助理进行身体接触，再加入真实的防守球员进行训练。保持双脚处于活跃状态并维持接触。

- **问题：** 无法正确地保持低位站姿。

  纠正： 让球员多进行一些低位训练，努力增强核心力量，更长时间地保持低位站位。

- **问题：** 无法保持空位。

  纠正： 重复指导球员如何在所有情况下创建身体接触，使用进阶式的身体接触训练方式并确保双脚处于活跃状态或者采用快速步法且手臂姿势正确来保持接触。

- **问题：** 接球动作不一致。

  纠正： 增加与搭档进行的传接球训练（接球时充分使用双手和双眼）。相对于姿势来说，更加强调控球权的重要性。

- **问题：** 丢球（接球后）。

  纠正： 检查接球并将球置于颌下护球的技巧：手指向上，肘部朝外向上，紧抓篮球，使用转身技巧护球并摆脱防守球员。

- **问题：** 无法以简单的方式快速得分。

  纠正： 在接球前努力形成稳定的低位姿势，放低身体重心，呈坐立姿势来保持灵活性，重复训练某一个得分移动方式，直到达到自然而发的程度，努力解读防守并快速做出正确的反应，要随时做好投篮不中的准备，无论何时，尽可能有角度地投篮得分。

- **问题：** 在面对篮筐移动时多次运球。

  纠正： 训练扎克进攻，交叉进攻移动至中路，在面对篮筐时使用一次保护运球进攻篮筐（首先没有防守队员，其次是消极防守，然后是积极防守）。一次运球后（或最多2次），以正确的得分动作完成比赛：活球（跳投或跑投）；死球（勾手跳投、交叉跨步常规勾手投篮或轮式移动）。

低位战术教学要点

- 要有持球的欲望，善于要球。
- 指导球员执行内线移动（正向移动和反向移动），使球员在执行这些动作时保持信心，经常让团队在内线（3秒区内）持球，以便他们能够使用这些移动方式。团队训练时应该由内向外进行。
- 指导球员在执行大多数内线投篮时借助篮板优势，这能够获得较高的投篮命中率。
- 所有的球员都非常具有竞争力，喜欢身体接触，具有成为低位球员的潜力。
- 指导球员在内线时保持双手高举。
- 指导球员采取低位站位，在低位线上或者附近为队友提供传球目标。球员接球时应该坚持使用双手并将球置于颌下护球。
- 强调要善于借助冲撞缓冲部位（身体下部和大腿根部）进行身体接触，以及快速强力地移动以使自己获得空位。
- 在进攻时使用身体缓冲部位创造接触，封阻防守球员使自己获得空位。
- 在内线传球（必要时追逐传球）时，控球权比位置更加重要。
- 使防守球员朝他们的惯性方向移动。
- 每次在低位接球时都将球置于颌下护球（安全地接球）。
- 训练低位球员学会解读传球、防守他们的球员执行何种方式的身体接触以及防守球员所处的位置。一般来说，应该观察并向中路进攻进入罚球区。
- 指导球员执行低位投篮或者强行移动并执行勾手跳投，将这些基本形式的投篮作为从护球姿势向中路突破到罚球区时简单的得分方式。
- 向球员展示在强行移动过程中如何将身体置于防守球员和篮球之间，这是一种非常高效的移动方式。
- 指导球员执行轮式移动，有顺序地执行强行移动、急停和低位移动动作。
- 在某些情况下，低位球员可能需要使用外线移动方式接球并面向篮筐，尤其是在罚球线或者高位区域或短角（低位）区域，防守球员在低位或中低位区域正后方执行防守时。
- 执行扎克进攻移动时尽可能只使用1次或2次运球。

低位战术训练

在进行这些训练时，应该采用进阶式的训练方式，从没有防守到想象不同的位置存在防守球员，然后是训练助理用双手在空中挥舞这种虚张声势的防守，最后加入真实的防守球员。注意：低位球员也可以进行一般的技术训练，如本书第3章和第4章中介绍的训练方式。

低位热身训练 ▶

目的： 在准备进行正式训练前，先指导内线球员一些基本的技术。

设施： 篮球、网球、半场场地和篮筐。

过程： 每个项目训练1分钟，每天至少选择6个项目进行训练。

- 双球依次运球。
- 运球和花式运球。
- 网球内场训练（双脚分开并降低身体重心，脚尖朝外，呈坐立姿势）。朝墙壁击打网球以增强接球能力。朝手臂一侧墙壁抛球来创造网球反弹，并用双手接球。
- 想象中面对有防守球员滑步或者移动的防守情况。
- 进攻中的无球移动（单独训练或者双人训练）。
- 篮圈到篮圈快攻冲刺。
- 螃蟹步运球（双手在两腿之间靠近前腿的位置运球，然后将球置于颌下并双脚向前弹跳）。
- 以向上抛球或者转身传球的方式为自己传球，然后接球并将球置于颌下护球。
- 从距离篮筐1.2~1.8米的位置绕篮筐（5个地点）勾手跳投训练（左手和右手）。
- 柔和投篮。在5个地点执行5次投篮（任何目标）或者执行勾手跳投。
- 麦肯训练系列（常规、反向、强行、投篮假动作并强行上篮、自由投篮）。
- 每只手举起1个重物托盘，拇指插在重物托盘的孔里。非轴心脚从身体一侧低位线移动到另一侧低位线，或者在身前做连续的脚步动作。

队列训练：低位球员启动、转身和急停

目的： 指导低位球员使用基本的4队列形式训练正确的步法。

设施： 最低半场场地。

过程： 4列球员分别站在底线附近的边线处、罚球区外侧（两侧的罚球区）以及对面的边线位置。以低位站位启动按照顺序执行开始、急停和转身动作。

- 从低位站位到低位启动姿势（没有负步）。
- 在罚球线处执行急停后采取低位站位，快速向后转身并返回到底线位置（急停进行低位站位）。使用前转身方式重复以上动作。

- 全场训练选项。在罚球线、中场线、对面的罚球线和对面的底线位置以低位站位停止，在每个位置使用两种转身方式并重新开始训练。每种移动都使用相应的口头语。

教学要点

1. 低位站位和启动。
   - 双脚分开，比肩略宽。
   - 呈坐立姿势。
   - 肘部成90度，双手保持高举。
   - 向前迈正步（无负步或后退起始步）。
2. 停止。
   - 急停（从脚跟到脚尖的顺序或者柔和落地）。
   - 使用活跃脚（或快速步法）全脚停止。
3. 转身。
   - 分别使用右脚和左脚为轴心脚执行前转身动作。
   - 分别使用右脚和左脚为轴心脚执行后转身动作。
   - 抬起脚跟以轴心脚的脚掌为轴进行转身。
   - 降低身体重心并保持头部处于水平状态。
   - 执行后转身时挥动引导肘，执行前转身时挥动前臂。

低位双人训练

目的： 指导球员对低位球员所需的基本技术进行训练，包括低位站位、传球和接球以及将球置于颌下护球。

设施： 1个篮球、2名球员（距离4.6~5.5米，1名球员位于低位位置）。

过程： 1名球员采取无球的低位站位，外线的球员则采取持球的快速站位（三威胁姿势），两个人进行传接球训练，每次接球后都将球置于颌下护球。外线球员持球，低位球员接球（接球后转换角色成为传球球员）。两个人重复进行传接球训练，持续1分钟。

选项

- 常规的内外低位站位、传球和接球训练。
- 不良传球变化训练。接球球员为了获得篮球必须放弃自己固有的姿势，接球时使用双手并将球置于颌下护球。
- 击地传球、接球、颌下护球和向外传球。传球球员朝低位的接球球员执行击地传球，后者接球并将球置于颌下护球，再将球回传给传球球员，传球球员接球后再向低位球员的另外一侧击地传球。低位球员必须向右或者向左侧进行滑步移动并使用双手接球，重复将球置于颌下的动作并再次将球回传给传球球员。
- 将球回传给传球球员。低位球员采取低位站位，背对传球球员。传球球员为低位球员传球并呼喊接球球员的名字，然后低位球员转身面向传球球员接球并将球置于颌下护球，再将球回传给传球球员（进行10次）。

- 传球球员和篮板球员。低位球员采取低位站位，传球球员投篮或者向低位球员附近的空中抛球，低位球员模拟2打2的战术，追逐并抓住想象中的篮板球。教练应该指导球员在球反弹出球员所在区域时如何追逐篮球，双手接球并将球置于颌下位置护球。

教学要点

- 低位球员就位并保持低位站位。
- 每次接球后将球置于颌下护球。
- 获得控球权比姿势更重要。
- 努力接住每一次传球。
- 执行任何动作时都使用双脚和双手。
- 接球动作一气呵成（双眼和双手）。

转身传球低位移动训练 ▶

目的： 指导球员进行个人进攻低位移动。

设施： 篮球、篮筐以及反弹设备（可选）。

过程： 低位球员双手举过头顶抛球，接球后将球置于颌下护球，再转身低手击地传球并接球，将球置于颌下护球；或者借助反弹设备为自己传球，在自己希望的接球位置背对篮筐接球。球员在每侧的罚球区针对每种低位移动方式重复训练3~5次。内线或者低位移动包含以下几种选择。

- 低位投篮：到中路。
- 勾手跳投：绕罚球区（接球并转身；接球、螃蟹步并投篮）。
- 强行上篮：到底线（篮下强行上篮）、到中路（勾手跳投）。
- 轮式移动：到底线、到中路（高级技巧）。
- 面对（篮筐）：跳投、投篮假动作跳投以及交叉步低位移动（前转身选项）或者活球移动（后转身选项）。

教学要点

- 本训练不加入防守球员。
- 教练也可以为低位球员传球以便检查训练效果，如低位站位、低位线、步法、手部目标、接球技巧、颌下护球以及低位移动。
- 也可以选择在执行下一个移动动作前连续执行3~5次投篮。
- 每次投篮都做好投篮不中争抢篮板球的准备，直到篮球入筐。

低位进阶训练

目的： 让球员自己进行进攻低位移动的进阶式训练。

设施： 篮球、篮筐以及反弹设备或者其他接传球方式（可选）。

过程： 低位球员开始训练时使用低手传球方式为自己传球（或者借助反弹设备进行传接球），并按顺序执行低位移动，每次移动时执行5次投篮。

- 强行移动到底线左侧：低位。
- 勾手跳跃移动至中路左侧：低位。
- 低位移动：左侧，低位。
- 轮式移动：左侧，中路或低位。
- 面向（篮筐）移动：左侧，低位。
- 面向（篮筐）移动：高位，左侧肘区。
- 重复相同的移动方式：右侧。

　　球员需要在执行每种移动方式时完成5次投篮和2次连续命中的罚球（5个常规投篮和2个罚球），然后可以进阶到下一个移动方式（否则需要重复刚才的移动）。

选项

- 对于高水平的球员来说，需要连续完成3~5次移动投篮或者连续命中3次罚球。
- 按照无防守、固定位防守、虚张声势的防守以及真实防守的顺序进行训练。

教学要点

- 首先保证动作的正确性，然后按照真实的比赛节奏进行训练。
- 假设所有投篮都不中，争抢篮板球并再次投篮得分。

大间距和低位给球训练 ▶

目的： 让外线球员在篮筐的4个外线位置以大间距站立，如图6.20a所示；让6名球员在1个篮筐下以三角形站立（低位给球，如图6.20b所示）。

设施： 篮球、带篮筐的半场场地以及4名球员（大间距训练）。另外一个半场2个篮球和1个篮筐，每侧由3名球员（1名低位球员和2名外线球员）组成一个小组。

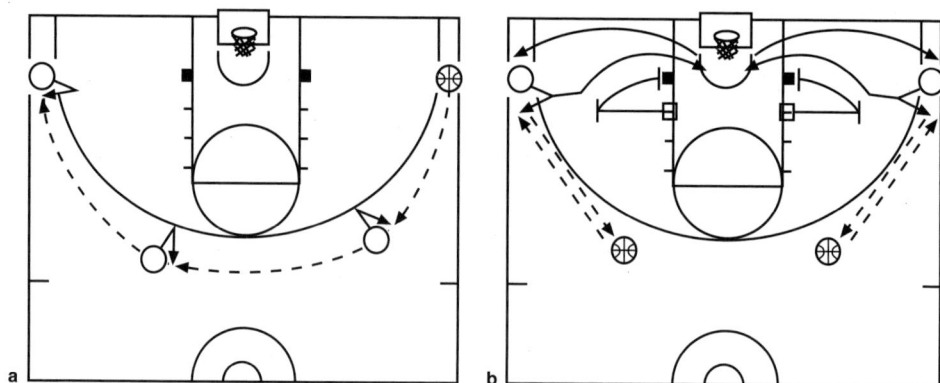

图6.20 大间距和低位给球训练：a. 大间距外线球员；b. 低位给球

过程： 大间距是指4名外线球员分别位于半场中的4个外线位置。球员使用常规的篮球或者加重的篮球尽可能快速地围绕外线球员进行传球（可以对反向传球进行计时）。

大间距训练教学要点

- 球员应该迈步进行传球，借助腿部力量传球。
- 反向传球时球员之间的距离不能太大。站在边线或中场线附近。
- 球员应该围绕外线球员进行传球。
- 接球球员应该使用V形切入方式来缩短传球路线。
- 传球球员应该远离防守球员，接球球员双手举起并使用外侧手作为传球目标（一只手作为接球目标，另一只手用于阻挡防守球员）。
- 教练应该着重强调球员应该强力转身迈步用身体保护传球路线并借助腿部力量大力传球。使用双手空中直传的传球方式。
- 球员在每次传球时都应该喊出相应的口号（使用传球球员的名字）。

选项

增加4名防守球员；增加篮下切入动作；增加运球突破动作。

低位给球过程

罚球区每侧各站1名低位球员。2名外线球员相距4.6~5.5米站立，与同侧的低位球员一同进行训练（可以6名球员一同训练）。罚球区顶端的球员传球给自己一侧的翼部球员，后者面向篮筐接球或者接球后转身面向篮筐并呼喊"篮圈、低位、行动"（提醒队友获得控球权优先于寻找投篮、向低位给球、传球或者运球突破的机会）。外线的翼部球员将球回传给后卫球员并使用背后掩护从低位切到篮下。低位球员然后立即为外线球员做下挡并使用滑步移动或者再次背打，在第二次接到后卫球员的传球时，翼部球员为低位球员传球。

低位给球教学要点

- 在低位使用虚拟的防守球员并指导球员如何在传球时远离防守球员（传球创造得分）。
- 在传球、切入、掩护以及持球或者针对外线球员执行RPA原则时，坚持使用口头语提示。
- 着重强调传球和接球原则以及移动和旋转（转身）概念。
- 注重对背后掩护、下挡和切入技巧的训练。低位球员必须远离掩护并滑步移动，在每次掩护时获得两种得分选择。

选项

在后期加入防守球员；在训练时球员可以变换位置。

全美低位训练

目的： 指导球员进行全部进攻低位移动训练（针对高水平球员）。

设施： 篮球、半场场地和篮筐。

过程： 在这个持续30分钟的训练中，只有按顺序完成所有的投篮方式后才会继续训练下一个移动方式。每天都按照比赛的节奏正确、快速地重复训练。可以从你喜欢的罚球区的一侧开始。执行顺序如下。

1. 4次底线强行移动。
2. 4次移动至中路勾手跳投。
3. 4次转身跳投，在底线一侧转身，使用轴心脚。
4. 4次带投篮假动作的转身跳投。
5. 罚空心球（空心球投中+2分，不是空心球且失误−2分）。
   - 如果球员失败（−2分），做俯卧撑或者冲刺跑。
   - 如果球员成功（+2分），连续投篮，直到出现投篮不中。投篮不中时，球员继续下一个项目。
6. 4次从低位启动、Ｖ形切入并闪切到罚球线执行跳投。
7. 4次向外迈步到短角区域，在底线处执行跳投。
8. 罚空心球比赛。
9. 4次Ｖ形切入并闪切到罚球线进行投篮假动作跳投。
10. 4次短角区域投篮假动作底线跳投。
11. 罚空心球比赛。
12. 4次Ｖ形切入并闪切到罚球线做投篮假动作，并突破强行上篮或者在罚球区扣篮。
13. 4次短角区域投篮假动作并强行上篮或者扣篮。
14. 罚空心球比赛。

2打2低位给球训练

目的： 指导球员进行进攻和防守低位战术、为低位球员传球以及传球后移动接队友回传球的训练。

设施： 篮球和篮筐、4名球员组成1组（2名进攻球员，2名防守球员）。

过程： 2名进攻球员和2名防守球员围绕罚球区从各个不同位置训练外线和低位战术。应用低位战术中全部的进攻和防守原则。2名球员需要扮演进攻球员的角色（1名外线球员，1名低位球员）。防守球员获得控球权时必须向外传球或者运球进行角色转换。外线进攻球员将球传给低位球员时执行Ｖ形切入接可能的回传球，并喊出低位球员的名字。

选项

- 2名外线球员不设防，外加1名防守和1名进攻低位球员（每次得分后双方轮换角色）（参见图6.21）。
- 2名外线球员和2名低位球员（1名负责进攻，1名负责防守）。外线球员在罚球区顶端持球开始训练。他运球到任意一侧的翼部位置，进攻球员在该位置获得空位，低位球员可以切到高位或者向外移动为队友设立掩护（挡拆战术）。
- 2打2淘汰训练。

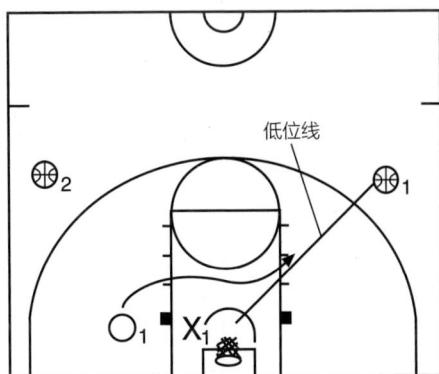

图6.21 2打2低位给球训练

麦肯训练法

这是一个以乔治·麦肯的名字命名的训练方法。他是篮球历史上第一名在球场上具有统治地位的低位球员，这种训练方法适用于所有球员（外线球员和低位球员）。

目的： 指导球员进行步法、控球以及在篮筐附近带球上篮的技巧。

设施： 每名球员1个篮球和1个篮筐。

过程： 交替进行不同形式的带球上篮，在左侧用左手投篮，在右侧用右手投篮。球员抢到篮板球并将球置于颌下护球后，应该立即快速移动双脚并进入投篮位置。接球时使用双手并将球置于颌下护球，尽量每次都投中空心球并执行跟随动作。在篮筐左右两侧交替进行篮板投篮时，不要让球落到地面上，这有助于培养和保持节奏感。按照比赛节奏进行训练。

选项

- 连续进行1分钟、3分钟、4分钟和5分钟的训练。
- 常规麦肯训练。
- 转身带球上篮麦肯训练。
- 强行上篮麦肯训练：投篮时跳到篮下，跳到另一侧接球并将球置于颌下护球；从双脚到双脚重复执行移动动作（篮板前一侧到另一侧）。
- 带假动作的强行上篮麦肯训练（保持站立姿势在竖直方向做2.5厘米距离的假动作）；在做投篮假动作时保持脚跟向下。
- 自由投篮：1分钟连续投篮或者围绕篮筐以任何移动方式获得10分。接球投篮并进行下一个动作。

5打5低位传球训练

目的： 指导低位球员如何获得空位、接球、执行低位移动以及解读防守球员的防守（尤其面对包夹防守时），并从低位向外传球；指导防守球员对低位球员进行包夹防守以及在对方传球时如何从低位执行跟防。

设施：篮球、半场场地以及10名球员（5名进攻球员和5名防守球员）。

过程：3名外线球员和2名低位球员的位置如图6.22所示。在图6.22a中，防守方允许对刚进行第一次传球（训练时一直使用这种原则）的低位球员进行1打1训练（没有包夹防守）。在图6.22b中，设置包夹防守。在第一次传球后，所有训练都按照正常比赛节奏进行。

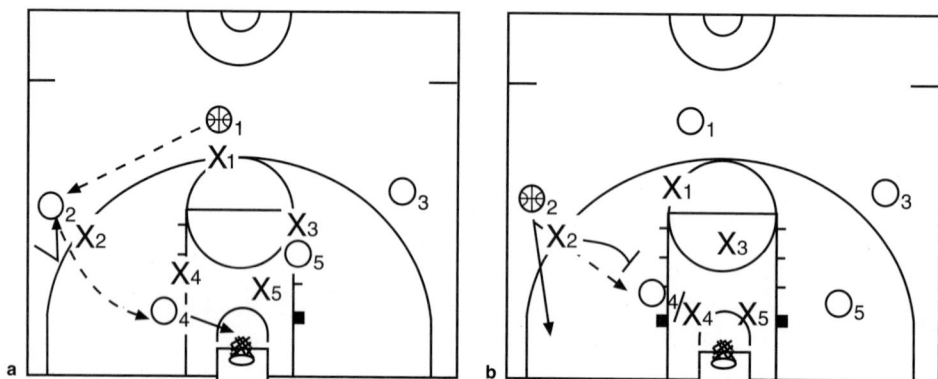

图6.22　5打5低位传球训练，每次获得球后，防守方都应快速聚集执行包夹战术并快速返回防守：a. 无包夹防守时传球；b. 防守方设置包夹防守

低位防守得分训练

目的：指导低位球员接球并将球置于颌下护球，以及双脚通过防守球员或者阻挡装置得分（迫使对方犯规得分）。

设施：5名防守球员、5个篮球、1名持阻挡装置的防守球员。

过程：5名球员，每名球员持1个篮球，在距离篮筐1.8米的位置绕篮筐成半圆形站立（5个位置）。1名防守球员位于篮筐前面，手持阻挡装置。1名进攻球员从底线开始，接住持球员以转身后传或者击地传球的方式传来的球（良好传球或者不良传球），接到球后将球置于颌下护球，不需要运球，转身并通过双脚强行移动与防守球员进行身体接触的方式得分。重复执行5次该动作（往）以及5次返回动作（返），一共10次连续通过防守得分。球员之间轮换角色重复训练。

1打1低位对抗训练

目的：以1打1形式训练低位进攻和防守。训练以2~3次投篮命中或1分钟为限。

设施：3名外线球员（罚球区顶端和两个翼部位置）、篮球、2名低位球员（1名进攻球员和1名防守球员）以及1个篮筐。

过程：进攻低位球员和防守低位球员站在罚球区内，3名球员站在外线。训练开始时，防守球员持球，他将球传给任意选择的1名外线球员；罚球区内的2名球员进行1打1比赛。将球传给进攻的低位球员，可以传给任意一名外线球员。

教学要点

- 进攻：在低位线上采取低位站位，创造身体接触并封阻对方，球员正对着将要
  为其传球的外线球员，获得并保持空位状态，安全地接球并以简单的方式得分。
- 防守：避免身体接触，除非能够获得有利的位置或者其他优势，阻止外线球员
  为低位球员传球。

外线–低位进阶训练

目的： 让外线和低位球员以1打1、2打1和3打1的形式进行内外合练，先不防
守，然后以2打2、3打2、3打3、4打2、4打3和4打4的形式与其他防守球员
比赛。

设施： 4名外线传球球员，2名低位球员，每个篮筐1个球。

过程： 先从1名外线球员和1名低位球员开始，然后进行2打1、3打1等训练。可
以增加防守球员，直到训练变成4打4，使用有选择的进攻和防守选项，并使用
不同的重复动作（参见图6.23和图6.24）。

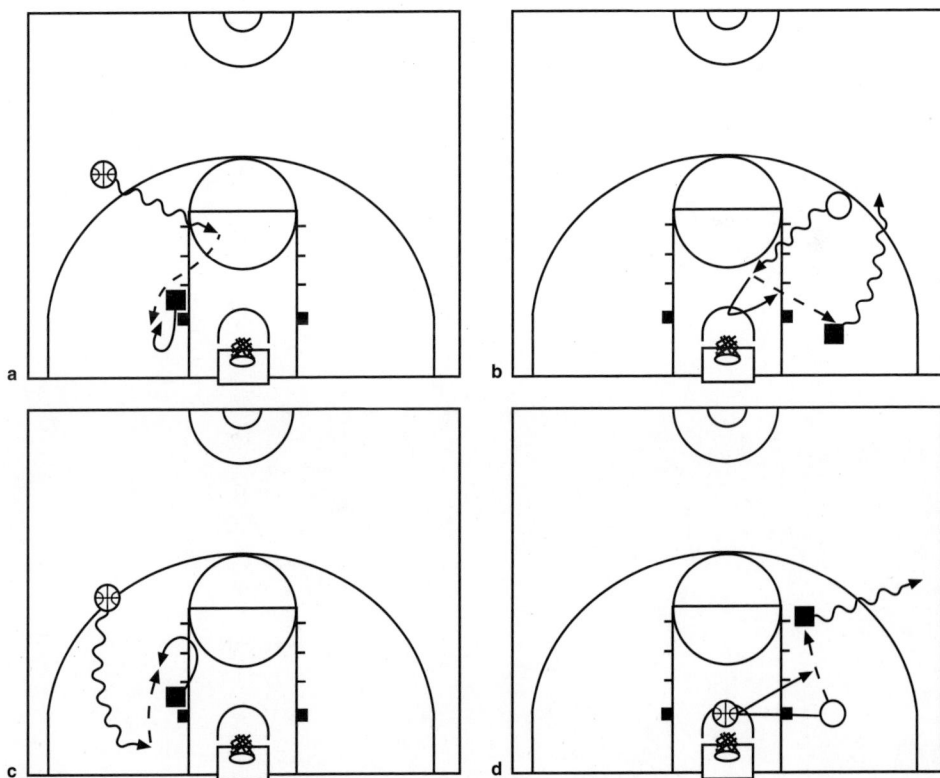

图6.23 1名外线球员和1名低位球员的外线–低位进阶训练：a. 中路突破——低位球员向外迈步；b. 低位球员向外传球，外线球员执行背打；c. 底线突破——低位球员面向篮球切出罚球区；d. 低位球员向外运球，外线球员执行背打

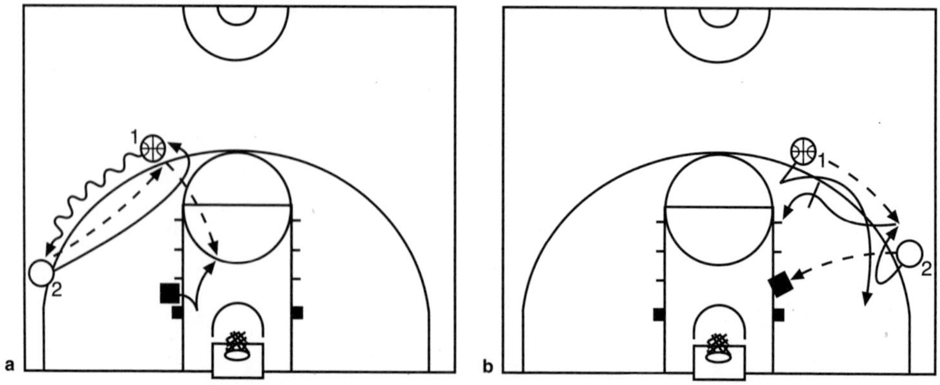

图6.24 2名外线球员和1名低位球员的外线-低位进阶训练：a.翼部运球，从翼部循环到罚球区顶部，翼部对点传球，并从罚球区顶部给低位球员传球；b.外线球员在外线传球给低位球员后向内线切进

- 中路突破：低位球员向外迈步。

- 低位球员向外运球，外线球员执行背打。

- 底线突破：低位球员面对篮球切出罚球区。

- 低位球员向外运球，外线球员背打。

- 外线传球员背打并切向角落（重心向下滑步），到翼部（重心升高滑步）或篮筐。

伍登金句

"把生命当作永不停息一般来学习，把每天当作最后一天来生活。"

——约翰·伍登

第 7 章

个人防守

"我的球队具有顽强防守、谨慎投篮以及不畏艰难的精神。"

——丹·哈斯金斯，人送外号"大黑熊"，奈史密斯名人堂教练
得克萨斯大学埃尔帕索分校篮球队前主教练

无论是对于教练还是对于球员来说，个人防守都是一项很大的挑战，相对于能力来说，其中包含的基本技术更多是由精神因素决定的。防守是每名球员篮球技术中始终不变的一部分。球员在提高自己防守技术的过程中，会遇到来自意志力和身体素质的双重挑战。到了篮球技术中的这个阶段，防守效果在很大程度上由球员所学的知识、教练强调的训练内容、教练进行的常规评估和防守需求决定。为了满足这些要求，球员需要决心和勇气，这两个最重要的因素对个人防守取得成功至关重要。

所有防守体系中都需要基本的个人防守技能：人盯人防守、区域防守或者联防等。这些基本技术如下。

- 防守站位和步法。
- 有球防守、无球防守、从有球防守到无球防守、从无球防守到有球防守。
- 特殊情况防守，如掩护、包夹（双人防守）和防守原则。

个人防守技能需要融入一致的防守体系中，其中包含防守覆盖范围（全场严密防守、扩大防守、半场收缩防守）、强度（路线、防守分布类型）、防守分配（人盯人、区域防守或者联防），以及运球球员的威力等。本章讨论的是带有侵略性的人盯人的个人防守技能，但教练可以对其进行修改，以便适用于其他情况或者特定的团队防守理念。

防守是获胜的关键，与进攻相比，防守对胜负的影响更大。奈史密斯名人堂教练拉尔夫·米勒曾经说过，一场篮球比赛的失败往往是由于不成功的防守导致的，如个人防守、团队防守、防守篮板球或者受迫性失误。防守还能带来快攻机会、轻松的投篮以及更多的进攻信心。

防守基础知识

防守需要精神和身体的共同支持。应该鼓励球员主动出击，而不是被动挨打。一般来说，防守球员在对抗中处于劣势。要改变这种情况，其中一个方法就是牢记这样一个规则，即主动出击比被动挨打更加有效。教练可以借助缩略词ATTACK向球员强调防守中的主动元素。

A——态度（Attitude）。所有的防守球员在防守时都要有决心，努力成为一名具有侵略性和具有智慧的防守球员。球员必须保持他们对比赛的热情，尤其是在防守方面。只有球员在每次执行防守时都具有全力以赴的决心，教练所教的知识才能发挥作用。精彩的防守需要消耗球员很多的体力、脑力和意志力。

T——团队精神（Teamwork）。5名球员的共同努力比5名球员各自为战更有效率。防守团队的协同作战犹如化学反应，可以将进攻球员固有的优势抵消掉，以协同作战的方式进行团队防守可使球队渡过难关并获得胜利。教练应该告诉球员："不要在防守上让队友失望！"

T——防守工具（Tools of defense）。4个基本的防守工具，即思想、身体、脚和眼睛。双手可以用来进行协防或者干扰对方。首先使用其他工具，尤其是身体时，可以将双手作为防守辅助工具。

A——预判（Anticipation）。球员必须善于使用由视觉触发的球感和判断力（精神）。观察对手和篮球的动向，篮球是否命中是比赛的关键。球员应该始终注意球的动向并使用眼睛进行预判。例如，他们应该快速发现那些存在漏洞的传球并快速做出决策，速度基于身体上的准备和精神上的预判。

C——专注（Concentration）。球员应该始终保持机警并随时执行防守。他们必须学会评估形势并能够化解对手的优势。在执行防守时，球员不能走神，无论是身体上还是意志上。交流是一种提高专注力的良好方式。

K——保持站位（Keep in stance）。球员必须始终保持防守快速站位。球员不要存在侥幸心理，要通过移动改变自己的站位，所有球员必须始终做好利用对手出现的错误的准备。对于防守球员来说，保持站位是最重要的身体就位概念。教练需要不断提醒球员采取并保持防守站位，随时准备应对对手选择的最佳移动方式。教练和球员可以使用这个概念作为主观上的防守标准。优秀的防守球员和球队能够在整个防守过程中始终保持快速站位。每名防守球员还需要保持一种警觉的防守心理状态，即在整个防守过程中，身体和心理上都要保持警觉，准备迎接对手的进攻。

要点提示
采取并保持快速站位。

防守要点

除了要成为主动的防守球员，球员还必须要了解9个基本的防守要点：转换、目的、压力、位置、阻止突破、移动、球路、阻挡和交流。

转换。首要任务是提前准备从进攻到防守的转换，这需要5名球员通过交流有组织地转变角色，包括对篮板球的权衡（每次投篮时都做好投篮不中的准备，回防或者争抢进攻篮板球）。快速回防保护防守篮板，确定篮球位置，找到投篮球员并防守所有处于空位的进攻球员。回防的球员应快速朝防守端冲刺，同时观察篮球的动向［从内侧肩膀观察篮球，红灯情况（即极度危险）］，一旦对方的进攻被遏制，就可以正常跑动或者向后滑动［黄灯情况（即警告性危险）］。进攻方拿到篮球意味着防守正式开始，而在防守方抢到防守篮板球、断球成功、反攻或者对方投篮命中时，则意味着防守结束。向防守篮板移动时，应该采用与边线平行的直线回防路线，这能够帮助球队更好地对全部外线投篮球员进行防守。

当对手获得控球权时，按照以下规则进行攻防转换。

- 执行3个快速迈步回防。
- 在整个攻防转换过程中始终将篮球纳入自己的视线范围内（从内侧的肩膀看），估计一下情况。
- 及时沟通，确保能防住所有对手。

目的。 防守的目的是不让对手轻松得分以及通过抢篮板球或者断球的方式重新获得控球权。防守球员必须学会如何阻止对手轻松投篮得分。例如，阻止对手全部的带球上篮动作，使进攻方在执行所有投篮动作时都要付出极大的努力（让对手投篮时面对巨大的压力，即让对手在压力下投篮）。防守的总体目的是完全阻止对手得分。当然这是一项不可能的任务，因此最佳的防守目的就是只让对手在对抗的环境下投篮。

压力。 可以通过对对方施压的方法扰乱进攻方的基本节奏。防守球员必须持续地向对方控球球员施压。从身体和语言上向对方的每一次投篮施压。干扰对方的持球球员（持球或者运球球员），封阻持死球的球员（已经没有运球权的球员），随时准备保护己方篮板以及帮助防守持球球员进行协防。向对方的每一次投篮施压，迫使投篮球员进行调整。手部应该在对方面前高举以对投篮进行干扰。对持球球员施压时，必须结合合适的无球位置并随时做好准备。

位置。 教练应该训练球员在防守时保持站姿并占据场上合适的位置。球员在进攻移动时，快速冲刺到下一个位置。大多数犯规发生在防守球员没有就位或者没能保持个人防守站位。球员应该快速就位并保持防守的快速站位，同时保持与篮球和篮筐相对的合适的防守位置。无论何时，对手传球或者运球时，防守球员都应该快速移动进行协防。

阻止突破。 进攻球员会试图通过传球或者运球的方式将篮球朝篮筐移动。无论何时，防守球员都必须努力阻止对方进行这种突破行为。1名防守球员应该始终对篮球施压，另外4名球员则在篮下执行区域防守来保护己方的篮筐，并随时对防守队友提供支持。防守球员应该阻止对方从中路朝篮下突破，因为进攻方会通过运球或者空中直传的方式将球移动到这个区域（尤其是图7.1中所示的力量区域）。无球防守意味着通过在篮下区域执行区域防守来阻止对方向中路（尤其是力量区域）传球或者运球。防守球员应该采取区域防守战术并对防守持球球员的队友提供支持。努力阻止篮球和进攻球员进入力量区域。

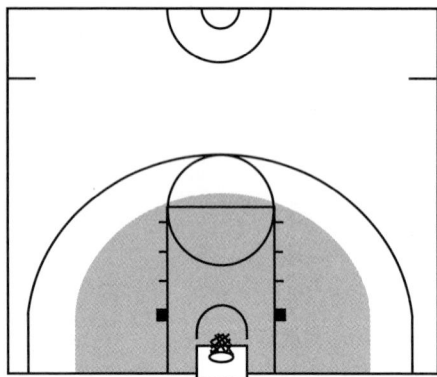

图7.1 力量区域：距离篮筐4.6~5.5米的区域

移动。 球员必须学会在对手每次传球时进行移动。每次传球时，5名队员都应该相应地调整自己的位置。执行有球防守时，在对方控球球员传球后，防守球员应该立即朝篮球和篮筐移动，快速跳跃或者奔跑到有球侧。执行无球防守时，防守球员应该在对手每次传球时朝着篮球调整自己的位置以保持自己的位置能看清球和进攻球员。

球路。 传球线路防守，意味着只有当对方球员在球前，且面对篮筐时，才采取的防守策略。在图7.2中，X_1 和 X_2 需要先到达⊕$_1$ 的前面，然后才能获得合适的防守位置对持球球员以及其他无球的对手执行防守。

  阻挡。成功的教练能够认识到防守篮板球是团队防守中重要的组成部分，也能够花费足够的时间教授球员这方面的知识（参见本书第8章）。每一名防守球员都具有责任阻止进攻球员进入篮下区域以及在对手投篮后争抢防守篮板球。此规则适用于任何风格的防守打法。

  交流。团队的成功总是需要球员的交流。所有球员都必须通过语言或者肢体动作互相交流，进而产生有效的团队防守效果。本质上讲，5名球员在行动上应该像一个整体一样。杜克大学篮球队主教练迈克·沙舍夫斯基曾经说过，球员和球队的关系就像手指与拳头的关系。手指只有结合到一起才能从事拳头能够执行的工作。而交流是使手指成为拳头的纽带，能够将5名球员融合为一个防守团队。但是球员在防守时不能使用过多的语言，因此有效的交流就更加重要。

图7.2 球路

有球防守

  可以将有球防守看成整个防守的开端，任何良好的防守都始于对球的防守。在防守位置上可以同时观察自己负责防守的进攻球员和篮球的动向。与此同时，有球防守也是最具有挑战性的防守任务之一，防守球员需要同时具备技巧和意志力以保持在持球球员和篮下球员之间，通过保持在持球上篮位置，防止进攻球员运球突破。

  本节涉及的技巧、原则和防守概念都是基于作者一生的防守站位和步法教学的经验，防守站位和步法是球员在防守持球者时所需要的步法，也是成为一名成功的防守者所必需的步法。随着控球技术的不断提高，对于那些身体和技术占优势的球员来说，进攻球员的优势会不断增大。因此如果没有合适和水平较高的防守技巧，成功完成1打1有球防守几乎是不可能的。虽然如此，但关键还是要把球挡住，把持球者挡在防守者面前（"球–防守球员–篮筐"）。

  本书中推荐的有球防守技巧已经有针对性地迎合了现代比赛不断增加的挑战以及进攻球员不断变强的优势。这些概念是从大量比赛和教学经验中总结而来的，尤其是通过与贡萨加大学篮球队肌肉和体能教练麦克·尼尔森讨论而得出的。麦克已经将平衡与速度的概念融入了书中建议的有球防守技巧之中。这些建议能够极大地增强球员的有球防守能力。

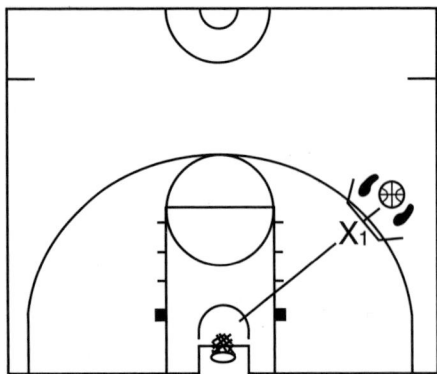

图7.3　"球-防守球员-篮筐"：防守持球者时的位置

图7.4　臀部朝向篮筐的防守站位

防守活球

防守持球的球员（仍然有运球权的球员）时，防守球员需要采取快速站位并保持双脚处于活跃状态（快速步法）。进攻方拿到球时可以通过口头语"球"进行交流，然后说出口头语"准备、准备"。应该指导防守球员保持占据控球球员与篮筐之间的位置（"球-防守球员-篮筐"），如图7.3所示。看到并消除控球球员的优势（在主导侧）以便阻止其运球突破。

在阻止运球球员传球和运球突破的同时，对其进行干扰并分散他的注意力也是非常重要的技巧。采用手臂和腿部弯曲的站位姿势（利于获得速度和平衡），保持双脚和双手处于活跃状态，迫使对手执行击地或者头顶吊传。双脚正对进攻球员，保持"球-防守球员-篮筐"的直线相对关系（不要完全遮挡，也不要开放防守站位或者将篮筐暴露给进攻球员）。采取双脚错开的站位，内侧脚稍微向前，外侧脚稍微指向外侧。建议使用后背或者臀部朝向篮筐，这样有利于快速执行横向移动动作（参见图7.4）。这种站位的特点是，身体重心较低、双脚分开、臀部向下、双膝分开、头部低于进攻球员的头部大约与其肩部在同一个水平位置。

后脚不能向后撤得太多，这种错误会导致防守球员为对手的运球突破敞开大门。有时候这种错误姿势被称为"斗牛士防守"（matador defense），因为这种姿势能够让进攻球员轻松地运球通过防守球员的后脚一侧，并使防守球员像斗牛士那样，在进攻球员运球突破时朝向进攻球员的方向摇摆。这种站位也使得快速执行横向移动变得更加困难，不能很好地保持"球-防守球员-篮筐"这种相对关系。同时，还会在前脚侧为对手运球移动提供空间（参见图7.5），因此很难对其进行防守。球员应该使自己的臀部正对篮筐，横向阻挡进攻球员，不让他执行运球突破。如果能够使用正确站位和手部位置，防守球员在防守对手活球移动时几乎不需要执行摇摆动作或

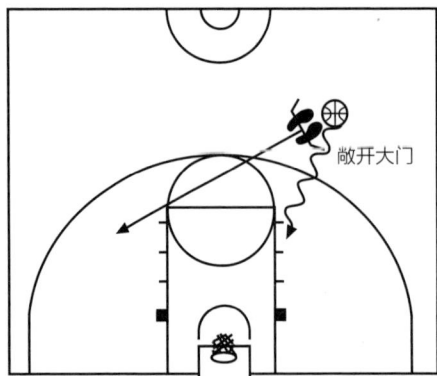

图7.5　有球防守：斗牛士防守给了进攻球员一个空间。改正：通过积极的脚步活动，一直对对方施加防守压力

者后撤步。这种姿势能够使防守球员保持自己始终位于控球球员前面，进而形成"球-防守球员-篮筐"的这种直线关系，而不产生任何手部接触。

防守时通常手放在活球的一侧（通常是前手），保持前脚和前手在一个垂直水平面上，与活球位置形成一个镜像，具体操作如下。

● **球在进攻球员头顶。**防守球员靠近防守时，手应该置于头上，手臂伸展以阻止对手传球。执行该动作时可以双脚快速向前跳跃。进攻球员将球置于头顶时，就失去了快速突破或者投篮的机会（球在进攻球员头顶，防守球员手部举起并靠得更近）（参见图7.6a）。

● **球在进攻球员的投篮区。**防守球员将手置于前面并在球上方附近（如果可能），准备阻止对手投篮或者从耳朵旁边执行快速的空中直传动作（参见图7.6b）。

● **球在进攻球员的较低的位置。**手部水平维持在球的上方，阻止对手快速投篮或者将球移动到身体的上方（上下移动或者环形移动），如图7.6c所示。防守持球的进攻球员时，选择比对方更低的防守位置非常重要，因为这样能够更好地应对对手运球突破带来的威胁。防守球员必须保持身体处于"球-防守球员-篮筐"的位置，以便阻止对手在运球时使头部和肩膀通过防守球员。

另一只手肘部弯曲采取灵活姿势并保持位于身体的前面，随时准备在进攻球员将球移动到另一侧时对其实施干扰。这一侧的手同时还需要准备在对手从这一侧传球时进行封阻，对这一侧的任何传球都实施抢断。

图7.6 防守时的手部和脚部位置：a. 球在进攻球员头顶；b. 球在进攻球员的投篮区；c. 球在进攻球员较低的位置

教练可以使用"站在球上"这个短语来提醒球员针对控球球员采取并保持"球-防守球员-篮筐"这样的位置，同时对持球球员实施干扰。要与持球球员保持足够近的距离，使自己能够接触到篮球，即一只手臂的距离。在防守活球和运球球员时可以应用这种技巧。

注意：对手执行进攻探步时，可以在同一侧执行一个长度为15.2厘米的后退步。这是一种强有力的滑步动作，能够阻止对手可能执行的运球突破。

防守运球球员。 防守运球球员时，保持与其足够近的距离，使防守球员能够触碰到篮球，同时还要根据进攻球员和防守球员的速度对距离进行调整。在确定了进攻球员运球突破的方向时，防守球员可以使用推步来阻止其执行突破，保持或者重新获得"球-防守球员-篮筐"这种位置。防守球员重复使用快速的推步（通常为3步）来阻止对手运球突破时，可以往运球突破的方向略微向后转身。一个比较好的防守提示是防守球员在阻挡运球球员时，应该同时使用精神、感觉和身体。预判突破的方向（精神）、使用快速的推步（使用位于对手移动方向上的脚作为引导脚）来保持"球-防守球员-篮筐"的位置，使用躯干与对手进行接触，进行合规防守，阻止对手运球突破。如果运球球员通过了防守球员（头部和肩膀通过防守球员），那么防守球员可以转身并快速移动，使自己重新获得"球-防守球员-篮筐"这种位置（跑动并恢复防守位置）。

推步技巧。 以平衡的防守快速站位开始，球员应该用力横向推动前脚（在要移动的方向上），同时将头部和身体的重心转移到该方向上。在保持快速站位中脚的位置的同时，使这只脚稍微朝向外侧。尽管也有一些教练更加推崇使用前脚指向防守球员的方式，我们这里还是更加推荐使用双脚平衡的方式。但是腿部的力量来源于拖曳脚的强力蹬地。前脚和拖曳脚的横向移动距离为15.2~45.7厘米，双脚间距与肩同宽。然后使拖曳脚返回到快速站位。通常情况下，3个快速的推步就能够阻止进攻球员在某个方向上的运球突破。接下来，运球球员可能会运球通过防守球员（此时需要跑动恢复防守），也可能会向相反的方向运球（此时，防守球员必须在相反的方向上使用3个推步执行防守）。在这种情况下，指向引导脚是更好的，因为它提供了更多的杠杆力量来改变方向和防止进攻球员反向移动突破。在执行推步动作前，防守球员可能需要执行一定角度的后转身动作，以便保持有利的防守位置。

横向推步移动的步骤如下。

- 根据需要执行一定角度的后转身动作，使防守球员位于运球球员前面，以便保持"球-防守球员-篮筐"的位置（参见图7.7a）。将引导脚脚尖朝着运动方向。
- 拖曳脚用力蹬地执行推步动作，同时引导脚横向移动15.2~45.7厘米，将头部和身体的重心转移到移动的目标方向上（参见图7.7b）。
- 前脚落地时要均匀地分配身体重量（脚尖和脚跟同时落地，身体重量的

要点提示
与控球球员保持足够近的距离。

要点提示
当防守控球球员时，保持"球-防守球员-篮筐"的位置，臀部朝着篮筐，双脚处于活跃状态。

要点提示
推步并滑动，身体重心较低且双脚间距较大，重心不能过低或者双脚间距不能过大。

60%置于脚掌之上），同时保持双脚平行的站位（或者脚趾略微指向外侧）。除非用脚引导并指向运动方向。

- 拖曳脚也移动15.2~45.7厘米，同时保持双脚间距与肩同宽（见图7.7c）。
- 移动时，应该以平行的快速站位开始并以同样的站位结束（只有脚趾略微指向外侧）。

推步技巧有时候被称为"推步并滑动"动作，在执行时，可以使用以下词语作为

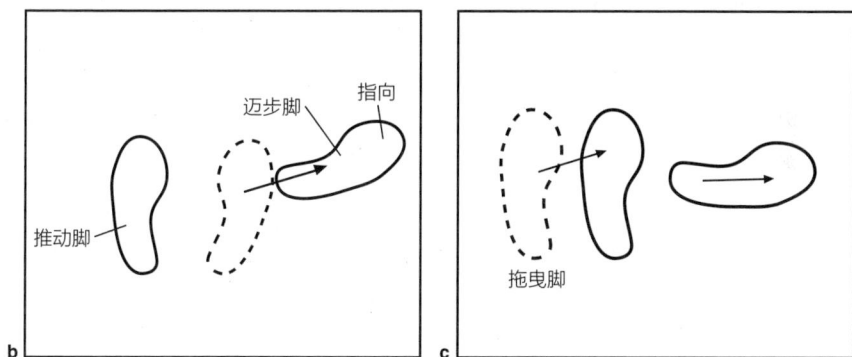

图7.7 推步移动方向步骤：a.一定方向的后转身（只在需要时）；b.推步；c.回到快速站位

提示口头语：推步并滑动、身体重心较低且双脚间距较大、身体重心不能过低、双脚间距不能过大。

采取指向站位时，球员的鼻子应该位于球的上方，身体位于运球球员前面。近处的手指向篮球，肘部弯曲，手掌向上。向右滑步移动时，球员的近手是左手。引导手（后手）呈"拇指掏耳朵"姿势，肘部成合适的角度，前臂成"雨刮器"样式。向右移动时，右手呈拇指掏耳朵或者雨刮器姿势，以便阻止对手从耳朵处执行空中直传。运球球员开始运球时防守球员使用口头语"指向"进行交流。球在后场时干扰运球球员，球在前场时则随时调整"球-防守球员-篮筐"的位置。对手执行转身运球时，防守球员应该向后跳步一步，和运球球员保持一定的距离，同时防守球员伸出手，以做好防守姿势。

防守活球的传统方法。活球防守球员必须采取"球-防守球员-篮球"这样的防守快速站位随时做好防守准备。前脚与进攻球员的主导手相对。如果进攻球员是惯用右手的球员，防守球员可以将左腿和左侧手臂置于前面，迫使进攻球员使用弱手传球或者运球。另一种选择是采取"球-防守球员-篮球"位置时将内侧脚略微放置于前面。教练可以指导球员在防守时使引导手的手掌朝向篮球（参见图7.8），这能够使球员更轻松地执行移动、拍球等动作。这

要点提示
将手置于篮球上，而不是进攻球员身上。

是球员在防守活球时更加惯用的手部姿势。

在保持内侧脚略微在前的同时，球员应该使用双手干扰对手。大多数教练推崇内侧脚在前的做法，如图7.9所示。此外，很多教练更喜欢在迈步滑动执行防守移动时，使用引导脚来阻止对手执行横向移动动作。运球球员的头部和肩部通过防守球员时，防守球员应该跑动并恢复防守姿势。

图7.8 活球防守：引导手手掌向前，拖曳手手掌向上。防守惯用右手的进攻球员时，右脚向前，影响运球球员往左路进攻

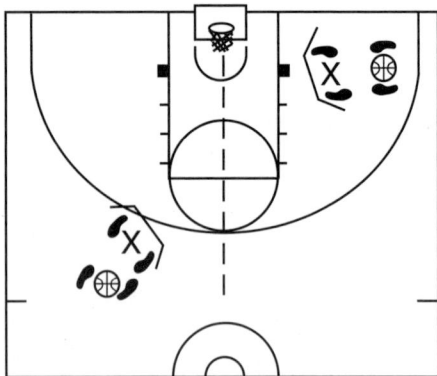

图7.9 脚部位置：内侧脚在前（守球）

图7.10 死球防守

死球防守

防守已经失去了控球权的控球球员时，建议使用以下两种技巧：挤压和收缩（即施压和后退）。实施"挤压"，即双手追踪球的移动并对持球球员施压，同时保持防守站位，如图7.10所示。实施"收缩"，防守球员向后朝篮筐后退，同时保持"球-防守球员-篮筐"的位置，预判对手接下来的传球路线并帮助队友进行协防。尤其当控球球员处于自己投篮范围之外时，可以使用这种技巧。选择施压防守也被称为"封堵"站立，通过口头语"阻止"，可以提醒队友封堵其他的传球线路。

无球防守

无球防守是最有挑战性和最重要的个人防守技术，并且对整个球队的防守效果起着至关重要的作用。因此，球员需要意识到无球防守的重要性。教练应该指导球员保护篮筐并对防守持球球员的队友提供协防，同时还要注意防守分配给自己的无球球员，眼睛观察目标球员，但是核心是防守篮球。与有球防守相比，这种多任务模式需要更集中的注意力。

两种形式的无球站位如下。

要点提示
死球防守：挤压或收缩。

- 开放站位，即远离篮球（两次传球距离）。
- 封闭站位（封阻站姿），这种站位距离篮球较近（一次传球距离）。

这些站姿如图7.11所示：X_2、X_3和X_5使用封闭站位；X_4则使用开放站位，对防守控球员的队友X_1提供支持。对于无球防守的球员来说，总的防守概念就是防守时形成"球–防守球员–目标球员"的相对位置，在一个开放或封闭的站位中，这取决于离球的远近程度。

自己负责防守的进攻球员离球越远，防守球员就应该随之离该球员越远，并且始终保持"球–防守球员–目标球员"这种位置。防守球员还需要保持一定的防守间隙（缓冲距离）来提供更多反应时间，如图7.11和图7.12所示。球离防守球员越近，防守球员就应该离无球的目标球员越近。

防守球员在进攻球员拿球前的行为，决定了进攻球员拿球后的进攻效果。防守球员应该避免让自己负责的防守球员在有利位置获得篮球。无论是有球防守还是无球防守，都应该尽量消除对手的优势。

要尽量阻止进攻球员向中路或者力量区域突破拿球（采取"球–防守球员–进攻球员"位置时）。要指导球员迫使进攻球员绕路，或者远离他们想要到达的目标位置。如果有必要进行身体接触，那么防守球员应该阻止进攻球员向他的目标位置移动，使用前臂和封闭站位与其进行身体接触，迫使对手向高位移动远离力量区域，然后重新建立防守间隙。

始终将篮球纳入视线范围，能够使球员在防守控球员的同时更加轻松地为执行有球防守的队友提供支持。防守球员的视线应该追踪篮球的动向，预判进攻球员的切入动作并发现存在漏洞的传球。防守篮球的同时留意自己负责防守的进攻球员。最终入筐得分的永远是篮球，而不是进攻球员。

距离篮球两次传球距离的球员应该采取开放站位，这种站位使他们能够同时看到篮球和他们的对手。采取这种姿势时，一只手指向篮球，另一只手指向对手，形成一个钝角三角形："球–防守球员–负责防守的进攻球员"（参见图7.12）。

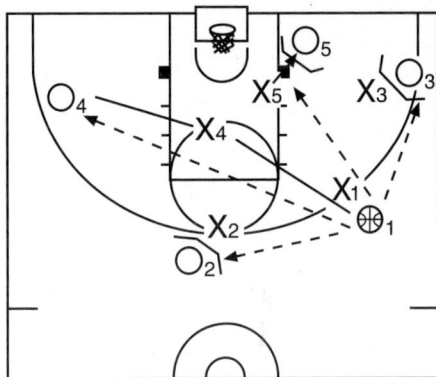

图7.11　封闭站位（X_2、X_3和X_5），开放站位（X_4）

图7.12　开放站位；无球球员的防守球员与持球球员、自己的站位呈钝角三角形，并且随时准备应对球传到无球球员时的防守。也就是说，要兼顾持球球员（协防）和自己要盯防的进攻方球员（主防）

钝角三角形

距离篮球较近的防守球员，需要增强封阻对手为自己负责防守的进攻球员传球路线的能力，这时候用到封闭站位。防守球员应处于"球–防守球员–负责防守的进攻球员"的位置上。执行封闭站位时，球员应该以一定角度背对篮球（同时越过肩膀）看到篮球和自己负责防守的进攻球员，同时将前脚（距离篮球较近的脚）和前手置于传球路线上，拇指向上，手指分开，手掌朝向篮球。将耳朵置于与进攻球员胸部持平的位置上。封阻的压力根据不同情况会有所区别，从手部在传球路线上的位置（防守力度）到肘部，以及肩部或者头部在传球路线的位置（防守高度）。

置于对手附近的后手是辅助手（使用这只手的手背感觉对手，随时准备用前臂阻止对手切向篮球的动作）。使手处于握拳状态，这样能够防止出现拉人犯规现象。防守球员可以顺着离自己最近的手臂的延长线观察篮球和对手的动向。

执行封闭站位时（封阻为自己防守的球员传球的路线），进攻球员需要执行V形切入动作获得空位，因此防守球员必须保持封闭站位，持续移动以保持防守所需的"球–防守球员–负责防守的进攻球员"这种相对位置。与此同时，面对严密防守时，进攻球员可能会从防守球员的后面执行背后切入的动作。应对背后切入的正确措施是，跟随并保持"球–防守球员–负责防守的进攻球员"这种封闭站位（快速移动头部并变换封阻手），直到切入球员到达传球路线上，然后采取开放站位观察篮球。不要一直跟随远离篮球的切入球员，如图7.13所示。对于所有执行开放站位和封闭站位的无球防守情况来说，都可以使用口头语"协防右侧、协防右侧"或者"协防左侧、协防左侧"进行交流。罚球区内的防守球员则可以使用"包围、包围"与队友进行交流。

图7.13   防守背后切入：a. 跟随切入球员移动；b. 远离篮球执行开放站位（形成一个钝角三角形）；c. 背后切入防守（X₁协防）

低位防守

防守位于罚球区内或者罚球区附近的低位进攻球员时，防守球员可以学习两种技巧，即"球–防守球员–负责防守的进攻球员"的封闭站位（采取"球–防守球员–负责防守的进攻球员"的位置，一只手穿过传球路线，参见图7.14a）和前向站位（参见图7.14b）。作为一般的规则，应该使用这两种站位中的一种将球阻挡在力量区域（低位区域）之外。采取封闭站位时，手应该位于传球路线上（"球–防守球员–负责防守的进攻球员"），拇指向上，手掌朝向篮球。

图7.14 低位防守：a. 封闭站位（高位一侧）；b. 前向站位（前全场）

最普遍的低位防守技巧是封闭站位，（除非存在位置优势）否则这种技巧能够避免球员发生身体接触，保持一只手始终位于传球路线上并在防守球员的一侧位置执行防守。在高位（罚球线区域）或者中位位置防守时，这种技巧最为普遍。在阻挡篮球完全进入低位区域和在对手进行外线投篮时，封阻低位球员时存在一个折中方式，那就是半前向姿势。另一个需要记住的规则是，低位进攻球员如果站在较深的低位或低位中间的位置，而持球的外线球员位于罚球线延长线时，防守球员应该站在低位进攻球员的身前，而当球从罚球线延长线传到底线方向时，防守球员要站在更深的低位位置，甚至靠近底线位置（参见图7.15）。防守球员可以选择在低位球员的身后执行防守（这样更容易，但低位球员有可能从底线突破），也可以选择绕前防守（这样比较难，但是能够有效地干扰外线球员向低位球员喂球），封堵住进攻球员的传球线路。

采取前向站位时，防守球员应该能够看到篮球并保持防守站位，使用胯

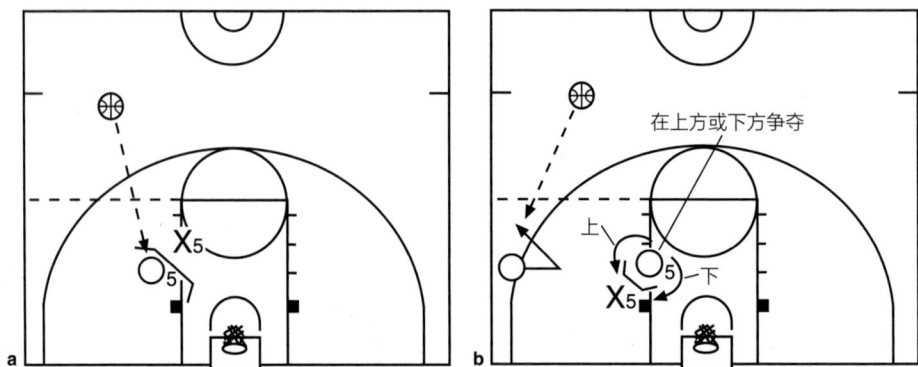

图7.15　低位防守封堵传球线路：a. 外线持球球员从罚球线上方传球；b. 外线球员从罚球线下方传球

部作为缓冲部位与对手进行接触，活动双脚并举起双手。这种站位姿势能够使防守球员预判对手的低位传球路线并跟随移动。前向站位的优势在于能够很好地阻止对手为低位球员传球，但缺点是对手执行外线投篮时，低位进攻球员就会获得绝对的篮板球优势。

　　低位进攻球员通过建立并保持身体接触的方式来牵制防守球员。防守低位球员时应该努力避免这种身体接触（除非在站位上拥有优势），他们需要与控球球员保持一定的安全距离，具有能够继续移动的空间，不让低位进攻球员（或者传球球员）确定防守球员的意图。

　　在防守持球的低位球员时也可以应用这些基本的防守方式，防守球员应该保持防守的快速站位，双手随时做好准备。低位进攻球员在低位或者中位区域接球时，应该指导防守球员向后迈一步并重新建立"球-防守球员-篮筐"的位置，这样能够阻止对手获得良好的投篮角度。保持防守站位能够为防守球员提供一定的反应时间，可以阻止进攻球员向低位移动、阻止低位进攻球员通过身体接触来牵制防守球员，还能使负责防守外线的队友有时间参与协防。

从有球防守到无球防守

　　在防守控球球员时，如果对手传球，则需要立即从有球防守状态（"球-防守球员-篮筐"的位置）转换为无球防守状态（"球-防守球员-负责防守的进攻球员"的位置），要实现这种转换，需要跳（或者快速移动）到有球侧（首先）或者篮下（其次）并采取封闭站位或者开放站位，如图7.16所示。这种技巧也被称为"追球"，包括使用距离传球路线较近的手尝试触球。跳到有球侧能够阻止传球球员使用传球并切入的方式向前切到篮筐并接回传球的动作。

从无球防守到有球防守

　　负责防守的对手获得篮球时，则需要执行另一种转换（"封闭篮球"）。球被传给自己负责防守的进攻球员时，需要从无球防守状态（开放站位）转换

　　要点提示
低位绕前：保持站位，双手举起，臀部接触，脚下处于活动状态；随时做好破坏传球的准备。

要点提示
执行有球防守的防守球员在球移动时，也要随球移动（追球）。

图7.16 每次对手传球或者运球移动时，都朝篮球快速移动（跳跃）

为有球防守状态，同时采取协防站位（保护篮筐并对原来做有球防守的队友提供支持）。下面以及图7.17描述了如何正确地执行"封闭篮球"这种技巧。

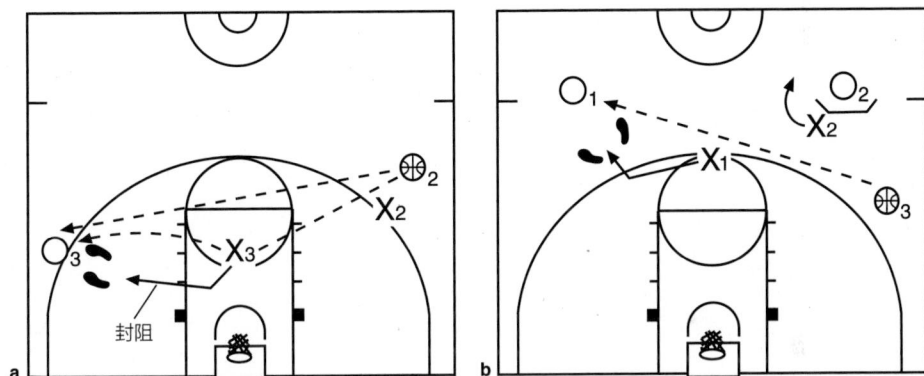

图7.17 缩短距离——从无球防守到有球防守：a.翼部对翼部传球；b.翼部对点传球

- 朝防守的持球球员快速移动（缩短防守距离）。
- 采取常规的防守站位，保持双脚处于活跃状态，双手举过肩部，位于头部上方。接近控球球员的同时留意篮球和篮筐之间的空间，防止对手朝篮下突破，同时还要使自己具有攻击性，随时封阻对手的投篮或者传球。
- 建议将内侧脚置于上方（腹部朝向边线或者底线）。
- 缩短球–防守球员–篮筐之间的路线，臀部对着篮筐，防止对手突破。
- 缩短防守距离（但保持一定间隙），身体重心向后。双手向上并向后以便阻止对手执行快速的空中直传。

缩短防守距离的目的是防止对手突破（运球或者从头部位置执行快速的空中直传）并对控球球员施压，尤其是在对方投篮时。

要点提示

缩短距离阻止对手执行突破。

要点提示

缩短持球防守的距离。
- 双手举起。
- 缩短距离；双脚处于活跃状态。
- 保持臀部（背）对着篮筐。

个人防守的教学要点

一般防守要点

- 采取并保持防守站位（精神和身体）。
- 将精神、身体、脚和眼睛作为第一防守工具。
- 将手作为次要防守武器。
- 阻止对手轻松得分；不让对手带球上篮。
- 保持对球施压。
- 阻止对手以传球或者运球的方式执行突破。
- 每次对手传球和运球时都进行移动。
- 消除对手的优势。
- 扰乱对手的进攻节奏。
- 只允许有一次争夺篮板球的机会，挡住所有的进攻篮板的球员然后抢夺并保护篮板球。

有球防守要点

- 采取并保持较低的防守位置。比进攻球员更低的位置（鼻子与进攻球员胸部持平）。
- 保持"球－防守球员－篮筐"的位置。
- 防守活球球员的情况：前脚对前脚，保持手部和脚处于活跃状态并在触摸距离内（前手举起）。封堵进攻球员习惯的突破线路。
- 使自己与运球球员保持一定距离（保持防守间隙，但不能超出触摸范围）。
- 防守运球球员，保持头部和胸部在前，前手猛击篮球，需要时跑动并恢复防守站位。
- 防守死球球员的情况：挤压控球球员并在不犯规的前提下追踪篮球或者针对控球球员减小防守范围。
- 对手传球时，朝篮球快速移动或者跳跃（追球）。每次传球或者运球时都朝篮球移动——快速移动进行协防。

无球防守要点

- 球被传给1名指定的进攻球员时，要靠近篮球执行防守；快速移动、急停并阻止对手突破（始终跟随，缩短防守距离）。在对手向篮下突破的路线上实施封阻。
- 保持"球－防守球员－篮筐"的位置。
- 远离篮球时采取开放站位，离篮球较近时采取封闭站位（手部交叉、拇指向下）。
- 除非不存在进攻威胁，否则使球远离低位进攻球员。
- 能够参与协防以及在对手执行掩护和突破时及时做出换防等决策。

特殊防守情况

除了有球防守和无球防守这些基本的技术，还存在其他几种战术，这些战术能够帮助球队防守一些特殊的进攻。防守战术大多数时候都用于防守状态，但是也会发生在进攻过程中，如出现不良传球、运球失误或其他任何由进攻球员造成的丢球。这些情况发生时，最佳原则就是双手放在球上。如果球在空中，则使用双手快速抓球并执行急停动作，将球置于颌下护球。如果球落到地面上，则俯身用双手抓球，这一原则需要球员将球传给处于空位的队友，然后从地面上起来。在这种情况下要提醒球员"永远不要在这个时候运球，要抓住球并将球置于颌下护球。

协防和决策

对手获得空位或者其他成功突破的情况发生时，无球球员需要做出关键的决策，决定是协防和轮换防守（保护篮筐和阻止对手运球突破），还是包夹持球球员，或者采取虚张声势的防守动作，以便为防守运球球员的队友提供更多防守复位的时间。防守过程中的交流也非常关键，随时准备提供协防，并将自己的决策与队友交流。图7.18显示了3种选择。如果是进攻方已经突破了防守，需要协防和轮转防守，称之为 X_1 的轮转协防，如图7.18a所示。在 X_3 防止位于罚球线延长线的外线球员 O_2 的突破时，会出现这种情况。

进攻方试图在球场的一侧为控球球员清理出空位，以便使其执行突破动作时，防守球员应该使用"帮助和决策"（"help-and-decide"）技巧来破解对手运球突破的进攻战术。负责防守持球球员的防守球员防守失败或者出现漏防情况时，无球防守球员应该随时准备提供协防并决定是否需要执行换防或者包夹。

掩护

进攻球员通过设立掩护的方式阻挡防守球员以便使自己的队友获得空位时，防守球员必须使用特殊的防守战术来应对，包括在任何情况下都尽量远离掩护——进攻球员不断接近并试图设立掩护时，防守球员应该始终使自己处于运动中的状态。一般来说，可以从掩护上方或者下方通过的方式来破解掩护，队友可以使用"阻挡–移动"（show-and-go）的方式使被阻挡的防守球员摆脱掩护（参见图7.19）；也可以选择换防的破解方法，尤其是防守球员无法通过掩护时（参见

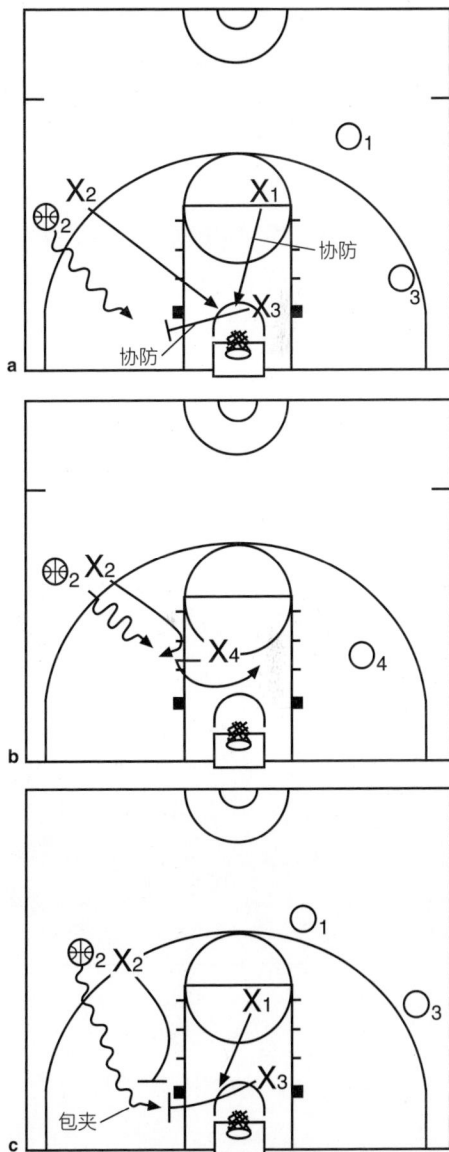

图7.18 在对手执行进攻突破时使用"帮助和决策"（协防、换防和包夹）：a. 协防和换防；b. 协防和恢复防守；c. 协防和包夹

图7.20）；或者采取对掩护中的运球球员实施包夹的破解方法。防守掩护球员的防守球员向前换防，大喊"换防"并对控球球员实施防守。

图7.19 通过掩护：a. 向掩护上方移动；b. 协防球员上前阻挡参与协防；c. 防守球员离开时，队友恢复防守站位

图7.20 换防掩护：a. 协防球员呼喊换防；b. 协防球员迈步上前换防控球球员；c. 队友交换目标球员执行防守

　　对于远离篮球的掩护，防守球员应该尽量躲开或者滑步通过这些掩护，一般选择从有球侧通过。要始终保持移动，不能被对手的掩护阻挡。球员应该使自己位于掩护的侧面并使用手臂来阻止掩护球员靠近自己的身体。防守掩护球员的球员则应该跳向篮球并位于有球的一侧，帮助队友通过掩护。在必要时还要给予队友协防。

包夹

　　教练可能还希望训练专门针对那些特别优秀的进攻球员或者作为出奇战术存在的防守技巧。包夹防守就是这样一种技巧，2名防守球员在特定区域或者掩护中，一同对进攻的控球球员实施防守（2打1）时，就可以使用包夹防守技巧。教练需要强调的是，为了不让控球球员摆脱包夹，2名防守球员需要采取正确的防守基本站位、保持双脚处于活跃状态并举起内侧的手，防止对手执行快速的空中直传动作。包夹防守的目的是迫使对手执行头顶吊传或者击地传球，同时，防守球员还应该注意不能触碰篮球或者犯规。其他无球防守队友应该封阻最近的传球路线，以便阻止被包夹的球员在他们所在的区域传球，换句话说，他们应该采取三人区域联防战术。图7.21中，设立包夹的最佳位置是球场的角落位置，同时还展示了前场包夹的示例。包夹设立在前场的角落位置，其他防守球员封阻了最近的传球路线，并将进攻球员牵制在半场区域内（在这种情况下的前场）。教练也可能想要在低位或中低位困住或包夹一个更大的有效的球员。

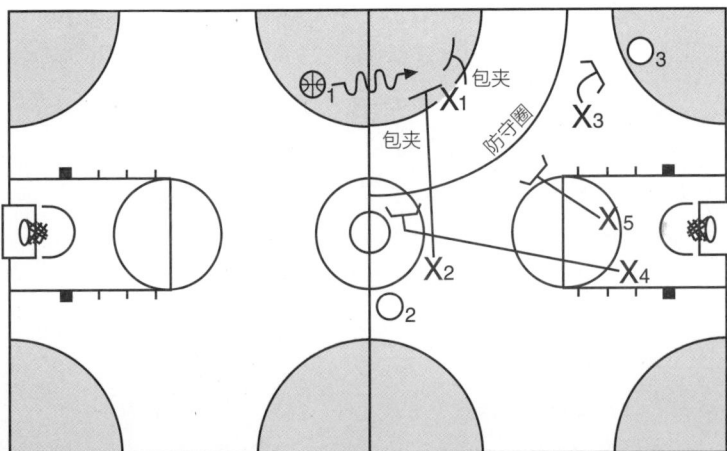

图7.21 理想的包夹位置

制造带球撞人犯规

　　制造带球撞人犯规（defensive charge）是篮球运动中基本防守战术之一，防守球员将进攻的切入球员封阻在场上的目标位置。并且自己处于合法防守位置时可以应用这一战术原则。必须将这些原则正确地教给球员，不仅因为它能极大地挖掘团队战术的潜力（可以阻止对手的三分球战术并且还可能让防守球员获得两次罚球的机会），还因为这些原则中包含了需要逐步掌握的、能够避免球员受伤的身体接触技巧。这些防守原则包括：防守球员有权在采取合法防守站位的前提下占据场上的任何位置；可以不给运球球员任何移动空间，但是防守球员必须在进攻球员的头部和肩膀通过防守球员身体前，占据合规的防守位置；必须给予进攻球员执行变向的机会（不要超过两步）；防守球员在进攻球员起跳前必须处于合法的防守位置；防守球员可以移动他们的双脚并保护自己的身体。在篮筐附近，防守球员的脚必须在篮下的保护区域外，这个时候禁止采取防守原则。

在应用制造带球撞人犯规时，应该指导球员以下技巧。

- 采取并保持良好的防守基本站位并保持双脚处于活跃状态以便随时调整位置。防守球员必须是在合规的位置上被撞倒的，而不是在身体接触中出现失误。
- 让胸部位置与对手接触。不要让进攻球员的头和肩部超过防守球员的躯干。
- 不要放弃已经建立的站位，但是要将身体重心放在脚跟上（倒地时必须有身体接触）。
- 在不抓住进攻球员的情况下手臂必须保持灵活状态并在面对掩护时保护自己（设立掩护技巧），保护身体上的关键区域（男球员双手交叉放在腹股沟区域，女球员双手交叉放在胸前）。让投篮那只手靠近身体，另一只手抓住投篮手的手腕。

- 以正确形式倒地双臂举起并置于前面，臀部首先着地，然后是背部下方和上方，同时手掌击地。保持下巴向内收缩的头部姿势（参见图 7.22）。
- 假设裁判并没有判定进攻犯规，在不吹哨的情况下爬起来恢复基本站位。
- 要知道何时应用防守原则。要不断干扰进攻球员的移动，但更要抓住进攻球员身体控制或者注意力出现漏洞的机会。

向投篮施压

防守持球球员以及定点投篮和跳投时，需要使用一些特殊的技巧。要向对方的每次投篮施加压力，一般原则如下。

- 保持防守站位并在篮球位于对手投篮区（三威胁姿势）时举起有球侧的手，手掌面向投篮球员，在投篮球员脚离开地面前，双脚一直置于地面上。

- 使用前手迫使投篮球员改变投篮节奏，不要试图盖帽，只是迫使投篮球员改变投篮节奏。对手投篮时前手举起穿过其面前进行干扰。
- 保持前手高举的竖直状态，手腕向后弯曲（手部不要向下压，否则会导致犯规）。
- 同时在语言上施加压力（大喊、制造噪声、尖叫或者喊出对手的名字）。喊出"投篮"提醒队友准备争抢篮板球（帮助他们看到并听到对手的投篮）。

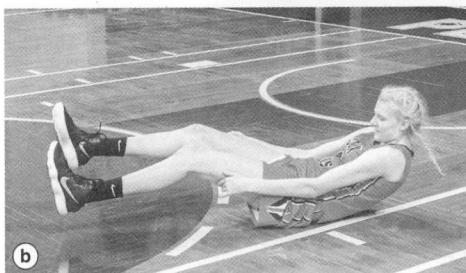

图7.22 制造带球撞人犯规，以正确形式倒地：a. 防守球员倒地时必须与对手有身体接触（充分使用手臂保护身上关键区域，女球员双手交叉放在胸前，男球员双手交叉放在腹股沟区域）；b. 臀部先着地，然后是背部，脖子向上弯曲（头部），要不就双手直接拍在地板上，或者双臂在胸前交叉；c. 裁判不吹哨的情况下爬起来恢复基本站位

问题解答

下面是一些常见的防守失误，以及教练的应对措施。

- **问题**：球员无法正确地采取并保持防守姿势。

  纠正：重复对防守站位进行复习和指导，逐渐增加对防守站位的练习时间（增加强调和提醒）。团队训练时，不能走神，不管是意志力上还是身体上。

- **问题**：缺乏防守积极性。

  纠正：教练应该为球员讲述有效防守的必要性，包括定性的理由（如"不要让队友失望"）和定量的分析，以达到良好的防守效果（降低对手的投篮命中率）。教练还应该强调和要求高水平的防守。

- **问题**：对篮球移动的反应较慢。

  纠正：着重快速执行下一个防守任务训练。

- **问题**：防守时没有语言交流。

  纠正：强调交流的重要性。在练习过程中篮球每次移动时都需要进行语言交流（互相激励和影响）并评出当天进行防守交流最多的球员。应该教给他们使用回声呼叫与队员在防守上进行交流。

- **问题:** 不敢实施制造带球撞人犯规,对手拿球不稳时快速向下跳跃抢球。

  纠正: 执行有序的进阶式教学指导和身体技术上的训练,确保安全并积累经验。对优秀的团队战术进行点评(激励)。

- **问题:** 防守时不尽全力。

  纠正: 让球员明白学习效果取决于他们自身的努力程度;建立顽强拼搏的球队传统;采取有竞争的训练方式和进行比赛式的训练。

- **问题:** 缺乏防守信心。

  纠正: 在训练中营造成功的环境,追求能够带来成功的效率和执行力,更多地从正确的技术和努力方面来定义成功,不要以最终结果(防守成功或者失误)作为成功的依据。

个人防守训练

　　首先坚持进行训练,但同时还要增加防守强度。球员必须培养顽强的个人防守风格以便使整个球队的防守变得更加紧密。

站位和步法进阶训练 ▶

目的: 提供针对防守站位和强行推步(滑步)技巧的有序训练方法。

设施: 可用于执行移动动作的场地(半场场地)。

过程: 球员面向教练分散站立,按照教练的指令或者自己的节奏进行训练。建议每种移动方式重复训练5次。

1. 单脚平衡训练,采取防守姿势,胸部挺直,臀部肌肉绷紧,躯干略微向前(右脚和左脚交替执行跳跃动作)。

2. 横向跳跃(一只脚到另一只脚:右脚到左脚,然后左脚到右脚):采取单脚站立横向交替跳跃。

3. 滑步横向跳跃(在执行推步动作时,放下另外一只脚获得平衡)。

4. 滑步连续横向跳跃:在一个方向上重复3次(左侧和右侧)。

5. 横向无缝推步训练:在每个方向上重复3次。

6. 弓背连续推步训练(右侧3次、左侧3次、右侧3次或左侧3次、右侧3次、左侧3次)。

7. 罚球区横向滑步训练:从罚球区外侧执行推步向另一侧移动并返回(右侧到左侧、左侧到右侧)。

8. 底线封阻和横向推步训练(右侧3次、左侧3次)。4队列训练后单队列训练,让1名进攻球员距离底线处的防守球员4.6~5.5米站立。

   - 为进攻球员(O)传球,防守球员(D)上前封阻。

   - O向右运两次球,D上前封阻并使用推步执行防守。

- O向左运两次球，D上前封阻并使用推步执行防守。
- O向右运两次球，然后转身向左运两次球，D上前封阻防守。
- O向左运两次球，然后转身向右运两次球，D上前封阻防守。
- O向右或者向左运两次球，D上前封阻防守。
- O向右或者向左运两次球，然后转身运一次球，D上前封阻防守。

教学要点

- 保持防守快速站位。
- 在保持平衡的基础上强调速度。
- 采取"站在球上"的姿势，保持"球－防守球员－篮筐"的位置。
- 使用具有爆发力的推步。
- 推步并滑动，采取较低的身体高度，双脚间距较大。
- 同时使用精神、双脚和身体执行防守（保持平衡的前提下）。
- 首先保证动作的正确性，然后加快执行速度。

移动站位和步法训练

目的：训练个人防守站位和步法。

设施：教练手持1个篮球、半场场地（最低要求）。

过程：所有球员在场上面对教练分散站立，确保能够清楚地看到教练。球员对教练发出的信号（手掌朝下）采取基本的防守站位，按照教练发出的信号连续执行防守站位和移动动作。教练发出的大部分信号都是通过篮球来实现的。移动指示如图7.23所示。

信号	代表含义及移动动作
手掌朝下运球	基本站位；保持双脚处于活跃状态
将球置于腹部或者向后运球	向前滑动
将球置于右前或者向右运球	有角度向左滑动
将球置于左前或者向左运球	有角度向右滑动
手指从左侧指向右侧或者在身体侧运球	推步
将球置于三威胁位置，然后向地面抛球	上前封阻并俯身拾球或者直接向下扔球
将球置于头上或者持死球	保持防守站位或者手部绕球移动
原地投篮动作	防守球员可以大声呼喊，上前争抢想象中的篮板球

注意：这个训练也可以以另一种方式进行，即教练发出任意滑步信号时，球员迈3步并保持双脚处于活跃状态，然后继续训练，直到教练发出下一个信号。

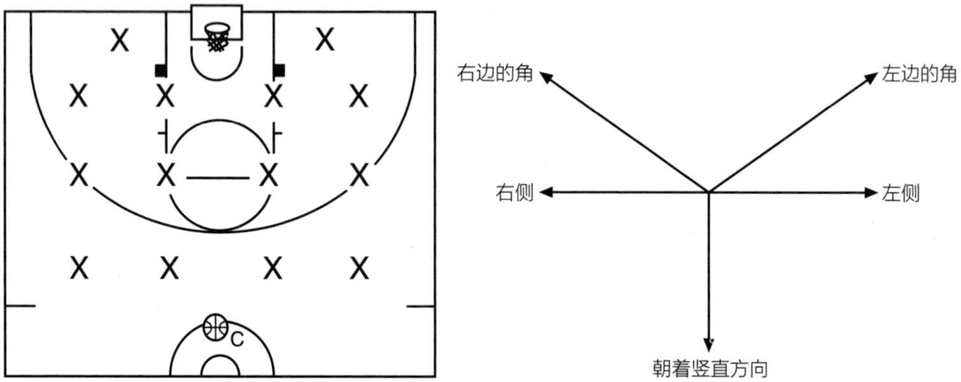

图7.23 移动站位和步法训练——移动指示

队列训练：个人防守 ▶

目的： 以进阶式的方式进行提高个人防守技术的训练。

设施： 理想的情况下，每2名球员1个篮球（最少4个篮球，即每个队列1个篮球）。

过程： 球员在底线处分成4个队列。球员执行进攻或者防守Z字移动（2个人1组）。每个队列中的第一名球员采取防守站位，下一名球员则采取进攻站位。在进攻球员以Z字形向前场移动时，防守球员保持防守站位以及"球－防守球员－篮筐"的位置。在返回时双方交换角色。

选项

在进行进阶式训练时，按照以下顺序执行各种移动方式。

- 进攻Z字移动。90度无球变向，然后加入篮球（运球）。

- 防守Z字移动。3个推步或者以45度向后做防守滑步（前手手掌朝上，敲击想象中的篮球，后手置于肩膀附近或者称拇指掏耳朵的姿势）。变向时，球员使用肘部引导向后转身并继续做90度变向滑动移动，使用摇摆步和推步并滑动技巧从一边底线移动到另一边底线。

- 防守Z字移动。以跑动步执行90度变向移动（模拟进攻球员通过防守的情况）。移动时，始终以推步并滑动作为开始和结束；向左沿对角线移动（运球球员通过防守），快速移动并恢复防守姿势、急停并再次滑动；变向并重复移动动作（滑动、跑动、滑动）。继续从底线移动到对面底线。

- 进攻－防守Z字移动。进攻和防守双人训练。进攻的运球球员首先执行Z字移动并将球贴近身体模拟运球动作，让防守球员跟随执行Z字移动训练。开始时先执行3次推步并滑动，再继续执行Z字移动。接下来进攻球员向前场运球（执行后拉交叉运球、常规交叉运球、转身运球或者背后运球移动），训练的焦点仍然是训练防守球员的防守技能。

- 进攻－防守Z字移动双人训练。按照两条路线向前场执行真实的进攻和防守动作。

- 1打1全场训练。执行真实的进攻和防守得分训练；防守球员滑动，必要时跑动，在后场面向运球球员，在前场时移动到运球球员弱手一侧或者边线一侧，保持"球-防守球员-篮筐"的相对关系，阻止对手带球上篮。将所有球员混合成2个人1组。

有球和无球训练：2打2

目的：指导球员在防止对手突破的同时，快速在有球防守和无球防守之间进行调整（协防和决策的情况）。

设施：两队球员分别位于翼部位置、1个篮球和半场场地。

过程：开始训练时，教练持球站在中路位置（2名防守球员都采取封闭站位），然后向一侧运球，防守球员随之调整封闭站位为开放站位。教练可以传球，进攻球员可以在任意时间运球突破。到达对面队列后面时，执行进攻和防守的训练轮转（参见图7.24）。

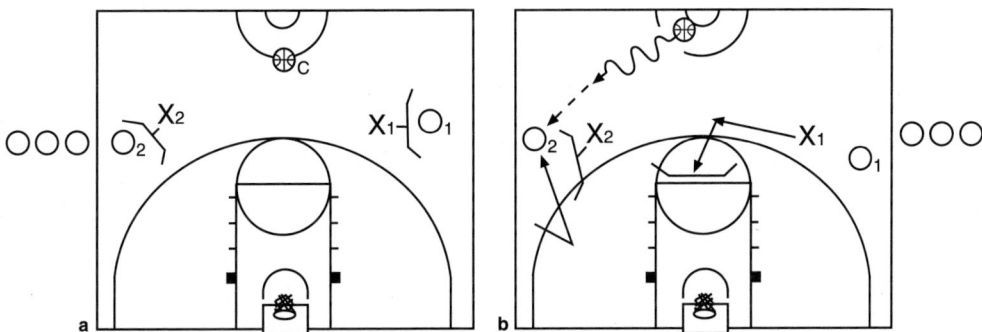

图7.24 有球和无球训练（2打2）：a. 开始位置；b. 教练运球和传球

1打1封阻进阶训练

目的：提高球员在无球进攻球员获得篮球后的个人防守技术。

设施：每组1个篮球和1个篮筐（理想组合是每2名球员使用1个篮球和1个篮筐）。

过程：开始训练封阻技巧时，防守球员持球站在篮下位置（参见图7.25）。进攻球员采取基本站位，在距离篮筐4.6~5.5米距离处面向篮筐站立。防守球员使用空中直传方式为进攻球员传球，然后上前执行防守。教练可以指定传球方式，如使用非惯用手进行传球。训练规则是首先在向控球员移动的半程执行急停（双脚处于活跃状态，内侧脚在前，双手举起，手掌朝向篮球）。然后向篮球和投篮球员施压，对手投篮时实施封盖。此时，双方进入了真正的竞争模式，

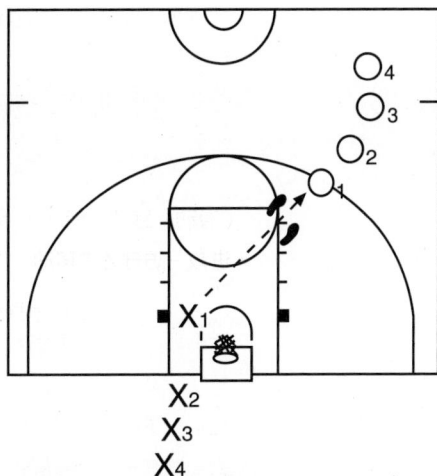

图7.25 1打1封阻进阶训练

进攻方投篮命中或者防守方获得球权时，意味着训练结束。运球球员最多可以运2
次球。

选项

- 封阻防守：仅投篮时。
- 封阻防守：仅投篮假动作、突破时（向右、向左）。
- 封阻防守：真实进攻（每次执行队列轮换）。
- 封阻防守：真实进攻和防守（轮转）。
- 封阻防守：真实的淘汰训练方式（防守球员必须阻止进攻球员执行轮换）。

封阻训练：1打1、2打2、3打3、4打4

目的：训练外线球员所需的全部外线移动方式。

设施：每组1个篮球和1个篮筐。

过程：在每个场地的篮筐下让球员站成队列。队列中的第一名球员持球移动到篮下作为防守球员。1队进攻球员在4.6~5.5米的位置面向篮筐站立（底角、翼部或者罚球区顶端）。防守球员使用非惯用手以空中直传的方式为进攻队列中的第一名球员传球（传球时双脚不能离地），然后上前对该球员执行封阻防守。传球开始就意味着训练的正式开始。外线进攻球员接球时双脚位于空中并面向篮筐，解读防守球员的意图并做出相应的动作，应用基本方式投篮或者执行外线移动。球员每次到达对面队列的末尾时执行轮换，可以使用淘汰规则，或者按照球员自己的意愿进行安排。这个训练也可以按照3打3的方式

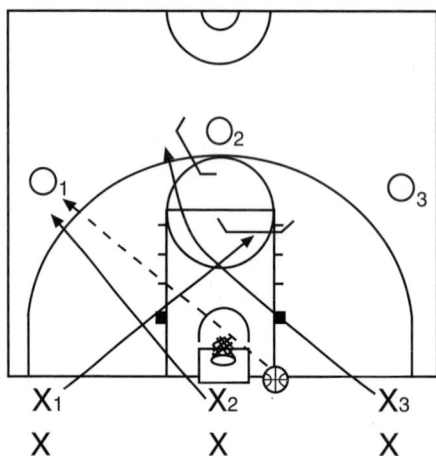

图7.26 3打3封阻训练：由教练传球，上前封阻的球员不能防守自己所在队列的球员，训练时必须进行交流

进行（参见图7.26），这时就变成了有球和无球的团队竞争训练。

防守滑步训练：移动站位和步法

目的：提高个人防守步法技术。

设施：全场场地。

过程：所有球员从场地的右侧底角处开始训练并使用前面讲述的防守步法。然后按照图7.27描述的路线进行训练。球员在开始训练前应该允许前面的球员到达相邻的罚球线处。本训练包含以下10种移动方式。

1. 向前滑动。

2. 向左滑动。

3. 到底线封闭防守。

4. 向右滑动。

5. 以一定角度滑动、跑动、滑动。

6. 向右滑动。

7. 到中场线封闭防守。

8. 腹部朝向边线,以一定角度向左侧移动。

9. 腹部朝向边线或者底线,以一定角度向右侧移动。

10. 到罚球线处封闭防守。

球员从场地左侧开始重复循环动作。从每个底角位置开始完成一个循环。进行几次训练以及强调了正确的技巧后,教练可以记录每个训练循环的时间以作为竞赛的标准。

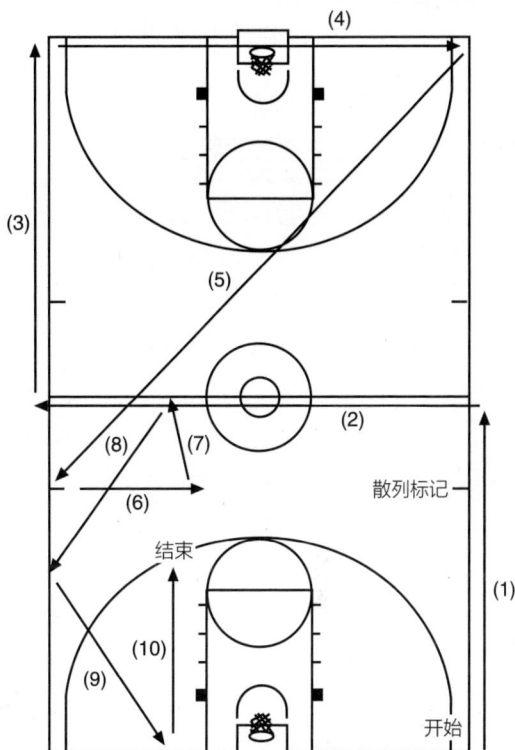

图7.27 移动站位和步法,可以从右侧或者左侧开始

半场训练:2打2、3打3、4打4

目的: 以团队形式训练个人防守技术。

设施: 1个篮球、半场场地。

过程: 3名(或者4名)进攻球员和3名(或者4名)防守球员以半场比赛形式进行训练,集中训练防守球员面对不同进攻移动和情况时应该采取的防守措施。以不同的设定和情况开始训练。教练可以在一次防守阻止(即成功的团队防守)后对球员角色进行轮换,或者设定群组目标让球员进行挑战,如连续2次或者3次的防守阻止。

选项

• 掩护(有球掩护和无球掩护)。

• 低位战术。

• 突破。

• 上前封阻。

• 包夹。

• 防守原则。

半场训练外加攻守转换：4打4

目的： 以团队形式训练个人防守技术，并在每次抢到防守篮板球后进行防守到进攻的转换。

设施： 一个篮球、半场场地。

过程： 以4打4的半场对抗开始，针对任何希望的进攻情况进行防守。防守球员通过盗球或者防守篮板的方式获得控球权（防守阻止）后，可以通过快攻战术在另一侧的场地投篮得分。然后另外4名防守球员就位，获得控球权的防守球员现在变成了原来半场上的进攻球员。

球队攻守转换：由攻转守，由守转攻

目的： 训练团队快速适应危急的攻守转换情况。

设施： 1个篮球、全场场地。

过程： 先让一队进攻，一队防守（5打5）在全场比赛。攻防教练（通常是主教练）可以在任何时候大声使用"地面"这个词来打断比赛。在接收到这个信号之后，持球的球员应该立刻将球放在地上，与队友一起从进攻转换到防守。最接近对手的球员拿起球（双手抓起球并将球置于颌下），和队友一起从防守转换到进攻。每当教练发出"地面"的信号时，就进行一次转换。训练持续5~7分钟。在一个5打5的攻防转换训练场景中，进攻球员可以在进攻体系的训练中，先跑一个主要快攻的战术，再跑一个次要快攻的战术（由攻到守和由守转攻）。

3打3回防转换

目的： 在3打3的分组对抗情况下，训练进攻与防守和防守与进攻的转换。

设施： 全场场地，1个篮球，每场比赛10名球员（双方球员身着不同颜色的球衣进行5打5），如果有条件，第三队的5名球员可以轮换进场训练。

过程： 3名进攻球员被安排在球场的一侧，靠近进攻方的篮筐底线，3名防守球员被安排在三分线的内侧（参见图7.28）。2名进攻球员在散列符号的附近站位（在这个训练中，我们称之为"热线"）。教练（C）将球传给O_1、O_2或O_3后，训练开始。如图7.28a所示，教练把球传给了O_1，而O_1向前传球，把球传给O_4或O_5，此时出现了转换进攻，面对的是X_1、X_2和X_3的防守。这些防守球员必须要迅速喊出防守策略，并做出防守动作，以保护篮筐。本次训练负责护筐的是X_2，如图7.28a所示。同时，还要有人上前顶住持球球员（O_4），以延缓对方的进攻节奏，或争取抢下篮板。还要有另一名防守球员，上前盯防剩余的有空位的进攻球员（O_2或O_3）。在将球传向前场后，O_1取代O_4的位置，来到热线附近的边线位置。进攻方需要按照以下顺序尝试得分：优先选择快速突破上篮，其次选择找到空位的队友，或通过传切配合找到更好的投篮机会。防守方需要尽力保护篮筐，阻止进攻推进，并封堵空位的进攻球员。

图7.28b是对训练中从反方向跑动，进行下一次攻防转换训练的图解。当防守方方抢到篮板球，持球球员（在本次训练中是X_1，如图7.28b所示），将球传到前场的在热线附近等待的队友（X_4）。然后X_1替换X_4的位置。这样持续进行3对3攻防转换训练，直到教练吹哨叫停，纠正球员在训练过程中出现的问题，或者有新的球队替换进场，教练重新发球，开始新一轮的训练。

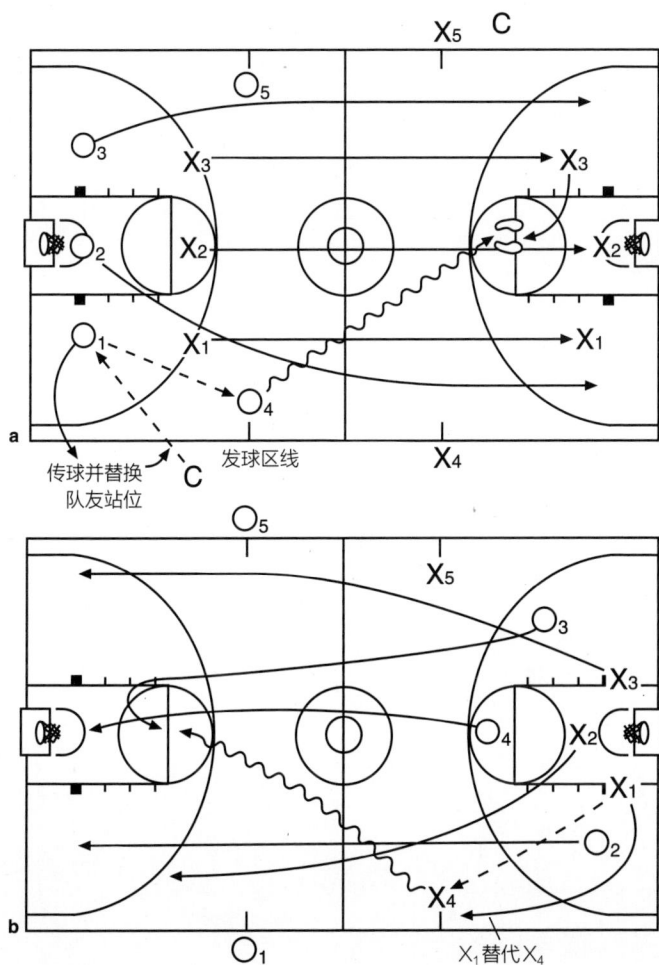

图7.28 3打3回防转换：a. 第一次转换（进攻）；b. 第二次转换（防守和进攻）

伍登金句

"成功不是终点，失败也并非末日。重要的是我们拥有继续前进的勇气。"

——约翰·伍登

第 8 章

争抢篮板球

"进攻吸引观众，防守赢得比赛，
善于争抢篮板球的队伍往往容易获得冠军。"

——帕特·萨米特，奈史密斯名人堂教练
田纳西大学前主教练（7次美国全国冠军）

在篮球运动中，可以将争抢篮板球定义为投篮不中后，获得控球权的过程。球员需要同时掌握进攻篮板球和防守篮板球两种技术。抢进攻篮板球的目标是在尝试投篮后保持控球权，而防守篮板球球员的目标则是在进攻球队投篮后试图获得控球权。无论是哪种年龄段的比赛，争抢篮板球都很重要。对于年轻球员（低级别）的比赛来说，抢篮板球会对比赛结果产生更大的影响，因为年轻球员的投篮命中率较低。

争抢篮板球的方法

虽然自身身高和弹跳能力是一种优势，但是争抢篮板球技术中的关键是意志力、纪律和技巧。从统计数据上看，无论是职业球员还是大学级别的球员，那些排名靠前的篮板球球员并非都是身材最高的球员，也不是那些弹跳能力最好的球员。在各个年龄段的比赛中，包括大学篮球和职业篮球比赛中，篮板球的争抢大多是在篮圈下进行的。无论是职业级别还是学生级别的篮球运动，球员的站位能力以及对球快速反应的能力和斜着跳跃（横向跳跃而不是纵向跳跃）的能力是最重要的争抢篮板球的技术，而并不是弹跳能力。争抢篮板球技术需要的不仅是一个好身体，不断地努力、意志力以及正确的执行方式都是必要的。

举几个例子。琼·克劳福德站立高度1.8米，司职中锋，是20世纪50年代到60年代的美国业余体育联合会（AAU）球星，她是队伍的领袖，在争抢篮板球的竞赛中有带头作用，她带领美国国家队参加了1957年世界杯，1997年她被选为奈史密斯名人堂球员。丹尼丝·柯里身高1.9米，同样于1997年被选为名人堂球员，她至今仍然是加利福尼亚大学洛杉矶分校篮板球纪录的保持者。她是1981年美国年度球员，同时也是奥运会金牌获得者，并于20世纪80年代被评为"法国最佳球员"。丹尼斯·罗德曼来自俄克拉荷马州的小学，该校是美国全国大学校际体育协会（NAIA）成员。但是丹尼斯·罗德曼却在美国职业男子篮球联赛（NBA）篮板球排行榜上，雄踞榜首多年。他的身高只有2米，这个高度对于NBA篮板球球员来说并不算高。

毫无疑问，身体条件在争抢篮板球中发挥着一定的作用。相对于其他球员来说，较高的身材、较长的手臂、较大的臀部以及良好的腿部和上身肌肉力量都能使篮板球球员获得一定的优势。除此之外，垂直弹跳能力是篮板球球员的财富。尽管球员应该尽量挖掘自己的全部弹跳潜力，但是教练应该确保所有球员都能接受篮板球技术方面的指导，而不是局限于弹跳方面的技术。教练应该在训练中使用体能训练以及其他设备来增强球员的垂直弹跳能力。除了帮助球员了解如何才能跳得更高，教练还必须确保球员能够采取正确的起跳方式。正确的起跳技巧包括膝盖弯曲、双脚起跳，同时用力伸直手臂使其最大限度地伸展（2+2原则）。球员以这种方式起跳时，不仅能够使球员将自己的跳跃能力发挥到极致，还能帮助他们在起跳时的身体接触中保持平衡，并在争抢篮板球时减少背后犯规（over-the-back-foul）的次数。

激励球员争抢篮板球

指导球员的篮板球技术时，第一步就是让他们明白篮板球技术在比赛中的重要性以及学习这种技术的意义。向他们解释整个球队都必须掌握篮板球技术而不仅是最高的球员、低位球员或者具有超强弹跳能力的球员。每名球员都能成为优秀的篮板球球员。如果教练忽略这个步骤，球员可能会在比赛时对某名球员的篮板球技术表现出失望的情绪，尤其是那些身高不占优势的球员。事实上，体型较小的后卫是很多球队必不可少的防守篮板球球员。

争抢篮板球的原因

为球员说明有说服力的原因，告诉他们为什么篮板球技术是一种如此重要的技术。球员必须明白篮板球技术在获得和保持控球权方面的重要性，同时也是进攻和防守战术中关键的组成部分。篮板球是防守中的最终环节，也是团队防守的关键环节。在球场的两端，篮板球技术对于进攻和防守效率也有重要的积极影响。

获得控球权。很少有球员不喜欢投篮，但是只有在获得篮球后才能够投篮，而争抢篮板球正是获得并保持控球权的基本方式。在球场的进攻端，进攻篮板球能够保持对篮球的控制并提供快速、轻松投篮得分的机会。进攻篮板球还可能导致对手出现失误，阻止对手获得篮球。在防守端，防守篮板球则能够获得控球权，这也是防守的最后环节。以成功的防守篮板球结束整个防守过程。一个球队增强信心最好的方式之一就是用一个防守篮板球（或者一个抢断）来完成防守。

执行快攻。球队开始快攻的能力取决于防守篮板球以及对手的失误，这也是为什么那些快攻能力较强的球员会努力提高防守篮板球的效率。无论球员的进攻风格是快还是慢，基本策略都是强调在前场快速获得篮球以便阻止对手全部推进到篮下，而不是将一些球员留在后场阻止对方进行快攻。

通常情况下，球员喜欢执行快攻，因此可以很轻松地激励他们对篮板球的关注：没有篮板球，就没有快攻。防守篮板球能够带来更多的快攻机会。波士顿凯尔特人队在20世纪60年代对快攻进行了最佳的诠释，这要感谢比尔·拉塞尔的防守篮板球以及向外传球的能力。他在整个职业生涯中都擅长这种蓝领阶段的篮球技术，无论是作为球员还是作为球员教练，他都被认为是篮球史上最优秀的人物之一。他是后卫和篮板球球员的一个榜样，这也体现了他的领导能力。

赢得比赛。最能够证明篮板球重要性的可能就是篮板球与比赛胜负之间的关系了。一个针对美国10年里篮板球与比赛胜负关系的研究（2000年美国全国篮球教练协会）表明，篮板球技术比对手更好的球员能够赢得80%的比赛。在美国，具有篮板球技术优势的球员能够赢得更多的胜利，篮板球技术被列为与比赛胜利相关的第三重要的因素。失误率（第二重要的因素）最低以及常规投篮和罚球命中率（最重要的因素）最高的球队获胜次数最多。统计数据表明，那些只能通过让对手得分的方式获得控球权的球队，充其量就是以投篮换投篮。只有有效的篮板球才能够使球员赶超对手。

职业精神。争抢篮板球具有蓝领的工作性质，篮板球效率取决于努力程度。球员和球队需要孜孜不倦地对争抢篮板球所需的条件进行体力上的付出。由于篮板球技术强调艰苦奋斗的核心价值，因此球员应该注重发展篮板球技术的传统（球员自己的球队）。

强化激励方式

球员理解了获得控球权的重要性以及篮板球对快攻和赢得比赛的重要性（第三重要的因素）后，教练应该继续说服球员努力训练篮板球技术。赞扬并鼓励那些在篮板球上付出努力的球员，单独对那些在篮板球方面取得好成绩的球员提出表扬（如半场抢到篮板球最多的球员、比赛中抢到防守篮板球最多的球员、最佳的卡位球员以及最能够连续争抢篮板球的球员）。确保让球员知道教练和队友已经将篮板球技术视为团队技术之一，知道他们在篮板球方面所做的努力和获得成绩会得到认可。所有球员觉得自己有责任争抢篮板球，并且理解了自己必须争抢篮板球的原因后，教练就可以开始介绍篮板球方面的基本技术了。

争抢篮板球的原则

对于进攻和防守篮板球来说，有4个核心原则。这4个核心原则对于任何想要在篮板球上取得成功的球员或球队来说是至关重要的。

- 争抢篮板球的球员要时刻做好投篮不中的准备。无论球员是争抢进攻篮板球，还是防守篮板球，都要完成好自己的任务。
- 双手举起。双手举起高于肩膀，处于进攻或者防守篮板球区域。
- 使用2+2原则：在争抢篮板球时（进攻篮板球或者防守篮板球），使用双手和双脚。起跳时双腿间距较小并尽量向高处跳，落地时则采取较大的身姿。
- 抓球并置于颌下护球。争抢任何篮板球时，使用双手抓球并将球置于颌下护球。护球时，双手持球，手指朝上，将球置于颌下或者从一侧肩膀移动到另一侧肩膀（力量位置），肘部朝外和朝上（保持较宽的姿势）。抢篮板球的最后一步是在将球拦截然后运到场上空旷区域的同时，转身避开对手的压迫保护篮板球。

可以将"假设"（assume）作为提醒球员和教练的提示语，即假设每次都出现投篮不中的结果。这成为一种习惯时，球员就会在每次投篮时条件反射地上前争抢篮板球。即使在队友执行无防守的带球上篮时，也应该一直做好投篮不中的准备，这样能够使球员养成持续争抢篮板球的习惯或者执行团队的篮板球任务。

可以使用口头提示语"举手"（hands up）来提醒球员执行这种重要的篮板球技术，尤其是球员执行防守卡位或者在进攻篮筐附近时。事实上，这一点被约翰·伍登视为在加利福尼亚大学洛杉矶分校期间收获的最重要的篮板球技术。本章中的很多图都展示了抢篮板球时手臂的位置。球员首先应该采取快速站位，随时准备起跳（腿部弯曲，呈坐立姿势），双手举起准备抢篮板球（上臂与肩部平行，处于同一水平位置）。指导球员执行双手高举到手臂位置的方法如下。

- 使球员做好争抢快速篮板球（篮球击中篮圈并直接反弹到球员位置，没有任何反应时间）的准备。
- 指导球员阻止对手争抢篮板球的时候，把双手高举，这样就可以在不拉对方的情况下阻止对方争抢篮板球。
- 球员在卡位时会有所区别。双手技术（参见图8.1a）可防止防守方篮板球球员用在背后拽手臂的违规方法来牵制和控制进攻方篮板球球员（不正确的姿势参见图8.1b）。在防守中挡住对手时（参见图8.1a），防守球员可以伸开双肘挡住进攻球员，这样可以形成更大的防守面积，从而使挡拆的效果更好。

图8.1 举起双手抢篮板：a.正确；b.错误且可能犯规（双手放下，或用手抱住对手）

术语"2+2篮板球"（2+2原则）的意思是在争抢篮板球时同时使用双脚和双手，这是一种非常重要的技术。名人堂教练吉姆·勃兰登堡是将这一概念发扬光大的人。由于篮板球技术是一种身体接触的技术，球员可以采取快速站位（在比赛中呈坐立姿势），在起跳争抢篮板球后双脚分开，与肩同宽。同样，要提高效率，篮板球球员需要使用双手安全地抓球，最好是在跳跃到最高点时抓球。

"2+2篮板球"的教学要点如下。

- 采取准备抢篮板球的姿势（快速站位、双手举起）。
- 应用"2+2篮板球"概念，起跳时双脚间距较小并尽量向高处跳，落地时则采用较宽的身姿（参见图8.2）。按一定角度（垂直和水平之间）跳跃到球的位置，将篮板球运到自己的区域之外。
- 抓球并置于颌下护球。双手用力抓球并将球置于颌下或者置于胸前的有利位置。手指朝上而不是朝外，肘部朝外和朝上，将篮球紧紧地保护在颌下位置。有必要时使用一个转身远离附近的对手，同时使用身体作为屏障保护球。
- 保护篮球（置于颌下紧紧压住）。这个技巧如图8.2b所示。

图8.2 2+2篮板球：a. 起跳时双脚间距较小并尽量向高处跳；b. 落地时采用较宽的身姿，抓球并将球置于颌下

所有球员都需要了解篮板球技术中这4种重要的原则：假设、双手举起、"2+2篮板球"、抓球并置于颌下护球。

防守篮板球

比较好的篮板球技巧需要球员在对手内侧获得站位，封阻对手，然后抢篮板球。在篮筐或篮球与对手之间卡位能够增加防守球员的站位优势，确保抢到从篮圈或者篮板反弹过来的篮球。尽管争抢篮板球的过程是由三个不同的阶段构成的，但是由于这些阶段的发生速度很快，所以整个过程就像是一个单一的动作。一般来说，篮板球技巧被认为与"卡位"（blocking out，有时候也称为boxing out或checking）息息相关。

所有的球员都应该理解下面介绍的与卡位相关的基本争抢篮板球的原则。

- 看到或者听到投篮（负责防守投篮球员的队友应该大喊"投篮"）。
- 假设投篮不中（所有球员）。
- 找到对手。
- 靠近对手实施卡位（只有当对手在三分线线内并且正在抢篮板球时）。
- 追球。
- 抓住并保护篮球。
- 通过转身避开攻击将篮球向外或者向前场转移。

看到或者听到投篮

球员必须留意投篮的时间和位置。无论是在防守中封阻对手，还是在进攻中尝试获得空位，球员应该时刻掌握篮球的位置。防守时，教练应该向球员强调如何找到合适的位置，使自己既能够看到负责防守的队友，又能够看到篮球。而进攻时，需要在移动获得空位的过程中善于使用眼睛的余光进行观察。那些看不到篮球所在位置的球员通常是因为他们的基本技术中存在其他问题，如站位或者移动中的问题，应该对其进行纠正。看住对手，守住球。

球员看到对手投篮时，应该大喊"投篮"，提示队友（那些可能暂时看不到篮球位置的队友）获得合适的位置并争抢篮板球（听到投篮）。进行提示是那些负责防守投篮球员的人的基本责任。尽管如此，任何口头提示都不如球员自己看到投篮动作管用。

假设投篮不中

每一次投篮都意味着潜在的获得篮板球的机会。球员必须学会假设每次投篮都不能命中，并上前执行抢篮板球的任务。球员将其培养成自己的习惯后，会在每次投篮时都条件反射一样去争抢篮板球，而不会考虑投篮是否命中。这个习惯必须得到贯彻，特别是在进攻上，因为进攻篮板球的命中率很低（一个好的球队的进攻目标是在投篮不中的情况下得到30%的进攻篮板球）。

找到对手

投篮动作发生时，几乎不存在任何例外，年轻球员会观察球在空中的运动轨迹，这是最普遍的错误。这种错误会导致球员无法获得有利的争抢篮板球的站位。球处于空中时，球员的第一反应应该是确定自己防守的对手或者距离自己最近的球员的位置并执行卡位（在身体接触前先进行观察）。

这并不意味着球员不需要注意投篮的方向和距离，而是球在空中时，球员不能扮演观众的角色。教练应该使球员成为活跃的篮板球球员，指导他们在确定对手位置的同时留意投篮方向和时间。"移动双脚，用双脚抢篮板球"。

要确定球员是否只是简单地观察篮球的飞行轨迹，可以使用一个简单的篮板球训练方法，球员投篮时，让球员对面的球员用手指画出某个数字。争抢篮板球后，让负责防守进攻球员的球员说出对手刚才画出的数字。如果不能说出具体的数字，则说明他可能将过多的注意力放在了球上，而没有留意对手的动向。

靠近对手实施卡位

现在，球员可以进入下一个学习环节了——针对对手实施真正的卡位。球员在学习时可能会顺利地通过前面3个环节，但对于大多数球员来说，尤其是初学球员，卡位是一个很大的挑战。

卡位的目的是在争抢篮板球时获得比对手更有利的内侧位置。通常情况下，距离篮筐更近的球员更容易抢到篮板球。这个位置称为"内侧位置"（inside）。因为它位于篮筐和对手之间（对手–篮板球球员–篮筐）。尽管如此，最好将内侧位置选在离篮筐有一定距离的地方，并远离球员密集的地方（形成有纵深的投篮区）。

有时，如对手远离篮下并且投篮距离较长时，最好占据外侧位置（即对手位于球员和篮筐之间）。通过卡位封阻对手时，内侧则是比较理想的位置。图8.3描述了内侧位置和外侧位置的区别。

在执行实际的卡位前，球员必须移动到对手前面的位置，如图8.4所示（身体接触前先进行观察）。球员应该快速移动，不让对手占据有利位置。教练应该指导球员使用转身的方式使自己在卡位中获得内侧位置。

对对手实施卡位封阻时，球员必须采取与快速站位类似的姿势，同时执行以下动作：双脚平行，与肩同宽；手臂举起，上臂与地面平行，肘部弯曲；手掌朝向前上方。图8.4展示了标准的卡位姿势（用"钢铁般的"手臂进行阻挡）。

图8.3 争抢篮板球的内侧（右侧球员）位置和外侧（左侧球员）位置

在争抢篮板球的卡位环节中，球员之间会发生身体接触。身体接触通常由占据内侧位置的球员发起。因为球员必须转向篮筐并采取快速站位以便争抢篮板球（已经在投篮后确定了对手的位置），所以他们无法再看到被自己封阻的对手。球员此时必须使用另外一种感觉（即触觉），使自己掌握对手的位置。球员通常可以选择臀部、后背、上臂以及肘部来达到这一目

图8.4　靠近进攻球员实施卡位，身体接触时双手举起

的。球员需要呈坐立姿势并使用臀部缓冲区与对手进行身体接触，同时保持双脚处于活跃状态。使用臀部缓冲区感觉对手的位置，不要使用双手。应该保持双手处于举起的状态。

图8.5和图8.6所示为适用于初学球员和中等水平球员的技巧：靠近对手，使用前转身占据对手的前进路线（右脚对右脚，反之亦然），然后执行后转身与对手进行身体接触，消除对手的冲力并继续占据他的路线。采用先发制人的战术主动靠近对手。对于特别优秀的球员，可以使用一种被称为"阻挡并卡位"（blastand box）的高级技巧，如图8.7所示。防守球员在追球并争抢篮板球前挥动前臂阻挡对手（参见图8.7a），展开双肘，滑步执行常规的卡位动作（参见图8.7b），然后追球或抢篮板球（参见图8.7c）。使用这种方法时，防守球员挥动前臂消除对手向篮筐的冲力，以此来阻挡并使自己面向对手。接下来执行前转身动作滑步进入卡位位置。总的来说就是靠近对手，挥动手臂并卡位，然后抢篮板球（追球）。这种技术有时被称为篮板球的命中核心（到指定的球员那里去实施封阻卡位，然后拿到球后护于颌下，转身或背对着对手）。

图8.8描述了球员对对手进行身体接触的重要性。在图8.8a中，球员没有进行身体接触，结果是对手能够顺利向篮筐突破并占据有利的争抢篮板球的位置。在图8.8b中，球员进行了身体接触，因此在阻止对手争抢篮板球时能够占据内侧位置。对于防守篮板球球员来说，转身并

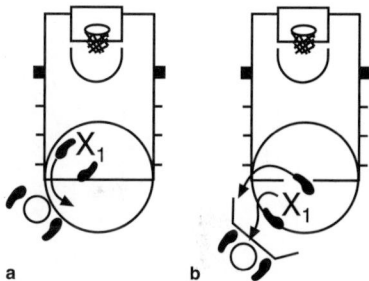

图8.5　前转身和后转身技巧的卡位：a.前转身；b.后转身

图8.6　后转身实施身体卡位

图8.7   阻挡并卡位，然后抢篮板球：a. 前臂挥动阻挡；b. 使用臀部缓冲区卡位（前转身阻挡并卡位）；c. 拿到球

非永远是切实可行的选择，因此教练有必要强调在防守篮板球中，卡位时所使用的技巧并非是万能的，重要的是球员是否能够通过卡位动作对对手实施有效的阻挡。有效的阻挡技术可迫使进攻篮板球球员的位置处于劣势，并且争抢篮板球的时候会导致后场进攻-抢篮板球犯规。

面对特别优秀的进攻篮板球球员时，防守篮板球球员可以使用"面向-阻挡"（face-block）技巧：面向对手并使用两条前臂阻挡对手，保持与其进行身体接触。但是使用这个技巧时还有一个缺点，防守篮板球球员无法追球和抓球，因此需要队友完成这个任务。在对手的球员信息报告中，发现对手是一个进攻性强、纪律性强的篮板球球员，这就需要用"面向-阻挡"的技巧来应对这类进攻篮板球球员。

尽管意识发挥着广泛的作用，但是篮球运动是一项以身体能力为基础的

图8.8 卡位时的身体接触：a. 没有进行身体接触，52号球员在争抢篮板球上有优势；b. 存在身体接触，可以有效地阻挡对手，还可能导致对手的一个后场进攻−抢篮板球犯规

运动。教练需要了解，一些球员在争抢篮板球时拥有比其他球员更强的身体就位能力。在训练或者比赛时，教练应该根据球员的身高、力量以及篮板球准备能力为球员分配相应的任务。

追球

　　某些球员对篮球有着天生的嗅觉，这一说法似乎有一定的道理。有些篮板球球员能在每次投篮不中时都位于正确的争抢篮板球的位置。这些有着良好直觉的篮板球球员可能会研究从不同位置投篮时篮球反弹的位置，因此他们能够快速朝着篮球的方向移动。用这种方式可以培养出优秀的篮板球球员，他们只是去追球（想要的最终结果）。

　　教练可以通过图8.9中介绍的篮板球分布区域来帮助球员培养篮板球直觉。从球场一侧执行的投篮有很大概率（70%~75%）篮球会反弹到另一侧。球员应该学会占据与投篮位置相对的一侧位置（弱侧或者协防侧）。对于所有在篮筐一侧执行的投篮来说，弱侧至少应该有2名篮板球球员。中低位的进攻球员在他们发球区的一侧投篮时篮球会反弹到中路。相比之下，在球场中路投篮往往篮球会反弹到罚球区中间的区域。

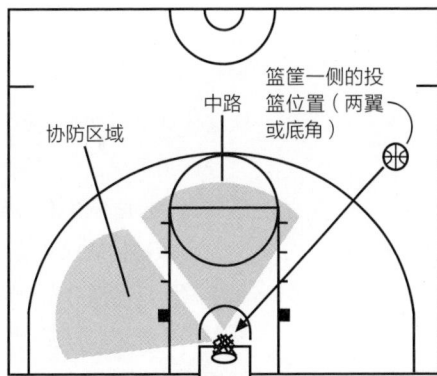

图8.9 篮板球分布区域

　　此外还要确保球员知道，近距离投篮比远距离投篮更容易让篮球反弹到篮筐附近（远距离投篮产生远的篮板球），如三分球投篮会产生更长的篮球反弹距离，而在篮筐前面（罚球区顶端）投篮时，篮球会反弹到罚球线附近。最后，球员还应该知道有些篮圈投篮能够使篮球

图8.10 变向跳跃抓球

反弹到很远的位置，而另一些篮圈投篮则会缓冲投篮的力量，篮球的反弹距离也会随之变短。在进行热身训练时，让球员对篮圈投篮的反弹力度进行测试（除了NCAA一级联赛外，在比赛中反弹篮板球的相互作用是受规则控制的）。

快速移动是成功抢到篮板球的另一个决定因素。善于争抢篮板球的球员将每个位于空中的篮球都视为自己的，似乎在告知对手"我比你更想得到篮球"。教练可以通过对球员的篮板球获得次数、救球和断球等行为［有时称为"垃圾战术"（garbage plays）］进行表扬的方法来加强这种理念（提醒球员找用两只手抢到球的方法）。

对时间的掌控以及弹跳能力强是成功获得篮板球的两个有利因素。尽管如此，如果只是在全场毫无章法地冲刺跳跃，而不知道跳跃的时机和方法，也是毫无意义的。存在几种可以帮助球员正确掌握篮板球起跳时机的训练方法，其中一个特别有效的方法是让球员重复向篮板抛球，然后尝试每次在跳到最高点时抓球。可以参考本书"篮板球训练"部分的内容了解更多的训练方法。要向球员逐步灌输变向跳跃抓球（参见图8.10）并在外侧区域（场地一侧）争抢篮板球的概念——追球并争抢篮板球。

抓住并保护篮球

很多时候，球员以近乎完美的动作抢到篮板球，却由于缺乏对篮球的保护能力而失去对球的控制。进行篮板球方面的教学时，教练应该强调，如果不能在获得篮板球后很好地保护篮球，那么球员在之前所做出的所有努力都会化为泡影。

正如前面所讨论的，通过双脚起跳、双手抓球的有力且平衡的（"2+2篮板球"）技巧，能够减小球从球员手中脱落或者被对手抢走的概率。教练可以通过让球员每次抢篮板球时都选择这种方式来提高他们的篮板球技术。对于年轻球员来说，他们在抢到篮板球后应该睁大双眼并一直关注篮球。教练应该训练年轻球员在抢篮板球的时候睁大眼睛，专注于球。

有时候，篮球从篮筐上反弹的位置不允许球员使用双手抓球。这时，球员应该使用一只手先控制篮球（然后双手抓球）或者将球拨给队友。

在抢到篮板球后保持对球的控制似乎比想象的更难。对手会试图将球从篮板球球员的手中打掉。对手通常会用2名甚至3名球员来包夹篮板球球员，使篮板球球员没有条件传球或者运球。球员需要学会处理这样的情况，用适当的技术保护球。

球员在1名或者数名对手附近抢到篮板球时，必须首先将球移动到颌下位置，肘部朝外，双手分别放在篮球的两侧，紧紧地抓住篮球（参见图8.11）。

护球的最佳位置是下巴的正下方，但是也可以在肩膀之间的力量区移动篮球，使球远离防守球员。

教学要点如下。

手指朝上（防止篮球悬空以及远离自己的身体），肘部朝外并朝上腾出一个较低较宽的适合2+2篮板球技巧发挥的空间，球员应该紧紧抓球并采取较宽的身姿。指导球员在抢篮板球或者任何人员密集区域持球时都要用两只手抓球并将球置于颌下，这样能够保持对篮球的控制。告诉球员不能通过横向挥动肘部的方法来阻挡对手，因为这样容易导致违例或者违规

图8.11 颌下护球——肘部朝外，手指朝上；a.侧视图；b.前视图

的发生。可以通过肘部朝外（使自己形成较宽的身姿）的姿势使自己获得一定的空间。将球置于颌下时，篮板球球员可以通过转身动作来摆脱对自己施压的球员（危险球员），进而对篮球提供保护。这个动作包括一个前转身或一个后转身，以使球远离对手。球员应该始终保持抬头姿势，观察好场上的形势，如果有队友跑位，可以直接传球，同时了解好对手抢防守篮板球的站位，以及是否有足够的空间可以允许进攻方的队友冲抢前场篮板球。

篮板球球员在投篮不中获得球的控制权时，附近的1名对手（通常是篮板球球员卡位封阻的球员）会尝试断球或者对篮板球球员施加压力。教练应该指导球员通过转身远离对手（通常使用任意轴心脚步法），如图8.12所示。

球员应该寻找为队友传球的路线或者能够在不丢球的情况下执行运球。提示球员在人员密集区域抢到篮板球时，不能立即运球，因为那样会使对手有机会断球或者进行干扰。球员应该可以观察或感受到对手的压力，并利用转身避开这种压力，将球安全地运出去。篮板球球员发现

图8.12 用转身远离对手施加的压力：a.确保持球权；b.双手抓住球，转身远离对手

自己被2名或者3名对手包围时，不能沮丧。只要球员能够保持镇定，将球保护在力量区或者颌下并观察全场局势，就一定会找到可行的解决办法。教练可以教给球员的一种摆脱方法是图8.13所示的迈步通过技巧。通过后，可以使用运2次球的方式将球推向前场。高个子球员可以执行急停动作，然后将球置于颌下，寻找为处于空位的队友传球的机会。外线球员则可以继续向前场

要点提示
抓球并置于颌下保护球，转身避开对手。

图8.13 被包夹的篮板球球员通过迈步移动：a. 向外传球；b. 两次运球推进

运球。防守球员留下较大的空位时可以使用这种技巧。有时候。通过执行一个头顶传球假动作也能够使防守球员移动双脚，进而为进攻球员创造迈步或者运球通过的空位。球员不能强行通过防守球员，因为这样可能导致出现带球撞人犯规的发生。

另外一种能够帮助篮板球球员摆脱包围的选择是越过防守球员进行传球。如果能够在传球前做出合适的假动作（德麦沙高级中学的奈史密斯名人堂教练摩根·伍滕提出的"假传"），即使是身材比较矮小的球员也可以使用这种方法。篮板球球员被2名或者更多的对手包夹时，他的1名队友应该已经处于空位或者能够突破空位获得接球。同时，1名防守球员可能会参与进来并对篮板球球员犯规。指导球员当他们在抢到篮板球后被对手包夹时，保持镇定并等待上面介绍的情况出现。

移动篮球

能够稳定地控球后，防守篮板球球员必须从以下几个选项中做出选择：为前场中处于空位的队友传球、使用两次运球向前推进，或者等待控球的外线球员过来拿球。无论防守篮板球球员选择哪种方式，都应该保持抬头姿势，观察四周并将球置于力量区护球。

传球。获得防守篮板球后，首先选择的移动篮球的方式应该是向外传球。没有任何对手的速度会比向前场快速传球的速度更快。教练需要强调的是，球员获得防守篮板球时，无论执行快攻战术还是只想以简单的方式将球快速向前移动，第一选择都应该是传球。

存在几种为突破到前场的队友传球的方式。队友位于场地的另一端且处于空位状态时，可以选择长距离空中直传（也称为长传或者单手长传）的方式。

对于处于球场的中间区域且队友占据了传球路线的情况，可以选择双手头顶传球的方式。对于在3~9.1米的位置向侧面或中路突破的情况，可以选择双手胸前传球的方式。通常情况下，由于球场侧面的人员密集程度会比中路低，因此应该指导球员在获得篮板球后，首先寻找篮板球一侧区域中处于空位的队友，然后寻找处于中路的队友。

成功的传球需要传球球员和接球球员的共同努力，因此教练应该指导球员在队友获得防守篮板球后努力获得空位。如果有机会在前场破解对手的战术，那么球员应该努力利用这种优势。后卫球员则应该快速移动到篮板球球员能够为他们传球的位置。如果后卫球员想要从获得篮板球的球员那里接外线传球，那么一个特别好的位置就是球场上篮板球一侧——己方的罚球线和中场线之间，如图8.14所示。背对边线的站姿能够使外线的接球球员看到全场局势（尤其是防守球员）。

要点提示

后卫球员快速移动接外线传球。

- 在己方的罚球线和中场线之间。
- 后背或臀部靠近边线使视野开阔。

图8.14 获得防守篮板球时防守球员首选的外传位置

优秀的球队能够在获得防守篮板球后保持对篮球的控制。教练必须强调的是，从防守到进攻的转换可能带来成功的进攻结果，也可能需要再次回防，这取决于球员的控球效果。

运球。一般的球员不会以运球的方式从球场一端移动到另一端。尽管如此，有一种现象现在变得越来越普遍，那就是教练允许抢到篮板球的球员以运球的方式运球至场地的另一端。身体和技术上占优势的球员可以增强争抢篮板球和运球的能力，全场移动的益处已经变得越来越明显。

防守篮板球球员将球运至场地另一端的一个优势就是能够消除传球中可能出现的失误。如果不传球，自然也就不会出现传球失误的情况。除此之外，篮板球或者运球球员在快攻时能够快速占据中路位置，不需要等待队友获得空位。球员必须学会对这种情况做出回应。让队友分散开并在向前场跑动时占据传球路线。

　　由防守篮板球球员运球还有机会获得对抗时的人数优势。由于一名或者更多的对手通常无法执行从进攻到防守的快速转换，因此防守篮板球球员或者运球球员能够在对手之前推进到前场。如果球员能够认识到这种情况并快速向前场推进，那么球队可能会获得5打4甚至5打3的优势。几乎可以指导所有的高个子球员争抢篮板球、转身面向前场、使用一次或者两次运球（两次运球推进）使球脱离危险区域、执行急停、将球置于颌下并寻找为控球队友传球的机会。

进攻篮板球

　　教练必须确定篮板球的战术系统，特别是在进攻时。一般来说，在争抢防守篮板球时，所有球员的任务和原则都是相同的；而在进攻时，教练需要确定哪些进攻球员需要移动到篮板下争抢进攻篮板球，哪些球员需要在投篮时向后移动并转换为防守状态。大多数球队都会有3名进攻篮板球球员，2名趋后的防守球员（1名球员确保足够的安全，1名球员负责拦球）。采取更为激进的战术方法时，球队会指定4名篮板球球员，只有1名趋后球员负责己方篮筐的安全。

　　对手成功地执行了"球–防守球员–篮筐"这种防守站位时，要想抢到进攻篮板球特别困难，因为对手在占据内侧位置时拥有一定的优势。但是进攻球员的优势则在于能够更好地掌握投篮的时间和位置。教练应该强调的是，球员需要对队友的投篮进行预判，以及对自己的投篮做出及时的反应，否则在面对优秀的防守球员时会遇到极大的麻烦。将一个处于优势位置的篮板球球员挤开并不容易，球员不应该使自己置身于防守篮板球球员的背部后方，因为这样容易导致犯规。

　　对于进攻篮板球球员来说，基本的站位目标（按照重要程度排序）如下：球员应该占据间隙位置，而不是跟随在对手背后（参见图8.15）；占据内侧位置并封阻对手；至少通过移动到另一侧或者绕篮筐移动的方式获得与对手均衡的位置；与篮下的对手进行身体接触并使用肘部轻推对方，双手举起依靠胸部移动到内侧（参见图8.16）；无法双手抓球时，将球拨向自己或者队友，保持篮球处于活跃状态。

图8.15 "O"板——找一个间隙位置：知道在哪里出手，去最适合的空位，在那里可能会有更多的篮板球落下来（相当于最容易抢到篮板球的位置）。例如，在助攻端（弱侧）时，往底线方向的间隙去，在中路投篮时，往任何一个间隙去；有球的边路球员总是往中间的间隙去（让2名篮板球球员到弱侧）

　　朝间隙位置移动的技巧是V形切入或者摆动手臂、移动（基本形式）以及后转身。投篮时，进

攻球员选择距离防守球员之间的最佳间隙（取决
于位置和投篮的准确度）并向间隙位置执行Ｖ形
切入。对手卡位时，进攻球员可以使用外侧手或
者手臂阻挡对手，然后使用内侧手或者手臂在头
上快速执行摆动动作，至少能够使自己的手处于
与防守球员均衡的位置（参见图8.17）。另一个能
够通过甚至获得与防守球员势均力敌位置的移动
方式是后转身，当对手是1名进攻性较强且卡位积
极的防守球员时，这种方法最有效。进攻球员在想
要移动的间隙位置使用前腿与对手进行接触。在使

图8.16　"○"板：篮下防守球员太近时进行阻挡

用相同的脚作为轴心脚时，进攻球员向后转身180度使迈步脚在目标间隙位置
位于防守球员脚的外侧。接下来，将迈步脚作为新的轴心脚，篮板球球员向
前180度转身通过防守球员并保持双手举起的姿势（参见图8.18）。

图8.17　站在间隙位置的进攻篮板球技术：a. Ｖ形切入间隙位置，使用外侧手或者手臂阻
挡对手，内侧手在头上快速执行摆动动作；b. 移动到内线位置，双手举起（图片b中进攻
球员的双手应该举起）

　　进攻篮板球非常重要，因为它能够使进攻球队再次获得得分机会。新一
轮的控球还能打击防守球队的士气，因为他们失去了获得控球权的机会。进
攻篮板球球员在获得篮球后可以做出多种选择。

获得篮板球后投篮

　　球员抢到进攻篮板球时，第一个选择就是投篮。球员首先应该寻找投篮
机会，如果没有投篮机会，那么在执行最后的运球选项（球的直接反应）
前，可以尝试将球传给队友（向外传球使队友执行三分球投篮是一个比较好

图8.18   向后转身争抢进攻篮板球：a. 使用轴心脚进行卡位接触；b. 180度后转身到外侧；c. 180度前转身至间隙位置，头朝上

的选择）。教练需要强调，进攻篮板球是一个利用对方处于防守状态的良好时机，因为防守球队无法快速从抢防守篮板球的姿势转换到防守进攻球员的姿势，同时防守球员也可能不能很好地对进攻球员的投篮进行防守。另外，防守球员都挤在内线进行挡拆，在争抢进攻篮板球后，三分线外区域一般处于失防状态，尤其是篮板区附近的三分线外区域。进攻篮板球球员在获得篮板球后可以选择无运球投篮，也可以选择运球后投篮。

补篮。如果球员具备较高的技术和较好的身体素质，那么可以通过执行补篮动作使球入筐。很多人对补篮有着错误的理解，补篮实际上是球员起跳并在落地前使篮球进入篮筐。使用单手执行补篮动作通常并不会使篮球入筐。教练应该指导球员在补篮时锁定肘部位置并尽可能使用双手投篮（双手补篮）。在争抢篮板的球员过多的区域把球传给空位队友也是一个可行的进攻篮板球选择。

在利用对手的缺位时机方面，补篮是最为有效的方式。补篮时不需要将球带回到地面，进攻球员能够使防守球员没有机会恢复防守状态，因此无法对补篮动作实施防守。在将补篮作为进攻篮板球的一个选项时，要确保球员在身体和技术上达到一定的成熟度。对于初学球员来说，补篮过于困难，但是对于更熟练的球员来说却是一个极好的选择。

无运球投篮。鼓励球员在抢到篮板球时不使用运球动作而选择直接投篮的方式。运球浪费时间，会使防守球员获得恢复防守的机会。运球动作还会将球暴露给防守球员，因此篮球容易被对手抢断或者打掉。如果球员已经掌握了正确的篮板球起跳技巧，就会在持球落地时采取能够立即投篮的姿势。球员可以从头顶位置投篮（从头顶前方快速投篮得分）或者将球置于颌下，但是要始终保持篮球向上的状态。

很多时候，球员会养成接到传球或者抢到篮板球后立即运球的不良习惯。球员抢到篮板球后不运球时，教练应该特别指出来并给予表扬。

可以抓住个人投篮训练的时机，帮助球员养成获得篮板球后直接投篮的习惯。让球员知道，每次投篮不中时，他们应该快速上前争抢篮板球，保持身体平衡，肩膀正对篮筐并继续进行投篮（保持篮球处于头上位置并快速投篮；将篮球置于颌下并快速投篮；将球置于颌下做投篮假动作后再快速投篮）。球员应该持续进行投篮和抢篮板球的动作，直到投篮命中，然后从球场上的新位置开始下一轮竞争。获得进攻篮板球后无运球投篮应该成为球员自然的反应。

运球后投篮。尽管无论何时球员都应该避免在获得篮板球后运球的动作，但有时候球员同样有理由在获得进攻篮板球后先运球再投篮。一个比较明显的示例是球员在距离篮筐较远的位置获得篮板球且没有防守球员上前防守时。这是一个能够轻松得分的机会，自己与篮筐之间处于空位状态时，球员应该运球上篮（用一次力量运球攻击篮下）。另一个可以选择运球的情况是将球从人员密集的区域中转移出来。

获得篮板球后传球

获得进攻篮板球的球员也可以选择将篮球传给队友。传球是球员获得进攻篮板球后的第二个选择（仅次于投篮）。球员抢到篮板球并再次寻找投篮的空当时，他们也需要找到那些处于空位的队友并为其传球，然后后者轻松投篮得分，尤其是投三分球得分。教练可以鼓励球员利用防守球员在争抢篮板球后需要恢复防守状态这一优势，选择投篮或者将球传给有机会投篮的队友。约翰·伍登教练比较推崇的选择是利用进攻篮板球导致的对手防守瓦解这一时机，将球传到外线并执行三分球投篮。

有时候，进攻球队会选择重新整理进攻，或者出于战术需要，或者为了消耗比赛时间，投篮就成了获得进攻篮板球后最后一个选项，而传球和运球就变成了更为优先的选项。

获得篮板球后运球

大多数情况下，只有不可能进行投篮或传球时，进攻篮板球球员才应该选择运球。运球通常会使防守球员有机会恢复防守状态以及对篮球实施抢断。由于进攻篮板球球员经常处于防守球员的包围之中，因此失误概率也会随之大大增加。教练应该一直指导球员在获得进攻篮板球后先寻找投篮机会，然后寻找传球机会，最后才选择运球。

要点提示
获得进攻篮板球，然后选择投篮得分、传球或者运球（按顺序选择）。

篮板球教学要点

- 争抢篮板球是球队中所有球员的共同职责。
- 控球、快攻以及赢得比赛都与良好的篮板球效率密切相关。
- 争抢篮板球最重要的原则是假设投篮不中,这种假设会启动自动反应,在那种情况下(进攻或防守)完成指定的任务。
- 2+2原则非常重要,即争抢篮板球时使用双手和双脚。
- 球员执行卡位或者处于篮筐附近时,应该保持双手举起的姿势(进攻或防守)。
- 最佳的篮板球技巧强调对与自己相对的对手实施封阻。卡位包含以下几种技巧:
  留意投篮的时间并假设投篮不中;
  在留意投篮方向和投篮距离的同时,找到、靠近并封阻对手(阻挡并卡位);
  追球并抓球,然后将球置于颌下护球(抓球并颌下护球)。
- 颌下护球是最重要的篮板球技巧。拿到球后保护好,用转身保护篮球并避开争抢球的情况。
- 进攻篮板球球员应该假设投篮不中、双手举起移动到间隙位置。
- 进攻篮板球球员应该使用2+2原则并按顺序选择投篮、传球或者运球。
- 防守篮板球球员应该阻挡、卡位、抢篮板球。有的教练更喜欢命中和运用术语。
- 根据球员的技术水平以及所处的情况,防守篮板球球员应该选择传球、运球或者持球站立。

篮板球评估

教练应该对每名球员以及整个球队的篮板球数据进行统计。将进攻篮板球和防守篮板球分开统计,这样有助于找到在攻防两端能成功争抢篮板球或者存在困难的球员。这些信息也许能够反映球员在进攻篮板球或者防守篮板球技巧方面存在的问题,或者说明球员在攻防两端没有快速上前争抢篮板球。教练可以使用很多信息来评估每名球员的贡献,尤其是距离篮筐较近的球员的贡献,而个人篮板球数据正是其中的一种方式。

对于优秀的球队来说,总的篮板球效率的目标应该是60%,其中进攻篮板球效率的目标是30%,防守篮板球效率的目标是80%。一般来说,篮板球效率目标会比争抢篮板球的次数好些,因为它们不受战术类型的限制(慢速或者快速)。

对个人篮板球数据的评估可以以百分比的形式体现,将球员执行争抢篮板球任务的次数与篮板球总数进行比较。进攻篮板球效率为70%的球员可能是在20次投篮(进攻中的投篮次数)中履行了14次争抢篮板球的职责,这就需要教练或者训练助理对20次投篮情况进行定义和评估,进而决定球员是否达到要求。例如,在投篮时,进攻篮板球球员是否移动到间隙位置(执行V形切入、向后转身或者用肘部轻推对手)、是否采用2+2原则争抢篮板球、是否将球置于颌下（抢到篮板球时）、是否保护篮球或转身远离危险？又如，如果1名球员在投篮时负责确保己方篮筐的安全，那么他是否在篮球击中篮筐前向后快速移动到中场区域、是否阻止对手带球上篮并组织防守？这样一来，个人防守篮板球的整个过程都是以传球是否合格为标准来打分的。换句话说，在每个进攻或防守篮板球的情况下，球员在完成指定职责的全过程中都会被打分（合格或不合格）。

对个人防守篮板球进行评估是项更富挑战性的任务，需要对每名球员在每次投篮时的表现进行评估。例如，负责防守的对手位于三分线以内时，防守球员是否上前阻挡、卡位并争抢篮板球，在篮筐附近和卡位时是否举起双手，是否积极追球、使用2+2原则抢球并将球置于颌下护球？防守篮板球效率是通过将争抢防守篮板球的次数（即执行指定任务的次数）与投篮总数相除得到的。防守篮板球效率为80%是一个比较合理但又具有挑战性的目标。如果球员完成了80%的防守篮板球任务，那么就意味着这是一个成功的球队。篮板球效率不意味着一定要获得篮板球（尽管这能够增加球队的获胜概率）。

可以在训练和比赛中对篮板球效率进行追踪、记录。无论是训练还是比赛，一次可以直接对2名球员进行评估。训练时，将所有具有对抗性质的情况以图表的形式记录下来（1打1、2打2，最高到5打5）。每次训练时，不公布2名球员的名字，然后对结果进行总结，并在每次训练后进行公示。对于比赛来说，视频分析能够使教练获得足够的时间对每名球员的表现进行评估，进而确定进攻篮板球效率、防守篮板球效率以及总的篮板球效率。每比赛5场必须进行一次评估，这样能够确保获得有效的反馈信息并相应地改变战术并加强学习。评估专家建议，需要定期评估以及观察球员的状态，以加强学习和改变球员的篮板球行为。可以通过1名球员的总的篮板球效率来算出整个球队的篮板球效率，包括进攻篮板球、防守篮板球和总的篮板球效率。

问题解答

下面列出了常见的争抢篮板球时错误的行为和可能的补救措施。教练应该提供适当的反馈，以改变球员的行为，加强球员的学习。

- **问题：** 缺乏争抢篮板球的动力。

  纠正： 重复篮板球的重要性和为什么要抢篮板球，并对那些能够执行篮板球技巧、付出努力以及成功抢到篮板球的球员进行表扬。
- **问题：** 不能正确地遵循争抢篮板球的4个原则。

  纠正：

  假设。确保每次投篮时，每名球员都能知道、理解并上前争抢篮板球以履行自己的职责。

双手举起。不断训练这种姿势，及时纠正错误并加强训练，直到球员能够自动执行这个动作。

2+2原则。对那些使用一只脚或者一只手没能成功抢到篮板球的球员提出批评（除非他们采用这种方法的目的是将球拨给自己或者队友）。

抓球，置于颌下护球。不断提醒并加强，同样对那些丢球的球员提出批评。

- 问题：球员丢球或无法抓住篮球。

  纠正：检查2+2原则的执行。站在篮下观察球员是否正确地抓球（使用双手，双眼睁开将注意力专注于篮球）。初学球员经常在抢篮板球时的接触环节中闭上眼睛。

- 问题：防守时争抢篮板球的空间太小。

  纠正：防守球员没有在第一时间靠近自己负责防守的对手并执行卡位（阻挡或者进行身体接触）。通常，产生这种问题的原因是防守球员在投篮时视线跟随篮球的飞行轨迹（扮演观众的角色）。教练应该指导球员首先观察对手（投篮后先进行观察）。从视觉上定位自己负责防守的进攻球员（看到对手），然后进行身体接触（阻止对手）。身体接触前先进行观察。

- 问题：双手向下（争抢篮板球时感觉到对手的位置或在背后用手臂向下拉住对方的手）。

  纠正：争抢防守篮板球时，感觉并牵制对手。提醒球员在卡位时保持双手向下的动作是违规的，同时也不可能快速地抢到篮板球。球员应该保持双手举起的快速抢篮板球姿势，使用缓冲区与对手进行接触，双脚处于活跃状态并保持身体接触，直到获得篮球。肘部与肩膀处于同一高度。

- 问题：篮板球球员只争抢头顶和篮筐附近的篮板球。

  纠正：着重强调以小于垂直角度（60~85度）的角度跳投出手，以及利用2+2原则，在平衡身体和保护篮球的情况下，利用2+2原则抢到球。强调在篮下唯一的篮板球来自投篮。

- 问题：使篮球悬空或者置于头顶远离力量区或者颌下位置。

  纠正：球员没有用力抓球并将球置于颌下护球时，往往会出现丢球的情况。在训练中让其他球员对抗篮板球球员：从下方狠拍篮球、对其施压、从上面抢球或者在篮球悬空时狠狠拍打篮球。

- 问题：在安全地接到篮板球之后没有运用转身避开危险。

  纠正：在防守篮板球方面，增加一个两次运球推进的动作，以摆脱对手。在进攻篮板球方面，增加一个后转身和一个击地传球动作，让队友通过投三分球得分。

篮板球训练

篮球运动中的一个重要因素是进取精神和与对手进行合理的身体接触。球员应该通过循序渐进的训练来培养自己的进取精神。

队列训练: 2+2篮板球进阶训练 ▶

目的: 指导球员2+2篮板球技巧、抓球并将球置于颌下护球的篮板球技巧。

设施: 半场场地、每个队列1个篮筐。

过程: 开始时进行无球训练: 使用2+2篮板球技巧,在罚球线、中场线以及对面的罚球线和对面的底线位置执行抢篮板球的动作。接下来,每个队列中的第一名球员持球,执行双手抛球或者低手头顶抛球动作,使用2+2篮板球技巧抢篮板球,接球并将球置于颌下,然后执行任意轴心脚步法后转身将球传给队列中的下一名球员,后者重复以上动作。

训练顺序如下。

- 执行无球的2+2篮板球动作。
- 直接在头上抛球进行2+2篮板球动作。
- 向右、向左或者向前抛球(强制篮板球球员使用2+2篮板球技巧争抢自己区域之外的篮板球,即向左、向右或者向前执行变向跳跃抓球并将球置于颌下护球。)
- 采取另外一种训练方式,即教练在前3个环节中为每个队列传球。
- 双人头顶抛球。队列中的第二名球员可以参与对抗并向篮板球球员施压以便检查他的颌下护球技巧,篮板球球员必须摆脱压力并向外将球传给队列中的下一名球员。
- 训练两次运球推进至前场。篮板球球员可以使用2+2篮板球技巧抢球并将球置于颌下,转身摆脱防守压力并执行两次运球将球推进至前场。以急停动作结束运球时,篮板球球员可以转身并将球向外传给位于底线位置的下一名球员。

队列训练: 防守篮板球进阶训练 ▶

目的: 通过模拟的方式指导球员防守篮板球的技巧。

设施: 半场场地(最低要求)。

过程: 训练时,将球员在底线处分成4个队列。教练发出"投篮"的口令时,每个队列里的第一名球员快速移动到距离篮筐1.8~4.6米的位置,采取防守卡位姿势,然后使用阻挡、卡位、抢篮板球的技巧获得一个假想的防守篮板球。每名球员都模拟卡位,抓住假想的篮板球,将球置于颌下并向外传球的动作,使用任意轴心脚步法。接下来的4名球员快速移动到场上并采取基本站位或者防守快速站位。

变化训练

- 防守篮板球协防侧卡位。最前面的4名球员（每列的第一名球员）快速移动到场上并在罚球线及其延长线上采取进攻基本站位；接下来的4名球员采取正确的防守基本站位，面向边线对防守球员（一手指向想象中的篮球，一手指向防守对象）提供协防支持。听到"投篮"命令时，4名防守球员执行争抢防守篮板球的任务，所有球员必须在罚球线位置进行身体接触。这个变化训练中不需要使用篮球。

- 持球防守篮板球（封阻投篮球员）。位于底线位置的4名球员每人手持一个篮球并采取三威胁姿势。持球球员将球传给位于罚球线附近的进攻球员，然后上前由无球防守姿势转换为有球防守姿势（阻止对手突破，对其投篮施加压力）。双脚起跳在空中接球并准备投篮，进行投篮假动作，然后进行短距离投篮，距离篮筐3.7~4.6米。投篮时注意向上投，不要向外投，在篮球落地前一直保持跟随动作。投篮球员负责检查搭档的动作，然后后者成为接下来的投篮球员，而投篮球员则回到队列的末尾。使用这种变化训练方式可以在短时间内重复对防守篮板球技巧进行训练。

队列训练：进攻篮板球进阶训练 ▶

目的：指导球员训练进攻篮板球技巧——通过防守球员执行卡位、移动到间隙位置（至少使自己处于与防守球员势均力敌的位置）、通过身体接触迫使防守球员向篮筐移动（防守球员没有远离篮筐实施卡位封阻时）。

设施：半场场地。

过程：将球员在底线位置分成4个队列，最前面的4名球员位于罚球线位置，采取快速站位和举起双手面向底线站立（要获得更真实的训练效果，可以将球员队列置于中场线位置，最前面的4名球员位于罚球区顶端，面向底线站立）。教练通过以下命令指挥训练。

- 以滑步横移向右或者向左移动，双手举起实施卡位封阻。
- 以滑步横移向右或者向左移动，占据间隙位置。
- 双手举起移动到间隙位置，然后返回到底线位置。

　　每个队列中的第一名球员在罚球线附近体验双手举起的感觉，采取准备抢篮板球的姿势，然后移动到队列的末尾；队列中的第二名球员训练进攻篮板球技巧，然后成为队列的第一名球员（双手举起，准备抢篮板球）。这个训练在执行时不需要使用篮球，很多基本的进攻篮板球技巧都可以通过这种训练方式在短时间内得到训练。相同的过程也可以用在后转身变化训练中。进攻球员从后面接近防守球员，将一只脚或者膝盖置于防守球员的腿中间（采取双腿叉开姿势），执行后转身动作，然后执行前转身动作移动到间隙位置并通过防守球员。

队列训练：持球转身和传球进阶训练

目的： 传授基本的争抢篮板球的原则，特别强调持球转身和传球技巧，避免在用肘部对抗防守球员的同时造成进攻性犯规。

设施： 半场场地，每队1个球。

过程： 将球员在底线位置分成4个队列，最前面的4名球员从底线进入球场，开始训练。

- 重复转身传球。从每个队列的第一名球员拿着球开始，用双手将球抛得足够高（不是头顶）；同队下一名球员使用2+2篮板球技巧得到篮板球，抓住球并置于颌下，最后用任意轴心脚步法转身并传球给队列中的下一名球员，后者在移动到球场上的同时双脚起跳在空中接球。接球球员重复这个顺序，再传给队列中的下一名球员，依次类推。

- 这是一个和重复转身传球类似的训练，从4个队列开始，但在这个版本中，队列中的下一名球员开始训练时，双手将球击到地板上，使球反弹到篮板球球员上方或外侧的模拟反弹点。篮板球球员双手抓住球并将球置于颌下，然后利用轴心脚转身移动，并传球给队列中的下一名球员。

防守篮板球和向外传球训练 ▶

目的： 教授球员抢下防守篮板球，然后向外传球（或者运球）的技巧。

设施： 1个篮球1个篮筐（位置：两个队列同时进行训练，两侧的篮筐各一个队列）。

过程： 接球球员在突破后获得空位时应该大喊传球球员的名字。第一名球员 X_1 将球传给球员 X_4，在罚球区急停获得空位后接回传球，然后以低手抛球的方式将球抛向篮板上矩形区域的上方，模拟争抢防守篮板球的情形（参见图8.19）。球员 X_1 用变向跳的方式跳向篮球的位置，使用双手抓球并将球移动到额头前面的位置，以右脚为轴心脚执行一个向前转身的动作，把球向外传给球员 X_4，然后接替球员 X_4 的位置。球员 X_4 将球传给 X_2，然后移动到队列的末尾。球员 X_2、球员 X_5

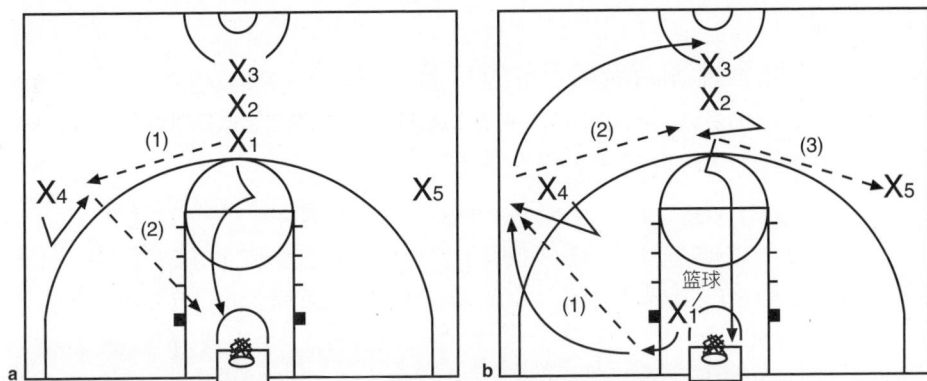

图8.19 防守篮板球和向外传球训练：a.开始训练；b.持续训练（换到另一侧）

和球员 X₃ 可以在另一侧重复以上动作。

变化训练

可以将向外传球的队列置于半场中，防守球员可以执行两次运球推进、急停和向外传球的动作。

篮板球读数训练

目的： 训练球员在投篮时观察对手和篮球的技巧。

设施： 篮球和篮筐。

过程： 将球员分成2个人1组，2组或3组球员可以共用1个篮筐。选择2名进攻球员和2名防守球员，在每侧底线和罚球线之间的位置各站1名进攻球员和1名防守球员。教练在罚球线位置持球站立。每侧罚球区的防守球员采取基本站位防守进攻球员。进攻球员开始通过移动获得空位。如果进攻球员获得空位，教练可以为其传球。否则，教练进行投篮，而每名进攻球员在争抢篮板球时立即举起一只手并用手比画出某个数字。防守球员则应该努力封阻进攻球员并获得篮板球。如果1名防守球员获得篮板球并且2名防守球员都能准确说出进攻球员比画的数字，那么进攻球员在下一轮训练时转换成防守球员的角色。

卡位和封阻训练

目的： 模拟1打1、2打2或者3打3争抢篮板球情形下的团队对抗，包括有球和无球卡位。

设施： 篮球、篮筐和半场场地。

过程： 开始训练时，1名、2名或者3名进攻球员站在距离篮筐4.6~5.5米的位置，相同数量的防守球员持球站在篮下。这是一个具有淘汰性质的训练，投篮命中时才会重新开始训练。防守球员抢到篮板球时，防守方必须先将篮球安全转移到罚球区顶端，然后才能够转换为进攻方。无论何时，只要指定的任务没有完成，那么教练可以让3名防守球员一直扮演防守方的角色。

队列训练：全场无球进攻篮板球

目的： 通过模拟的方式指导球员进攻篮板球技巧。

设施： 半场场地（最低要求）。

过程： 将球员在底线位置分成4个队列，每个队列的第一名球员以基本站位姿势向前移动到罚球线区域，快速起跳，模拟接球以及落地时将球置于颌下护球的动作并使用指定的得分移动方式。球员在中场线、对面的罚球线和对面的底线位置重复以上动作。4组球员都到达终点线时，球员开始执行返回动作。进攻球员向前移动时，相互应该保持一定的距离（4.6~5.5米）。

双手举起，高级8字篮板球训练

目的： 指导球员控制篮板球的技巧，在争抢篮板球时双手要一直举着。

设施： 每个篮筐1个篮球。

过程： 球员3人1组站在篮下位置，其中2名球员在篮筐的一侧，剩下那名在另一侧。在有2名球员的那一侧，第一名球员向篮板投球（篮板上矩形区域的上方位置），以这种方式将球传给下一名球员。训练目标是持续地进行双手补篮，或者将球置于颌下护球并重复指定的训练次数，补篮或者抢到篮板球的球员站在队列末尾位置。在整个训练过程中，下一名球员在篮筐的另一侧，同时保持双手举起。

大多数球员需要使用双脚和双手抢篮板球并将球移动到颌下位置，然后按照教练指定的进攻移动方式投篮得分（头顶上篮、强行上篮或者投篮假动作强行上篮）。篮板球员需要使双脚与底线成合适的角度（脚尖朝向底线位置）并以篮板上的矩形区域的上方作为投篮目标，这样篮球才会反弹到下一名球员所在的位置。所有球员都保持双手举高，在球场上以8字形来回移动（用2+2篮板球技巧，向篮板上矩形区域的上方位置投篮，在另一边球员的后面把双手举高）。在达到一个训练目标之后，如传10次球，最后一次投进一个球。教练可以让每名球员在继续训练之前都投进一个球和投进一个罚球，任何球员罚球不中都会重新开始训练。

"垃圾"训练法 ▶

目的： 指导球员争抢进攻篮板并得分的技巧。

设施： 每个篮筐2个篮球。

过程： 2队球员在罚球线区域面向篮筐站立，每队持1个篮球。每队的第一名球员使用双手下手抛球的方式向篮板传球，然后使用指定的得分移动方式。得分之后（只能是得分后），球员将球传给队列中的下一名球员并移动到对面队列的末尾。每名球员都应该假设每次投篮都不中，然后继续争抢篮板球并投篮，直到投篮得分。指定的得分移动方式如下：

- 双手补篮得分；
- 头顶持球（双手持球并保持篮球位于额前上方的位置），快速起跳投篮得分；
- 颌下护球得分；
- 颌下护球，做投篮假动作（将球举到头部高度，腿部保持不动），然后投篮得分；
- 颌下护球，向外传球（给队列中的球员）制造1个投三分球的机会。

在这个"垃圾"训练法的最后阶段可以加入对抗的元素，这样可以锻炼球员在罚球区内的进攻精神和得分能力。教练手持1个篮球站在罚球线位置，同时与2名球员（每个队列各1名球员）一起训练。教练进行投篮动作，球员争抢篮板球，直到1名球员抢到篮板球并投篮得分。当篮球在空中移动的过程中，球员应该使用双手抢篮板球并将篮球置于颌下护球。持球球员必须在不运球的情况下在罚球区投篮得分，另一名球员则对其进行防守。训练中没有边界的限制，控球球员将球传给教练（如果能够快速移动获得空位，教练需要将球回传给球员）。

在争抢篮板球中赢得身体对抗的技巧 ◉

图8.20　在争抢篮板球中赢得身体对抗的技巧

目的： 指导球员在争抢篮板球中如何具有进攻性。

设施： 每个篮筐1个篮球。

过程： 4~8名球员成为1个小组，使用1个篮筐进行训练，在训练过程中的任何时间，篮下都只有3名球员。如果是6~8名球员成为1个小组，多余的球员可以进行自由投篮，等待轮换。下一名轮换进来的球员在中圈内等待，准备替换训练中的3名球员之一，因为他们达到了目标之后会被轮换出来（参见图8.20）。教练或者球队经理可以站在篮筐附近进行投篮动作（故意投篮不中），作为争抢篮板球训练的开始。训练的规则如下。

- 投篮不中即代表比赛开始。
- 每次在篮下的3名球员都应该努力争抢篮板球。
- 获得篮板球的球员成为进攻球员，其他2名球员则成为防守球员。篮板球球员可以使用各种移动方式，所有的投篮必须是在罚球区内进行的，而且都需要发生在没有运球的情况下。
- 篮板球球员可以将球向外传给教练，然后在罚球区内获得空位并接住教练的回传球。
- 训练时没有边界限制。
- 投篮命中3次的球员可以进行轮换（其他球员需要记录自己已经命中的投篮次数）。刚开始训练的时候，最好的变化训练是一次投篮命中后就下场执行轮换并加入外部球员的队列。
- 教练只需要指出那些明显的犯规动作。犯规或者不执行防守职责时，球员可能会被扣分。

个人争抢篮板球技术训练

目的： 让球员自己训练争抢篮板球的技术。

设施： 篮球、篮筐以及争抢篮板球训练中将篮球自动抛回的设施（或者1名搭档）。

过程： 使用双手和双脚争抢篮板球的技巧，按照比赛的节奏执行各种争抢篮板球的选项。

选项

- 双手低手向篮板或者篮圈上方抛球制造争抢篮板球的机会，斜着跳抓住球并执行进攻得分移动动作（头顶投篮；颌下护球并投篮得分；颌下护球；假动作投篮并投篮得分）。假设投篮不中。
- 抛球创造防守篮板球的机会，快速向外将球传给篮球自动抛回设施或者搭档，通过两次运球的方式使球摆脱危险区。
- 高级技巧：球员尽可能快速地向高处跳；每次起跳时使用双手将球推向篮板。
- 将球放在罚球区的位置上，双手抓球，快速抛向篮板，抢篮板球并在距离篮筐0.6米的位置投篮得分，然后抓球、颌下护球、快速向篮筐移动。将球放在对面的位置重复训练。
- 超级篮板球：从罚球区外侧开始训练，将球抛向篮板上方矩形区域，使球反弹到罚球区的另一侧。球员一步踏入罚球区，跳过去拿到篮板球，在罚球区的另一侧双脚落地。重复进行5次，以一个强行移动上篮得分动作结束训练。

篮板球进阶训练：3打0、3打3

目的： 以三人制的形式，以团队为单位，检查或者训练球员的篮板球技术。把这个过程作为训练的一部分或者比赛前的热身。

设施： 篮球、篮筐、半场场地和3个空气人偶（有条件的话）。

过程： 球队的一半球员可以在篮筐附近进行这个训练，其他球员则加强或者训练其他方面的技术。这个训练分为以下两个部分。

1. 在进攻（3打0）团队篮板球训练中，教练负责控制训练节奏，投篮创造争抢篮板球的机会。相关的训练变化形式如下。

   - 任意三个位置的常规3打0（教练投篮后，低位球员移动到中路或者弱侧抢篮板球，其他2名球员移动到弱侧）。
   - 向上执行补篮动作（保持篮球处于活跃状态）以及向外拨动篮球。
   - 界外球保护：教练使球向界外区域反弹，救球球员和被救的对象（没有追球的队友）必须进行口头交流（"篮球"或者"帮助"）。
   - 3打3空气人偶（或者3名固定不动的防守球员）训练：进攻球员必须移动到间隙位置并争抢篮板球。
   - 在争抢篮板球中赢得身体对抗：获得篮板球的球员尽量投篮得分，另外2名球员对投篮球员进行干扰。3名球员都要假设投篮不中并争抢篮板球，直到一人投篮得分为止，然后快速跑向中场线（或罚球区顶端），同时从内侧肩膀处观察篮球和篮筐。

2. 对3个空气人偶或者3名固定不动的进攻球员实施卡位并争抢防守篮板球（3打3）。教练投篮，3名防守球员阻挡、追球并将球向外传给教练，或者向外执行两次运球推进，然后将球传给教练。按照BOPCRO的顺序［卡位（或者阻挡）、追球并颌下护球、抢篮板球以及向外传球］训练。

激烈地争抢篮板球：3打3、4打4 ▶

目的： 在教练的控制下，模拟比赛节奏进行连续争抢进攻篮板球和防守篮板球的训练。

设施： 篮球、篮筐、半场场地以及3组（每组3~4名球员）能够区分得开的球员（如可以穿不同颜色的衣服，红色、白色或蓝色等）。

过程： 开始训练时，选择一组球员作为进攻方，一组球员作为防守方，还有一组球员站在篮筐下的底线后面。教练持球站在篮筐下的底线后面，发起开始比赛的指令并控制比赛节奏。轮换方式如下。投篮不中时，进攻方和防守方都需要努力争抢篮板球。如果防守方获得篮板球，球员需要使用BOPCRO顺序将球外传并成为下一轮的进攻方（底线处的球员成为防守方）。进攻方获得篮板球时，则继续扮演进攻方（投篮得分后，移动到半场位置准备继续进攻），底线位置的球员则成为防守方。在继续训练前，要先将球传给教练。可以为训练规定一定的时限。可以通过以下几个标准评出最终获胜的一组：防守篮板球数量最多、进攻篮板球数量最多或者得分最多的组。教练可以根据需要强调其中的一个标准。

争抢篮板球大战

目的： 指导球员如何在5打5的防守篮板球和进攻篮板球训练中具有进攻性。

设施： 篮球、篮筐和半场场地。

过程： 这是一个具有实战性质的训练。训练开始时，教练投篮（大部分时间都会投篮不中）。按照实战进行，投篮命中或者投篮不中，球员可以在任何情形下抓球、护球并将球置于颌下，无须考虑边界线的限制。通常的得分标准是获得防守篮板球得1分，投篮命中得2分，获得进攻篮板球得3分。教练可以通过为某个特定动作加分的方式来强调进攻或防守技术，球员得分时，让球员继续作为这种动作的执行者（例如，如果球员抢到防守篮板球，则继续充当防守方的角色）。这个训练还存在以下多个变化方式。

- 卡位：防守球员在训练开始时站在底线位置，为进攻球员或为教练传球，使其投篮。
- 跳过传球环节，直接投篮。
- 次要快攻选择，转移篮球并投篮。
- 从区域联防开始。
- 任何其他特别的进攻战术或情况，然后投篮。

伍登金句

"不要过于在意你的声誉，更应该在乎你的性格。性格代表你是谁，而声誉只是人们以为你是谁。"

——约翰·伍登

第 9 章

团队进攻

"篮球是一种需要策略和理性的游戏，尤其是在进攻上。"

——菲尔·杰克逊，芝加哥公牛队和洛杉矶湖人队主教练

他的执教理念来源于印第安人颂歌里的一句话：

"不求武力上的超越，只求比对手更聪明"

教练应该鼓励球员，增加球员的自信心，使他们全力以赴地完成训练，在训练中获得运动带来的乐趣、通过训练学习并提高自己的技术水平、抓住每一次学习的机会并勇于试错，在进攻中更应该做到这些。为了让球员能够应对所有可能出现的情况，也为了提高球员在篮球运动方面的智商，教练可以通过鼓励增加球员的自信心，让他们知道自己有能力成功。为了实现这一目标，教练和球员必须把重点放在教学过程和掌握某种技能上，而不仅是比赛，更重要的是如何在一场比赛中学会进攻。

具体来说，为了让球员能够应对所有可能出现的情况，应该从以下几个方面着手：一般的进攻原则、球员位置和职责、团队进攻战术以及团队进攻的特殊情况。随着对这些方面的教授和学习，教练和球员应该时刻提醒自己，每一次进攻都是建立在基础原理之上的，快速而恰当地运用这些基础原理是进攻成功的关键。

一般进攻原则

除非教练对球队成员的进攻强项和弱点十分了解，否则教练应该让球员先学习基本的进攻原则，然后根据球员不同的特点进行相应的调整，给球员足够灵活的空间来发挥球员自己的强项。教练的基本教学理念应该是先保持稳定，然后循序渐进，根据球员的特点，调整适合球员的进攻和防守的战术风格。

进攻的效率在很大程度上依赖于球员对空间和时间的掌握：场上的5名球员应该分散地处于球场内，在恰当的时间同时执行移动和切入动作。任何进攻都需要球员在球场上均衡分布，也就是说进攻队友之间（除非是切入或者掩护）应该保持适当的间距，为4.6~5.5米。均衡还要求在投篮时既要注意争抢进攻篮板球，也要注意防守。球员需要快速地执行从进攻到防守的转换（反之亦然），这被称为攻防转换训练赛，即快速争抢进攻篮板球或者快速回防。此外，在团队比赛中，所有球员应该均衡得分，不要只依赖一名球员，进攻型球员需要发挥出自己的优势，打出均衡的进攻。

好的进攻包括球员和篮球的正确移动，还需要富有经验的球员，包括执行各种掩护技巧。球员应善于在内线（离篮筐较近的球员）和外线（负责防守的外线球员）投篮得分。培养由内线到外线的进攻原则：以内线进攻为主，外线进攻为辅，避免出现只防守某个区域或某个球员的情况。任何战术体系的执行总是比体系本身重要，球员的执行效率永远比执行方式更加关键，因此要注意执行效率。

球员位置和职责

按照角色、能力和技术水平的不同，球队中的每名球员都有一个特定的位置。目前有3个位置，即后卫、前锋和中锋（参见图9.1）。有些教练还会使用

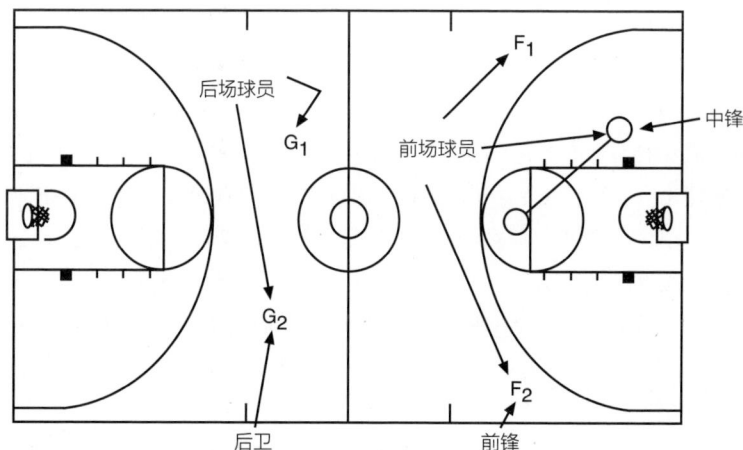

图9.1 球员位置

一些其他的称呼，如点位球员、翼部球员和内线球员。作者更想让所有的球员都具备基本技能，这样他们就可以被安排在场上的任何位置，在这种情况下，球员可以更灵活地互换位置。

中锋通常是球队中最高的球员，其次是前锋，而后卫则是最矮的球员。中锋和前锋一般是较好的篮板球球员，而后卫则是具有最佳控球能力的球员。与前锋和中锋相比，后卫还会执行更多的外线战术。此外，一些教练喜欢"无固定站位"篮球训练，在这种篮球训练中，所有的球员都要准备好去球场的各个位置，不用管该位置和自身技术如何。

后卫。后卫通常被总称为球队的后场球员。可以将后卫进一步细分为控球后卫（通常具有较强的控球能力并负责在比赛时对全队进行指挥）和得分后卫（也被称为"大后卫"或者"无球后卫"）。由于具有较好的运球能力，控球后卫经常能够通过突破后传球的方式，为队友（如得分后卫）创造得分机会，也就是通过防守球员突破到篮下并将球传给处于空位或者无人防守的队友（突破分球）。控球后卫还被称为比赛的"组织者"，因为他们还负责指挥整个球队并创造得分机会。控球后卫通常由球队中控球技术最好的球员担任，同时能够在比赛时领导球队并履行教练的职责。而得分后卫则应该从球队中那些投篮能力非常强和控球技术非常好的球员中选择。

前锋。前锋有时候被称为"底角"（corner）球员，因为他们的进攻位置一般位于前场的底角。大多数球队都会选择小前锋和大前锋（有时候也称为力量前锋）这样的配置。小前锋需要进行较多的移动，他能够承担后卫和前锋两种角色，比赛时通常面向篮筐，较强的控球能力和外线投篮能力也是对小前锋的基本要求。大前锋通常是最强壮的篮板球球员，需要由外向内移动（背对篮筐）。小前锋应该能够同时履行后卫和前锋的职责，具有较好的控球能力，能够执行外线战术并具有争抢篮板球的能力。而大前锋必须能够履行前锋和中锋的职责。

中锋（低位球员）。中锋应该从那些身材高大的球员中进行选择，中锋通常会在篮筐附近履行内线职责，能够应对身体接触和球员密集的环境。一般来说，作为拥有最高身高的球员，中锋的活动范围包括高位的罚球区内侧位置（罚球线附近）、低位位置（篮筐附近）以及罚球线外侧或者三秒区，中锋一般会背对篮筐。中锋也可以在进攻时面对篮筐，在高位（罚球线区域）或从中低位出来面对篮筐时在短角拿球（见第6章）。中锋和2名前锋合称为前场球员。建议球员发展所有的基本技能，做到随时交换站位和增强团队的灵活性。

团队进攻战术

教练制定团队进攻战术，让球队能够应对各种防守情况，包括以下几个方面。

- 在比赛中有组织地从防守状态转换为进攻状态。首要快攻：不给防守方反应时间，立即对防守施压。防守方回防但防守还没有完全组织起来的时候执行次要快攻。
- 压迫性进攻。为了安全地处理球，并针对严密防守进攻（从半场到全场）。
- 1对1的定点进攻，在这种情况下，对手1对1防守进攻球员。
- 区域进攻用于应对对手的区域联防。
- 对手结合多种防守方式时（如区域联防和1对1防守），可以采取定点进攻的应对方法。
- 时间和比分允许进攻方在投篮前长时间控球以及想迫使对手扩大防守区域时，可以采取控制或者延迟比赛的战术（有或者没有投篮倒计时）。
- 特殊情况战术选择：界外球、罚球、跳球和压哨投篮。
- 从进攻转换为防守（争抢篮板球的同时注意阻止对手轻松得分或者执行快攻）。

首要快攻：从防守转换为进攻

当球队获得控球权，并且在对手恢复良好的防守位置之前，将球推进到前场，这样就可以通过快攻的方式轻松投篮得分。这种在人数上占优势的快攻称为"首要快攻"（参见图9.2a）。首要快攻通常发生在获得篮板球、成功断球后（或者在补篮后），是从防守转为进攻最快的方式。防守球队获得控球权时，可以使用快攻第一传球或者运球的方式发起快攻，向前场推进时，传球应该作为第一选择，而运球是最后的选择。与此同时，其他队友应该牵制防守球员并采取均衡的站位。在场上执行快攻时，球员应该在控制好自己速度的前提下以最快速度向前推进。同时，应该有一名球员稍微落后几步，担任保护己方篮筐安全的角色（通常是后卫）。

要点提示
三线快攻：篮球位于中路位置，两侧保持较宽的距离，以迂回的方式切到篮下（在罚球区顶端）或者移动到底角执行三分球投篮。

要点提示
除非对方强迫球员传球，否则直接投篮。

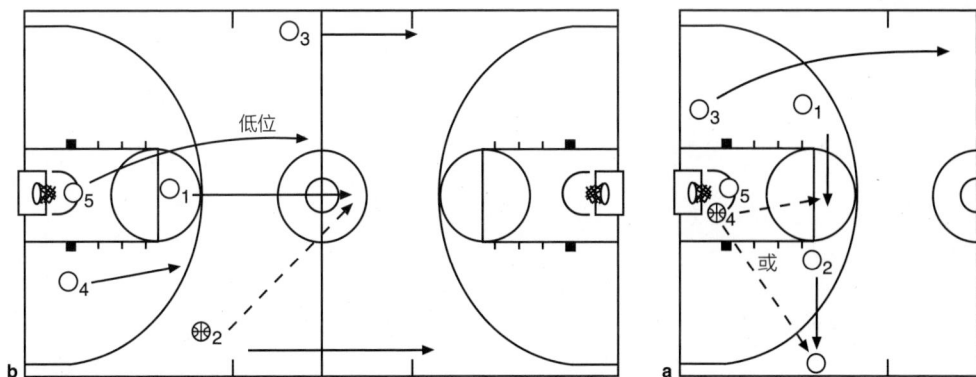

图9.2 首要快攻：a. 获得防守篮板球后发起快攻；b. 拉开距离并占据推进路线；c. 完成三线快攻

　　图9.2展示的是典型的三线快攻模式。一个球队在3打2的情况下，当其球员人数超越对手时，需要执行三线快攻（篮球位于中路）。处于3打1的情况时，进攻方可以执行双线快攻的战术（2打1时，1名球员在后方保护），如图9.3所示。执行双线快攻时，进攻球员之间应该拉开距离（至少保持与罚球区宽度相同的距离），使防守球员不得不左右兼顾。运球技术最好的球员应该在最后时刻控球，除非对方强迫球员传球，否则直接投篮。运球球员需要将球从中路移动到侧面路线，在2打1的情况下最好使用外侧手运球。技术水平较高的球员可以使用内侧手运球（执行击地传球时可以轻松使球通过防守球员），如果防守球员没有对运球球员执行防守，那么运球球员可以选择转身带球上篮。

次要快攻：从防守转换为进攻

　　如果没有条件执行首要快攻战术（即无法在人数上获得3打2、3打1或者2打1的优势），球队可以选择次要快攻战术。执行这种战术时，将球推进到底线一侧（降低或者破坏对手的防守效果），在内线部署1名球员，将球在4-1的阵型中的转移到两侧边路，然后进行定点进攻（参见图9.4）。

　　攻防转换训练赛（另类的次要快攻体系）。这种另类的快攻体系被教练克雷格·纳尔逊和他所在的南达科他州苏福尔斯的华盛顿高中的团队所使用。它采用了以下模式让球员从防守转换到进攻。

　　• O_1（得分后卫）尽量把所有的出手点都放在篮板的一侧，同时在安全的出手点允许的范围内，尽可能地抬高、放宽。

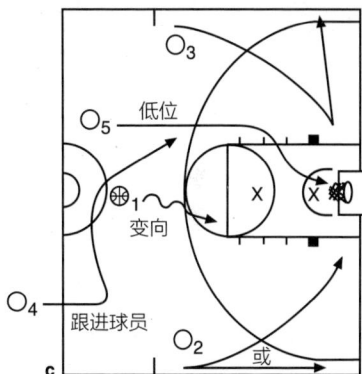

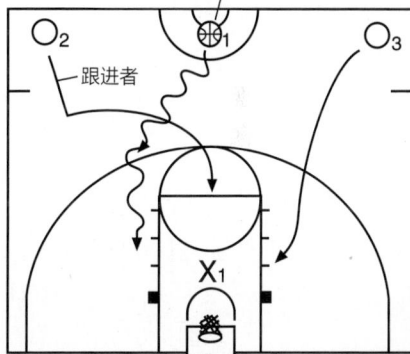

图9.3 初级双线快攻：进攻球员之间应该至少保持与罚球区宽度相同的距离，从罚球线边缘攻击篮筐（即带球保持在罚球线以外）

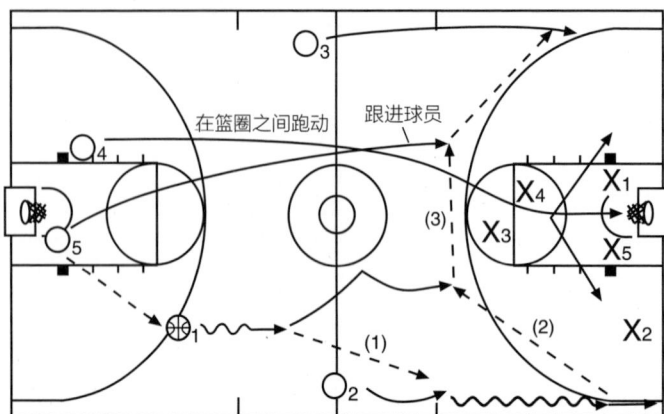

图9.4 次要快攻（4名球员在外线，1名球员在内线）

- O_2（投篮后卫）总是在右翼跑动，在过半场时要确保距离边线1米以内。
- O_3（小前锋）总是在左翼跑动，在越过半场之前，尽可能地在距离边线0.7米的范围内跑动。
- O_4和O_5（"大个子"球员）是可以互换的。拿到篮板球的那个人就成了跟进球员，另一个从一个篮圈冲刺到另一个篮圈。快攻第一传球之后，跟进球员至少在得分后卫身后两三步，通常直接跑到球场中间，与得分后卫保持适当的间距（即4.6~5.5米）。如果得分后卫无法将球提前传给翼部的O_2或O_3，那么就需要通过跟进球员将球传到球场另一侧。如果O_4和O_5都没有拿到篮板球，那么他们两个人都要往前场冲刺，争取成为发起快攻的球员，抢到一个上篮的机会，或者在对方禁区里占据一个有利的位置。而突破稍慢的球员，如果没有机会成为"尖刀兵"，那就可以放慢速度，在后卫队友身旁，成为跟进球员。

本章后面的部分提到了这种训练方法。

压迫性进攻

任何具体的压迫性进攻都不如拉开进攻距离、切入、迎球、接球并面向篮筐，首先选择传球，最后选择运球。尽管如此，如果防守方执行全场防守的策略，教练则需要指导球员执行压迫性进攻帮助球员确保篮球的安全。球员应该在防守球员就位前将球送至前场（即在对方执行压迫性防守前执行快攻）。指定1名前场球员在抢到篮板球后快攻第一传球，迅速将球传给后卫，如图9.5a所示。接球球员应该远离底角位置，并且不能离边线太近，这是最不好应对包夹的区域。

在应对区域压迫性防守时，教练应该指导球员通过边线快攻第一传球、两次中路快攻第一传球（短距离和长距离传球），以及在控球球员后面向外安全传球的方式在后场或者前场破解对方的防守，如图9.5b和图9.6所示。向球员强调使用正确传接球基本技巧的必要性，并提醒他们通过移动获得空位并保持平衡的身体姿势。压迫性防守还可能为进攻方提供机会，因此球员应该在进攻中随时准备利用对手这种防守过度的缺点。

例如，在图9.6中，通过攻击防守的中路（X_4和X_5），进攻者可以将球传给O_5或O_4，尤其是O_5可以接球。面对不运球的情况下，寻找最佳选择，通常是通过前场传球或运球突破防守，这时进攻者可以将球传给O_5或O_4。

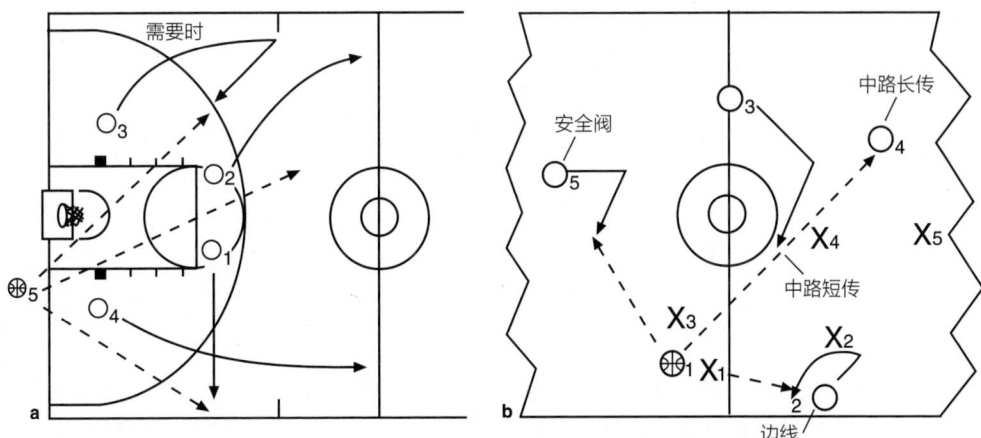

图9.5 压迫性进攻——快速传球：a. 向内传球；b. 对手实施包夹时，执行压迫性进攻

　　一般来说，球员需要破解对手的压迫性防守。要有攻击性并将球向压迫性防守的侧面或者中路转移，寻找带球上篮得分的机会。作为最后的决策，进攻球员还可以通过充当安全阀的球员执行方式，反向传球从另外一侧进攻，如图9.7所示。在面对极度紧急的情况时，如持球的控球球员被包夹时，距离最近的队友（通常扮演安全阀的角色）可以上前直接在包夹后面接球（通常不会遇到防守）。控球球员可以以后转身的护球并传球。安全阀球员则应该立即发起进攻。

图9.6 破解包夹：形成三人进攻（O_3、O_5、O_2）以及投篮威胁的情形

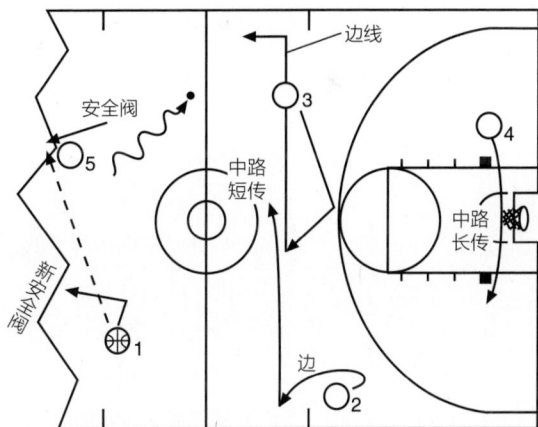

图9.7 压迫性进攻：反向传球进攻

定点进攻

　　如果防守方在首要快攻和次要快攻后已经建立起防守体系并等待对手进攻，那么可以使用定点进攻（set offense）的方式投篮得分。球队应该采取基本进攻模式，然后使用基本的有球和无球移动技术创造得分机会。可以从几个位

置上发起基本的定点快攻，教练应该根据球员的特点和球队的战术选择比较好的进攻发起模式。

2-2-1传球-切入进攻模式。篮球运动中最普遍使用的团队战术被称为"传球-切入"（give-and-go或pass-and-cut）。这个战术是进攻的基本形式，在这个双人战术中，基本模式是传球球员传球给接球球员并切到篮下接队友的回传球。开始使用这个战术时，4名球员在外侧，1名球员在内侧，2名后卫和2名前锋采取定点站位方式，如图9.8所示（图中也展示了传球-切入的选择）。这个战术可以由任意两名球员在任何时间发起。基本规则如下。

1. 球场的中路是切入的路线。传球球员必须在传球后从中路切入，向篮下走去，停顿一下，然后面向远离底线的位置站立，用大视野看清全场后迅速清空中路。这样的切入控制了进攻。

2. 球员应该对防守球员进行解读，并采取相应的移动方式对防守球员做出反应。传球和内切时，尽可能地从防守球员面前切入，在防守过度时使用后场（后场内切）。

3. 切入球员可以执行简短的背打技术，但是必须在2秒后从中路通过。

4. 接球球员应该尽可能为传球球员创造接球位置（张开手），距离传球球员4.6~5.5米，面向传球球员。

5. 面对区域联防时，球员应该从防守间隙的中间切入，接球后突破到篮下，完成突破分球。

6. 这种进攻是由球员发起的（也就是说，球员有很大的自由度）。关键在于突破切入。

7. 内线球员应该占据位置区附近的低位区域，职责是在弱手一侧争抢篮板球，并随时准备在强侧执行2打1切入或者传球突破战术。球在自己一侧时，低位球员可以执行背打战术，只有防守球员出现防守漏洞时才可以执行低位闪切并带球上篮的动作。

8. 可以通过口头语提示的方法选择以下移动方式。

   • 外线球员有球掩护。

   • 外线球员传球并执行有球掩护。

   • 外线球员在球场一侧利用防守空位执行突破。

   • 切入球员低位闪切（两秒原则），清出一个空旷区域。

9. 被包夹时，球员应该利用空当将球传给切到中路的队友，或者将球传给上前接球的队友（紧急情况时）。

10. 进攻可以从全场、四分之三场地或者半场开始。篮球和切入球员的移动比进攻模式更为重要。教练应该注意球员在进攻时的间距。球员应该带着特定目的执行切入动作。从中路通过时，球可以在同一侧移动，也可以向相反的一侧移动。

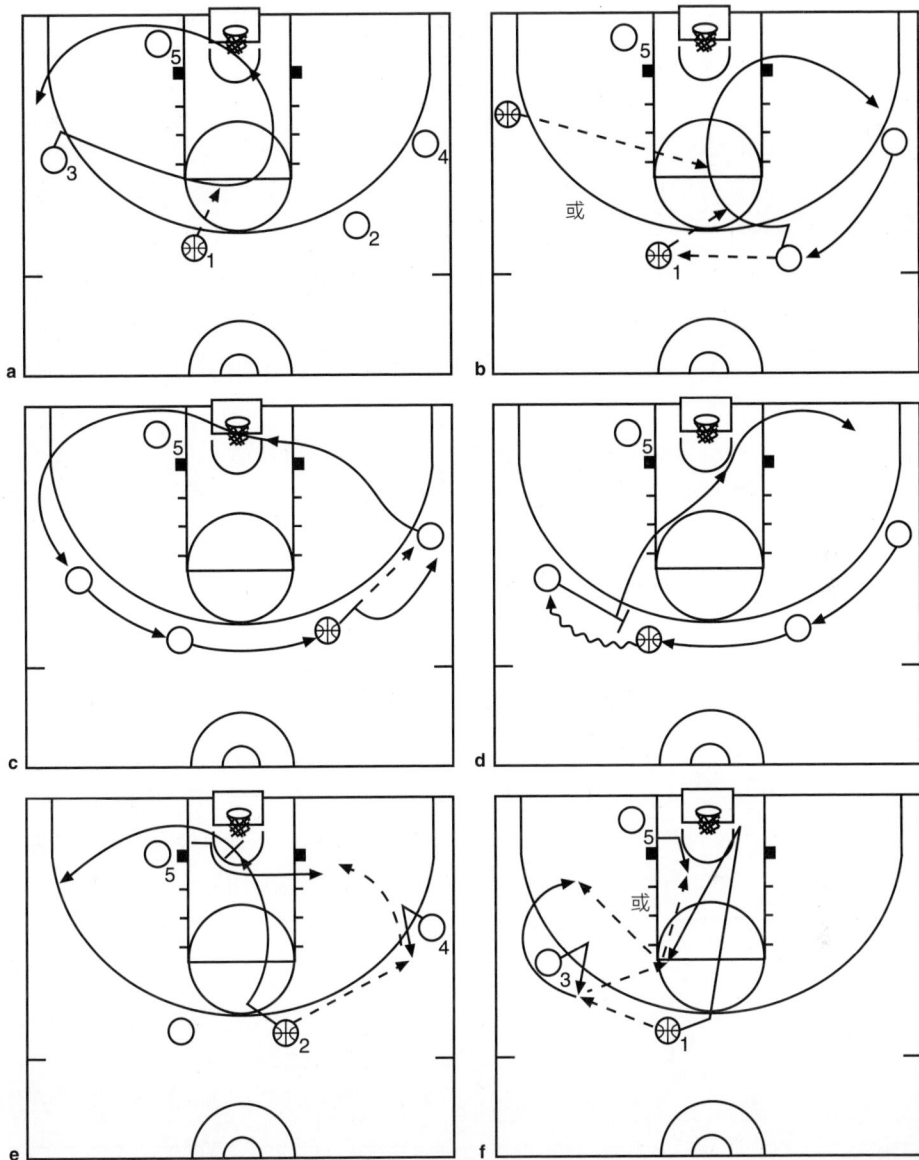

图9.8 传球–切入进攻变种训练：a. 切入——前锋切入站在自己的位置上；b. 切入——后卫切入轮换；c. 切入——后卫迂回并跟进；d. 前锋有球掩护，挡拆后摆脱防守；e. 后卫和前锋执行传球——切入（或者低位闪切动作）；f. 后卫和前锋执行传球——切入和背打战术

11. 进攻教学顺序如下。

- 2打0、2打2（后卫、前锋）。
- 3打0、3打3、弱侧低位3打3。
- 5打5、半场5打5、全场5打5。

1-2-2传球–切入进攻模式。初学球员可以使用的另一个进攻模式是1-2-2传球–切入进攻，在面对人盯人防守时，这种战术非常有效。传切进攻是一种简

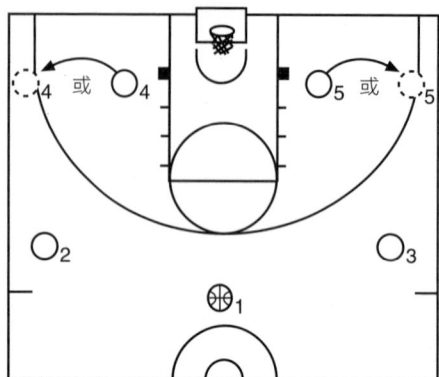

图9.9 1-2-2双低位模式（或开放-低位模式）

单的团队进攻模式，球员需要执行传球、接球、无球基本移动以及单人持球移动等动作。1-2-2双低位或者开放-低位（open-post）模式是一个使用1名后卫的开放-低位模式，允许任何球员以V形切入方式移动到低位，同时还能保留个人从中路突破以及传球-切入这两种选择（参见图9.9）。1-2-2开放-低位模式的传切进攻战术也可以用于破解区域联防或者综合防守战术（区域联防和人盯人防守相结合），这取决于切入的程度以及单个球员的移动范围。

这种进攻模式的规则如下。

- 从罚球区顶端向翼部执行传切战术时，O₃执行V形切入后切到篮下位置（参见图9.10）。如果切入球员没有接到回传球，那么他需要在第一次传球形成更加均衡的站位效果（参见图9.10a）。从翼部向底角执行传切战术如图9.10b所示。注意球员是如何均衡地在场上站位的。

- 如果翼部球员被防守球员严密防守或者封阻传球路线，那么球员应该使用背后切入的方式切到篮下并取代这个位置的队友（参见图9.10c）。被严密防守的底角球员则应该执行背后切入动作并返回同一侧（参见图9.10d）。

- 翼部球员和前锋可以通过V形切入方式切到低位区域（从高位或者低位切入）。切入球员如果在2秒内没有接到传球，则应该返回起始位置（参见图9.10e）。

- 投篮时，控球后卫（O₁）应该在中场线附近执行防守任务，其他4名球员则需要占据争抢进攻篮板球的位置。

适用于所有进攻情况的一个原则是，进攻球队应该采取防守均衡的战术并能够快速

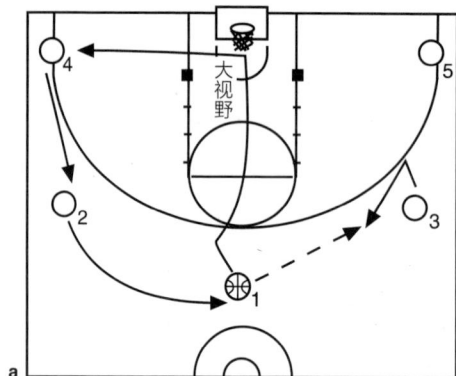

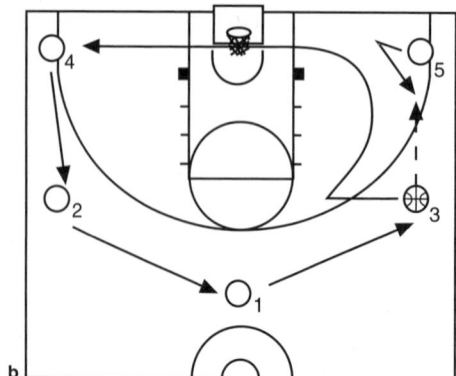

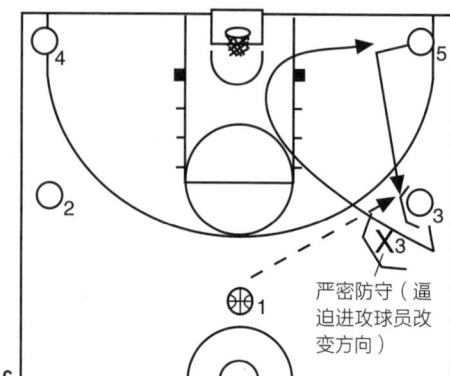

图9.10（1） 1-2-2进攻：a.从罚球区顶端执行传切战术；b.从翼部向底角执行传切战术；c.翼部球员背后切入

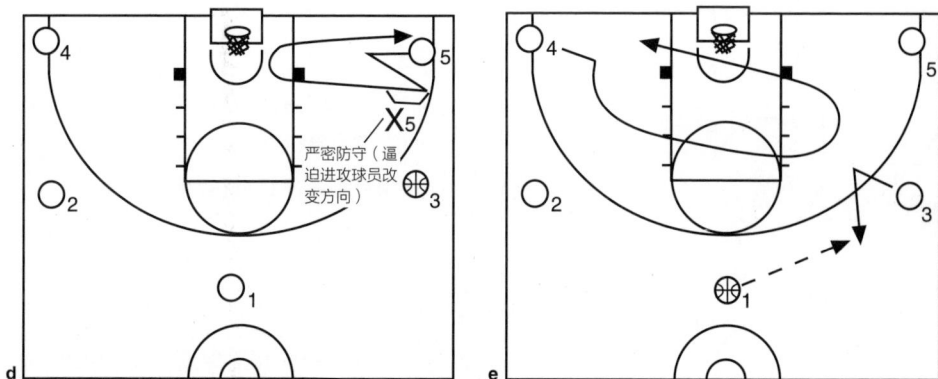

图9.10（2） d.底角球员背后切入；e. V形切入低位区域并返回

向防守转换。教练可以在投篮时让2名球员承担后卫
的角色，负责在后面防守。

1-4模式。1-4（双高位）模式需要控球后卫具
有比较高的技术水平。这种模式对防守方来说是一个
挑战，可以为4名球员中的任意一名球员传球，进攻
时需要2名内线球员（参见图9.11）。

1-3-1模式。1-3-1高位到低位模式需要控球后卫
位于后面，需要前锋执行单人移动，并需要2名内线
球员（高位球员必须能够面向篮筐），如图9.12所示。

1-2-2堆叠模式。教练也可以考虑使用1-2-2堆
叠模式。这种模式需要控球后卫位于后面，一侧保持

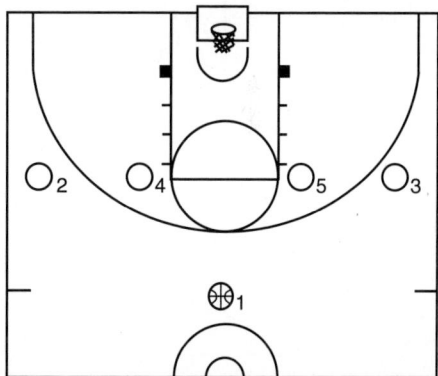

图9.11 1-4模式：控球后卫O_1，2名翼部球员O_2和O_3，2名低位球员O_4和O_5，有时这种模式也称为双高位模式

空位以便单个球员执行移动动作，另一侧球员堆叠站
位。使用这种模式时，1名球员（O_4）切到任意位置，另一名堆叠站位的球员
（O_5）则成为掩护球员，然后占据低位位置。堆叠站位能够允许球员O_4选择不
同的切入方式并允许通过优秀的开场传球发动进攻，如图9.13所示。

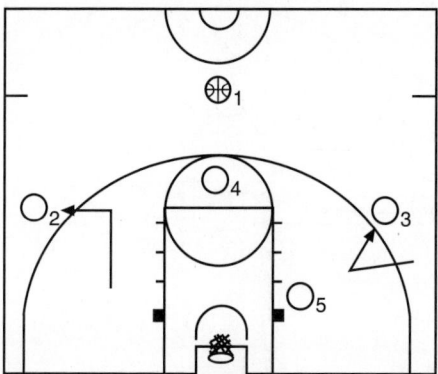

图9.12 1-3-1高位到低位模式

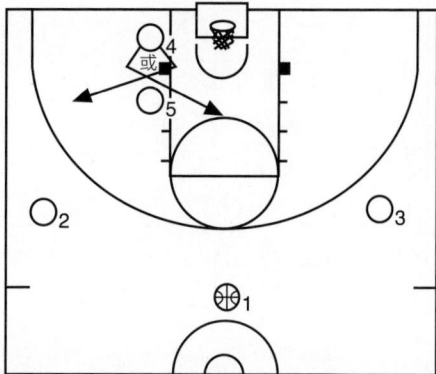

图9.13 1名球员在前的1-2-2堆叠模式

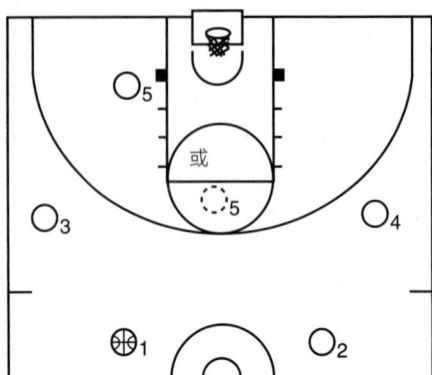

图9.14 2-2-1或2-3模式（高位或者低位）

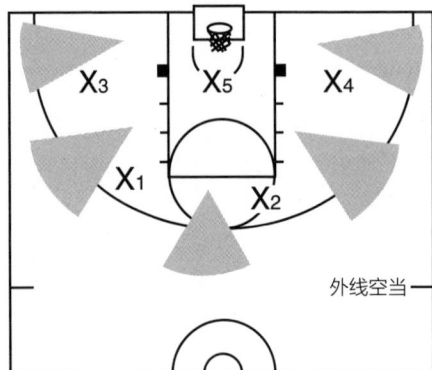

图9.15 面对区域防守时，在外线空当处站位

2-2-1或2-3模式。还可以选择传统的2-2-1或2-3进攻模式（参见图9.14）。这是一个双后卫在后，1名球员处于低位（高位或低位）区域的模式。球场的边线处和底角处保持空位以供前锋执行移动动作。相对来说，2-3模式更容易受到压迫性防守。

区域进攻

面对区域联防时，教练可以选择经过调整的传切进攻模式或者选择其他模式。无论选择哪种模式，都应该指导球员使用以下规则。

- 球员在外线区域对齐站立，然后迈步进入投篮范围（图9.15）。
- 对防守发起进攻，但要保持耐心。在外线球员相互传球后寻找向区域内运球或者传球的机会。运球最好发生在接球和第二次外线传球之后。
- 注意自己与队友之间的距离。通过保持一定的距离使防守球员无法轻松对进攻球员执行有效的防守。
- 切入通过区域联防：通过球员的移动和复位测试对手的区域联防，如图9.16所示。

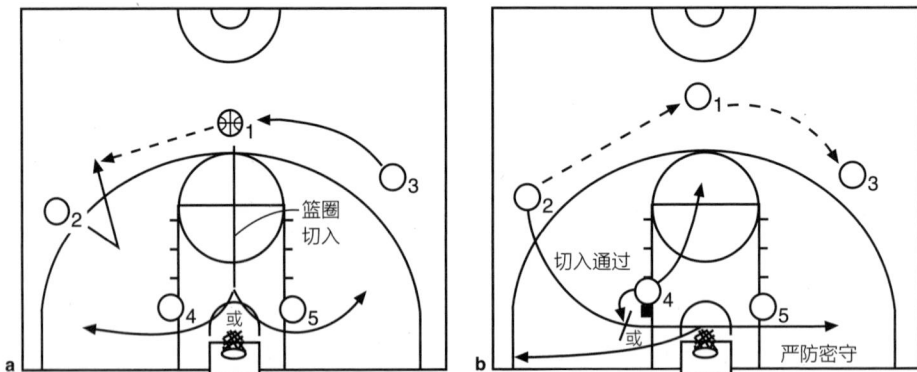

图9.16 区域进攻：a.后卫球员从区域联防中切入；b.翼部球员切入通过区域联防

- 设立掩护破解区域联防：通过在区域内或者区域外设立掩护来破解区域联防，如图9.17所示。

教练可以鼓励球员多执行移动和传球动作。由于大多数的区域联防都是

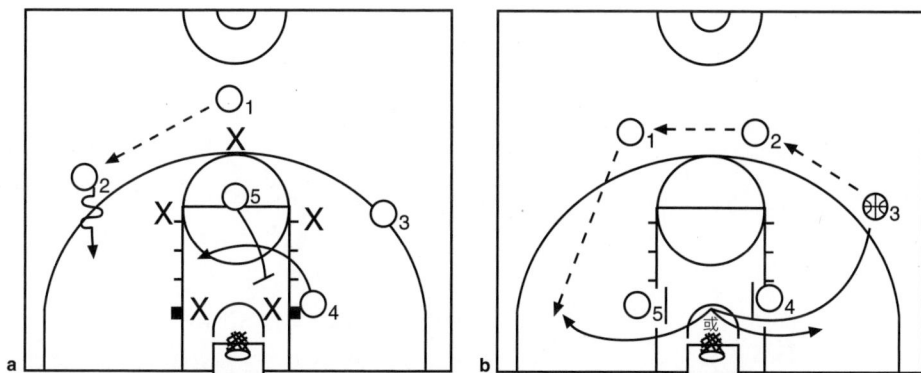

图9.17 区域进攻：a. 在低位设立掩护破解区域联防；b. 在内侧设立掩护破解区域联防

以篮球为导向的，因此执行篮球假动作能够获得非常有效的效果。球员应该将球置于头顶，这样防守球员就能够看到篮球并对假动作做出反应（传球或投篮）。传球前首先做一个传球假动作。球员在将篮球置于头顶前必须先采取将球置于颌下并贴近身体的三威胁姿势。

破解综合防守的进攻

防守方结合使用人盯人防守和区域联防两种方式时（三角形站位+2、方形站位+1或者菱形站位+1的模式），球队需要采取有组织的进攻方式破解对方的防守。可以选择常规的1对1进攻方式或者区域进攻的方式，教练需要选择一种包含球员移动、篮球移动以及设立掩护的进攻方式。对防守进行分析并使用相应的进攻方式（进攻战术或者进攻模式）来破解对方的防守。例如，在图9.17a中展示的进攻模式中，进攻球员面对人盯人防守时，可以在底线位置利用掩护执行跑动。

控制或延迟比赛战术

球队在比赛快结束并且分数领先时，教练可以让球员在场上分散开，利用整个前场来扩大对手的防守区域。这种战术被称为"延迟比赛"（delay game）或"控制比赛"（control game），执行该战术时通常只有靠近篮筐时才进行投篮动作。在这些情况下，跑动进攻可能是最佳的进攻方式，不要轻易投篮，或者在投篮前应该多执行传球动作（带球上篮时除外）。选择这种进攻方式时，利用或者不利用投篮倒计时都可以。投篮时间还剩下8~10秒时，运球球员需要寻找运球突破的机会，其他球员则需要通过个人移动获得较好的投篮位置。时间和比赛分数决定了球员何时应该长时间控球并使用延迟战术。

图9.18展示了使用最普遍的进攻模式，其中4名进攻球员占据4个边角位置，最佳运球球员或者控球球员位于中路的前部。O$_1$通常是控球后卫或者战

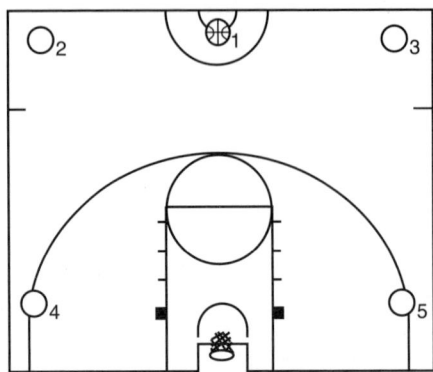

图9.18 4角进攻延迟或控制比赛战术

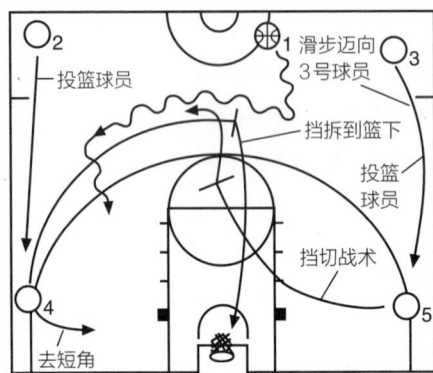

图9.19 压哨投篮得分

术组织球员，会一直寻找突破和传球的机会。所有进攻球员都应该对防守进行解读并采取相应的措施，等待并利用防守球员出现的防守漏洞。使用控制比赛战术时，教练应该确保罚球球员具有良好的投篮技术，因为不管是沮丧的情绪还是不合适的防守策略，防守球员此时会出现更多的犯规动作。

保持球队处于进攻状态，不要消极或者失去冲劲。球员可以通过假装拖延比赛但实际上寻找投篮得分机会的方式迷惑对手。如果球队不想投篮，可以按照正常进攻的节奏跑动，给防守球队造成他们正在执行进攻的错觉。

投篮时间只剩下8~10秒时，可以使用一种特殊战术（参见图9.19）。相关选择是O_1使用掩护，O_2或者O_3移动突破并尝试进行三分球投篮，O_4使用O_5的背后掩护，O_5在掩护后向外迈步移动。

团队进攻的特殊情况

执行团队进攻时，要做好面对多种特殊情况的准备：界外球、罚球、跳球以及压哨投篮。目的是让球队做好应对任何比赛情况的准备。

界外球。每个球队都必须制订计划，从己方篮下或者边线处将球传到场内。图9.20和图9.21中的战术模式可以用于破解任何防守。最重要的是球员需要能够在面对任何防守战术时安全地将球传到界内。

图9.20 篮下或底线界外球战术（BLOB）：O_5和O_2执行挡拆战术

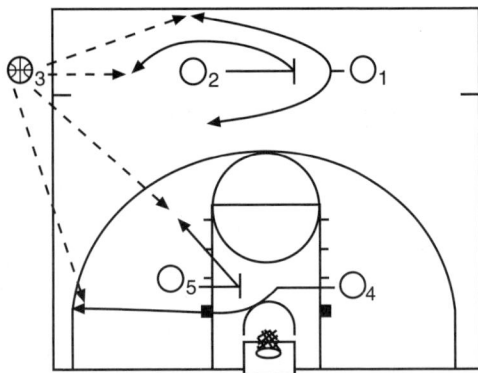

图9.21 边线界外球战术：O_2为O_1提供掩护，O_5为O_4提供掩护，O_3有4种传球选择

罚球。面对罚球情况时，球队同样需要制订周密的计划。执行进攻罚球时，2名最优秀的篮板球球员站在第二罚球区（Second-lane-space）位置，并尽量在罚球区中路或者防守球员的底线侧抢到进攻篮板球。图9.22中，O_3处于一个能够抢到长篮板球或者被拨出的球的位置，而O_1负责防守（后场），一定不能让任何对手移动到他们的后面接长篮板球，投篮球员O_2则协助队友转换到防守状态。

处于防守罚球的情况时，X_1必须注意争抢被拨出来的球或者长篮板球。X_2通过占据投篮球员和篮筐之间的路径来封阻投篮球员。X_4和X_5在他们所在的一侧封阻对手（第二罚球区位置），而X_3则负责在中路区域争抢篮板球，如图9.23所示。抢到防守篮板球之后，所有球员都应该向快攻转换。

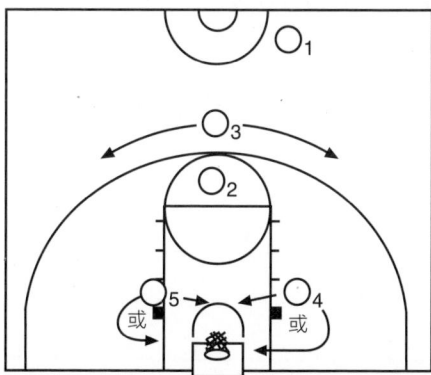

图9.22 罚球进攻战术：O_2投篮，O_4和O_5占据每侧的第二罚球区位置，O_3位于罚球区的顶端，O_1负责防守安全，O_3准备在投篮后助攻

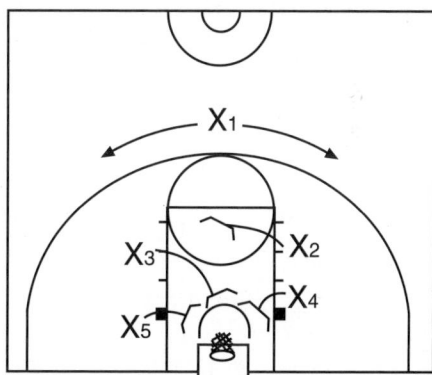

图9.23 罚球防守战术：4名防守球员在罚球区内封阻对手，X_1则小心对手的进攻

跳球。为了应对比赛开始和加时赛时的跳球环节，球队需要制订特殊的战术计划。身高较低且速度较快的球员负责防守篮板。无论采取何种战术模式，跳球时都应该尽量将球拨到空位位置（2名队友相邻站立，中间没有对手），如图9.24所示。

压哨投篮。压哨投篮用于延迟比赛战术或者其他任何只剩8~10秒进攻时间的情况，取决于球员的技术水平（年轻球员需要更多的时间）。这种战术能够使进攻方获得较好的投篮机会、进攻篮板球或者实施二次进攻的机会，但是防守方却很难利用剩余的时间在球场的另一侧执行良好的投篮，如图9.25所示。

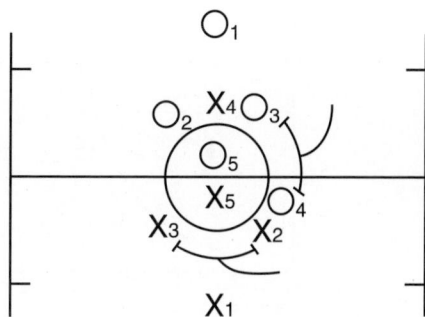

图9.24 跳球战术

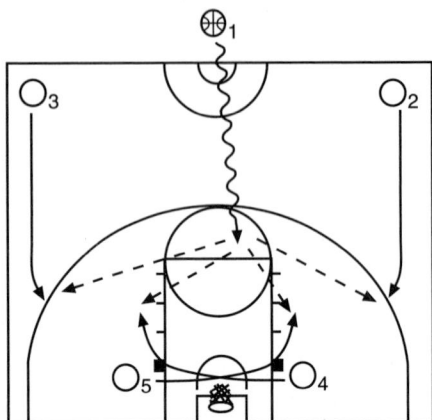

图9.25 压哨投篮：O_4和O_5球员在篮下交叉换位，O_2和O_3球员落到自己擅长的投篮位置，准备接球投篮。此时O_1球员有4种传球选择，也可以选择自己突破

无论面对哪种进攻情况，选择哪种进攻模式、战术或者进攻系统，执行力都是关键因素，如何做比做什么更重要。使用计数器针对这些特殊的情况进行训练，这样球员可以在适当的进攻时机下很好地执行任务。

防守转换：进攻到防守

球员需要快速转换到防守状态，不让对手在人数占优的情况下执行快攻，并执行定点防守。教练可以使用的一个训练方法是为所有进攻球员创建一个转换角色。

• 后卫（fullback）：负责防守的球员，通常是控球球员，负责阻止对手轻松得分（阻止带球上篮）。队友执行任何投篮时，后卫快速移动到中场线的圆圈位置并向后跑到篮下，注意观察四周并在此处指挥球队的防守（参见图9.26）。投篮的球员是后卫球员时，则由其他球员负责发号施令和指挥攻防转换。执行快攻时，最后一名球员扮演后卫的角色，且在投篮命中或者发起次要快攻前不能越过中场线。

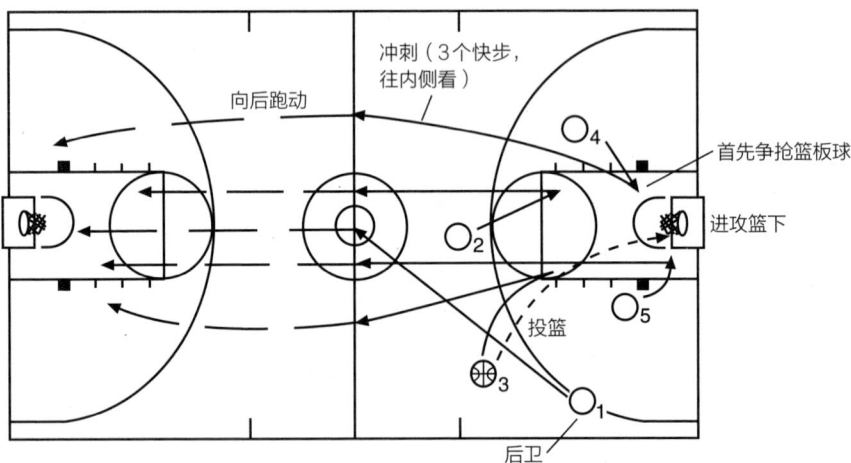

图9.26 攻防转换

• 跟进（所有其他球员）：投篮时，其他4名球员负责上前争抢进攻篮板球（假设投篮不中），直到对手抢到球或者篮球入筐。在这种情况下，所有4名球员快速跑向半场，如果对手没有占据人数优势，在向后跑动执行防守任务时从内侧肩膀处观察篮球的动向。当对手占据人数优势（3打2、2打1）时，当务之急是保护篮筐（阻止带球上篮），同时队友转换到防守状态来帮忙。大

多数球队会使用3名跟进球员，第四名球员则负责在罚球线处或者更远一些的位置抢篮板球，然后作为最早向防守转换的球员，他成为"中卫"球员，负责阻止篮球向前场推进。

针对各种特殊情况可以制订不同的应对计划，如篮板球球员施压、阻止篮球向前场推进等。

问题解答

大多数的进攻错误都源于没有按照正确的顺序、以循序渐进的方式发展进攻技术。关键是要以缓慢、细致的步骤慢慢形成进攻技术，开始时采取无人防守的训练方法，然后按照比赛节奏进行5打0训练，以此训练球员对空间和时间的掌握能力。然后才能在训练时加入防守球员的角色：开始时可以使用空气人偶充当防守球员，然后加入真实的球员模拟各种防守情况，让进攻球员学会如何解读防守情况并针对各种防守情况采取相应的应对方法。

团队进攻的教学要点

- 动作迅速但不要匆忙，首先关注的是执行训练任务，以及对时间的掌握，其次才是速度。
- 在所有区域内保持均衡。

  球员个人：身体和精神。

  进攻和防守。

  进攻篮板球和防守篮板球（每次投篮都尽力争抢篮板球）。

  球员间距：在场上分散站位并转移篮球。

  内线和外线得分。

  传球和得分。
- 努力获得对空间和时间的正确掌握。
- 指导球员在进攻时发挥智慧执行团队协作。
- 指导球员将团队协作放在第一位，个人战术放在次要位置。
- 培养球员无畏的精神，勇于试错，但是要从错误中吸取经验。
- 在团队环境下提高个人战术。
- 进攻时球员要积极移动并积极传球。球员应该带着特定目的进行移动。
- 团队进攻时要保持耐心。球员的移动必须与战术紧密配合。总的来说，相对于团队防守来说，团队进攻的学习过程要慢一些。

团队进攻的教学清单

- 需要培养的基本原则。
- 定义位置和职责。
- 进攻基本技术。
- 身体控制。
- 控球。
- 投篮。
- 外线战术。
- 低位战术。
- 篮板球。
- 压迫性进攻。
- 向进攻转换（首要进攻和次要进攻）。
- 1对1进攻模式。
- 区域进攻模式。
- 综合进攻模式。
- 延迟（控制）进攻。
- 特殊情况：跳球、罚球、界外球以及压哨投篮。
- 向防守转换。

团队进攻训练

　　训练团队进攻时，首先应该采取缓慢的节奏，保证球员能够正确地执行各种技术。然后按照比赛节奏进行训练，培养球员的团队协作能力和对时间的掌控。除了球员执行掩护或者向篮下切入动作，还应该强调合适的进攻间距和时间的必要性。

基本进攻训练：5打0（演练）

目的：指导球员在基本团队进攻模式下执行移动和进攻。

设施：1个篮球、半场场地。

过程：5名球员同时在场上进行团队进攻模式、战术、移动方式，以及团队进攻中个人职责的训练。模拟全部进攻情况进行训练：后场、前场、界外球和罚球等。每次投篮得分代表进攻战术结束（每次投篮都争抢篮板球），并在中场线处执行角色转换。这个训练由5名进攻球员一起执行，不使用防守球员。

选项

- 半场进攻全部为定点进攻。
- 半场到全场（防守到进攻）：投篮命中或者投篮不中后；压迫性进攻；次要快攻；定点进攻。

- 半场防守到全场进攻再转换为防守。

　　执行所有进攻投篮时，假设投篮不中并执行转换（在篮球入筐前一直争抢篮板球）。在所有训练中，无论投篮是否命中，球员都应该在中场线处执行转换。教练应该确保至少每周都要训练投篮失误时的攻防转换。

团队进攻-防守训练：4打4、5打5 ▶

目的： 以进阶方式指导球员进行进攻和防守训练，直至最终进行5打5对抗训练。

设施： 篮球、篮筐、半场或者全场场地（训练全场转换时）。

过程： 4名进攻球员和4名防守球员训练团队战术。球员应该针对所有情况进行训练，这样才不会在比赛时出现不知如何应对的情况。训练时采取进阶方式，首先采取防守球员站立不动的防守方式，接下来防守球员采取不使用手的防守方式（可以在前面用手抓住进攻球员的球衣），最后按照比赛节奏进行训练，即采取没有限制并且可以使用各种防守战术的攻防训练。比赛应该持续进行，直到防守方转变为进攻方（在投篮不中后）移动到场地的另一端（即从半场到全场）。训练也可以以5打5比赛的形式进行。

选项

- 仅半场。
- 半场淘汰训练、投篮不中时全场转换。
- 半场到全场（防守到进攻转换：压迫性进攻、快攻、定点进攻）。
- 全场，中间随时叫停对球员的错误进行纠正、添加投篮训练时间（常规投篮和罚球）。

闪电快攻训练 ▶

目的： 指导球员训练双线快攻、三线快攻和进攻与防守基本技术。

设施： 1个篮球、全场场地。

过程： 10~16名球员分成2组，在半场位置相对站立，如图9.27所示。开始训练时，选择一个队在场地的一端作为进攻方，另一个队在半场位置执行防守任务。

　　训练开始时，O_1持球穿过中场线形成2打1的局面。在人数不占优势的情况下，X_2可以在执行接触中圈的动作后对X_1提供协防帮助。防守球员X_1可以采取虚张声势的方法，预判并拖延2名进攻球员执行双线快攻，直到X_2过来协防，在进攻球员没有完成快攻前。防守球员进行交流并对2名进攻球员实施防守。

　　投篮命中或者不中时，X_1或者X_2持球并朝另一端的篮筐执行双线快攻战术。X队获得控球权后，另一名球员O_3执行接触中圈的动作并负责跟进防守的职责（参见图9.28）。X_2持球通过中场线时，O_4可以在接触中圈后快速对其执行防守。本训练可以进行到9次投篮命中。可以将双方分数记录在得分板上。教练负责组织任务。

X_2 X_3 X_4 （等持球球员越过中场线）

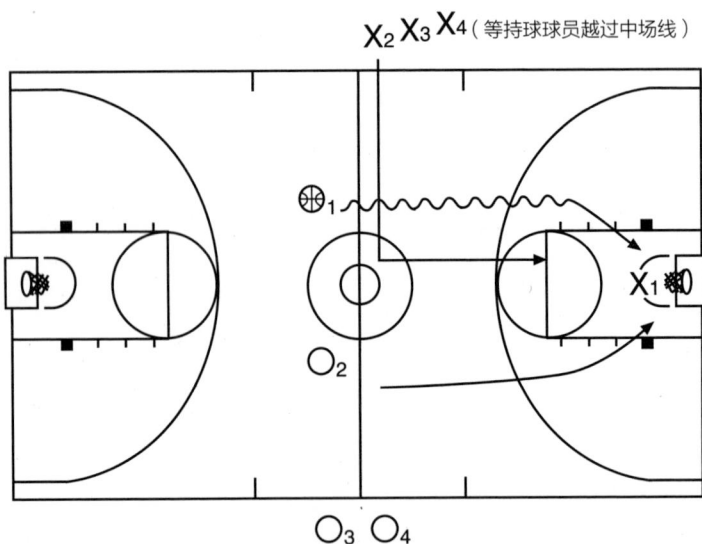

图9.27 2打1闪电快攻（第一部分）

X_3 X_4

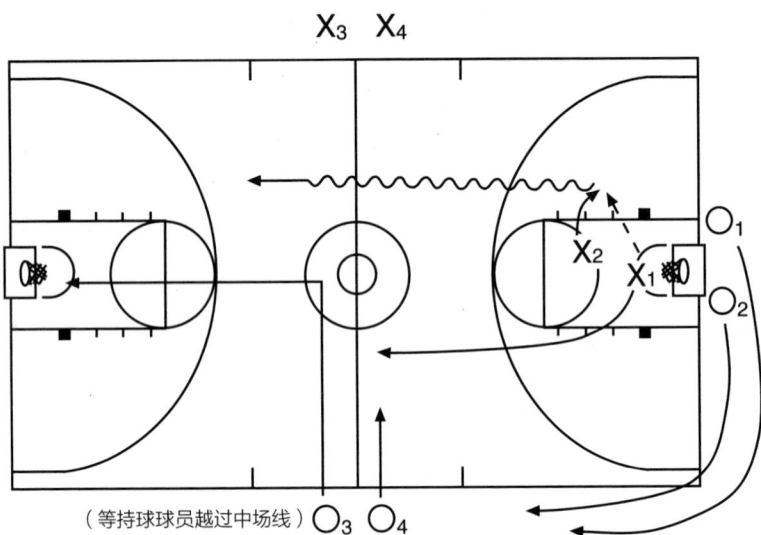

（等持球球员越过中场线）

图9.28 2打1闪电快攻（第二部分）

另一种闪电快攻选择是三线快攻，即3打2战术，至少需要12名球员并将球员分为2个队。球员站位方式如图9.29所示。2名防守球员采用对齐防守站位，内侧球员（X_4）在前，外侧球员（X_1）负责防守篮筐并执行首次传球。中路持球球员一越过中场线，对方后卫就冲刺去协助。然后持球球员O_1观察防守球员X_1后转向运球到一侧，将球传给空位队友。

X队的防守球员获得控球权后，他们需要向球场另一端执行三线快攻战术，由中路球员持球。X队获得控球权后，O_2和O_5在做完接触中圈的动作后要快速执行防守任务。训练可以在一方成功投篮10次后结束。

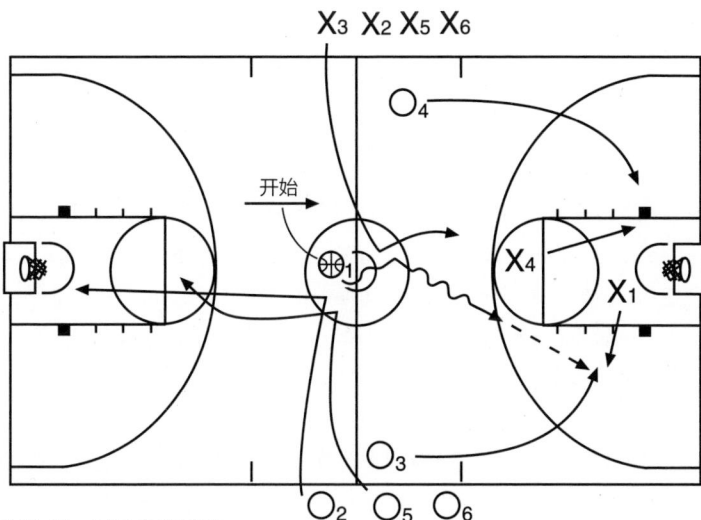

图9.29　3打2闪电快攻

选项

- 2打1闪电快攻训练。
- 3打2闪电快攻训练。开始训练时，让边线处的球员站在罚球区顶端；防守球员在向场地另一端移动前必须先执行接触罚球区顶端的动作。

快攻转换训练 ▶

目的： 指导球员在遇到突发情况时如何转移篮球。

设施： 篮球、2个互为对手的队以及全场场地。

过程： 在图9.30中，从场地一端开始。教练将球传给任意一名进攻球员（图中为 O_4），并喊出1名或者2名防守球员的号码或者名字。教练喊出球员的名字时，球员需要先做接触底线的动作，然后才能上前防守，这样就形成了人数占优的快攻局面。防守球员快速向后移动并进行交流，保护篮筐、封阻上篮并快速对进攻球员实施防守。进攻球员则发起进攻、解读防守局势并执行首要快攻和次要快攻战术。完成1~3次转移动作后，可以开始下一轮的训练。

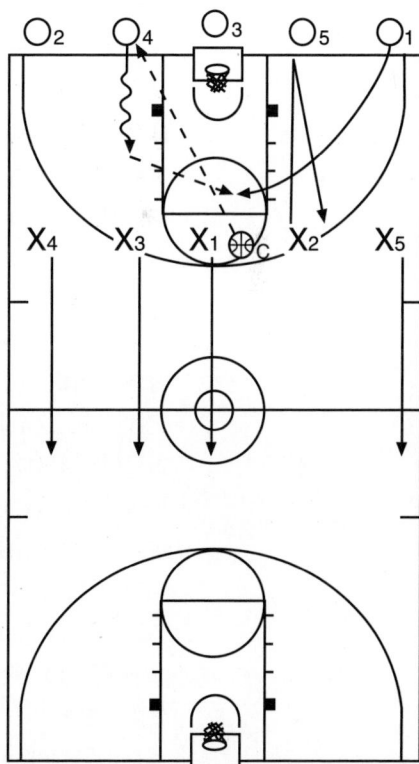

图9.30　团队快攻转换训练：5打4、5打3、5打2

攻守转换

目的: 指导球员循序渐进地进行攻守转换的训练,进阶方法(2打0、3打0、5打0)。

设施: 篮球、全场场地。

过程: 按照训练的进阶方法(2打0、3打0和5打0)进行训练。高级训练选项可在训练中根据需要添加。教练选择合适的转换方案,然后添加适合球员的选项。

在使用5名球员进行相同的攻守转换训练,并进行后面的5对0训练之前,先进行一系列较少球员参与的训练,这样可以特别注意训练的每个部分是怎样综合在一起形成团队攻守转换计划的。

1.2打0攻守转换进阶训练。

- 球员4或5(即内线球员)将球抛向自己,模拟篮板球。然后,篮板球球员训练用外侧的脚(在球场上最靠近边线的一侧)转身将球抛向球员1(控球后卫)。球员1带球到边线,观察四周,然后把球带到赛场的开阔地带,准备快速突破。快攻第一传球的位置越高、范围越大,就越能创造快速突破得分的机会。

- 球员1在半场外8.5米左右的地方开始,模拟一次快攻第一传球,然后将球传给球员2或3。在球场的每一侧进行训练。同时,训练对角线的前场传球,该传球时间较长、难度较大,要按时、按目标进行。

- 球员1训练正确传球给球员4或5,后者绕过防守球员完成分球。这个传球需要利用正确的弧线绕过防守,但仍然可以被球员4或5接住,为完成分球做铺垫。

2.3打0攻守转换进阶训练。

- 这个训练可以快速模拟多次的补篮、锻炼快攻第一传球和前场投篮。球员4或5模拟篮板球(向篮板抛出球),然后快攻第一传球抛给控球后卫,后者用不运或运球一次就将球传出的方式,将球向前传给球员2或3,后者完成投篮。这个训练可以从两个方向同时训练,以保持6名球员的积极性。球员们应该换位,在球场的另一侧也要训练投篮和前场传球。

- 通过这个训练,还可以让球员掌握如何将球快速地传给低位的队友。在训练中,安排1名控球后卫,1名边路球员(2或3),以及1名大个子低位球员。控球后卫在中场附近开始拿球,先模拟快攻第一传球,然后快速把球传给前面的球员2或3,后者快速做投篮假动作,然后传给大个子球员。大个子球员要么跑到篮下,接住传球并上篮;要么跑到球前面,在罚球区封住防守球员,等待边路的传球。

3.5打0攻守转换进阶训练。

使用渐进式的团队训练模式,在对方投篮不中或者本方抢到篮板球时,开始攻防转换。

- 1-2-1-4-3传球后推进4。
- 1-2-1-5切后门4。
- 1-2-1-4-3与4完成挡拆。
- 1-2-1-4-3，5给球员2设立后挡拆。
- 1-2-1-4-3-2从球员1和4设立的交叉双人挡拆跑出（球员4或5抢到篮板球，并完成快攻第一传球，但是仍然需要让后卫球员或翼部球员充当篮板球球员，共同完成训练）。
- 4/5-1-2上篮或三分投篮。
- 4/5-1-3上篮或三分投篮。
- 4-1-5上篮。
- 5-1-4上篮。
- 4-1-2-5上篮。
- 4-1-3-5上篮。
- 4-1-2-4-从上到下传球到球员5，完成上篮。
- 4-1-3-4-从上到下传球到球员5，完成上篮。
- 4-1-2-1三分球投篮球员。
- 4-1-2-4追身三分球投篮球员。
- 4-1-2-跳起传球到球员3，投三分球。
- 4-1-3-跳起传球到球员2，投三分球。
- 4-1-2-3-5。
- 4-1-2-1-4-3突破或高吊给球员5，完成投篮。
- 4-1-3-1-4-2突破或高吊给球员5，完成投篮。

4. 高级训练选项。

- 1-2-4-3，然后球员5给球员4设立挡拆，在可以互换位置的点上，完成高低位背打训练。
- 1-2-1，跟随球员4在高位给后卫球员1设立掩护，攻击篮筐。
- 1-4-3，5对角线移动给球员2设立掩护，并切入罚球区。
- 1-2-1-4-3，篮球过中线后，球员5从翼部切入，给球员2创造空间。
- 1-2-1-4 回传线路被封堵时，球员3后门切入。

注：1、2、3、4、5表示场上不同位置的球员，1为控球后卫、2为得分后卫、3为小前锋、4为大前锋、5为中锋。

伍登金句

"重要的不是你做什么，而是做得有多好（这一点在进攻中很重要）。"

——约翰·伍登

第 10 章

团队防守

> "球队的成功建立在团队防守和控球上。"
>
> ——亨利·艾巴，奈史密斯名人堂教练，俄克拉荷马州立大学主教练
> 奥运会美国国家队教练（1964年、1968年和1972年）

教练有责任为球队奠定坚实的基础。作为篮球比赛中最具体和最固定的一个元素，防守是团队战术中最一致的一个方面，也是球队实力的核心。要击败一个能够阻止对手顺利投篮的球队并不是一件容易的事。成功的防守有赖于教练培养出一个努力、聪明（有目标）、团结（以团队为先），同时玩得开心的团队。一个典型的例子是比尔·拉塞尔，作为20世纪60年代波士顿凯尔特人队的基石，他被称为第一个以出色的防守决定团队命运的优秀球员。他是典型的防守球员、篮板球球员和竞技球员。他是一名多方面发展的球员，他为别人效力，让其他人都变得更好。

年轻球员在个人技术和团队进攻技术方面的能力比较有限，因此团队防守对于初学球员来说就变成了更具主导性的工作。让球员明白防守是构建球队战术的基础。初学球员往往不能很好地理解防守和阻止对手得分与赢得比赛之间的关系，因此需要让他们明白防守和阻止对手得分与自己球队得分具有同等重要的地位。

防守往往会处于被动的位置，防守球员通常需要根据进攻球员的移动做出相应的反应。球员必须学会在防守时具有进攻性并占据主动，教练要指导球员在进行防守时主动采取措施，而不是被动地对进攻做出反应。只要拥有决心并通过一定的训练，球队就能建立更为主动有效的防守战术。

团队的防守是建立在个人基本防守技术之上的。教练应该激励球员在防守时培养自己的信心。只要培养出良好的防守能力，任何球队都能提升自己的整体实力。"不要让你的队友失望"。

团队防守的基本原则是让球员随时做好行动准备，保证防守不会出现问题。例如，采取快速站位的球员往往能够在进攻球员做出某种移动前对其进行预判，进而对移动进行封阻。指导球员做好应对一切的准备，也就是说防守球员要对对手的最佳进攻移动有准备地进行防守。提前准备能够让防守球员在精神和身体上，随时准备好应对对手的二次进攻移动。球员要快速地站在自己的防守位置上，并且站住位置，摆好防守姿势，这是团队防守的基本原则，球员不仅可以防好自己的球员，还能够随时准备帮助队友进行协防。

任何防守的主要目标都是迫使对手做他们不想做的事。进攻取决于球员的信心和比赛的节奏，而防守球员可以针对这两个方面采取干扰措施。指导球员在比赛中使用各种不同的防守方式消除对手的优势。不让进攻方发挥他们的优势，而要迫使他们采取退而求其次的办法。消除进攻球员的优势，让他们不得不依靠自己比较薄弱的技术。防守是个关乎取舍的问题，得到的同时也会失去。这取决于球队的优势和劣势、防守水平和防守类型。

要点提示
阻止进攻方执行最佳移动或者发挥他们的优势。

交流是能够让防守保持统一的黏合剂。要执行有效的防守，球队需要形成和执行良好的交流技术，包括口头和非口头交流，以及讨论和倾听。篮球运动的特点要求球员不能进行过多的交流，教练也不能过多强调交流。这一点在当前的数字时代尤其需要强调，在这个时代，面对面的交流已经不像过去那么普遍了。

团队防守还取决于团队进攻的效率、控球能力以及投篮能力。有效的进攻能够对团队防守起到加强和补充的作用，还能减轻防守压力并使防守更为活跃。

防守场地级别

在不同级别的场地上（参见图10.1）可以执行多种类型的防守。教练可以在场上的任何位置指导球员如何防守对手。

全场防守是一种具有压迫性的防守形式，要求防守球员尽可能快速地对全场的进攻球员实施防守。在3/4场防守中，防守球员通常会允许对手执行首次向场内传球，然后在罚球

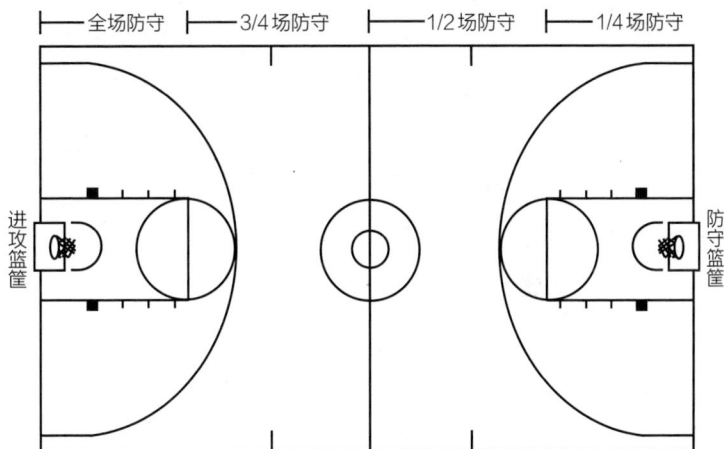

图10.1 防守场地级别——执行防守并保护右侧的篮筐

线附近或者三分线顶端开始执行防守。最普遍的防守开始位置是半场，对手在中场线附近开始遇到防守。事实上，在美国对于大多数小学和初中级别的球员（10~14岁）来说，比较适合使用半场人盯人防守方式。教练也可以让球队从防守罚球区顶端开始执行防守。如果对手的个人能力较强，可以使用1/4场防守，这是基础级别。随着球队防守能力的不断增强，可以增加自己的防守级别。

全场防守和3/4场防守能够给对手施加更大的压力，但是也会增加球队的防守区域。这两种防守方式能够让对手在后场自由移动时受限，但与此同时，对手在进攻时有可能获得人数上的优势，进而破解防守并轻松得分。

防守类型

团队防守分为3个基本类型：人盯人防守，即每名球员负责对指定的进攻球员进行防守（强烈建议从7岁到14岁的所有球员采用）；区域联防，即每名球员根据篮球和进攻球员的位置负责对执行的区域进行防守；综合防守，即将人盯人防守和区域联防结合起来的防守类型。所有防守都可以从不同的防守级别、防守压力开始，主动施压的防守比被动而松散的防守更可取。

要点提示

对于14岁以下的年轻球员来说，只适合使用人盯人防守。只有球员达到初中级别时，才适合使用压迫性防守。

人盯人防守

对于所有级别的球员来说，教练都应该将人盯人防守作为基本的防守类型。人盯人防守的价值在于，它能够适用于所有的防守方式。在美国，它应该是7~14岁球员比赛中使用的主要防守手段，也可能是唯一适合的防守类型。

与此相反，小学、初中和高中球队（美国）经常使用防守和压迫战术，目的是利用对手相对较弱的外线投篮能力和控球能力。这种方法会阻碍年轻球员的发展，因此不应该提倡这种方法。处于这个年龄段的球员应该更多地注重运动的乐趣和对基本技术的学习，每个人都应该有机会参与所有的比赛，进而发展自己的优势并改善不足。球员在这个年龄段可以先学习基本的人盯人防守，然后逐步向其他防守类型过渡。

同时，人盯人防守也是最有挑战性和最能获得个人成就感的防守类型。所有防守球员都暴露在进攻球员面前：只要进攻球员能够破解防守，那么就能轻松投篮得分，个人职责非常明确。总的来说，人盯人防守能够使球员在团队战术中更加注重个人职责。本书第7章中已经对防守的基本原则进行了阐述。

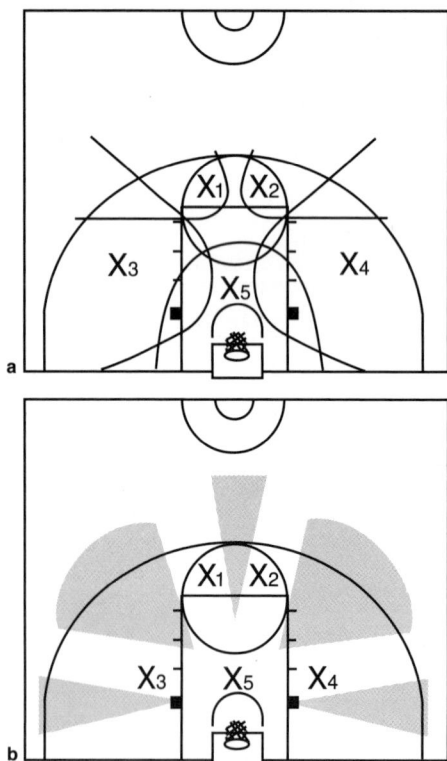

图10.2　2-3区域联防：a.防守覆盖区域；b.防守不足区域

区域联防

区域联防是指定每名防守球员对特定区域进行防守，而不是防守某名进攻球员，这种防守类型更注重对球的防守。区域联防通常会随着球的移动而发生变化，并只防守场上的某个限制区域。区域联防的弱点通常体现在防守球员之间，外线会存在一定的防守间隙，但是可以通过一定的变化来掩盖这些不足。

执行区域联防时需要做出一定的取舍决策：下沉式的区域联防会放弃一些对外线投篮的防守，但是会加强内线的防守；压迫性防守会更多地阻挡外线投篮，而内线的防守则比较薄弱。区域联防也可以转换为线性防守（lane defense），以便对进攻球员执行断球或者包夹（2名球员同时防守1名持球进攻球员）动作；或者转换为下沉式防守（sagging defense），以便对篮筐附近的内线区域执行重点防守。

2-3区域联防。 2-3区域联防是使用最广泛的区域联防模式，如图10.2所示。图10.2a展示了这种模式中的基本防守覆盖区域，图10.2b则展示了存在防守不足的区域。对手拥有比较优秀的低位球员或者需要获得较好的底角防守效果时，教练可以使用这种模式。图10.3展示了篮球处于不同位置时球员的移动位置。

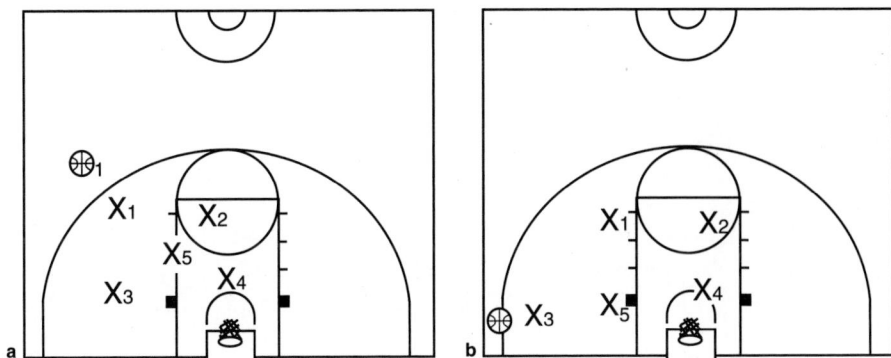

图10.3 2-3区域联防：a. 球在翼部位置；b. 球在底角位置

　　1-3-1区域联防。在需要重点防守高位区域和翼部区域时，这种模式强调对中路、翼部和罚球区顶端的防守。这种模式的防守覆盖区域和防守不足区域如图10.4所示。1-3-1模式中球员的移动如图10.5所示，球分别位于底角和翼部。球在底角位置时，大多数区域联防模式都将恢复为2-3模式。

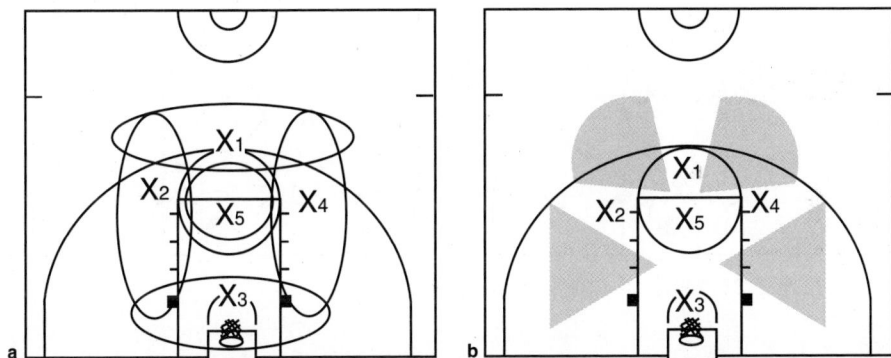

图10.4 1-3-1区域联防：a. 防守覆盖区域；b. 防守不足区域

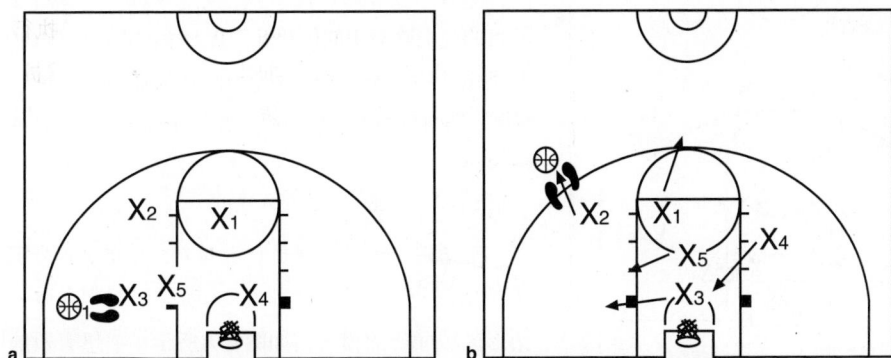

图10.5 1-3-1区域联防：a. 球在底角位置；b. 球在翼部位置

1-2-2区域联防。1-2-2区域联防模式能够获得很好的外线防守效果，但是内线防守能力相对较弱。这种模式的防守覆盖和不足区域如图10.6所示。球员的移动和位置变化（参见图10.7）与1-3-1模式类似。

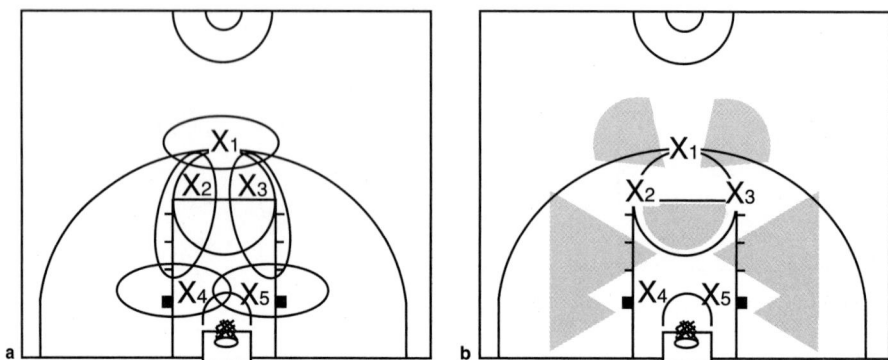

图10.6　1-2-2区域联防：a.防守覆盖区域；b.防守不足区域

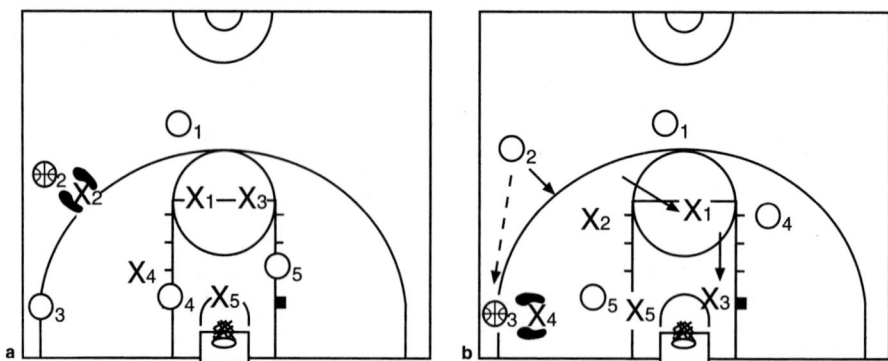

图10.7　1-2-2区域联防：a.球在翼部位置；b.球在底角位置

综合防守

综合防守分为几种形式。一般来说，综合防守的目的是消除对手的优势并干扰对手的进攻。例如，对手球队中只有2名得分能力较强的球员时，可以使用三角形+2的防守模式；对手球队中只有1名关键球员或者具有较好控球能力的球员时，可以使用方形+1的防守模式。

三角形+2。2名球员负责对对手中的2名指定球员执行人盯人防守，其他3名防守球员则采取三角形区域联防的模式，如图10.8所示。要想有效地使用这种防守模式，教练必须确定防守范围以及向

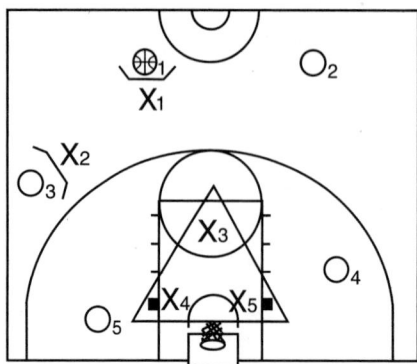

图10.8　三角形+2（综合区域联防、人盯人防守）：三角形区域联防加2名人盯人防守球员

三角形区域联防的转换形式，还必须确定执行人盯人的2名防守球员所要采用的防守方式（紧密防守、松散防守还是注重对球的封阻）。这种防守模式能够降低对方2名进攻球员（通常为外线球员）的进攻效率，但是其他外线投篮区域的防守会存在弱点。

方形+1或菱形+1。1名球员负责执行人盯人防守，其他4名球员则在篮筐附近执行区域联防。对手球队拥有1名得分或者控球能力特别突出的球员时，这种防守模式能够获得很好的效果。这两种防守模式如图10.9所示。教练应该指定球队中防守能力最好的球员负责防守对手球队中得分和控球能力最强的球员或者球队领袖。在确定了对方的关键球员后，确定如何消除该球员的优势，如可以通过断球或者将该球员分配给队内最好的防守球员。虽然这种防守削弱了对手球队中1名球员为团队效力的能力，并且其他4个位置的球员能提供协防和保护篮下，但对手球队在外线投篮的时候很容易得分。

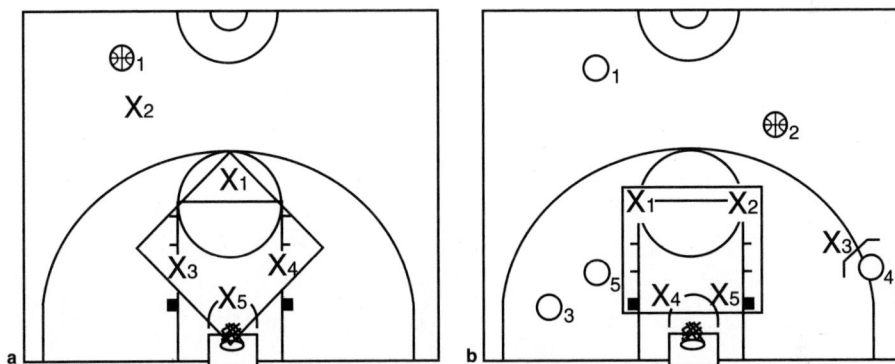

图10.9 综合防守：a.菱形+1综合防守；b.方形+1综合防守

压迫性防守

人盯人压迫性防守可以应用于：半场、3/4场或者全场防守。虽然可以应用所有的防守原则，但是采用全场防守时，执行协防要困难得多。同样，由于防守范围的扩大，单个球员在阻挡或者向控球球员施压时，也要付出更多的努力。这种形式的压迫性防守最早出现于20世纪40年代的男子篮球运动中，今天已经被众多球队使用，特别是那些拥有天才球员的球队。

区域压迫性防守也可以应用于任何级别的防守。最有名的全场压迫性防守示例也许是约翰·伍登教练执教之下的加利福尼亚大学洛杉矶分校篮球队了，他们依靠这种战术取得了前所未有的成功。这支首个美国全国大学冠军篮球队的主要战术就是全场2-2-1区域压迫性防守，如图10.10所示。执行区域压迫性防守时往往通过使用设陷或包夹迫使对手更多地传球来加快比赛速度，因为进攻方往往更多地使用运球战术，而人盯人压迫性防守会减慢比赛节奏。

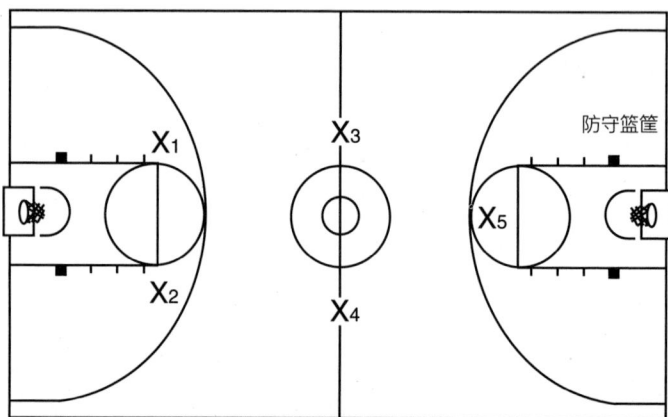

图10.10 2-2-1区域压迫性防守开始设立

执行区域压迫性防守时通常会使用控制性压迫方式，即将篮球阻挡于中路之外，在篮球通过中场线前，至少设立一个边线包夹（参见图10.11）。X_1负责防守中路，X_5防守边线位置，X_3则负责在包夹时保护篮筐。

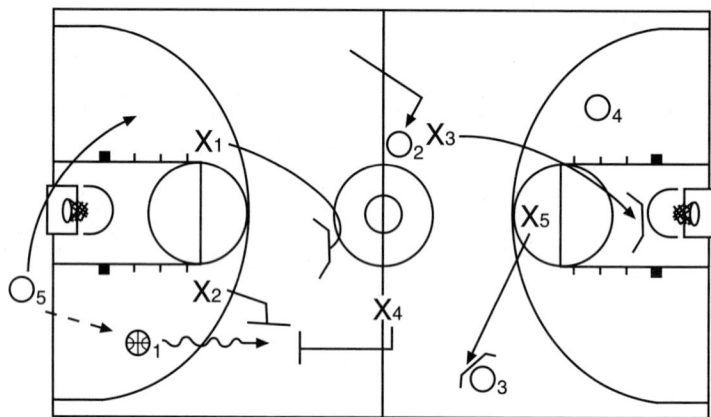

图10.11 2-2-1区域压迫性包夹

教练需要确定执行包夹防守的时间（通常在运球球员靠近防守球员以及到达中场线附近时）、转换方式、是否使用连续包夹战术、何时恢复常规的半场防守模式以及执行半场防守时向何种类型的防守转换。执行人盯人防守时，一种方法是在执行一次包夹后恢复到基本的防守模式：保护篮筐、封阻篮球以及对处于空位的球员执行防守（按先后顺序）。在向半场防守转换的过程中，沟通是至关重要的，因为球队可以在一次包夹后转换到另一种类型的防守（例如，从全场区域压迫性防守到半场人盯人防守）。

在乔·B.哈尔执教下的肯塔基大学篮球队采用1-3-1模式为半场区域压迫性防守建立了一个良好的示例。他带领球队获得了1978年的美国全国冠军。基本模式采用扩展的1-3-1模式，如图10.12所示。

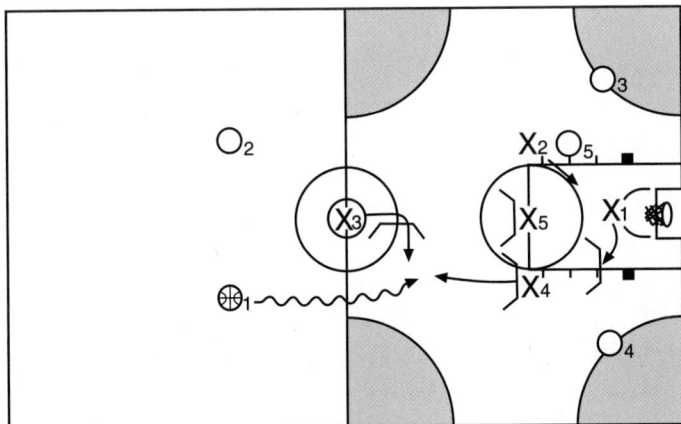

图10.12 1-3-1半场区域压迫性防守

外线球员 X_3、X_4 和 X_2 位于传球路线上，迫使进攻方选择头顶传球（传球速度较慢）。将球逼到底角并实施包夹防守，如图10.13所示。

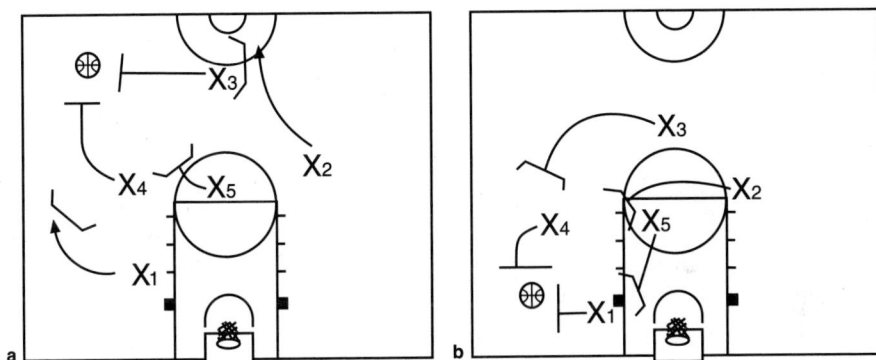

图10.13 底角包夹：a. 在中场线附近；b. 在底线附近

团队防守的教学要点

- 选择一个防守战术作为主要的团队防守战术。半场人盯人的防守战术推荐给年轻球员（7岁到14岁，或者美国的小学以及高年级球员）。
- 将态度和积极性作为确定团队防守时的主要考虑因素。向球员说明防守对比赛成功的重要性。
- 注重针对所有进攻方式的训练。通过在训练中对所有比赛情况进行充分的预判，防止在比赛中遇到意外的情况。
- 进攻与防守同样重要时，将更多的时间花在进攻上，因为它需要处理球和投篮。
- 要求防守球员要努力打好球，每一次传球或运球全部的球员都要在移动。

- 开始训练时，高效地从进攻转为防守。
- 以防守篮板球、成功断球或者对手的失误作为练习的结束。
- 需要进行交流，包括口头和非口头的交流、交谈和倾听。

团队防守教学清单

- 建立防守一般原则。
- 学习防守基本技术。
- 站位和迈步移动。
- 有球防守（活球、运球、死球）。
- 无球防守（封闭和开放）。
- 防守卡位（有球和无球）。
- 从有球防守到无球防守（斜着跳向篮球移动或者快速向篮球移动）。
- 特殊防守情况。
- 低位防守。
- 协防和决策（虚张声势、换防、包夹）。
- 有球掩护。
- 无球掩护。
- 双掩护。
- 防守原则。
- 向投篮施压。
- 对丢球执行争抢。
- 防守篮板球。
- 团队防守。
- 人盯人防守。
- 区域联防。
- 综合防守。
- 防守级别。
- 区域压迫性防守。
- 界外球，篮下。
- 界外球，边线。
- 防守罚球。
- 向进攻转换。

问题解答

　　防守中最大的挑战是如何让球员在执行防守任务时竭尽全力。与进攻相比，让球员竭尽全力更为困难，只有在球员自己最大限度付出努力的前提下，教练的教学才能真正发挥作用。要让球员明白，只有全力付出，球队才能取得成功。这里所说的努力包括从精神上用尽全力，而这需要较高水平的交流，进而提高防守的效率。在防守中要努力做到最好，无论是身体上还是精神上。"恶犬扑食"一般的方法并不适用于防守。尽最大的努力并能够一直坚持，才是防守应该遵循的原则。

团队防守训练

防守时需要考虑所有可能出现的情况，并且需要先从1打1的单人防守训练开始，然后逐步升级到团队防守训练（5打5）。可以先学习本书第7章中关于个人防守训练的内容，将以下训练作为进一步训练团队防守的基础。

- 移动站位和步法训练。
- 队列训练：个人防守，尤其是1打1防守（活球、运球、传球球员死球）。
- 封阻训练：1打1、2打2、3打3、4打4。
- 有球和无球训练：2打2。
- 防守滑步训练：移动站位和步法。

半场基础防守训练：3打3、4打4 ◉

目的： 模拟两人和三人进攻中可能出现的所有情况，并以团队战术对其进行防守（让团队为所有情况做好准备，保证没有意外出现）。这是训练所有基本防守战术的基本防守训练，大多数进攻型团队打法都是一人或三人战术。

设施： 篮球、半场场地、8~12名球员。

过程： 每个训练可以着重针对某种进攻情况进行。设立训练轮换：进攻方转换为防守方，防守方下场休息，场下球员上场负责进攻。

选项

- 有球掩护。
- 无球掩护。
- 双掩护。
- 使用包夹防守。
- 2名球员在外线，2名球员在内线（外线球员和低位球员）。
- 4名外线球员，闪切到低位。
- 传切移动。
- 强调运球突破。
- 低位战术（单人、双人）。
- 3名球员在外线，1名球员在内线。
- 3名球员在内线，1名球员在外线。
- 1名后卫在后或者2名后卫在后。

半场到全场训练：3打3、4打4、5打5

目的： 训练基本的半场防守以及如何从防守向进攻转换；训练基本的半场进攻以及如何向防守转换。

设施： 篮球、全场场地和至少2组球员。

过程： 设定某种进攻情况并相应地执行防守任务，然后在投篮不中时向进攻切换；执行指定的进攻，然后在投篮命中或者投篮不中时有效地向防守转换。

选项

- 3打3。
- 4打4。
- 5打5团队进攻和防守。

全场训练：3打3、5打5

目的： 指导球员以进阶方式执行防守的全部环节——3打3全场训练和5打5全员训练。这个训练是最好的、最费力的攻防训练之一，因为球员必须在执行所有基本技能的同时进行全场攻防。

设施： 篮球、全场场地和至少2组球员。

过程： 执行3打3全场训练时，球员或组在完成3个全场循环后应交换角色［攻防转换（和场外）］。需要运球通过中场线，在进攻早期不允许使用能够打乱阵型的高吊传球。

训练变化形式

按照以下规则使用2个篮筐执行全场3打3对抗。

- 进攻球员迫使对方犯规（计入得分）。
- 不允许越过半场高吊传球（打乱阵型）。
- 进攻时无运球（传球并切入、传球并远离篮球）。
- 其他训练组在场下等候，攻防两方获胜的留在场上继续进行下轮训练。

2打2避开掩护

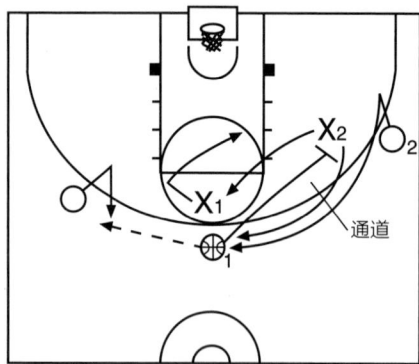

图10.14　2打2避开掩护

目的： 模拟一个防守方案应对下方的掩护。

设施： 4名球员，1名传球球员（教练或球员），1个篮球，半场场地。

过程： O_1 在罚球区顶端，O_2 在翼部，2名防守球员对位站位，如图10.14所示。O_1 带球起跑，将球传向远离队友 O_2 的对面翼部（教练或外线球员）。在传球给翼部的时候，2名防守球员都要跳起来，以便位于各自分配的球员与球之间距离的一半左右。有了这种适当的防守阵容，他们就有充分的时间对进攻球员所做的事情做出反应，并避开可能设置的掩护。

这时，进攻球员开始设置下场掩护，具体来说，就是 O_2 设置掩护。X_1 跟着 O_1，为 X_2 提供一条通道，让 X_2 通过，以避开掩护，防守 O_2。教练（或外线球员）将球传给 O_2，后者来到罚球区顶端。为了达到训练的目的，O_2 从快速站位位置快速看一眼篮板，然后将球直接传给教练。

　　现在，所有球员的位置与起始位置不同，O_2 将为 O_1 设置一个下场掩护。这次轮换之后，再换上一组新的防守球员，重新进行训练。

冲刺到低位协防位置

目的： 指导球员如何封阻。

设施： 4 名球员，1 个篮球，半场场地。

过程： O_3 带球开始时在左翼，同时被后卫 X_3 防守，O_4 在对位时被后卫 X_4 防守。X_4 使用适当的防守姿势，X_4 在关键处两脚着地，头正对着篮筐，在适当的远离篮框的关键区中路（即边路后卫与篮筐垂直对位，准备在有球侧助攻；处于垂直线助攻位置的 2 名后卫称为远离篮框的关键区中路和靠近篮框的关键区中路后卫）协防。这时，O_3 向 O_4 跳投传球，迫使 X_3 从有球防守转为冲刺到篮下，头正对着篮筐（远离篮框的关键区中路），两脚上篮。X_4 必须从篮下冲到 O_4 的身边，使用适当的贴身防守技术。O_4 接球后寻找投篮机会。进攻球员继续来回跳投传球。在第 5 次传球时，球员们要以实战训练结束，即以得分或篮板球为目的。在每次接球时，进攻球员应该看着篮板，然后做几个假动作或进攻动作。接球后需持球 2~3 秒，而不是接球后立马向外传球。

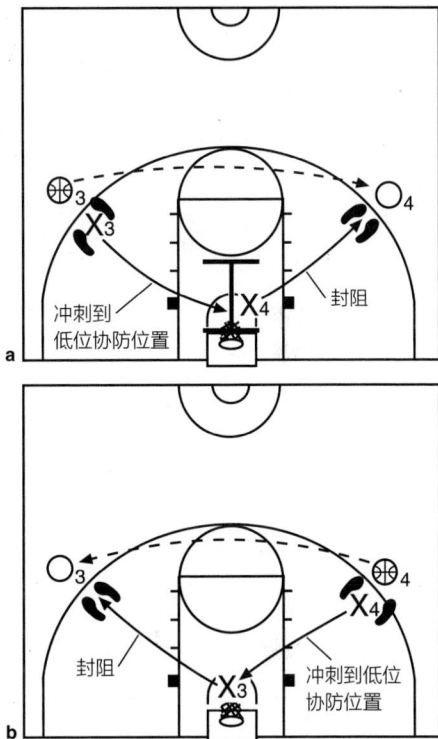

图10.15　2打2冲刺到篮下低位的协防站位：a. 封堵大范围转移球，覆盖篮下低位协防位置；b. 大范围转移球后的防守站位

伍登金句

"失败不可怕，可怕的是不知道改变。"

——约翰·伍登

参考文献

Boling, D. 2004. *Tales From the Gonzaga Hardwood. Champaign*, IL: Sports Publishing LLC.

Bunn, J. 1955. *Scientific Principles of Coaching*. Englewood Cliffs, NJ: Prentice Hall.

Carter, J. 2006. *Noah's Arc—Building the Perfect Shot*. Palo Alto, CA: Self–published.

Gladwell, M. 2011. *Outliers: The Story of Success*. New York: Little, Brown and Co.

Harle, S., and J. Vickers. 2006. *Quiet Eye Improves Accuracy in the Free Throw*. Calgary, AB: University of Calgary.

Hays, D. 2006. *Developing Your Shot and Offensive Moves*. Oklahoma City: Self–published.

Jaimet, S. 2006. *The Perfect Jump Shot*. Indianapolis: Elemental Press.

Krause, J., and B. Brown. 2006. *NABC's Youth Basketball Coaching Handbook: Beyond the Backboard*. Monterey, CA: Coaches Choice.

Krause, J., C. Janz, and J. Conn. 2003. *NABC's Handbook for Teaching: Basketball Skill Progressions*. Monterey, CA: Coaches Choice.

Krause, J., and R. Pim. 2002. *Coaching Basketball*. New York: McGraw–Hill.

Krause, J. 2005. *Lessons From the Legends: Basketball Offense Sourcebook*. Monterey, CA: Triumph Books.

Krause, J. 2005. *Lessons From the Legends: Basketball Defense Sourcebook*. Monterey, CA: Triumph Books.

Krause, J. 2005. *Lessons From the Legends: Beyond the X's and O's*. Monterey, CA: Triumph Books.

Krause, J., and M. Harkins. 2014. *Zone Offenses for Men's and Women's Basketball*, 2nd ed. Monterey, CA: Coaches Choice.

Krzyzewski, M. 2000. *Leading With the Heart*. New York: Warner Books.

Martens, R. 1997. *Successful Coaching*, Updated 2nd ed. Champaign, IL: Human Kinetics.

Marty, R., and S. Lucey. 2018. *A Data-Driven Method for Understanding and Increasing Three-Point Shooting Percentage*. Boston, MA: MIT Sloan Sports Analytics Conference.

Medina, J. 2014. *Brain Rules: 12 Principles for Surviving and Thriving at Work, Home, and School*, 2nd ed. Seattle, WA: Pear Press.

Nater, S., and R. Gallimore. 2010. *You Haven't Taught Until They Have Learned: John Wooden's Teaching Principles and Practices*. Morgantown, WV: Fitness Information Technology.

National Association of Basketball Coaches. 2000. *1999-2000 Annual Research Report of the NABC Research Committee*. Atlanta, GA: National Association of Basketball Coaches.

National Collegiate Athletic Association. 2016. *Division I Men's Basketball Statistical Trends*. NCAA Basketball Trend Statistics, 2017. Team Statistics.

Nielson, J. 1988. "The Shot That Reigns Over the Rim." *The New York Times*, March 8, 1988, A00025. Noah Basketball.

Reger, J. 2012. *Quotable Wooden: Words of Wisdom, Preparation, and Success by and About John Wooden, College Basketball's Greatest Coach*. Lanham, MD: Taylor Trade Publishing.

Withers, B. 2002. Bravehearts: The Against–All–Odds Rise of Gonzaga Basketball. Chicago: Triumph Books.

Wolff, A. 2002. *Big Game, Small World*. New York: Warner Books.

Wooden, J.R. 1998. *Practical Modern Basketball*, 3rd ed. Redwood City, CA: Benjamin Cummings.

Wooden, J., and S. Jamison. 2004. *My Personal Best: Life Lessons From an All-American Journey*. New York: McGraw–Hill.

作者简介

杰里·V. 克劳斯一直是贡萨加大学的一分子，他在大学男篮项目中工作超过了25年。在美国西点军校工作5年后，2001年他回到贡萨加大学担任篮球部门的主管。在军校工作期间，他曾任体育哲学教授和体育教学部门的主管。

克劳斯的职业生涯有很多闪光点。他在东华盛顿大学担任了17年的主教练，在那里他的老鹰队取得了262胜196负的战绩，胜率为0.572，并且拥有高达84%的毕业率。他担任过各个年龄段球队的教练，从奥运会到青年体育运动会，男篮、女篮都有。之后他从东华盛顿大学休假，协助俄勒冈州立大学的拉尔夫·米勒写他的第一本书*Better Basket ball Basics*，写完书之后回到东华盛顿大学，带领老鹰队从NAIA进入NCAA一级联赛。

他写过34本书，是非常高产的作者，还制作了33部教学视频。50年来他一直担任研究主席，同时也是NCAA篮球规则委员会的长期成员。他参与了很多规则的修改，包括45秒（后来是30秒）投篮违例，三分球和分离篮圈，并发明了NCAA、NBA认可的篮圈测试器来使篮圈篮板球标准化，使这项运动在世界各地都是一样的标准。

克雷格·纳尔逊是南达科他州苏福尔斯市华盛顿高中的男子篮球主教练。在华盛顿的6个赛季里，他已经带领球队4次参加州AA联赛。纳尔逊毕业于南达科他州阿伯丁的北方州立大学（2008年），在那里他为唐·迈耶效力。在大学生涯中，纳尔逊在他参加过的所有121场比赛中都是首发球员，并且带领球队取得了98次胜利。有他参加的大四赛季中，他在NCAA二级联盟的所有球员中排名第四，在北太阳校际会议（Northern Sun Intercollegiate Conference，NSIC）中三分球命中率排名第一。在大四赛季结束时，他是美国全国前五的罚球投篮球员之一（命中率高达93%）。高中时，纳尔逊连续获得州赛冠军，并在2003年被评为北达科他州年度B级篮球运动员。他的父亲戴夫·纳尔逊曾多次带领球队参加高中州锦标赛（包括他作为克雷格的教练的那几年），而克雷格的祖父是北达科他州高中历史上获胜次数最多的教练。

译者简介

张磊

体育教育篮球专业硕士，首都体育学院篮球教研室教师，篮球国际级裁判，北京市篮球裁委会副主任。作为现役国际级裁判，多次代表我国执裁世界级篮球赛事，长期执裁于我国的CBA、WCBA、CUBA常规联赛、季后赛、总决赛和全明星赛。曾在各类国家级期刊发表学术文章20余篇，包括SCI期刊两篇，独自创编篮球裁判手势操，参与编写著作及教材6部。主要研究方向为篮球教学与训练。

李野鹏

体育教育篮球专业硕士，首都体育学院篮球教研室教师，篮球国家一级运动员、游泳国家一级运动员。有多年的篮球教学和训练经验，曾以主教练身份带领校队参加全国比赛并取得较好成绩（全国前八名）。2005年–2008年曾工作于第29届奥林匹克运动会组委会，2019年前往丹麦葛莱体育运动教育学院进行体育交流学习。主要研究方向为篮球教学与训练。